UNIVERSITÉ CATHOLIQUE DE LOUVAIN
COLLECTION DE L'ÉCOLE DES SCIENCES POLITIQUES ET SOCIALES

LE
Régime Fasciste
ITALIEN

PAR

FRANCESCO LUIGI FERRARI

Docteur en Sciences politiques et sociales de l'Université de Louvain
Avocat à la Cour de Cassation italienne

PARIS (V)
ÉDITIONS SPES
17, Rue Soufflot, 17

1928

LE RÉGIME FASCISTE ITALIEN

UNIVERSITÉ CATHOLIQUE DE LOUVAIN

COLLECTION DE L'ÉCOLE DES SCIENCES POLITIQUES ET SOCIALES

LE
Régime Fasciste

ITALIEN

PAR

FRANCESCO LUIGI FERRARI

Docteur en Sciences politiques et sociales à l'Université de Louvain
Avocat à la Cour de Cassation italienne

PARIS (Vᵉ)

" ÉDITIONS SPES „

17, Rue Soufflot, 17

1 9 2 8

A MA FEMME

TÉMOIN DES LUTTES DU PASSÉ
PARTICIPANT AUX ESPOIRS
DE L'AVENIR.

« ...il n'y aura nulle sécurité,
» mais toutes choses sont incertaines
» alors qu'on s'écarte du droit, et
» rien de ce qui dépend de la volonté,
» pour ne pas dire du bon plaisir
» d'autrui, ne saurait être affermi. »

S. Thomas.

AUX LECTEURS,

Fascisme et bolchévisme sont les deux phénomènes caractéristiques de la période d'après-guerre. Sont-ils des manifestations de décadence d'une civilisation épuisée, ou bien les signes précurseurs d'une civilisation nouvelle visant la conquête du vieux monde, grâce à la discipline des masses soumises à la toute-puissance de l'état et de ses gouvernants ? Il appartient au sociologue de résoudre le problème. Ceux qui ont été mêlés d'une façon quelconque à la lutte entre les conceptions traditionnelles et les idées anti-individualistes, proclamées par le bolchévisme et par le fascisme, doivent s'en tenir à un rôle plus modeste, bien que plus utile. C'est à eux de rassembler les documents et de préparer les matériaux destinés à servir au sociologue de demain.

Voilà le but que je me suis proposé dans ces pages, rédigées sur une terre traditionnelle de liberté, auprès d'un des plus célèbres foyers de la culture chrétienne.

Je me suis efforcé de saisir la vraie nature des institutions de droit public échafaudées par le fascisme ; j'ai tâché d'appuyer sur des documents toutes mes affirmations de fait ; mais je ne me suis pas interdit de porter un jugement. Et vis-à-vis d'un régime tel que le régime fasciste, n'admettant pas la liberté politique, vis-à-vis d'une école, telle que l'école nationaliste, proclamant la prééminence d'une prétendue fin de l'état sur la fin individuelle, je ne pouvais pas formuler de jugements faisant totalement abstraction de l'idée maîtresse de ma conception politique. J'ai étudié les institutions fascistes, je me suis efforcé de les juger de la manière la plus objective ; mais je n'ai pas oublié, je ne pouvais pas oublier mes idées. Mon étude, mes jugements partent d'un point de vue : que la liberté politique est une condition indispensable pour le progrès de l'individu et de la société.

L'objectivité de mes notes en a peut-être souffert ? Ce n'est pas à moi de juger : c'est aux lecteurs.

Louvain, le 1ᵉʳ juin 1928.

FRANCESCO LUIGI FERRARI.

I

LE GOUVERNEMENT PARLEMENTAIRE

———

LE COMTE DE CAVOUR ET SES ÉPIGONES. — DE DEPRETIS A GIOLITTI. — LES NOUVEAUX PARTIS : SOCIALISTES, NATIONALISTES, CATHOLIQUES. — LA DÉCADENCE PARLEMENTAIRE. — LES JOURNÉES DE MAI. — LES GOUVERNEMENTS DE GUERRE.

———

Le Comte de Cavour et ses épigones.

Le régime constitutionnel italien, tel qu'il se développa de sa première conception régalienne jusqu'aux dernières évolutions parlementaires, conserva le caractère que lui donna le génie réalisateur d'un homme : Cavour.

Le gouvernement parlementaire en Angleterre fut le résultat d'une longue évolution des institutions et des esprits; en France il fut la dernière étape d'une série de tentatives sanglantes pour substituer un système nouveau à la traditionnelle organisation monarchique. En Italie, au contraire, la masse populaire demeura en dehors du processus de formation et de raffermissement des institutions parlementaires, création d'une petite élite de publicistes et d'hommes d'état.

La monarchie de Savoie comprit, au lendemain même de la déroute de Novara, que les lois providentielles de l'histoire lui assignaient la mission de réaliser l'unification politique de la péninsule. Pour atteindre ce but, elle devait rallier les forces révolutionnaires, qui, bien qu'écrasées par la faillite des tentatives de 1848 et de 1849, restaient la seule force vivante de la nation. La monarchie ne pouvait pas accepter entièrement les principes de la révolution, de même que les révolutionnaires ne pouvaient pas se rallier à une monarchie tempérée ou simplement constitutionnelle. Il fallait donc trouver un compromis permettant aux révolutionnaires de conserver leur caractère et à la monarchie d'en employer les forces et de les soumettre à son contrôle effectif.

Cavour comprit que le régime parlementaire était la seule base possible d'un compromis entre la monarchie et la révolution.

Il créa ce régime dans un pays encore mal préparé à la pratique des institutions représentatives, et il lui imprima si fortement sa personnalité, que l'historien de l'Italie contemporaine put affirmer que « la monarchie italienne moderne maintiendrait jusqu'à sa fin l'empreinte cavourienne (1). »

Cavour fut un réaliste, mais son réalisme ne fut pas aussi parfait que le célébrèrent ses panégyristes. Son pouvoir d'intuition ne fit pas défaut quand il s'agit de choisir les moyens nécessaires à l'unification monarchique de l'Italie. Toutefois il se livra à un optimisme excessif, lorsqu'il estima l'Italie entière capable de se servir du régime parlementaire pour raffermir et pour étendre les libertés politiques. Il n'ignorait pas, en scrutateur studieux des institutions anglaises, les trois conditions, qui, selon Stuart-Mill, sont nécessaires à l'établissement et au maintien du régime représentatif : que le peuple soit disposé à l'accepter ; que le peuple ait la volonté et la capacité de faire ce qui est nécessaire pour le maintenir, que ce peuple ait la volonté et la capacité d'accomplir les devoirs et de remplir les fonctions que ce gouvernement lui impose (2). Aucune de ces trois conditions ne se vérifiait en Italie à l'époque de Cavour.

Le peuple — et lorsque je dis peuple j'entends la masse des citoyens qui, sous tous les régimes, porte le poids des sacrifices personnels et économiques nécessaires à la vie de l'état et qui, en régime représentatif, désigne les titulaires des charges publiques — le peuple italien n'avait ni un penchant marqué, ni une hostilité préconçue pour le régime représentatif. Il était indifférent, dans sa presque totalité, et il n'avait aucune envie de se charger des devoirs de la vie politique moderne. En 1848 il avait applaudi les princes concédant leurs constitutions, parce qu'il avait cru avoir ainsi conquis, lui aussi, sans dangers et sans sacrifices, ces libertés qui constituaient l'orgueil et la marque de supériorité des autres peuples occidentaux. Mais lorsque les princes abrogèrent les constitutions et renièrent leurs serments, il ne protesta pas ; et il ne se troubla guère en voyant les meilleurs parmi les Italiens expier en exil, dans les cachots, sur l'échafaud la croyance dans leurs rêves précurseurs. En Piémont on ne toucha pas à la constitution, non parce qu'un mouvement populaire s'opposa à son abogration ; mais parce que le maintien des institutions représentatives était nécessaire au succès de la politique dynastique des Savoie.

(1) ORIANI. — *La Lotta politica in Italia.* — Florence, 1921, vol. III, p. 127.
(2) STUART MILL. — *Le Gouvernement représentatif.* — Ed. Paris, 1853, p. 85.

La situation ne changea pas radicalement pendant la période de 1848 à 1859, période que les historiens du *Risorgimento* appellent le *décennat de préparation*. On en trouve la démonstration dans le fait que ces mêmes populations, qui décidaient de leur sort par des plébiscites accomplis sur la base du suffrage universel, acceptaient la loi électorale la plus restreinte de l'Europe, qui confiait à de très petites oligarchies provinciales le pouvoir de disposer de la représentation nationale.

Lorsque Cavour, engagé dans la politique d'unification monarchique de la péninsule, rencontra des oppositions irréductibles, il n'hésita pas à adopter des interprétations ouvertement anti-libérales de la charte constitutionnelle. L'opinion publique ne s'en prit pas à Cavour de ces violations du « Statut » ; et elle ne se troubla pas davantage de la violation la plus grave accomplie par Cavour le 12 mars 1861, lorsqu'il signa et fit signer par le Roi le traité secret de cession de Nice et de la Savoie à la France. Le Parlement, qui renfermait alors la fleur de l'intelligence italienne, ne s'éleva pas contre le ministère ; mais, au contraire, il en approuva les décisions par une majorité écrasante, car on comprit que l'opposition la plus éloquente ne trouvait aucun consentement dans la nation. Celle-ci était si peu préparée au régime représentatif qu'elle aurait sacrifié volontiers les quatre-vingt-quatre articles de la constitution du moment qu'on laissait au pouvoir l'homme auquel elle donnait toute sa confiance.

En Angleterre le gouvernement de cabinet se constitua après une longue période de prééminences tantôt de l'absolutisme du prince, tantôt de la toute-puissance du Parlement. Il résulta d'une sorte de compromis, qui permit à la Couronne de maintenir sa dignité et au Parlement d'organiser son pouvoir effectif. Rien de pareil en Piémont. Le pouvoir royal ne fut pas limité par la force envahissante de la Chambre des députés. Celle-ci, au contraire, perdit la seule bataille livrée à la Couronne en 1849, au moment de l'approbation du traité de paix avec l'Autriche. Dès son origine le Cabinet n'eut pas en vue de contenir les débordements de la représentation nationale, ni de limiter les pouvoirs effectifs de la Couronne ; mais bien de guider l'une et l'autre à la conquête d'un objectif extérieur à la vie constitutionnelle du vieux Piémont, savoir : l'unification italienne. C'est ainsi que le Cabinet prit bientôt figure d'une vraie dictature. Le Roi lui reconnut tous les pouvoirs parce qu'il espérait en échange la couronne italienne. Les Chambres s'y soumirent paisiblement, parce qu'elles jugèrent bon de confier à un seul toutes les fonctions qu'elles sentaient supérieures à leurs forces.

Il est bien naturel que dans une pareille situation on ne réussit pas à constituer des partis organisés. Dans le Parlement piémontais il y avait deux hommes capables de diriger deux tendances opposées : Cavour et Rattazzi. Ce n'était pas seulement la différence de la pensée politique qui les divisait ; mais aussi les différences de tradition et d'attitude mentale. Mais les nécessités de la politique de la monarchie s'imposèrent comme une loi suprême aux sympathies, aux attitudes personnelles, aux différences politiques, à tout. Le *connubio* (alliance) de 1852 entre Cavour et Rattazzi fut, sans doute, le premier acte de l'unification monarchique italienne ; mais il fut aussi le premier pas sur la voie dangereuse du *transformisme*, des dictatures, du délabrement des partis politiques, qui firent sombrer au lendemain de la guerre le régime parlementaire italien.

Dès la stipulation du *connubio*, les partis disparurent de la scène politique. Les catholiques libéraux se rangèrent à côté de Cavour et, tout en protestant contre les lois ecclésiastiques de 1855, n'abandonnèrent pas l'homme qui maîtrisait la révolution. Les conservateurs n'avaient accepté la constitution que pour la combattre au sein même du Parlement. Ainsi qu'il arrive toujours aux partis adversaires du régime établi, leur influence politique était en raison de leur capacité de renverser par un coup de force les institutions. Cette petite équipe disparut au moment de la constitution du premier Parlement italien. L'extrême-gauche, divisée entre républicains intransigeants et républicains modérés, perdit tout caractère de parti parlementaire. Le préjugé anti-monarchique excluait les intransigeants de la politique active, tandis que les modérés se rapprochaient de la monarchie au fur et à mesure qu'elle réalisait les postulats de leur programme unitaire.

Cavour se trouva ainsi à la tête du seul parti parlementaire, qui n'était plus un parti par le fait même qu'il était seul. Il disparut soudain lorsque, l'unification politique étant assurée, le régime parlementaire devait fonctionner comme promoteur des libertés publiques et du progrès politique du peuple italien. A ce moment aucun homme ne s'affirmait capable de lui succéder ; aucun parti ne pouvait par la force de son organisation et par le consentement des masses donner la force et l'autorité aux hommes de second plan, qui remplissaient les bancs du premier Parlement italien. L'œuvre de Cavour resta inachevée. Dès lors la vie politique italienne fut caractérisée par ce manque d'équilibre commun à toute œuvre inachevée, qui graduellement s'aggrava jusqu'aux crises de la guerre et d'après-guerre.

Après la mort de Cavour, faute d'une volonté ferme, dirigeant en pleine connaissance de cause la vie de l'état vers un but déterminé, se ralentit le développement de l'unification du pays. On put même croire à certains moments que les successeurs de Cavour renonçaient à la réalisation complète de son plan politique, trop lourd peut-être pour leurs faibles épaules. Mais l'impulsion avait été donnée. L'Autriche ne pouvait pas garder la Vénétie qui ne servait plus au maintien d'une hégémonie italienne, écrasée sur les champs de Solferino et de San Martino, et détruite par le renversement des principautés de l'Italie du centre et du midi. Les partis conservateurs français ne pouvaient pas imposer toujours à leur gouvernement une politique de protection des Etats de l'Eglise, politique qui privait la France des sympathies du royaume, sans lui donner aucune compensation proportionnée.

Les continuateurs de la politique de Cavour profitèrent de ces nécessités historiques pour réaliser le programme du maître, mais ils ne donnèrent pas à leur construction cette empreinte de grandeur, dont le maître avait marqué si profondément toutes ses actions. Le système de l'alliance française avait été pour Cavour un moyen qui visait la guerre contre l'Autriche : il devient pour Minghetti un postulat absolu dans le temps et dans l'espace. Rattazzi essaya deux fois le double jeu, qui avait réussi admirablement à Cavour, de pousser d'une main les révolutionnaires à l'action, et d'en retenir de l'autre les tentatives les plus inconsidérées : mais sa politique échoua non sans compromettre l'honneur de l'état. Quintino Sella, le meilleur parmi les épigones de Cavour, s'efforça de prendre une attitude qui rappelait celles du maître, lorsqu'en 1870, malgré la volonté décidée du Souverain, les supplications réitérées de Napoléon III, les penchants à demi voilés des collègues et la tentative ouverte de Cialdini, il empêcha que l'Italie se rangeât aux côtés de la France contre la Prusse et poussa le gouvernement à ordonner l'occupation des Etats pontificaux. La neutralité assura un gain fort riche contre des sacrifices très restreints ; mais elle ne conféra pas à l'attitude italienne cette marque de grandeur, que la proportion seule entre les sacrifices et les avantages peut donner à un plan politique.

Le Parlement pendant dix ans n'avait jamais eu la hardiesse de frapper par un vote hostile les cabinets successifs présidés par Cavour, même lorsque celui-ci réalisait une politique non complètement agréée par la majorité. Il sembla s'éveiller après la disparition de l'homme qui l'avait maîtrisé presque sans opposition, pour recouvrer les pouvoirs qui lui avaient été arrachés presqu'insensiblement. Et le Cabinet, de son côté estima pouvoir résister à l'offensive en décomposant les partis, qui péniblement allaient se dessiner, et en favorisant les clientèles régionales, que l'opinion publique marqua bientôt de son mépris en leur donnant le nom de *consorterie*. Loin de se raffermir, les ministères furent ainsi obligés de composer avec les intérêts de classe ou de régions, au lieu d'envisager les intérêts généraux, et tombèrent à la merci des coteries locales. De là vint que tous les ministères qui se succédèrent de 1861 à 1876, excepté le cabinet Lanza-Sella qui se maintint plus de trois ans, menèrent une vie brève et tourmentée. Certains d'entr'eux tombèrent à la suite de dissentions profondes avec la Chambre sur des questions de politique générale ; mais la plupart durent quitter le pouvoir sous la poussée de coalitions soudaines de caractère régional, ou bien formées pour des motifs de rivalité personnelle.

Le Souverain, dont la volonté puissante de Cavour ne neutralisait plus l'esprit vagabond et les aversions personnelles, ne cacha pas son esprit frondeur. Il comptait sur le respect affectueux dont il jouissait chez plusieurs parlementaires et sur la popularité très large, que lui avait conquise le succès de son gouvernement et son caractère de soudard débonnaire, pour recouvrer les pouvoirs perdus. Mais ses interventions ne rehaussèrent ni son prestige ni l'influence de la Couronne sur la politique nationale. Chaque fois que Victor Emmanuel II prétendit se mêler directement de la formation du Cabinet, il n'eut pas de chance dans le choix des hommes. Deux fois il préféra Rattazzi, léger et souple, au prudent et ferme Ricasoli ; et ce ne fut pas sans danger pour la sécurité des institutions. Lamarmora, que le Roi même désigna comme successeur à Minghetti, n'a pas l'éclat d'une étoile de première grandeur dans la série des ministres italiens. Menabrea, choisi pour succéder à Ricasoli, marque par ses trois ministères une des périodes les plus sombres de la vie politique italienne.

La distinction et l'organisation des partis politiques n'accomplirent aucun progrès. Le programme des hommes de gauche ne différait de celui de la majorité ministérielle, qui par opposition prit le nom de droite, que sur les moyens jugés nécessaires par les deux tendances pour la solution des deux problèmes de Rome et de Venise. Et ces problèmes absorbaient tellement la vie politique du pays qu'ils empêchaient qu'on constituât sur d'autres bases la distinction des partis. Il s'ensuivit que presque tous les ministères s'efforçaient d'amoindrir leur tendance de droite, en s'assurant la collaboration des hommes les plus modérés de la gauche.

Après l'annexion de Rome, le problème de l'unification avait été finalement résolu. Il devait être possible d'aboutir à la constitution de partis politiques organisés et stables. Mais les crises ministérielles fréquentes, les rivalités personnelles toujours renaissantes défendirent aux continuateurs de la politique cavourienne la formation d'un véritable parti avec un programme nouveau, dont le point de départ eut été cette unité nationale, but de toute l'action politique des vingt dernières années. Ils se bornèrent à se défendre contre les opposants, en s'appuyant sur les forces des oligarchies régionales pour empêcher la conquête du pouvoir par les hommes de gauche. Ceux-ci s'efforcèrent bien de se constituer en vrai parti politique ; mais, frappés eux-mêmes du mal propre à tout homme politique italien, de ne pas connaître les aspirations réelles de la masse populaire, ils tombèrent dans les lieux communs de la démagogie la plus vide. La gauche fut poussée au pouvoir par le délabrement des vieux groupements cavouriens lorsqu'elle ne s'était pas encore suffisamment exercée sur les bancs de l'opposition. Elle-même devait se délabrer bientôt et frayer ainsi la voie à la dictature parlementaire de Agostino Depretis.

De Depretis à Giolitti.

L'avènement au pouvoir des hommes de gauche (18 mars 1876) ouvrit une nouvelle période de la vie politique italienne. Et ce fut une période caractérisée par l'épuisement graduel des organes représentatifs, dont on proclamait chaque jour la toute puissance.

La monarchie avait réuni l'Italie entière sous sa domination grâce au compromis avec la révolution. Mais, par cela même elle avait arraché toute signification éthique au principe monarchique. Elle n'avait pas d'éthique particulière s'opposant à la loi morale de la vieille organisation politique. D'autre part elle ne pouvait pas proclamer une doctrine contraire à celle de la révolution, qu'elle avait faite sa complice dans la *conquête royale*. Par conséquent la monarchie italienne dut s'opposer à ce qu'une idée quelconque surgît discutant de son pouvoir, illégitime tant du point de vue du droit divin que du point de vue révolutionnaire. Le premier compromis entraîna une série de compromis successifs, établit *le système du compromis*.

La monarchie arrêta bientôt sa tactique : étouffer ou apaiser toute controverse d'idées ; lier à son sort les politiciens les plus souples des groupements d'avant-garde ; prévenir par des concessions les réclamations populaires ; maintenir indéterminées les institutions fondamentales du droit public afin de les plier aux interprétations les plus opposées nécessaires au système du compromis ; mettre obstacle à la constitution de partis organisés avec des programmes fondés sur une loi morale objective. L'absence d'une éducation rigide chez les hommes politiques de la nouvelle génération facilita la tâche de la monarchie. Lorsque le ministère Minghetti se fit battre par une coalition momentanée de la *consorteria* toscane et de la gauche, la monarchie appela tout simplement les hommes de gauche au pouvoir. L'événement, que l'on qualifia de révolution parlementaire, ne fut qu'un changement de noms dans le personnel dirigeant. Lorsque l'accusation de bigamie portée contre le ministre des affaires intérieures Crispi obligea le premier cabinet Depretis à démissionner, le Roi n'eût pas d'hésitations dans le choix du successeur. Il le choisit sur les bancs mêmes de l'opposition d'extrême-gauche ; et dès lors l'ancien républicain Benedetto Cairoli fut le ministre très fidèle du Roi, tout en conservant ses penchants démocratiques. Le système atteignit sa perfection en 1883, lorsque Depretis proclama ouvertement la théorie du *transformisme*, en se déclarant prêt à collaborer avec tous les hommes de bonne volonté, indépendamment de leurs opinions politiques.

La continuation d'une telle politique imposait l'exclusion systématique des hommes les plus remarquables du Parlement. Celui-ci ne compta bientôt plus qu'une foule de médiocrités, dont la tâche était d'attendre de la toute puissance des ministres l'appui nécessaire au renforcement de leur majorité électorale, de représenter les voix des oligarchies locales, de se consumer du désir d'une participation, fût-elle toute secondaire, au pouvoir.

C'est alors qu'à côté de la dictature du Cabinet — ou bien du Président — on vit s'établir un autre pouvoir sans bornes et sans contrôles, plus redoutable peut-être à la sûreté des institutions libres : la dictature de la bureaucratie. Les hommes politiques italiens se mêlèrent toujours de l'organisation administrative de l'état, exerçant un véritable pouvoir arbitraire sur les fonctionnaires. La situation de la bureaucratie italienne fut peinte au vif : « le fonctionnaire, dit-on, n'a pas seulement à craindre les volontés » arbitraires d'un supérieur, sur lequel pèse, en somme, une » certaine responsabilité ; il doit redouter encore les caprices des » députés, qui n'ont sur lui aucune autorité directe et qui peuvent » exercer sur son sort une influence décisive, véritables inspira- » teurs des actes dont ils rejettent sur d'autres la responsabilité (1)». Mais les empiètements des députés sur l'administration publique provoquèrent des conséquences bien différentes que celles qu'on attendait. Ce ne fut pas le fonctionnaire qui fut soumis par le

---

(1) Dupriez. — *Les ministres.* — Paris, 1892, vol. I, p. 340.

législateur ; au contraire, ce fut le fonctionnaire qui devint maître presqu'absolu de toute l'organisation de l'état. Sans que personne pût s'en apercevoir, il réussit à diriger et à inspirer les résolutions mêmes du Parlement (1). Les changements fréquents des ministères favorisèrent l'établissement et le renforcement de cette dictature des fonctionnaires. Il s'ensuivit que la bureaucratie en imposa aux organes législatifs et réussit à raffermir son pouvoir occulte grâce à l'abus des décrets-lois, édictés de plus en plus fréquemment sous le prétexte de nécessité ou d'urgence.

Après la mort de Depretis (29 juillet 1889), Souverain, Parlement, opinion publique cherchèrent l'homme qui pouvait se substituer au président disparu, et ils crurent le trouver en Francesco Crispi. La dictature de Depretis, paisible domination d'un vieillard sceptique et sournois, ne pouvait pas satisfaire l'esprit inquiet de l'homme d'état sicilien. Il était poussé par la clarté logique de son intelligence à la recherche d'une justification éthique de la monarchie italienne, qui ouvrît à celle-ci de plus larges horizons, et qui consentît des pouvoirs plus étendus et plus réels au chef du gouvernement. Il essaya de renforcer l'autorité du Souverain et du Ministère en restreignant le droit électoral, reconnu par la loi de 1882 à de larges masses de citoyens. Il s'efforça de contenir par une action énergique et impitoyable les tentatives de troubles provoquées de temps en temps par les partis d'avant-garde (2). Il voulut même donner à la monarchie l'éclat et la gloire de la conquête, en vue de s'assurer le consentement du Roi à son action autoritaire. La défaite d'Adua (1er mars 1896) dissipa les rêves impériaux du roi Humbert et de son ministre, et celui-ci dut quitter précipitamment le pouvoir.

Mais les courants conservateurs ne s'avouèrent pas vaincus. La crise agricole de 1888 et de 1889 avait provoqué un malaise économique très profond. La politique de grandeur de Crispi, la guerre douanière avec la France, le système protectionniste prolongèrent cette crise. Les lois restrictives de la liberté personnelle l'envenimèrent en poussant les masses à la violence (avril et mai 1898). La classe dirigeante riposta par la répression violente. Le général Luigi Pelloux, porté au gouvernement par les coteries

---

(1) BRUNIALTI. — *Il diritto costituzionale e la politica.* — Turin, 1900, vol. II, p. 373.

(2) Ce fut le Cabinet Crispi qui, par la nouvelle loi de sûreté publique du 30 juin 1889 et par le règlement exécutif du 8 novembre 1889 donna forme à l'institution du *domicilio coatto* (déportation). La peine de la déportation, bien que destinée aux criminels de droit commun et aux individus de mauvaise vie, fut largement appliquée par le cabinet Crispi aux coupables de délits politiques. — Voir : B. CROCE. — *Storia d'Italia dal 1871 al 1915.* — Bari, 1928, chap. VII et VIII.

militaires, après avoir hésité pendant quelques mois entre la politique de réaction, favorisée par les partisans de Crispi, et la politique libérale, que lui imposait son origine parlementaire de gauche, se décida enfin pour la *manière forte*. On crut que la monarchie, reniant son système traditionnel de ralliement des courants populaires, allait adopter une politique franchement réactionnaire. On commença à lier parmi les persécutés des ententes et des coalitions qui annonçaient la formation prochaine d'un parti démocratique à large base, englobant les démocrates chrétiens, les socialistes les plus modérés, les républicains de la tradition mazzinienne. Le gouvernement ne s'arrêta pas : il multiplia les violations du Statut, de jour en jour plus graves et plus évidentes (1), jusqu'à ce que le groupement constitutionnel dirigé par Zanardelli et Giolitti passât ouvertement à l'opposition, obligeant le ministère à dissoudre une Chambre qu'il n'avait pu maîtriser.

Le verdict du corps électoral contraire au ministère fut comme un défi à la monarchie elle-même. Ce fut la première fois que celle-ci vit discuter avec acharnement ses prérogatives et blâmer ouvertement l'usage de ses pouvoirs. Elle comprit qu'il était nécessaire de revenir à la politique traditionnelle du compromis et qu'il fallait vaincre par les flatteries et par la douceur les adversaires, qu'on n'avait pas réussi à soumettre par la force.

La monarchie italienne eut la chance de trouver au moment critique l'homme taillé à l'affaire : Giovanni Giolitti. Le système politique de Giolitti s'inspira du *transformisme* de Depretis. Son but fut le renforcement des institutions monarchiques ; ses moyens : l'engagement de classes de plus en plus nombreuses à leur maintien. Il se trouva en face de trois groupements démocratiques, qui allaient prendre figure et organisation de véritables partis politiques : le socialiste, le démocrate-libéral, le démocrate-chrétien. Il fallait les bloquer par une offensive pacifiste, s'en attacher les chefs par les faveurs, endormir leur esprit révolutionnaire. Un succès complet couronna l'œuvre de l'homme d'état piémontais. Les fractions démocratiques, qui avaient résisté vaillamment à la réaction conservatrice de Pelloux, fléchirent sous l'offensive de paix, dirigée par l'habilité et la ruse de Giovanni Giolitti.

Depuis 1900 le gouvernement s'abstint de toute répression, il laissa la liberté la plus large de propagande, de presse, de grève. Le pouvoir exécutif se borna à défendre les droits essentiels du

---

(1) Le gouvernement, par le décret-loi du 22 juin 1899 n° 227, essaya de limiter les droits de réunion, d'association et la liberté de la presse, tels qu'ils étaient réglés par le Statut. Le décret fut déclaré inconstitutionnel par la Cour des Comptes, qui refusa de l'enregistrer. La Cour de Cassation le déclara nul pour vice de forme par sa décision du 20 février 1900.

citoyen, ou à favoriser — comme au mois de septembre 1904 — les réactions spontanées de la bourgeoisie conservatrice contre les dérèglements des extrémistes. Le soin principal du gouvernement fut de préparer par d'habiles manœuvres électorales une Chambre des députés d'où étaient bannis les esprits trop libres et trop indépendants, et d'étouffer toute tentative sérieuse d'opposition de principes, à l'aide d'une bureaucratie de médiocrités fidèles jusqu'au bout au pacifique dictateur de l'Italie.

Le système fut complété par une politique rusée de concessions économiques et politiques à la classe ouvrière dans le but de prévenir par des concessions les besoins autant que les demandes. *L'aumône* du suffrage universel constitua bien la synthèse du système. Le cabinet Luzzatti, formé au mois de mars 1910, devait satisfaire certaines exigences des démocrates-radicaux, qui avaient accepté de faire partie du ministère. Il prépara au courant de l'année 1911 un projet d'extension du droit de suffrage, très modéré et tempéré par l'adoption du vote obligatoire. Les socialistes mêmes étaient satisfaits de la réforme tout en protestant *pro forma* contre son insuffisance : et ils s'en prenaient surtout au vote obligatoire, qu'on jugeait favorable aux courants conservateurs. A un moment donné Giolitti se leva pour critiquer âprement la proposition de loi et reprocher au gouvernement sa crainte d'une participation plus étendue des masses ouvrières à la vie politique. Le *coup de théâtre* fit sombrer le ministère. Giolitti reprit le pouvoir et acheva lui-même la réforme électorale, en admettant presque tous les citoyens à l'exercice du droit de vote (1).

L'introduction du suffrage universel eut dans certains pays la signification d'une véritable révolution : partout elle produisit une démocratisation profonde des institutions politiques. La réforme italienne de 1912, au contraire, ne provoqua aucun changement essentiel dans la situation politique. Les groupements démocratiques, qui avaient inscrit le suffrage universel parmi les revendications de leur programme « maximum », furent pris au dépourvu par la réforme. Le parti socialiste se trouva étroitement lié au sort du dictateur, et il ne put s'opposer avec énergie à la guerre de Lybie. La XXIVe législature, sortie des élections de

(1) La loi du 30 juin 1912, n° 666, refondue ensuite dans le texte unique du 26 juin 1913, accorda l'exercice du droit de suffrage à tous ceux qui avaient accompli leur trentième année, à ceux qui, ayant accompli leur vingt et unième année, avaient fait leur service à l'armée, ou possédaient un titre minimum de capacité ou bien un cens très modeste. Le suffrage universel pur et simple fut introduit par la loi de 1919. La réforme de 1912 augmenta de plus de 150 % le nombre des électeurs ; celle de 1919 augmenta, à peu près, de 20 % le nombre des électeurs atteint par la réforme précédente.

novembre 1913, tout en comptant un plus grand nombre de députés socialistes et démocrates, fut foncièrement semblable aux législatures précédentes et s'adapta avec la même soumission à la toute-puissance de l'exécutif. Après la guerre seulement le suffrage universel envoya à la Chambre une majorité de députés choisis par des masses encadrées dans les organisations de grands partis nationaux.

Le système politique, dont Giolitti fut la sommité la plus remarquable, donna au pays la paix intérieure et une prospérité économique réelle. Il favorisa le développement rapide des lois sociales ; contre les vieilles tendances régionalistes, il raffermit la constitution unitaire de l'état ; mais il ralentit encore la formation des partis politiques, et perpétua la domination d'une oligarchie parlementaire de médiocres, et, au-dessus d'elle, la dictature visible du Président du Conseil et la dictature occulte de la bureaucratie centrale et provinciale. Nonobstant le leurre du suffrage universel, l'Italie ne possédait que les apparences d'un régime populaire.

Les nouveaux partis : socialistes, nationalistes, catholiques.

Le système politique du compromis étouffa toute tentative de conquête idéale, et rapetissa la vie publique du pays aux conceptions de l'utilitarisme le plus mesquin. En cette même période la philosophie positiviste dominait sans conteste l'esprit italien. Roberto Ardigò, traducteur aride de la pensée philosophique d'Auguste Comte, fut en même temps le maître et l'interprète des générations qui vécurent le demi-siècle précédent la guerre.

Est-ce que ce fut la politique, qui, en recherchant dans un système philosophique sa justification, ne put la trouver que dans l'empirisme positiviste ? ou bien, est-ce que ce fut le système positiviste, qui, en développant dans la science politique les déductions de ses prémisses, engendra des hommes avides de réalisations immédiates, incapables de comprendre les problèmes immanents de l'esprit, ou obligés d'en trouver la solution dans une négation dogmatique ? Une pareille question donnerait bien des arguments pour une étude attrayante ; mais elle nous détournerait du but visé par cet essai. En outre il serait très difficile de donner une détermination précise des causes et des effets, étant donné qu'en politique les faits et les idées se lient par des attaches réciproques si intimes, que seulement le dogmatisme du matérialisme ou du rationalisme peut les résoudre d'un coup, en se tenant à un des éléments constitutifs du phénomène, et en écartant celui qui ne sert pas à sa thèse preconçue.

Il me suffit de relever le fait pour en déduire une conséquence. La conséquence est que dans une société dominée par le dogme du positivisme — telle que l'était la société italienne à la fin du xixe siècle — devaient nécessairement se manifester deux mouvements d'idées opposées et contradictoires : l'un qui s'efforçait de déduire de la philosophie positiviste les corollaires les plus extrêmes et de la diriger vers un débouché franchement matérialiste ; l'autre qui tâchait d'opposer aux excès du positivisme la réaction des excès du subjectivisme. L'un devait engendrer dans le champ politique le mouvement et le parti socialiste ; l'autre l'activisme nationaliste. Entre les deux, la pensée catholique chercha une position d'équilibre stable, en attribuant au positif et à l'idéal la valeur assignée par sa tradition philosophique millénaire.

Dès que l'unification italienne fut accomplie, les débris des groupements garibaldiens et mazziniens s'efforcèrent de perpétuer leur existence et leur action, en se plaçant sur des bases nouvelles. Ils cherchèrent de préciser un programme d'amélioration de la classe ouvrière, qui n'avait tiré aucun bénéfice du mouvement unitaire, dont elle s'était tenue à l'écart. Ces deux groupements ne purent s'accorder sur un programme unique et accusèrent bientôt leur opposition. En effet, les garibaldiens ne voyaient dans la question sociale qu'un problème de force, et ils en envisageaient la solution dans des nouvelles institutions de droit positif. Les mazziniens, au contraire, visaient la question sociale surtout du point de vue moral, et estimaient que l'éducation de l'individu et de la collectivité pouvait seule la résoudre.

La doctrine de Mazzini, à cause de la rigidité de ses préjugés, ne pouvait pas se répandre largement dans une société qui cherchait chez les écrivains la justification des arrangements et des transactions, plutôt que l'incitation aux sacrifices. Elle ne pouvait avoir aucune fortune parmi des hommes imbus des maximes positivistes, dont la doctrine mazzinienne du devoir constituait l'antithèse la plus complète. D'autre part le *garibaldisme* n'était pas une doctrine : il n'était qu'une tendance, un état d'esprit. Il fallait une doctrine appropriée à cet état d'esprit, et qui n'empêchât pas, par des principes trop absolus, ses sectateurs de s'adapter au système politique déjà établi sous le beau ciel d'Italie. La doctrine du matérialisme historique, produit de pure marque allemande, pourvut à pareille nécessité.

Cette doctrine ne convenait pas au développement économique

encore arriéré du pays et elle demeurait si lointaine de la réalité actuelle qu'elle permit la plus grande liberté de mouvement sous l'empire de ses dogmes. En outre il ne faut pas oublier que la jeunesse, à laquelle le positivisme avait prêché de se méfier du surnaturel et de tout problème de l'esprit, trouvait dans le matérialisme historique les colloraires logiques et nécessaires des hypothèses qu'on lui avait enseignées comme des principes indiscutables. Voilà, selon mon opinion, les causes du succès soudain de la propagande socialiste en Italie, et en même temps du caractère fictif de sa force.

Le socialisme italien ne fût jamais vraiment *italien* : il eut tous les défauts et toutes les faiblesses des fleurs de serre. La critique italienne ne trouva pas le moyen de corriger ou de développer les données de la doctrine marxiste, qui dans son contenu pratique était complètement étrangère à la situation de fait du pays, et dans sa conception théorique se montrait de plus en plus éloignée des attitudes traditionnelles de la mentalité latine.

La doctrine marxiste ne fut jamais vraiment populaire. La masse ouvrière des campagnes ne comprit pas — et ne pouvait pas comprendre — une hypothèse, qui s'appuyait sur des faits contraires à ceux qu'elle voyait se dérouler sous ses yeux. Les travailleurs des villes ne comprirent pas — et ne pouvaient pas comprendre — la signification de la catastrophe finale, devinée par Marx comme le couronnement d'un développement capitaliste qu'ils voyaient tout à fait embryonnaire.

Le parti socialiste italien fut surtout un parti de petits bourgeois mécontents. Il recruta ses premiers adhérents parmi les étudiants et les intellectuels. Ses premières batailles combattues sous les ministères de Crispi, de Di Rudini, de Pelloux, furent des batailles foncièrement libérales. La lutte pour la défense des libertés constitutionnelles, menée de 1892 à 1900, fut couronnée par une victoire complète. Mais « le caractère de la lutte et la façon, dont » on avait gagné la victoire, devaient exercer une influence » décisive sur les développements et sur les attitudes du socia- » lisme italien. Il avait recouvré la liberté par l'alliance avec les » partis démocratiques : il devait nécessairement marcher désor- » mais aux côtés et sous la direction de ces partis (1). » Le fait est que la victoire, plutôt que par les socialistes, avait été gagnée par les groupements monarchistes progressistes, rangés sous les ordres de Zanardelli et de Giolitti. Ce furent ceux-ci qui, en appuyant les revendications de l'extrême-gauche, réussirent à maîtriser par la liberté ceux que Pelloux n'avait pas domptés par la force.

(1) I. BONOMI. — *Dal Socialismo al Fascismo.* — Rome, 1924, pag. 7 et 8.

Dès lors il n'y eut plus pour le parti socialiste de possibilité de développement autonome de sa pensée et de son action. Les chefs parlementaires du parti s'enfermèrent dans une opposition de principes, qui en réalité n'était qu'une collaboration indirecte au gouvernement. Les députés socialistes constituèrent une fraction de la majorité proteiforme de Giolitti, dont la charge était de feindre l'existence d'une extrême-gauche subversive.

La guerre de Lybie interrompit cette collaboration déguisée entre les socialistes et l'*état bourgeois* ; et démontra aussi l'incapacité révolutionnaire du parti ouvrier italien. Les socialistes, tout en se déclarant contraires à la conquête coloniale, ne firent rien de sérieux pour l'empêcher. Parmi les chefs, Benito Mussolini seul fut écroué pendant quelques mois, parce qu'il avait organisé dans sa ville natale, Forlì, une émeute au moment du départ des soldats pour l'Afrique. L'opposition à la guerre africaine provoqua la sécession des hommes de la tendance la plus modérée, dirigés par Leonida Bissolati et par Ivanoe Bonomi, et donna à Benito Mussolini la direction réelle du parti.

Le déclanchement de la guerre européenne frappa à l'improviste le parti socialiste. Il en fut de même pour tous les partis politiques italiens, qui avaient été détournés de l'étude des problèmes de la vie internationale par le système politique des gouvernements soi-disant libéraux démocrates. Les révolutionnaires extrémistes, formés par la doctrine de George Sorel — qui à Milan et à Parme avait nombre de prosélytes, — n'eurent qu'une brève hésitation, et se déclarèrent bientôt pour l'intervention de l'Italie aux côtés des puissances de l'Entente. Ils espéraient en effet de la guerre les développements révolutionnaires visés par leur doctrine sur la violence. Désavoués par la majorité, ils sortirent du parti.

Le socialisme italien, mutilé ainsi de ses ailes extrêmes de gauche et de droite, était à la veille de la guerre « un organisme qui » vivait de traditions et de formules, qui n'avait en soi aucune » force dynamique, et qui par conséquent ne pouvait pas com-» prendre les problèmes formidables de la nouvelle histoire » qu'on allait commencer (1) ». Son opposition à la guerre ne put aboutir à aucune action sérieuse, étant donné que les éléments les plus franchement révolutionnaires avaient suivi Benito Mussolini dans sa sécession. L'action socialiste se réduisit à « une » opposition petite-bourgeoise de classes mécontentes, de partis » aigris, d'intérêts offensés, d'égoïsmes blessés (2). »

(1) I. BONOMI. — *Op. cit.*, p. 16.
(2) I. BONOMI. — *Op. cit.*, p. 24.

George Sorel, dans une publication d'après-guerre déclarait : « j'ai déjà dit il y a longtemps que le socialisme italien pourrait » donner des leçons à l'Europe, mais à la condition qu'il demeure » profondément italien. » Au contraire, la vie entière du socialisme italien ne fut qu'un continuel désaveu de l'enseignement du vieux maître du syndicalisme : depuis le jour de sa fondation jusqu'au moment où il chercha d'importer de mythiques formules orientales dans un pays saturé de vingt siècles de culture latine. Ce manque de compréhension nationale du socialisme devait dans la suite des événements contribuer à l'effondrement de la vieille organisation constitutionnelle. En effet, lorsque le parti socialiste participa à la dernière défense de la constitution, il n'avait donné d'avance aucune démonstration d'un caractère franchement italien ; et ce fait incontestable enleva presque toute sa valeur à l'opposition anti-fasciste du socialisme, et affaiblit l'action des autres partis rangés pour la défense des libertés constitutionnelles.

Lorsqu'en 1911 et en 1912 on organisa en Italie les premiers groupements nationalistes, personne ne prit au sérieux la tentative d'un mouvement politique fondé sur les idées tout à fait germaniques du sur-homme, du démiurge, de la hiérarchie fatale des nations et des classes.

La tradition italienne est foncièrement cosmopolite. Parmi les écrivains de la première moitié du dix-neuvième siècle il n'y en a aucun, auquel on puisse reprocher l'exclusivisme nationaliste. Gioberti rêvait une primauté italienne, conçue comme la domination morale du peuple le plus heureusement doué du sens de l'universalite (1). Mazzini voyait dans la résurrection des peuples du proche Orient la seule garantie de sécurité de l'unité politique italienne ; il rêvait la constitution des « Etats-Unis d'Europe » ; il concevait la nation comme un moyen pour le progrès de l'humanité (2). Il était partant logique

(1) « En effet, j'observe que le don de l'universalité est un des titres les plus » éclatants du génie italien ; et que l'Italie fut toujours la plus cosmopolite des » nations, soit du point de vue civil, soit du point de vue religieux. Par conséquent » elle tend par sa force créatrice au sublime dynamique et par sa vertu expansive » au sublime mathématique, en maîtrisant l'espace et le temps et en se considé- » rant, en conformité de sa puissance, comme le centre perpétuel du monde. » — GIOBERTI. — *Del Primato morale e civile degli Italiani*. — Ed. Turin, 1919, 1er vol. p. 87.

(2) « Oui, enfin... nous voulons les Etats-Unis d'Europe, l'alliance républicaine » des peuples... Et ces peuples doivent la former loyale et durable. Ils doivent » être libres et égaux, ils doivent avoir conscience d'eux-mêmes et affirmer leur » propre personnalité et leur principe : en un mot, ils doivent être des nations. » L'humanité est la fin, la nation est le moyen. Sans la nation vous pourrez » adorer l'humanité ou la contempler oisifs ; mais vous ne pourrez ni la constituer, » ni tâcher de la construire. » — MAZZINI. — *Nazionalismo e Nazionalità*. — 1871.

qu'on prévit la stérilité de la tentative nationaliste, qui se plaçait en dehors de la tradition politique italienne. Et en effet cette prévision ne fut pas démentie par les faits, jusqu'au moment où le nationalisme, après la tourmente de la guerre, se lia à un autre mouvement politique, sorti comme lui de la réaction contre le système positiviste.

Les nationalistes s'imposèrent un préjugé institutionnel (1) absolu : ils voulurent être, et ils furent en réalité, rigidement monarchistes. Ils désiraient une monarchie autoritaire, telle qu'elle avait été rêvée en 1898 par les conservateurs ; ils la voulaient suffisamment forte pour résister à tout mouvement démocratique. Mais une pareille monarchie n'existait pas, et la tradition politique des cinquante dernières années était bien contraire au coup d'état nécessaire pour la constituer.

Les nationalistes durent ainsi s'adapter aux institutions monarchiques existantes, et ils durent accepter leur politique incertaine et chancelante, leur système de ralliement des forces populaires, leur manque de tout principe éthique supérieur. Ils manifestèrent une certaine envie de secouer le joug de la dictature pacifique de Giolitti ; mais ils s'accommodèrent bientôt de la servitude commune, tout en continuant dans le silence l'élaboration des idées, qui devaient fournir une doctrine au fascisme.

Cependant les nationalistes s'efforcèrent de soutenir la politique extérieure de la monarchie et d'en justifier tous les développements incertains et contradictoires. Au commencement de la guerre ils prirent parti ouvertement pour l'intervention de l'Italie aux côtés de l'Autriche et de l'Allemagne, et donnèrent au traité de la Triplice une interprétation très rigoureuse, qui était bien en dehors de la tradition politique de la monarchie (2). Ils prirent parti pour la neutralité, dès que le gouvernement l'eut déclarée. Ils se rangèrent tout à coup pour la guerre, dès qu'ils virent les pouvoirs constitués se soumettre aux menaces des révolutionnaires interventistes.

De la même manière que le préjugé monarchique enleva au

(1) J'emploi le mot *institutionnel* pour indiquer toute question ayant trait à la *forme* du gouvernement.

(2) Giovanni Giolitti, toujours objectif et très précis dans les affirmations de fait, déclare que même M. Sonnino (véritable inspirateur de l'attitude des nationalistes au sujet des questions de politique extérieure), qui devait quelques mois plus tard signer le Pacte de Londres avec les puissances de l'Entente, « au commencement de la guerre européenne estimait que nous devions suivre » nos alliés, et que dès son arrivée dans la capitale il manifesta ouvertement cette » opinion à ses amis ». — GIOLITTI. — *Memorie della mia vita.* — Milan, 1922, vol. II, p. 518.

nationalisme toute liberté de mouvement jusqu'au moment de sa fusion avec le fascisme ; de même la question des rapports entre l'Eglise et l'Etat empêcha les catholiques italiens d'exercer sur la politique du pays une influence proportionnée aux forces remarquables dont ils disposaient.

Il n'est pas de mon intention de juger ici l'attitude imposée aux catholiques du point de vue des intérêts de l'Eglise. Il me suffit de constater que leur non-participation à la vie publique nuisit gravement au développement politique de l'état italien. La participation des catholiques aurait peut-être provoqué la constitution d'un parti, ou bien d'une coalition de partis, avec un programme anticlérical, et aurait poussé le pays à la lutte religieuse : peut-être. Cependant il est certain que la non-participation favorisa singulièrement le système de la soi-disant démocratie libérale, en écartant de la lutte une force et une pensée bien vivantes. On laissa ainsi à la théorie du positivisme la domination incontestée de l'école publique, et à la pratique positiviste le soin de la fixation des rapports de droit, en l'absence d'un courant d'idées contraires, qui auraient pu renouveler la vie publique du pays.

L'entrée des catholiques dans la vie publique commença par des exceptions de plus en plus larges à la règle du *non expedit* en vue de renforcer l'état contre les empiètements du socialisme révolutionnaire. Par conséquent elle n'éclaircit pas la situation des partis. En effet, les députés catholiques ne pouvaient ni parler au nom d'un parti organisé, ni se présenter en qualité de représentants d'un système complet et organique de pensée. Ils ne constituaient qu'une fraction de la majorité gouvernementale, qui contrebalançait les excès verbaux des socialistes, ou bien la rage anticléricale des radicaux les plus emportés. Cette situation mit les catholiques dans un état de vraie impuissance parlementaire, de sorte qu'ils ne purent prendre une attitude caractéristique en face des principaux problèmes politiques de la dernière période précédant la guerre, notamment de celui de l'intervention de l'Italie dans le conflit aux côtés des puissances de l'Entente.

En même temps que les nationalistes — auxquels le préjugé monarchique défendait presqu'entièrement toute activité parlementaire — formulaient une nouvelle doctrine, que le fascisme devait développer dans de nouvelles institutions de droit public, les catholiques, placés dans une situation analogue par le conflit entre l'Eglise et l'Etat, élaboraient eux aussi une nouvelle doctrine, qui devait constituer la base de la défense anti-bolchéviste d'après-guerre et la force de résistance la plus vigoureuse contre la marche de l'hérésie politique nationaliste.

C'était ainsi la dictature de l'utilitarisme elle-même qui, en appliquant le système du *carpe diem*, apprêtait les forces idéales dont la destinée était de réveiller une lutte politique acharnée jusqu'à la passion, dans un pays jadis indifférent et sceptique. Il fallait qu'une force ou bien un fait extérieur démontrât l'instabilité réelle de l'organisation politique et en dévoilât la véritable faiblesse, pour pousser ces réserves idéales à tenter la réalisation de leur programme dans un ensemble d'institutions foncièrement différentes des anciennes.

La guerre fut le signal du délabrement de la vieille organisation de l'état italien.

La décadence parlementaire.

Les nécessités de la politique unitaire de la monarchie, les pratiques de gouvernement depuis 1861, l'insuffisante formation politique dans laquelle on maintint la masse populaire, modifièrent profondément les textes originaux de la constitution. On ne procéda à aucune révision du Statut, à raison du fait que celui-ci ne prévoyait pas une procédure spéciale pour les révisions constitutionnelles. Mais parmi les savants ne se rencontra presqu'aucune opposition à la théorie dangereuse de la désuétude, selon laquelle toute disposition du Statut, qui ne trouvait pas d'application constante dans la pratique du gouvernement, devait être réputée comme abrogée. On ne se borna pas à renverser l'ordre des pouvoirs prévu par le Statut, qui donnait au prince une autorité réelle et positive de modération et de direction. On ébranla aussi l'équilibre conçu par la théorie cavourienne, équilibre déjà imparfaitement respecté par la pratique du grand homme d'état.

Ce fut surtout depuis l'avènement de la gauche que les pouvoirs réels du Parlement furent de plus en plus réduits par la prédominance effective des organes de l'exécutif, bien que la gauche se fût emparée du gouvernement en proclamant la toute puissance de la représentation nationale. La Chambre discutait et votait les lois. Elle se livrait parfois à de longues logomachies sur la politique générale du gouvernement. De temps en temps elle renversait le cabinet par ses votes de méfiance,... surtout lorsque Giolitti jugeait bon de se faire battre sur une question de détail pour quitter temporairement le pouvoir, où lorsqu'il décidait de faire tomber le ministère qui l'avait provisoirement remplacé. Mais elle avait perdu presque toute influence sur l'opinion publique, et avait ainsi renoncé à la seule garantie durable de son autorité.

Le système du compromis, en empêchant la formation de grands partis se succédant au pouvoir, en enlevant toute chance aux meilleures énergies intellectuelles et aux caractères les plus fermes, abaissa le ton des débats parlementaires. La Chambre n'accomplit plus la fonction essentielle de toute assemblée représentative : éduquer le peuple et l'instruire sur les problèmes fondamentaux de la vie collective.

Les petites oligarchies des *grands électeurs* dominaient les collèges électoraux, et s'opposaient à tous ceux qui par leur supériorité personnelle pouvaient ébranler leur maîtrise. Elles étaient strictement liées à la coterie gouvernementale par un pacte d'assistance mutuelle, observé mieux que s'il eut été expressément stipulé. Les préfets étaient chargés du rôle d'intermédiaires entre les oligarchies locales et le pouvoir central ; ils manœuvraient la machine électorale selon les directives du *dictateur* ; ils écartaient les meilleurs, et parmi les médiocres ils favorisaient ceux qui provoquaient le moins d'opposition et qui donnaient un gage de constante fidélité au gouvernement. Le système ne changea pas lorsqu'en 1912 l'exercice du droit de vote fut étendu à la presque totalité des citoyens.

La représentation nationale, faussée ainsi dans sa base, n'avait pas — et ne pouvait pas avoir — de vigueur pour s'imposer au gouvernement au nom d'une volonté populaire, qui ne participait pas sérieusement à sa formation.

La déchéance du Sénat fut encore plus évidente. Selon les visées des rédacteurs du Statut, le Sénat nommé par le Roi devait constituer une garantie du libre exercice des prérogatives de la Couronne. Lorsque le prince fut obligé de reconnaître un pouvoir plus étendu au Cabinet, une Chambre haute entièrement nommée par le Souverain n'eut aucune raison d'existence dans le nouvel équilibre des pouvoirs.

Le Sénat essaya de s'ériger en représentant de la tendance conservatrice par opposition à la tendance facilement progressiste de la Chambre, lorsqu'il mit en échec le troisième ministère de Depretis sur la question de l'abolition immédiate de la taxe de mouture (3 juillet 1879). La tentative échoua, et au cabinet de gauche de Depretis succéda un cabinet plus avancé présidé par Benedetto Cairoli. Dès lors le Sénat comprit qu'une fonction réellement conservatrice ne pouvait être exercée que par une assemblée sortie d'un corps électoral restreint, composé de savants et de propriétaires. Il ne renouvela plus la tentative d'exercer la moindre influence sur la vie des ministères.

Les nominations très fréquentes et très larges (1), l'usage pratiqué de choisir nombre de sénateurs parmi les anciens députés blackboulés, arrachèrent au Sénat toute influence sur l'opinion publique. Les projets de réforme tombèrent toujours par la crainte qu'on avait de toucher à *l'arche sainte* du Statut, qu'on voulait au moins conserver formellement immuable (2). Ce fut ainsi que le Sénat ne trouva la justification de son existence que dans ces raisons d'opportunité, jadis exposées par Gambetta : « l'expérience quotidienne démontre l'utilité et l'importance « fondamentale d'une Chambre haute, ne fût-ce que pour nous » donner le temps de réfléchir ».

Après la tentative réactionnaire du cabinet Pelloux, qui atteignit son point culminant par le décret-loi du 22 juin 1899, l'exécutif ne risqua plus aucun attentat ouvert contre les pouvoirs du Parlement en matière législative. Mais ce fut la déchéance progressive de la Chambre qui donna au Cabinet des facultés de plus en plus étendues. La discussion et la confection des lois furent graduellement concentrées dans des Commissions, qui, selon le système en vigueur en ce temps-là (3), étaient nommées par les Bureaux pour chaque proposition de loi. Une véritable petite oligarchie prit naissance au sein même de l'oligarchie parlementaire grâce à ces commissions. Les députés qui n'appartenaient pas à la coterie dominante se désintéressèrent bientôt des travaux parlementaires, et leur rôle ce fut celui d'attendre le télégramme du Président du Conseil ou des sous-secrétaires d'état, qui les rappelait à la capitale pour les votes politiques.

Le pouvoir réel et l'influence du Parlement furent particulièrement limités au sujet de deux séries de questions : les problèmes militaires et ceux de politique extérieure.

Depuis les vingt dernières années la discussion des budgets militaires se déroulait dans l'indifférence d'une majorité inattentive, bien que parfois elle fût troublée par les emportements de quelques députés d'extrême-gauche en quête de scandales. Elle se terminait toujours par l'habituelle exaltation rhétoricienne de l'armée « garantie inébranlable de l'intégrité du territoire national et de

(1) L'abus des nominations très larges date du premier cabinet Crispi. Par le décret royal du 26 janvier 1889 furent nommés 50 nouveaux sénateurs, et par les décrets du 27 octobre et du 4 décembre 1890 en furent nommés 88.

(2) RUGGERO BONGHI (*L'Ufficio del Principe*, p. 8) fut le seul parmi les écrivains politiques italiens qui loua ouvertement le système de nomination royale du Sénat. Mais il ajoute à ses arguments une réserve... qui en détruit la valeur. Le système, pour produire ses effets, veut que le Prince ne se laisse pas « persuader » de nommer sénateurs tous ceux qui lui sont proposés par les Ministres » !

(3) Règlement du 10 mars 1888.

» la fermeté des institutions », et, une fois achevée cette discussion, ni le Parlement, ni l'opinion publique n'avaient rien appris de nouveau sur la situation réelle de l'armée et de la marine. On plaça ainsi l'armée, de même que la marine, complètement en dehors de la vie du pays, de sorte que, à la veille de la guerre mondiale, ceux-là mêmes qui devaient prendre les décisions suprêmes ne connaissaient pas bien la force des armements nationaux.

De la même façon, toute discussion de politique extérieure était confiée à un petit groupement de soi-disants experts, et la Chambre n'exerçait aucun contrôle effectif, ni directement, ni par l'intermédiaire d'organes du type des *Délégations* de la monarchie autrichienne. Même les groupements qui s'efforçaient de se constituer en véritables partis politiques ne réussirent pas à se donner un programme concret et caractéristique de politique extérieure. Les socialistes demeurèrent dans le vague indéterminé des négations ; les nationalistes n'aboutirent eux-mêmes à rien de précis.

Le processus de formation des causes multiples de la guerre européenne demeura ainsi complètement inconnu à l'opinion publique italienne. On ne comprit pas la valeur de la renaissance spirituelle des Slaves du Sud, menaçant désormais la sécurité de l'Empire autrichien. On ignora le mouvement renouvelé de la France pour la revanche, la crise profonde qui poussait la Russie à rechercher en dehors la fin d'un mal intérieur inguérissable, le formidable duel anglo-allemand pour la maîtrise de la mer et pour la domination des marchés trans-océaniques.

En même temps que s'affaiblissaient les pouvoirs du Parlement, ne se renforçait pas l'autorité de la Couronne. Les tentatives faites par Victor-Emmanuel II pendant les dernières années de son règne, en vue de recouvrer les pouvoirs auxquels il avait renoncé pour échanger la couronne piémontaise contre la couronne italienne, ne furent répétées ni par Humbert Ier, ni par Victor-Emmanuel III. Humbert Ier aida, il est vrai, la tentative de restauration autoritaire accomplie par Crispi et par Pelloux ; mais on a de bonnes raisons de croire que le succès de la tentative aurait plutôt renforcé les pouvoirs déjà étendus du Cabinet que rehaussé l'autorité de la Couronne. L'échec de la tentative força Victor-Emmanuel III à s'en tenir au rôle de Président héréditaire d'une sorte de république parlementaire. Il contribua à assurer au pays une prospérité économique remarquable, à garantir l'exercice des droits publics fondamentaux contre toute violence démasquée, à étouffer les différences d'opinions trop passionnées : il obtint ainsi que personne ne jugeât plus nécessaires ni opportunes les discussions sur la forme monarchique du gouvernement.

La toute-puissance du Cabinet — ou bien, du chef du Cabinet — put s'établir sans résistance sur la multiple activité de l'état. Grâce aux coteries des *grands électeurs* dirigées et ralliées par la hiérarchie des fonctionnaires, elle maîtrisa la majorité de la Chambre des députés. Grâce à la nomination royale, elle domina le Sénat et y plaça tous ceux qu'elle ne pouvait autrement récompenser de leur fidélité. Par les Commissions permanentes et les Commissions extraordinaires, elle confia à un petit groupement de fidèles la formation des lois et le contrôle sur l'administration des finances de l'état. Elle se rendit enfin de plus en plus indépendante du contrôle du Parlement au sujet des problèmes de politique extérieure.

Mais à côté de la toute puissance de l'exécutif se raffermit redoutable la puissance occulte et irresponsable de la bureaucratie. Les nouvelles fonctions assignées à l'état par les rapports toujours plus complexes de la vie moderne, la tendance à lui attribuer l'exercice des services publics jadis confiés aux entreprises privées, les besoins d'une administration de plus en plus centralisée accrurent hors de mesure l'armée des fonctionnaires, et en augmentèrent la puissance en raison de leur nombre et du rôle même qu'on leur attribuait dans la formation des assemblées électives.

On critiqua les chinoiseries de cette bureaucratie. La guerre démontra toutefois que l'Italie possédait une administration plus souple, mieux organisée, plus prompte que celle des autres pays de l'Europe occidentale. Mais le surcroît excessif de l'armée des fonctionnaires répandit parmi la classe moyenne une idée mesquine de la dignité du citoyen, en apprêtant ainsi aux crises imminentes une foule de gens pliés à la servitude, et priva les provinces méridionales des énergies intellectuelles, qui pouvaient le mieux servir à la renaissance autonome de la vie économique et politique de ces régions.

Le Statut avait proclamé, il est vrai, l'inamovibilité des juges ; mais il en avait exclu les magistrats des grades inférieurs et les juges n'ayant pas une ancienneté de trois ans (art. 69). Les lois du 13 novembre 1859 et du 9 décembre 1865, en violant autant la lettre que l'esprit du Statut, confirmèrent l'inamovibilité de la charge, mais nièrent formellement l'inamovibilité de siège ; et le décret du 5 janvier 1875, étendit encore les pouvoirs de l'exécutif. Ce ne fut qu'à la veille de la guerre qu'on garantit sérieusement l'inamovibilité des juges.

L'indépendance de la magistrature, dépourvue ainsi de la garantie de l'inamovibilité, était confiée presqu'entièrement à la bonne volonté des gouvernants. Tandis que la suprême juridiction administrative — le Conseil d'état — se refusait parfois à reconnaître la légalité des décrets de l'exécutif, la Cour de Cassation ne prit jamais l'initiative de poser la question de constitutionnalité. Toutes les fois qu'on lui demanda de juger cette question, ou elle chercha à l'éluder, comme dans le cas du décret-loi du 22 juin 1899, et déclara nul l'acte de l'exécutif pour des raisons purement formelles, ou bien se refusa de décider sous prétexte qu'elle ne pouvait pas juger des raisons d'urgence alléguées par l'exécutif, en vue d'édicter des règles de la compétence du pouvoir législatif. Tout cela rendait insuffisantes et incertaines les garanties du citoyen contre les empiétements éventuels de l'exécutif.

Tel était dans ses lignes fondamentales l'état de l'organisation constitutionnelle italienne à la veille de la guerre. Les apparences séduisantes d'une prospérité économique remarquable voilaient à peine les défauts profonds et intimes de l'organisme. Trop de gens ne possédaient pas une sérieuse connaissance des devoirs et des sacrifices nécessaires au maintien du régime représentatif. La majorité du peuple ne connaissait pas et n'aimait pas un état, qui vivait en dehors de sa vie, et qui ne lui avait donné aucune influence effective sur le choix des dirigeants. Pendant les dernières années, le gouvernement avait bien été *pour le peuple*, mais il n'avait jamais été *par le peuple*.

Comment une telle organisation constitutionnelle, si solide en apparence, mais au fond si déchue, pouvait-elle résister à la rafale de la guerre et à ses profondes répercussions morales, politiques et économiques ?

Les journées de mai.

La déclaration de guerre frappa tout le monde en Italie : gouvernants et gouvernés. Personne ne la prévoyait, personne ne s'y était préparé. Les dirigeants eurent la chance de s'en tirer grâce à la finesse sournoise du ministre des affaires étrangères, le marquis Di San Giuliano. Celui-ci, en prétextant un pacte obscur et ambigu du traité de la Triplice, trouva moyen de renvoyer toute décision et de justifier une déclaration de neutralité.

La situation intérieure de l'Italie était bien paradoxale ! Le 14 mai 1914 Giolitti avait démissionné, et il avait lui-même indiqué comme son successeur Antonio Salandra, le plus éminent parmi les députés de la fraction conservatrice de la Chambre. Celui-ci avait accepté de composer son ministère sous l'influence et selon l'inspiration de son prédécesseur (1). Un cabinet provisoire

(1) « Salandra vint chez moi en me priant de l'aider pour la constitution du ministère et surtout de persuader Di San Giuliano de conserver le portefeuille des affaires étrangères. » — *Giolitti*. — *Op. cit.*, vol. II, p. 511.

était ainsi celui qui devait décider de l'attitude de l'Italie, et par surcroît ce cabinet devait s'appuyer sur une majorité parlementaire toujours fidèle à son vrai chef : Giolitti.

Après les batailles de la Marne et de Tannenberg s'évanouit tout espoir d'une décision rapide du conflit, et ainsi s'imposa au premier plan l'importance des forces italiennes. On assista alors à une véritable invasion de la propagande des deux groupements opposés, dans le but de provoquer l'intervention de l'Italie ou de s'assurer sa neutralité. Je ne veux pas rappeler ici les phases de la lutte déchaînée par la propagande des deux parties belligérantes au sein du peuple italien. Au milieu de cette lutte, le gouvernement par sa politique ambiguë, chancelante, dépourvue de sincérité, ne se montra ni suffisamment *égoïste* pour marchander à bon prix l'intervention, ni suffisamment *idéaliste* pour donner une marque de grandeur au revirement de la politique extérieure nationale.

Pour évaluer l'influence des événements de 1915 sur les développements successifs de l'organisation intérieure de l'état italien, il faut distinguer l'action respectivement exercée, soit par les pouvoirs constitutionnels de l'état, soit par le pouvoir irresponsable des groupements révolutionnaires.

Depuis la déclaration de neutralité et depuis l'affirmation imprudente et mesquine du *sacro egoismo*, le gouvernement était dominé par la crainte d'une conclusion rapide de la guerre, qui empêcherait l'Italie d'influer par sa force sur la décision du conflit. Giovanni Giolitti n'était pas du même avis : il estimait, au contraire, que la guerre ne prendrait pas fin avant trois ans. Par conséquent il préconisait une tactique de temporisation, et il déclarait qu'on ne devait pas exclure *a priori* la possibilité d'obtenir par voie pacifique les buts nationaux, que d'autres voulaient conquérir par la force des armes. La majorité parlementaire connaissait la pensée de Giolitti, et s'y ralliait entièrement. Il s'ensuivit que le cabinet, qui voulait se détourner de cette direction, fut obligé de développer son action diplomatique indépendamment des votes du Parlement, et de masquer son attitude en face des Chambres par des déclarations toujours vagues et ambiguës.

Une pareille situation ne pouvait pas évidemment se perpétuer. Les tractations, que le gouvernement entretenait simultanément avec les deux parties belligérantes, ne pouvaient se prolonger éternellement. Une fois que le cabinet s'était engagé sur la voie des tractations, il devait tôt ou tard se décider : ou accepter le prix d'une neutralité absolue, ou hâter l'intervention. Dans les deux cas il devait se présenter aux Chambres, soit pour la ratification du traité qui accordait à l'Italie les tèrritoires détachés de l'Autriche, soit pour l'octroi des crédits pour les dépenses de la guerre.

Au courant du mois d'avril 1915 le gouvernement signa avec les puissances de l'Entente le Traité de Londres, en vertu duquel l'Italie s'engageait à entrer en guerre avant le 26 mai. Mais pour entrer en guerre il fallait demander au Parlement l'octroi des crédits nécessaires ; et pour en obtenir le consentement il fallait convaincre le véritable chef de la majorité parlementaire de la valeur et de l'opportunité de la convention de Londres. Etant donné que celle-ci, à la suite des engagements formels des parties contractantes, devait demeurer secrète, il fallait détourner de sa ligne de conduite le chef de la majorité parlementaire, sans lui communiquer le texte de la convention.

L'opinion publique autant que la majorité parlementaire comprirent, dès la deuxième quinzaine du mois d'avril, que le gouvernement était en train de prendre — ou bien qu'il avait déjà pris — une décision favorable à l'intervention. Giolitti, tout en ignorant les engagements formels contractés à Londres (1), tenta un effort suprême pour le triomphe de sa thèse et se rendit à Rome à la veille de la reprise de la Chambre. Le lendemain de son arrivée à la capitale, des billets et des lettres de plus de trois cents députés, qui se déclaraient d'accord avec son attitude, témoignèrent que la majorité de la Chambre élective appuyait l'attitude de l'ancien chef du gouvernement.

En face d'une situation parlementaire si claire, Salandra devait démissionner. Il était imposé à la Couronne ou bien d'appeler au pouvoir celui qui avait démontré avoir la confiance de la majorité, ou bien de dissoudre la Chambre et de demander au pays la solution du différend. C'étaient en réalité les deux seuls moyens qui donnaient la possibilité d'une solution constitutionnelle du conflit entre le Gouvernement et la Chambre. Malheureusement ni l'un ni l'autre ne permettaient d'observer l'engagement d'intervention à date fixée, qu'on avait pris si légèrement envers les puissances de l'Entente.

Restaient seuls les moyens extra-constitutionnels : ou le coup d'état de la monarchie, ou la pression révolutionnaire sur le Parlement. La Couronne pouvait dissoudre la Chambre, déclarer la guerre et pourvoir par des décrets-lois aux dépenses nécessaires, sauf la ratification de la nouvelle Chambre, qu'on aurait ainsi placée en face du fait accompli. Autrement elle pouvait plier le Parlement à la thèse du cabinet, et lui imposer un vote contraire

(1) GIOLITTI. — *Op. cit.*, vol. II, p. 539 à 542. — VINCENZO NITTI. — *L'Opera di Nitti.* — Turin, 1924, p. 70.

à son opinion, par la pression extra-légale des masses révolutionnaires.

On choisit malheureusement la pire parmi les deux solutions anti-constitutionnelles. La foule des grandes villes, surexcitée par les chefs interventistes les plus révolutionnaires, fut déchaînée contre le Parlement, qu'on accusa ouvertement de trahison et de connivence avec l'étranger. Les démissions du cabinet, les discours de D'Annunzio à Rome, de Mussolini et de Corridoni à Milan, les excitations ouvertes au renversement du Parlement poussèrent le trouble au comble. Le Roi refusa d'accepter la demission du cabinet Salandra, et la Chambre contrainte ainsi par les menaces de révolution et d'exécutions sommaires, plia. Elle concéda les pleins pouvoirs au gouvernement pour la durée de la guerre ; elle approuva la politique d'intervention.

Je pensais alors — et je pense maintenant — que l'Italie ne devait pas se tenir à l'écart de la lutte, et qu'elle n'aurait pas réussi à maintenir sa neutralité pendant toute la guerre. Je pensais, et je pense, que traditions, intérêts, sentiments poussaient l'Italie à se placer aux côtés des puissances de l'Entente, dans le but de s'opposer à l'établissement de toute hégémonie continentale en Europe. Je crois aussi que, malgré le manque de préparation militaire, dont ceux-là mêmes qui devaient décider du sort de l'Italie n'avaient aucune idée, on ne pouvait pas retarder l'intervention. En continuant de s'abstenir on aurait hâté la chute de la Russie lorsqu'on ne pouvait encore ni espérer ni prévoir l'intervention de l'Amérique ; en un mot, on aurait assuré la victoire des Empires centraux.

L'Italie devait intervenir, et cela sans tarder. Mais l'action des politiciens responsables de la politique de l'état devait être bien différente !

Il fallait conduire à la guerre un peuple uni et prêt aux lourds sacrifices réclamés par la lutte. Il fallait par conséquent que les gouvernants ne sèment pas à pleines mains les germes d'une discorde, aujourd'hui pas encore oubliée (1) ; il fallait qu'ils ne se trompent pas eux-mêmes, et qu'ils ne trompent pas le peuple, en faisant croire en des victoires faciles et imminentes. Il fallait surtout ne pas sacrifier à la réussite d'un plan politique contingent la sûreté du régime constitutionnel, l'existence même des institutions représentatives.

(1) Antonio Salandra, dans un discours prononcé au Capitole après la déclaration de guerre, parla de « contacts coupables avec l'étranger », de « millions mal dépensés par les Allemands ». Le désir du succès oratoire lui fit prononcer une véritable invective contre tous ceux qui n'avaient pas suivi sa ligne politique, et cela au moment même où on aurait du reconstruire l'*union sacrée*.

Sans doute, les hommes d'état de 1915 ne prévirent pas les conséquences qui pouvaient se dérouler de l'action anti-constitutionnelle et de la campagne anti-parlementaire des révolutionnaires interventistes. Mais ceci ne constitue pas une justification, car gouverner c'est surtout prévoir. Ils auraient dû au moins s'apercevoir de la profonde antithèse de leur système et de celui qu'avait suivi constamment Cavour, dont ils se proclamaient les continuateurs. Leur devoir fondamental était de ne pas créer une situation, dont ils ne pourraient se dégager qu'au prix de la violation du Statut et de l'avilissement de la représentation nationale.

Quoi qu'il en soit des responsabilités, il est certain que les conséquences de l'action antiparlementaire des révolutionnaires furent extrêmement fâcheuses et pénibles. « Le jour où l'on » jugea licite et glorieux l'assaut au Parlement, la contrainte des » délibérations de la représentation nationale, la calomnie atroce » contre un ancien Président du Conseil, cousin du Roi, le complot » pour son assassinat et la glorification de cet exploit, la pression » de la rue sur les pouvoirs responsables en vue de leur arracher » une décision de vie ou de mort pour la nation, ce jour-là les » tendances anarchistes, toujours profondément enracinées dans » les bas-fonds de l'âme italienne, furent tout à coup portées en » triomphe au grand soleil ; elles furent officiellement consacrées » comme une méthode de lutte politique et comme un moyen de » gouvernement (1). » Elles sont bien fortes ces phrases ; mais elles ne sont nullement disproportionnées aux événements.

Dès le mois de mai 1915 on apprit au peuple italien que l'obtention du consentement de la majorité des représentants par la persuasion n'était pas le moyen le plus sûr de faire prévaloir un plan politique quelconque. On lui apprit qu'il suffisait d'ébranler les foules révolutionnaires des grandes villes pour obtenir que le Parlement se pliât à des décisions contraires à son opinion, et que la Couronne se contentât à l'égard de la constitution d'un respect formel, qui n'en masquait pas la violation effective.

Dès le mois de mai 1915 un nouveau pouvoir fut élevé à la dignité d'organe constitutif de l'état : la rue. Et celle-ci, forte de l'irresponsabilité de la foule anonyme, ne fut pas satisfaite de cette première brèche à la dignité et au pouvoir de la représentation nationale.

L'action extra-légale des révolutionnaires interventistes du nord et des grandes villes du centre de l'Italie put atteindre ses buts parce qu'elle ne rencontra aucune résistance sérieuse de la part de la Chambre des députés. Giolitti, pour ne pas découvrir la

(1) Luigi Salvatorelli. — *Nazionalfascismo*. — Turin, 1923, p. 34 à 40.

Couronne, dont il fut toujours un très fidèle conseiller, ne se lança pas dans un combat ouvert contre le ministère. La Chambre, dépourvue de son chef, ne réussit pas à retrouver en elle-même la force nécessaire pour revendiquer le droit contre le fait, pour défendre sa dignité outragée, pour se sacrifier.

Se sacrifier? Pourquoi, pour quel but? N'avait-on pas enseigné par une pratique de gouvernement désormais traditionnelle qu'il n'existait pas d'idéal auquel se sacrifier ; que la seule loi politique digne d'être suivie, c'était la recherche de l'utilité contingente? L'abdication de la représentation nationale en face des séditions menaçantes de la foule n'était que la conséquence naturelle et la conclusion logique du système politique du compromis.

Les gouvernements de guerre.

L'intervention dans la guerre, imposée par l'audace d'une minorité à la majorité contraire ou indifférente, accentua les dissensions intérieures du peuple italien. « On eut alors la sensation que » toutes les forces, qui avaient pendant quinze ans dirigé l'état, » venaient de l'abandonner précipitamment, et qu'à une minorité » audacieuse et hétérogène, qui allait des nationalistes aux socia- » listes interventistes, venait d'être confiée la lourde charge de con- » duire la guerre (1). »

La déclaration de guerre n'étouffa pas la lutte entre interventistes et neutralistes ; elle engendra l'opposition acharnée et parfois absurde des socialistes autant que la dédaigneuse inaction des giolittiens. Aucun des ministères formés pendant la guerre ne posséda la force nécessaire pour dompter le mécontentement du Parlement, et tous les cabinets durent se résigner à convoquer les Chambres le moins fréquemment possible. Aucun Parlement des états belligérants ne siégea plus rarement que le Parlement italien, et ne disposa de moins d'influence sur le déroulement de l'action diplomatique et militaire du pays. On confia par la loi du 22 mai 1915, n° 671, les pleins pouvoirs au gouvernement pour la durée de la guerre, et le gouvernement, usant et abusant de cette délégation, s'en servit aussi pour régler nombre de rapports de droit privé, qui ne se rattachaient nullement aux buts en vue desquels la délégation avait été donnée.

La majorité de la Chambre se vengea du chantage, dont elle avait été victime au mois de mai 1915, en renversant le cabinet Salandra au lendemain de l'offensive autrichienne sur le haut-plateau d'Asiago (Juin 1916). Le cabinet Salandra une fois ren-

(1) I. BONOMI. — *Op. cit.*, p. 67.

versé, étant donné que Giolitti se tenait toujours à l'écart des travaux parlementaires, on ne trouva pas l'homme auquel confier la charge du pouvoir. On choisit enfin Paolo Boselli, qui n'était indiqué pour les fonctions de chef du gouvernement que par le fait d'être le doyen de la Chambre. Il composa un cabinet de vingt et un ministres, outre une foule de sous-secrétaires d'état et de commissaires spéciaux ; mais la concorde n'avait pas sa place parmi tant de gens.

La politique intérieure fut plus chancelante qu'auparavant ; la faiblesse du gouvernement central devint chronique ; le Commandement suprême constitua au front un véritable gouvernement, indépendant de celui de Rome (1) ; les problèmes formidables de la production des engins de guerre et de l'organisation du ravitaillement ne furent ni abordés, ni résolus (2) ; l'esprit public à l'intérieur et le moral de l'armée au front empirèrent de plus en plus : Caporetto fut le résultat de la dictature parlementaire, le symbole de ce qu'il faut attendre d'une dictature quelconque, lorsque, pour n'importe quelle raison, va disparaître l'homme sur lequel s'appuient tous les pouvoirs.

« Le gouvernement ne savait pas où il voulait aller ; il était » bien naturel que l'armée ne comprit pas pourquoi elle devait » souffrir (3). » On trouve ici, dans cet aphorisme, la synthèse des causes, la description des aspects, la précision des conséquences de Caporetto. L'invasion autrichienne apprit à l'armée « pourquoi elle devait souffrir », sans que fût nécessaire l'emploi d'une discipline allemande pour retenir les combattants dans la tranchée. Quinze jours seulement s'étaient écoulés depuis Caporetto, que le soldat italien résistait sur la Piave. Six mois après il

(1) L'article 251 du Code pénal pour l'armée stipule que le général commandant en chef a le droit d'édicter des ordonnances (*bandi*), « qui auront force de loi dans l'étendue de son commandement ». Etant donné qu'on avait étendu le pouvoir du Commandement suprême sur une région comprenant deux tiers à peu près de l'Italie septentrionale, celui-ci s'attribua — par une interprétation extensive et arbitraire de la disposition de la loi mentionnée — le pouvoir d'édicter des ordres concernant tous les services de l'administration publique. Par conséquent on édicta des ordonnances de police, on ordonna la dissolution de nombre d'administrations locales, on organisa le ravitaillement selon des directives différentes de celles du gouvernement, on constitua aux côtés du Commandement un Commissariat pour les affaires civiles, puissant comme un ministère, qui relevait de l'autorité militaire et qui ne répondait pas de ses actes vis-à-vis du Parlement.

(2) Le ministère Boselli tomba à la suite du réquisitoire du député Francesco Saverio Nitti, prononcé pendant la séance du 20 octobre 1917. Nitti attaqua ouvertement le cabinet en blâmant son incapacité et son imprévoyance dans l'organisation de la production de guerre et dans la réglementation du ravitaillement.

(3) N. PAPAFAVA. — *Appunti Militari*. — Ferrare, 1921, p. 27.

battait son puissant adversaire dans la plaine et sur les collines de Trevise. Il commémorait par Vittorio Veneto l'anniversaire de Caporetto.

Pendant les jours sombres de la défaite la classe dirigeante avait promis solennellement aux combattants qu'un avenir meilleur les attendait après la victoire ; qu'on renouvellerait l'organisation de l'état en vue d'établir un gouvernement vraiment populaire ; que toute injustice économique du passé disparaîtrait ; qu'un soleil de paix et de prospérité surgirait enfin sur l'horizon de la Patrie.

C'était toute l'organisation étatique italienne, dont la faiblesse et l'insuffisance avaient été démontrées par l'écroulement du mois d'octobre 1917, qui demandait ainsi une sorte de jugement d'appel. La nation entière, en résistant à l'ennemi extérieur au lieu de renverser, comme en Russie, les responsables de la débandade, consentit un sursis.

Après avoir échoué en face des problèmes de la guerre, la classe dirigeante des cinquante dernières années se chargeait maintenant des problèmes de la paix. Un nouvel échec allait aboutir à sa défaite irréparable.

LA CONQUÊTE FASCISTE.

LA CRISE D'APRÈS-GUERRE. — D'ORLANDO A FACTA. — LE FAS-
CISME. — LE *coup de force* DU MOIS D'OCTOBRE 1922. — LA
LUTTE ENTRE LA CHAMBRE ET LE POUVOIR EXÉCUTIF.

La crise d'après-guerre.

En octobre 1918, alors que se brisait soudain la résistance
des Empires centraux, et que s'écroulait en même temps que son
établissement militaire l'organisation étatique de la Mittel-
Europa, on disait en Italie que « la paix avait éclaté ». En effet les
gouvernants — ou tout au moins la majorité d'entre eux —
furent pris au dépourvu par la paix en 1918, comme leurs prédécesseurs avaient été pris au dépourvu par la guerre en 1914.
En particulier, rien n'avait été prévu ni disposé pour la démobilisation la plus difficile : celle des esprits.

L'effort imposé à l'Italie par la guerre — en tenant compte de sa
capacité économique et démographique — avait été plus lourd
que les efforts imposés aux autres états de l'Entente, sauf la
Russie, qui d'ailleurs dès l'automne précédent avait fléchi sous
le poids de ses charges écrasantes.

Toutes les réserves humaines avaient été mobilisées. Ni la
sagesse des hommes d'état italiens lors de la conclusion du Traité
de Londres, ni l'esprit de solidarité des alliés, par une sorte de
mise en commun des moyens, n'avaient pourvu aux besoins de
l'économie nationale, et celle-ci ne périclitait pas moins que les
économies des pays vaincus. L'esprit public fatigué par un effort,
dont on n'avait jamais proclamé clairement le but final, passait
soudain du découragement à l'enthousiasme, de l'exaltation à
l'avilissement, frustré d'un bien-être dont on lui promettait
toujours la conquête prochaine, et qui toujours s'évanouissait
dans la brume d'un avenir incertain.

Pendant les quatre années de la guerre le peuple italien avait été soumis à des restrictions, dont son histoire récente n'enregistrait pas d'exemple si long et si complet. La France, en se rattachant à la tradition du merveilleux effort collectif accompli par elle sous le gouvernement de la première république, et l'Angleterre, se souvenant des sacrifices opiniâtrement supportés pendant les quinze années des guerres napoléoniennes, avaient idéalisé et sublimisé leur renonciation aux libertés individuelles.

L'Italie, au contraire, avait dû renouer la tradition de l'effort collectif par les sacrifices les plus lourds imposés à un peuple poussé à la guerre à contre-cœur, ou sans connaître les raisons et les buts du conflit. Cependant les Italiens, une fois vaincue la crise momentanée de faiblesse de Caporetto, supportèrent tout, tolérèrent tout, jusqu'à la suspension des garanties de la liberté personnelle, à laquelle aboutit en fait le décret Sacchi contre le défaitisme, d'une analogie frappante avec la *loi des suspects* de la Révolution (1).

L'effort et les compressions provoquèrent une réaction, qui se déchaîna dès que furent libérés les territoires envahis de la Vénétie, et dès qu'eût disparu tout danger pour l'indépendance nationale. Ceux qui avaient souffert, voulurent enfin jouir ; de même que ceux qui n'avaient pas souffert voulurent perpétuer leurs jouissances. Ceux qui avaient servi, voulurent enfin commander, de même que ceux qui n'avaient jamais obéi, voulurent encore commander. Les lois restrictives, imposées au pays pendant la guerre, retardaient la satisfaction de ce désir immodéré de jouissance et de liberté : on en demanda l'abolition. Mais bientôt on s'en prit aussi aux autres lois, aux lois qui garantissaient la sûreté de l'organisation sociale et son évolution graduelle. Elles n'étaient que des entraves, qu'on voulait briser, comme on avait brisé la résistance de l'envahisseur sur la Piave ou sur le Grappa.

La lenteur des mesures gouvernementales, le manque de sensibilité politique chez les hommes qui régirent la nation au lendemain de l'armistice ; les désenchantements de la « victoire mutilée » succédant à la rhétorique de l'impérialisme facile du mois de novembre 1918, aux enthousiasmes wilsoniens du mois de décembre et à l'exaltation fiumaine du printemps 1919, rendirent plus aiguë cette crise morale, qui affecta en ce temps-là toutes les classes de la nation.

(1) Décret-loi du 4 octobre 1917 n° 1561, ordinairement appelé « décret Sacchi », du nom du ministre qui le proposa. En vertu de ce décret, maints citoyens furent déportés dans les camps de concentration, et souvent — comme il arrive toujours lorsqu'on applique des lois extraordinaires — les dispositions contre le défaitisme servirent aux vengeances politiques ou aux rancunes personnelles.

Tout le monde était mécontent : les officiers de l'active, que l' « éclatement de la paix » avait privés de l'espoir de trouver dans leur sac le bâton de maréchal ; les jeunes officiers de la réserve obligés de reprendre leurs études ou la routine du travail quotidien ; les profiteurs de guerre, maîtres-chanteurs pour lesquels se terminait la période des « vaches grasses » des contrats avec l'état ; les combattants, qui ne voyaient se réaliser aucune des vastes promesses, dont la propagande de guerre les avait imprudemment nourris....

Dans tous ces milieux fermentaient ces idées de violence, d'action directe, de justice subjective, qu'on avait enseignées aux combattants comme autant d'idées-forces dans le but de vaincre un puissant adversaire. Les énergies, qu'on n'avait pas dépensées dans la lutte contre l'ennemi extérieur, on estima pouvoir les employer à faire triompher à l'intérieur sa propre conception personnelle de la justice.

Un pareil déchaînement anarchique se vérifia chez tous les peuples belligérants ; mais il fut plus aigu en Italie et aussi dans les pays vaincus, dont aucun ne réussit à se soustraire aux tentatives d'établissement du régime bolcheviste.

En Italie, ni la tradition d'un glorieux passé libéral, ni le génie d'un véritable homme d'état ne ramenèrent les esprits mécontents à une vision plus réaliste des problèmes de la vie politique, intérieure et extérieure. Les illusions se répandirent et s'enracinèrent plus profondément qu'ailleurs. Le respect et l'idée même de la loi s'obscurcirent pendant les pénibles développements de la crise. La lutte contre l'état apparut comme un devoir pour les chefs, autant qu'un besoin pour les masses. On alla jusqu'au grotesque — compagnon coutumier des exagérations — lorsqu'on menaça de la grève générale le maintien de l'heure d'été, expérimentée sous d'autres latitudes comme favorable à la réduction de la consommation.

Les organisations ouvrières firent de la grève un usage très fréquent, peut-être pour réaffirmer avec force un droit qu'elles n'avaient pu exercer pendant les années de la guerre. D'ailleurs ce furent souvent les patrons eux-mêmes qui la provoquèrent, soit pour sortir de la crise de ravitaillement des matières premières, soit pour s'imposer à l'état en vue d'en obtenir des protections douanières, des subsides, des privilèges.

Seule une très petite minorité eut le courage de réagir contre cette mentalité anarchiste, sans trouver souvent aucun appui, aucune faveur chez ceux qui devaient exécuter et faire respecter la loi.

La vieille classe dirigeante, éduquée à l'école du compromis, ne comprit d'abord ni l'étendue, ni la signification de la crise ; elle espérait encore endiguer les débordements par les expédients habituels de police. Lorsqu'enfin elle se rendit compte que la masse des mécontents visait désormais les institutions fondamentales de l'état, elle n'eut pas la capacité de concevoir un plan de défense active des institutions, et bien moins la force de l'exécuter. Elle se borna à gérer provisoirement les affaires publiques, en attendant la venue d'un sauveur quelconque. La haute finance et la grande industrie développèrent un jeu savant d'équilibre entre les différentes tendances révolutionnaires, se souciant surtout de maintenir l'influence politique, qu'elles avaient conquise pendant la guerre. La bourgeoisie, la petite bourgeoisie, qui manquait par la faute de son éducation positiviste d'une conscience robuste et d'une culture sérieuse, demeura impuissante en face des événements. Ce parti même, dont la destinée était de capter le pouvoir grâce aux forces de la bourgeoisie, se borna à égaler l'extrémisme des plus extrémistes ; à soutenir toute grève par le fait seul qu'elle était déchaînée par des ouvriers ; à mépriser toute tentative de reconstruction de l'ordre, par le fait seul qu'elle émanait de l'état (1).

La même incapacité se révéla du côté prolétarien. Filippo Turati fut le seul parmi les chefs socialistes, qui, appuyé par un petit noyau de fidèles, s'efforça de faire entendre la voix de la réalité, de démontrer aux mécontents qu'il ne suffisait pas de détruire, mais qu'il fallait construire, de formuler les lignes fondamentales d'une organisation franchement démocratique. Malheureusement sa voix fut étouffée par les clameurs de ceux qui promettaient la révolution à échéance fixée, ou qui l'escomptaient de l'arrivée des armées bolchevistes en occident.

« La bourgeoisie italienne n'offrait au pays ni idées, ni pro-
» gramme. La classe ouvrière s'insurgea contre elle au nom des
» nécessités mêmes de la reconstitution nationale. Incapable
» la bourgeoisie, impuissant le prolétariat. Le socialisme maxi-
» maliste fut le résultat chaotique d'une faiblesse et d'une folie ;
» mais personne ne peut contester qu'il fut le premier à démontrer

(1) Toutes les grandes grèves de 1919 et de 1920, y compris celles des agents et fonctionnaires des services publics, furent appuyées ouvertement par le *Popolo d'Italia* et par les faisceaux de combat ; voir la grève des cheminots des réseaux secondaires (mai 1919), des instituteurs (juin 1919), des cheminots de l'état et des agents de P. T. T. (janvier 1919). Les faisceaux organisèrent au mois de février 1919 une grève des métallurgistes pour obtenir la semaine de 44 heures, au lieu de la semaine de 48 heures, et la première occupation des fabriques fut dirigée au mois de mars 1919 (Etabliss. Gregorini à Dalmine, prov. de Brescia) par l'organisation fasciste *Unione Italiana del Lavoro*.

» l'incapacité et le délabrement moral des classes dirigeantes (1). »

L'incapacité et le délabrement moral des classes dirigeantes ne furent pas dévoilés seulement par les deux mouvements révolutionnaires, socialisme-maximaliste et fascisme qui, tour à tour, essayèrent leur expérience. Il y eut un troisième courant — le popularisme — qui, tout en démasquant la déchéance de la classe politique italienne, s'opposait tant au socialisme maximaliste, qu'au fascisme. Son programme était le plus révolutionnaire en tant qu'il visait la réforme des bases mêmes de l'organisation politique existante ; mais sa tactique était essentiellement conservatrice en tant qu'elle repoussait toute tentative de subversion instantanée.

La tactique de réalisations graduelles, que le parti populaire adopta dès qu'il organisa les forces des catholiques italiens dans le champ politique, imprima un caractère *centriste* à son action, éloignée du subversivisme de gauche autant que du subversivisme de droite, tous deux également contraires à la tradition italienne.

Les projets de renouvellement radical, énoncés dans son programme et renfermés dans ses prémisses philosophiques, permirent au parti populaire d'exécuter ce que les tacticiens de la guerre appellent *la défense active* d'une position. Il s'ensuivit que ce parti, organisé au lendemain de la guerre au nom d'une idée et d'une tradition millénaires, constitua la seule force vraiment conservatrice au sein de la société italienne d'après-guerre, la seule qui eut en elle la capacité de ramener la multitude des mécontents et des égarés à la réalité et aux conceptions immuables du droit.

C'est pour cette raison qu'en esquissant cet essai — qui en ce moment revêt aussi le caractère de mémoires personnels — je ne puis étouffer un sentiment d'orgueil pour avoir appartenu à ces populaires, auxquels la Providence réservait le sacrifice comme récompense de leur effort pour protéger, contre toute tentative révolutionnaire, la tradition catholique et démocratique de l'Italie.

D'Orlando à Facta.

Lorsque la paix éclata, Vittorio Emanuele Orlando présidait le Conseil des ministres. Il ne prévit pas la profondeur de la crise spirituelle qui allait secouer le pays, et ne songea pas à exploiter les premiers enthousiasmes de la victoire pour renouveler la Chambre élective, dont les pouvoirs étaient arrivés à échéance,

(1) M. MISSIROLI. — *Una Battaglia Perduta.* — Milan, 1924, p. 239-240.

selon le Statut, au lendemain de l'armistice de Villa Giusti. Il jugea bon d'ajourner les élections à la démobilisation complète, ou peut-être à la signature du traité de paix. Mais les déceptions dans l'affaire de Fiume rendirent plus aiguë cette crise, qu'on avait espéré étouffer sous les lauriers des victoires diplomatiques. Le désarroi d'une diplomatie incertaine et flottante fit empirer de plus en plus la situation, et le ministère dut bientôt démissionner.

Francesco Saverio Nitti, qui dirigea l'un après l'autre trois ministères (juin 1919-juin 1920), dut défendre l'état attaqué ouvertement par les extrémistes de droite et de gauche : par les nationalistes, qui se proposaient de *fiumaniser* l'Italie, et par les socialistes maximalistes, qui voulaient la *russifier*. Jamais homme politique italien ne prit le pouvoir dans des circonstances aussi tragiques. Au mois de juin 1919 la crise intérieure atteignit son paroxisme. Les extrémistes de droite et de gauche, ne possédant pas dans la Chambre une représentation proportionnée à leurs forces, menaient une campagne ouvertement antiparlementaire. Les troubles de juillet, provoqués par le renchérissement de la vie, éclatèrent lorsque le retour des démobilisés rendit plus aiguë la crise de chômage, et on put craindre qu'ils préludaient à la dissolution complète de l'organisation de l'état. Le 12 septembre 1919 la marche de D'Annunzio sur Fiume, exécutée par des corps entiers de l'armée régulière et favorisée par les autorités militaires, fit douter de la fidélité même des forces armées de la nation.

Nitti est encore aujourd'hui l'homme le plus discuté de la période d'après-guerre. Il est pourtant difficile de juger de son action avec impartialité ; et le jugement le plus objectif risque toujours d'être blâmé. Par conséquent je me bornerai à exposer deux observations sur l'œuvre de cet homme d'état.

Tout d'abord on doit reconnaître qu'il ne manquait ni de talent, ni d'esprit patriotique. Nitti était le seul, parmi les hommes de la démocratie libérale d'avant-guerre, à pouvoir prétendre au titre *d'homme d'état* grâce à la complexité de sa préparation. Mais lui aussi échoua dans ses tentatives pour relever le prestige de la classe dirigeante italienne et rétablir la confiance dans les institutions politiques existantes.

Son esprit, bien qu'innovateur et audacieux, n'était pas suffisamment hardi pour arracher les masses aux partis révolutionnaires et les rallier à un programme de reformation graduelle. Il subit la réforme électorale proportionnaliste au lieu de la vouloir. Il la subit surtout parce qu'elle était appuyée par ces groupements conservateurs qui, avant les élections du mois de novembre 1919 comprenaient que la représentation proportionnelle seule pouvait sauver le pays d'une majorité socialiste à la Chambre (1). Il comprit trop tard que dans le parti populaire résidait la seule force radicalement réformiste, capable d'empêcher une révolution ; et que la politique digne de celui qui voulait renouveler Cavour était de se servir du parti populaire pour cristalliser autour de lui une majorité parlementaire hardiment démocratique et, par ce fait même, foncièrement anti-révolutionnaire (2).

En outre on ne doit pas oublier qu'il aborda le premier le problème de l'assainissement financier, qu'il contremanda une folle expédition militaire en Géorgie déjà décidée par ses prédécesseurs, et surtout qu'il étaya les premières défenses de l'état. S'il ne réussit pas à contraindre les citoyens à l'obéissance et à la discipline, de sorte que au lendemain de la chute de son troisième ministère les extrémistes de gauche livrèrent le combat le plus acharné contre l'autorité et l'ordre social, son action réussit cependant à ralentir la marche des groupements subversifs, à faire desserrer l'étreinte des forces anti-étatiques, à donner du temps pour mieux organiser la défense ; et dans la politique, de même qu'en guerre, le temps est souvent l'élément décisif du succès.

Pendant les élections du mois de novembre 1919, il assura la liberté de vote et se refusa à employer les supercheries habituelles aux gouvernements d'avant-guerre. Il obtint ainsi que la passion et le mécontentement s'exprimèrent dans la forme la plus constitutionnelle, celle du vote. Le parti socialiste eut 156 sièges dans la nouvelle Chambre, au lieu des 40 dont il disposait dans la législature précédente ; mais la liberté de mouvement de ses adhérents fut ainsi définie par les normes constitutionnelles, et le parti entier fut placé en face d'un dilemme : ou assumer directement les responsabilités du gouvernement, ou se condamner au suicide. Le danger d'une révolution bolchéviste disparut le jour où l'on obtint que la foule des mécontents envoyât ses représantants au Parlement.

La *crise de l'état* était déjà résolue à la fin de 1919 ; restait à résoudre la crise du Gouvernement et du Parlement.

Les vieux groupements politiques avaient accepté la représentation proportionnelle pour conserver leur suprématie, sans comprendre la valeur de la réforme et les devoirs que leur imposait le nouveau système. En face des deux parties de masses — socialiste et populaire — qui comptaient 251 représentants disci-

(1) VINC. NITTI. — *Op. cit.*, pp. 109 à 140.
(2) I. BONOMI. — *Op. cit.*, p. 85.

plinés et compactes, les 257 autres perpétuèrent leur ancien
fractionnement et se divisèrent en huit groupements (1), démen-
brés eux aussi par des dissensions intérieures.

Pour résoudre la crise du Parlement et du Gouvernement il
fallait unifier ces groupements, ou bien les rallier à l'un des deux
grands partis organisés. Les efforts de Nitti visèrent à l'unification ;
mais ses tentatives échouèrent à cause de l'intransigeance des
vieux politiciens, dont l'intelligence était rebelle à la compréhension des nouveaux problèmes issus de la guerre.

La vie politique italienne de 1919 à 1922 se résuma en une
suite d'essais en vue de résoudre la crise du Gouvernement et
du Parlement. Chaque tentative aboutit à un échec, et la crise,
ne trouvant jamais de solution se fit de jour en jour plus aiguë.
Nitti, Giolitti, Bonomi, avec leurs expériences successives qui
semblaient s'inspirer de méthodes différentes et sous certains
aspects contradictoires, marquèrent les étapes de ces défaites
ininterrompues. Les deux ministères présidés par Facta ne se
réclamèrent d'aucune méthode nouvelle, sauf si on considère que
l'absence de tout programme constitue lui aussi une méthode.

Lorsque le ministère Nitti tomba, écrasé par les responsabilités
formidables qu'il avait assumées, l'opinion publique espéra que
le système politique de Giolitti pourrait redonner de l'autorité
au pouvoir exécutif et rétablir le fonctionnement régulier des
organes législatifs. Le cabinet Giolitti (juin 1920-juillet 1921) fit,
au contraire, ressortir l'insuffisance des expédients de la tactique
d'autrefois, en face de la situation tragique du pays.

L'homme d'état piémontais prétendit tirer toutes les conséquences logiques de son attitude neutraliste de 1915. Il fut
dominé par l'idée fixe d'une « *reconstitution*, qui n'accepterait
» de la guerre que l'incontestable donnée économique — le dom-
» mage économique, — dont on pouvait effacer les conséquences
» par les vieux expédients de la lésine et de la réduction des
» dépenses (2) ». Il estima que l'autorité du Parlement serait
rétablie par une simple réforme de l'article 5 du Statut (3) modifié
comme suit : aucun traité ne sera valable sans l'assentiment des

(1) Démocratie libérale (Orlando, Giolitti, Facta), Démocratie italienne
(Nitti), Démocrates indépendants, Démocrates libres, Libéraux-démocrates
(Salandra), « Rinnovamento » (Salvemini, Gasparotto), Socialistes réformistes
(Bonomi). Parmi les députés rangés dans ces groupements il y en avait plusieurs
qui représentaient aussi des *partis d'action* de caractère régional, qui avaient
obtenu maints votes en Sardaigne et dans le Molise.

(2) M. MISSIROLI. — *Op. cit.*, p. 228.

(3) L'article 5 du Statut stipule que « au Roi seul appartient le pouvoir exécutif.
» Il est le chef suprême de l'Etat ; il commande les forces de terre et de mer ; il
» déclare la guerre ; il conclut les traités de paix, d'alliance, de commerce, etc. »

deux Chambres ; la guerre ne pourra être déclarée sans leur approbation préalable (1).

Aux émeutes provoquées par les socialistes il n'opposa que sa vieille tactique du laissez-faire (2), et ce n'est pas de sa faute si les dissensions socialistes énervèrent le mouvement inauguré par l'occupation des usines, et l'empêchèrent d'aboutir à tous ses développements révolutionnaires. Conformément à sa tactique traditionnelle, il favorisa le fascisme, regardé par lui comme un simple mouvement de réaction anti-socialiste. Il tâcha de s'en servir pour équilibrer par ses intempérances les exagérations des extrémistes de gauche, et il crut avoir enlevé tout caractère révolutionnaire à son action, en favorisant la nomination d'une trentaine de députés fascistes aux élections du 15 mai 1921 (3).

Grâce à sa grande influence sur les socialistes, il réussit à supprimer la dépense annuelle de six milliards pour le maintien du *prix politique* du pain. Ce fut là un pas décisif sur la voie du rétablissement de l'équilibre budgétaire (4). Mais il ne comprit jamais qu'au mois de mai 1915 une tradition politique avait été brisée, que la guerre et la crise d'après-guerre avaient hâté la fin de ce système, dont lui-même était la personnalité la plus marquante.

Le cabinet présidé par Ivanoe Bonomi (juillet 1921-janvier 1922) s'efforça de s'assurer une majorité parlementaire en s'appuyant davantage sur les populaires. Mais il n'arriva pas à constituer du bloc des 105 députés populaires le centre actif de la coalition ministérielle, et par conséquent l'alliance ne devait pas être loyale et durable entre le parti populaire et les groupements de la vieille démocratie (5). Le cabinet Bonomi ne fut donc rien

---

(1) GIOLITTI. — *Op. cit.*, vol. II, p. 564.

(2) « Cet épisode (l'occupation des usines) n'était pour moi qu'une répé-
» tition, sous d'autres formes et dans d'autres conditions, de la fameuse expérience
» de la grève générale de 1904, qui avait suscité bien des épouvantes et qui bientôt
» avait démontré son impuissance. » — GIOLITTI. — *Op. cit.*, vol. II, pag. 598.

(3) « A la suite de ces élections le parti fasciste entra au Parlement avec une
» équipe d'une trentaine de députés. Pour ma part, j'estimais que la chose était
» bonne, car le fascisme, qui constituait désormais une force réelle dans le pays,
» devait avoir sa représentation au Parlement, selon mon ancienne conception
» que toute force du pays doit être représentée au Parlement, et y trouver son
» expression. » — GIOLITTI. — *Op. cit.*, vol. II, p. 610.

(4) Voici la thèse démagogique qu'on soutenait contre cette abolition : Il faut
que celui qui possède le plus paie, et qu'on « maintienne le prix actuel du pain
» pour ceux qui ne possèdent rien ». — MUSSOLINI. — *Popolo d'Italia*, num. du
8 juin 1920.

(5) « .... dans la coalition, imposée par la situation parlementaire, il n'y avait
» aucune idée-force, qui pouvait cimenter le cartel des partis du gouvernement...
» L'union des populaires et des gauches démocrates n'était rien de plus qu'un
» mariage de convenance, avec toute la froideur, toutes les suspicions, toutes les
» brouilles propres à de pareilles unions. » — BONOMI. — *Op. cit.*, pp. 99 et 100.

de plus qu'un de ces ministères « qui se succédèrent en Italie
» depuis 1861, et dont le rôle était de gouverner le moins mal
» possible, de conserver autant que possible l'unité de l'état
» grâce à un équilibre parlementaire, facile pendant les périodes
» normales, très difficilement réalisable au moment du choc des
» forces sociales d'après-guerre (1) ».

Les groupements toujours favorables à Giolitti mirent en
échec, au mois de janvier 1922, le cabinet Bonomi, dans l'espoir
que l'accroissement du malaise intérieur inciterait tous les partis
à favoriser le retour au pouvoir du dictateur pacifique d'avant-
guerre. On a raison de croire que la Couronne aussi désirait le
retour de Giolitti. En effet, lorsque le parti populaire, en refusant
son appui à tout cabinet présidé par Giolitti, prit sur lui de résoudre la crise ministérielle, la Couronne ne comprit pas que la
tradition constitutionnelle l'obligeait de confier à un homme du
parti populaire la formation du nouveau cabinet, ou peut-être
elle jugea bon de passer outre à la coutume parlementaire (2).

Le parti populaire et son secrétaire politique — Don Luigi
Sturzo — ne poussèrent pas la lutte à fond, jusqu'à découvrir
la responsabilité de la Couronne. Il est certain, cependant, que la
bataille, qui se livra de la fin du mois de janvier au commencement du mois de février 1922, fut une véritable bataille constitutionnelle, et que ce fut seulement la jeunesse du parti populaire,
sa tactique anti-révolutionnaire, les préjugés et les dissensions
des partis de gauche qui ne permirent pas que cette lutte aboutît
à ses extrêmes conséquences logiques.

Luigi Sturzo, témoin de l'échec de toutes les tentatives des
vieux partis en vue de former une majorité et d'assurer la stabilité
du Cabinet, estima qu'il fallait essayer désormais les remèdes
radicaux. La Chambre devait elle-même indiquer le Président
du Conseil, soit par ses votes, soit par les délibérations des
partis, dont l'existence venait d'être reconnue par le nouveau
règlement intérieur (3) ; et le Président du Conseil devait former

(1) V. G. GALATI. — *Religione e politica*. — Turin, 1925, p. 112.

(2) « Il est indiscutable que Giolitti ne pouvait absolument pas compter sur
» une majorité parlementaire quelconque. Au contraire, presque tous les person-
» nages consultés par le Roi avaient désigné Giolitti, comme le seul homme
» réellement capable de constituer un ministère. Le fait est si vrai, que Giolitti
» fut plusieurs fois obligé de déclarer qu'il n'acceptait pas cette mission. Le Roi
» cependant s'arrêta au nom de Giolitti, et insista pendant huit jours. Ainsi
» devenait évidente la volonté de la Couronne de revendiquer sa prérogative
» contre la volonté du Parlement et contre un groupement de la Chambre, qui
» était bien décidé à ne pas céder sur trois questions : *le veto* contre Giolitti,
» le critère de distribution des portefeuilles, la désignation de ses représentants
» au sein du cabinet. » — MISSIROLI. — *Op. cit.*, p. 233.

(3) Règlement de la Chambre des députés du 6 août 1920.

son ministère selon les ententes passées entre les groupements de la coalition gouvernementale. La Couronne devait se borner à confirmer la désignation de la Chambre en confiant *formellement* à l'élu la charge de constituer le Cabinet, et à sanctionner, par le décret de nomination, le choix accompli par le nouveau Président d'accord avec les partis gouvernementaux. Des cabinets soutenus par des majorités de caractère purement personnel, ou présidés par n'importe quel *homo regius* étaient ainsi rendus impossibles.

Sturzo n'eut pas l'appui spontané et conscient des groupements démocratiques de la Chambre : les gauches étaient encore profondément divisées par des rivalités personnelles ; les socialistes restaient paralysés à cause de leurs préjugés anti-collaborationnistes : personne ne comprit la portée remarquable de ce conflit.

Toutefois l'échec de la tentative ne lui enleva pas sa signification, et, en particulier, ne prouva pas son inopportunité, car il est certain que sa réussite aurait tracé le seul bon chemin à suivre pour redonner au Parlement de l'autorité et de la dignité en face de la nation.

Dans ces circonstances, la Couronne ne se préoccupa que de défendre ses prérogatives, auxquelles, d'ailleurs, elle avait renoncé depuis longtemps en faveur de l'oligarchie des politiciens. Si elle ne réussit pas à placer Giolitti à la tête du gouvernement, elle refoula cependant l'offensive du parti populaire ; et puisqu'il fallait résoudre n'importe comment la crise qui se prolongeait depuis trois semaines, elle se borna à confier la direction du gouvernement à un des lieutenants de Giolitti, au plus insignifiant d'entre eux, Luigi Facta. Neuf mois suffirent à celui-ci pour conduire le Parlement et le Cabinet au comble de l'avilissement.

Si quelqu'un demande aux Italiens de formuler un jugement synthétique sur l'action du ministère Facta, je crois que les Italiens, bien que divisés aujourd'hui par des dissensions profondes et par des rancunes très âpres, se trouveraient tout à fait d'accord sur cette question. Du mois de février au mois d'octobre 1922 le programme du gouvernement put se résumer en un mot : s'effacer. Et il s'effaça en effet avec une ténacité inébranlable...

Pendant le printemps et l'été, le parti fasciste organise publiquement son armée, au mépris des dispositions précises du Code pénal ; les journaux du parti publient les statuts de cette milice, qui imposent le serment de fidélité au chef de la faction ; des généraux de l'armée régulière participent ouvertement à la levée et à l'encadrement de la milice du parti. Le gouvernement ignore tout. Chaque jour on parle de la révolution prochaine ; on dresse les listes des citoyens qui, au moment donné, « ne pourront pas circuler » ; on rassemble des armes et des munitions. Le gouvernement ne s'aperçoit de rien. On multiplie les expériences de mobilisation ; aujourd'hui on occupe Parme, demain Bologne, le jour suivant Ferrare, ensuite Trevise, Trente, Bolzano, etc. ; ce sont des milliers de partisans qui défilent dans les rues des villes principales de l'Italie. Le gouvernement, selon la phrase caractéristique du Président, *nutre fiducia.*

Chaque dimanche le sang rougit les rues de n'importe quelle bourgade du nord ou du centre de l'Italie ; chaque jour ce sont des incendies ou des pillages ; l'action et la réaction, l'offense et la vengeance alternent dans une atmosphère surchargée de haine et de passions (1). Le gouvernement n'existe pas.

Un beau jour le Parlement se réveille et renverse cette fiction de gouvernement ; mais le jour suivant il n'arrive pas à enterrer les vieilles rivalités pour donner enfin un vrai gouvernement au pays. La crise se prolonge pendant une semaine, et le Parlement se résigne encore à cette *carence des pouvoirs.* Le parti fasciste organise aisément son *coup de force*, et, lorsqu'il déchaîne ses miliciens à l'attaque, le Président du Conseil s'incline aimablement devant son successeur et lui abandonne son fauteuil.

Ce dénouement était parfaitement logique. En 1915 le Parlement avait cédé à la rue. En 1922, à son tour, le Cabinet abdiquait. Tous deux avaient vécu grâce à la politique du compromis, sans réussir à se montrer sincèrement démocratiques ; le même système politique les entraîna tous deux à la plus piteuse abdication.

Le Fascisme.

Les groupements interventistes révolutionnaires, imposant en 1915 leur directive politique aux organes responsables de l'état, avaient dévoilé la faiblesse intime de l'organisation constitutionnelle italienne. Le souvenir de cette abdication momentanée se serait effacé, et la vie constitutionnelle du pays aurait repris sa marche habituelle, si les vaincus du mois de mai 1915 avaient racheté leur faiblesse par une conduite consciente et énergique de la guerre. Au contraire, les défauts de la direction de la guerre révélèrent que la crise du mois de mai 1915 n'était pas la consé-

---

(1) « J'ai voulu faire résumer et enregistrer le nombre des crimes politiques » commis du 15 août de cette année au 22 septembre — brève période de trente-» sept jours. Eh bien, 369 crimes furent commis, tous pour cause politique, » dont 75 homicides, 79 lésions corporelles volontaires, 74 violences punies par » l'art. 154 du Code Pénal, 104 destructions, 37 incendies... Sur 305 prévenus, » 100 sont inconnus. » — Discours de M. Alessio, ministre de la Justice au Conseil Supérieur de la Magistrature. — 16 octobre 1922.

quence d'une défaillance momentanée des individus, mais le résultat de l'effondrement irréparable d'un système. Les crises d'après-guerre rendirent plus marquante la démonstration de l'insuffisance des hommes et des institutions, et posèrent ainsi le « problème de la succession » de la vieille classe politique italienne.

Ces groupements, qui avaient déjà expérimenté leur force contre les organes du pouvoir législatif, furent tout naturellement amenés à réitérer leur tentative ; cette fois, non plus pour imposer leur volonté au regard d'un problème particulier, mais pour prendre eux-mêmes en mains la direction des affaires publiques. Déjà la méthode avait été découverte en 1915 ; il s'agissait seulement de la perfectionner, de l'adapter à un objectif plus lointain, de la pratiquer avec la même audace.

L'étiage de l'esprit public après la guerre invitait les révolutionnaires interventistes à développer leur action selon des directives, qui ne divergeaient nullement de celles adoptées par le socialisme maximaliste. Il s'agissait d'assembler les forces des mécontents et de les pousser à la conquête de l'état. Par conséquent il fallait exploiter les procédés communs de la démagogie, et ne pas reculer devant les moyens révolutionnaires les plus radicaux.

En 1919 les socialistes maximalistes l'emportèrent nettement sur les révolutionnaires interventistes, mais ce ne fut pas à cause des scrupules de ceux-ci à se livrer à la démagogie la plus effrénée. Les mécontents s'en prenaient surtout à la guerre, aux sacrifices qu'elle avait imposés, à ses conséquences économiques. Or, les révolutionnaires interventistes tout en surpassant leurs concurrents en exagération, ne pouvaient se justifier du reproche d'avoir voulu cette guerre, à laquelle on attribuait tous les dommages de la crise. Voilà la raison pour laquelle les faisceaux de combat, fondés au mois de mars 1919, ne réussirent pas aux élections de novembre 1919 à remporter un seul siège, tandis que 156 députés socialistes étaient élus par un million huit cent mille électeurs.

Les faisceaux de combat n'avaient pourtant oublié aucune réforme radicale dans leur programme, rédigé au mois de mars 1919 par Benito Mussolini, si toutefois on peut qualifier de *réformes* des propos de véritable subversion. Le programme fasciste de 1919 comportait la *svaticanizzazione* et la confiscation de toute propriété ecclésiastique, de même que la constitution de la république italienne. On demandait la convocation d'une « assemblée constituante italienne, conçue comme la section » italienne de la constituante internationale des peuples, en vue » de procéder à la transformation radicale des bases politiques et » économiques de la vie sociale » (art. 1).

La nouvelle république italienne devait être fondée sur la
« souveraineté populaire exercée par le suffrage universel égal
» et direct des citoyens des deux sexes, avec le droit du referendum
» et du veto populaire » (art. 2). Le pouvoir législatif devait être
confié à une seule Chambre, et le Sénat devait être aboli, comme
« limitation arbitraire et artificieuse de la souveraineté populaire »
(art. 3). Les fonctions exécutives de l'état devaient se limiter
« à la direction civile et politique de la vie nationale » (art. 2), sur
la base d'une décentralisation autant politique qu'administrative.
En outre on demandait « l'extirpation de la bureaucratie irrespon-
» sable » (art. 2), l'abolition de la police politique (art. 3) et l'introduction des juges électifs (art. 3).

Toutes les libertés étaient revendiquées, à savoir : les libertés
de pensée, de conscience, de religion, d'association, de presse,
de propagande, de toute initiative individuelle et de tout mouvement collectif (art. 6). Par contre, on demandait l'instauration
d'un système de rigide monopole de l'enseignement (art. 7).

La politique économique de la république fasciste de 1919
devait se fonder sur les bases suivantes : « dissolution des sociétés
» anonymes, industrielles et financières ; suppression de toute
» espèce de spéculation, des banques et des bourses. Création
» d'un organisme national, avec sections régionales, pour la
» distribution du crédit » (art. 9). « Recensement et redistribution
» de la richesse nationale. Paiement de la dette du vieil état aux
» frais des riches » (art. 10). « La terre confiée aux paysans.…
» L'exploitation des industries, des transports et des services
» publics, confiée aux syndicats des techniciens et des travailleurs »
(art. 12).

La politique internationale devait se développer sur la base de
« l'abolition de la conscription obligatoire, du désarmement général
» et de la prohibition pour tous les états de fabriquer des armes de
» guerre » (art. 5), « de l'abolition de la diplomatie secrète »
» (art. 13) ; « et elle devait s'inspirer du principe de la solidarité des
» peuples et de leur indépendance au sein de la confédération des
» états » (art. 14).

La propagande de ces idées fut menée selon les procédés de
la démagogie la plus effrénée. On voulut bien excuser les dérèglements des paysans grévistes en s'écriant : « Ils commettront des
» excès, mais je vous prie de vous rappeler que ces mêmes paysans
» constituaient le nerf de l'infanterie (1). » « On proclamait la
» solidarité complète avec le peuple insurgé contre ceux qui
» l'affamaient. (2) », lorsque les masses des mécontents croyaient

(1) BENITO MUSSOLINI. — *Popolo d'Italia*. — 25 mai 1920.
(2) Résolution votée le 5 juillet 1919 par le Comité Central des faisceaux.

résoudre le problème de la vie chère par le pillage des magasins. On glorifiait la grève des cheminots et l'occupation des usines en écrivant que « les journées de la violence prolétarienne ont la » valeur d'un renouvellement (1) ». Hélas ! malgré ces exagérations, la propagande des révolutionnaires interventistes ne réalisa rien de concret. La *rafale de bon sens*, qui en automne 1920 abattit les illusions bolchévistes, dissipa aussi les chimères fascistes.

Les chefs des révolutionnaires interventistes comprirent qu'il fallait changer radicalement et rapidement d'attitude. Lorsque la faillite de l'expérience communiste de l'occupation des usines eut plongé le socialisme maximaliste en pleine crise, et que les résultats des élections communales dans les grandes villes (octobre-novembre 1920) eurent démontré qu'un esprit de réaction contre les empiètements inutiles des extrémistes se manifestait désormais au sein de la petite bourgeoisie et des classes riches, ces chefs virèrent de bord soudain. *L'impresa* de D'Annunzio à Fiume donna la « forme » de la nouvelle expérience ; la bourgeoisie agricole de l'Émilie, de la Romagne et de la Lombardie fournit les « matériaux ».

Tandis que la propagande fasciste pour la république sociale n'obtenait aucun succès, la campagne de presse en faveur de la tentative de Gabriele D'Annunzio à Fiume recueillait le consentement de couches très larges de l'opinion publique. Tout le monde s'émut de la situation tragique de cette ville, oubliée par les politiciens lors de la conclusion du Traité de Londres, de même que par les militaires au moment de la conclusion de l'armistice. Les désenchantements des Italiens en face d'une paix, qui ne satisfaisait pas à la promesse de clore la *dernière guerre,*

(1) Agostino Lanzillo écrivait ainsi dans le *Popolo d'Italia* du 24 janvier 1920 : « Nous devons suivre avec sympathie la lutte des deux grandes catégories d'em- » ployés (cheminots et agents P. T. T.) contre l'état... Ce que promet le gouverne- » ment n'est que du faux papier-monnaie, par suite de la dévalorisation de la » lire... Les journées de la violence prolétarienne ont la valeur d'un renou- » vellement. » Le 7 septembre 1920, le même Agostino Lanzillo publiait ce commentaire sur l'occupation des usines : « On retrouve dans cet acte la beauté » esthétique et la force du geste. Au milieu d'une Italie misérable et découragée, » telle que cette Italie paresseuse et lâche d'après-guerre, la vigueur d'un geste » possède toujours une force morale incomparable. Une classe audacieuse et » rebelle se lève ainsi contre la bourgeoisie humiliée, inepte, pourrie et corrup- » trice. C'est un symptôme grandiose de la transformation profonde qui est en » train de s'accomplir dans la conscience nationale. » L'année suivante, ce même Lanzillo commémorait ainsi l'anniversaire de l'occupation des usines dans le même journal, le *Popolo d'Italia* . « L'expérience était folle, mieux encore, elle » était enfantine. Par ce fait seul elle était condamnée à la faillite. Si elle continuait, » elle produisait la paralysie de la production. » Les deux articles furent réimprimés dans la même brochure sous le titre *Le Rivoluzioni del dopoguerra*. — Città di Castello, 1922, p. 124 et 141.

se concentrèrent sur cette question particulière, et Fiume devint un symbole. Le symbole se transforma en véritable passion, lorsque Wilson refusa la ville à l'Italie pour la donner à des anciens vassaux très fidèles des Habsbourg, et que le coup de main de D'Annunzio parut dramatiser la lutte par un de ces gestes de force et de romantisme traditionnels dans la politique italienne.

Le fascisme, dépassé par le socialisme maximaliste dans la concurrence démagogique, se tourna vers Fiume. Il y rencontra les anciens alliés des « journées de mai » ; et dans les statuts de la *Reggenza del Carnaro* il trouva une mixture étrange d'éléments païens et d'idées chrétiennes, d'autoritarisme et de corporativisme, qui s'adaptait parfaitement à la mentalité de ses chefs, éduqués à l'école de George Sorel et de Saint-Simon, et en même temps imbus des principes de Nietzsche, de De Maistre et de Hobbes.

Le fascisme, en se ralliant à D'Annunzio, se fit l'interprète de la passion des « légionnaires » de Ronchi et de la pensée des nationalistes, aigris par une paix qui n'avait pas donné à l'Italie l' « empire », qu'ils espéraient. Par ce fait même il se transforma en un mouvement national, capable de se répandre dans toutes les régions de l'Italie. Il déborda de la métropole de la Lombardie, lorsqu'il réussit à greffer le nationalisme passionné de D'Annunzio sur le mouvement de réaction anti-socialiste de la petite et de la moyenne bourgeoisie.

Tout mouvement de réaction se déchaîne lorsque les institutions, les hommes ou les partis qu'il veut renverser cachent mal sous les apparences d'une force indomptable leur faiblesse inguérissable, messagère du délabrement prochain. Les thermidoriens purent anéantir par une mesquine manifestation de rue et par quelques discours à la Convention le pouvoir apparemment redoutable de Robespierre. Monk renversa la dictature des partisans de Cromwell par une simple promenade militaire. Un bataillon de grenadiers suffit à Bonaparte pour dissoudre une assemblée, fatiguée par l'effort révolutionnaire de dix ans. Il en fut de même du mouvement de réaction anti-socialiste, qui dans une brève période de deux mois dérouta la foule des petits tyrans de l'Italie septentrionale — et particulièrement de l'Emilie, — qui avaient constitué presqu'un état au sein de l'état.

Il fallait pour ce mouvement de réaction un centre et une direction : il les trouva dans le fascisme. Le fascisme cherchait une masse sur laquelle s'appuyer pour capter le pouvoir : il la trouva dans la petite bourgeoisie désireuse de se venger des oligarchies incapables issues du socialisme maximaliste. Le fascisme, fidèle au principe de Machiavel — le meilleur acte de justice que le prince puisse accomplir c'est de se maintenir, — renonça à son programme de 1919, et prit résolument la tête du mouvement de réaction anti-socialiste. Il proclama qu'il voulait rétablir la domination de la loi ; et il rallia ainsi les travailleurs auxquels l'arbitraire des chefs socialistes faisait convoiter l'empire des institutions légalement établies. Il proclama le retour aux principes du libéralisme économique, recueillant ainsi l'adhésion enthousiaste de la haute bourgeoisie de l'Emilie, de la Romagne, de la Lombardie, pour laquelle le libéralisme économique constitue une vielle tradition de même que la meilleure garantie de sa propre richesse croissante.

Le fascisme s'affirma d'abord dans les petits centres provinciaux, d'où il gagna les campagnes. Il passa bientôt de l'Emilie dans la Toscane, et ensuite dans l'Ombrie. Au Nord il se répandit dans les régions agricoles de la Lombardie et de la Vénétie ; mais ce ne fut qu'après une longue préparation qu'il put attaquer les régions industrielles de la Lombardie, du Piémont, de la Ligurie.

La résistance socialiste à la réaction fut faible et inorganique. Le parti socialiste fut pris à l'improviste par l'offensive, au moment même où l'échec de l'occupation des usines l'obligeait à reviser les directives de son action, et où les discordes intérieures préparaient sa scission en trois partis différents (1).

« La réaction contre les éléments qui avaient exposé à tant de » dangers l'ordre public, commença lorsque ces éléments eurent » perdu la faveur des masses à la suite de leurs défaites. Ce fut la » poursuite d'une armée en pleine retraite, et non une bataille » livrée entre deux forces également puissantes. Et comme il » arrive en toute poursuite, les résultats furent rapides et le butin » énorme (2). »

Les vieux groupements politiques, presque tous trompés par les apparences, ne voyaient dans le fascisme qu'une force de réaction qu'on pouvait employer utilement pour abattre les derniers remparts du socialisme, et pour reprendre à la classe ouvrière les concessions et les conquêtes des vingt dernières années. Giolitti, lui aussi, estima qu'on pouvait aisément

(1) La sécession des communistes eut lieu au Congrès de Livourne (14-20 janvier 1921), où les forces se divisèrent entre socialistes (98,028 votes) et communistes (58,783 votes). Au congrès de Milan (10-15 octobre 1921) se manifesta la division entre la droite et la gauche du parti. En face de 47,628 maximalistes (gauche), se rangèrent 19,916 réformistes (droite), 8,080 partisans de l'unité du parti (centre) et 3,765 philo-communistes (extrême-gauche). La scission se consomma au Congrès de Rome (octobre 1922), où les forces du parti se divisèrent entre 32,106 maximalistes et 29,119 réformistes, qui constituèrent respectivement le « parti socialiste italien » et le « parti socialiste unitaire ».

(2) I. BONOMI. — *Op. cit.*, p. 50.

maîtriser le fascisme en flattant ses chefs et en satisfaisant leurs ambitions. Aux élections du 15 mai 1921, il fit une large place aux candidatures fascistes dans les listes du bloc national, formées presque partout sous les auspices du gouvernement. Mais une fois que les fascistes participèrent au bloc, ils y dominèrent sans conteste (1).

Entretemps la pensée fasciste évoluait dans un sens nettement anti-démocratique et anti-parlementaire, sous la poussée de la débordante tendance révolutionnaire de ses chefs. Populaires et socialistes acceptaient le fait historique de la démocratie comme donnée fondamentale à la réalisation de leur programme, et par conséquent ils pouvaient se proposer d'atteindre le pouvoir par l'action parlementaire. Il n'en était pas de même pour le fascisme.

Au Congrès de Rome (Novembre 1921) les faisceaux de combat se transformèrent en parti politique. La tendance démocratique, se proposant d'imprégner graduellement d'idées nouvelles le vieux monde et la vieille organisation politique, fut vaincue aussitôt que Benito Mussolini eut adhéré à la tendance opposée. Le Congrès ne rédigea aucun programme pour le nouveau parti : il se borna à déclarer que ses principes étaient ceux qui avaient été exposés par Mussolini dans son discours (2). Il donna ainsi à la nouvelle organisation politique son caractère particulier ; il la lia au sort d'un homme, il lui imposa exclusivement la conquête du pouvoir à la suite de cet homme, pour cet homme. Avec de pareilles prémisses et dans une pareille situation, toute action parlementaire était interdite au parti fasciste. Il s'excluait volontairement de l'organisation démocratique de l'état : il renonçait à toute réalisation graduelle. Le *coup de force* était le seul bout possible de son action.

Dans la préparation du coup de force, les chefs fascistes tirèrent profit de l'expérience faite par les socialistes maximalistes

(1) Les candidats fascistes remportèrent partout le maximum des votes de préférence, et un tel résultat fut atteint par un procédé très simple. Selon la loi électorale de 1919, les bulletins, sur lesquels on imprimait le symbole du parti, étaient préparés d'avance par les partis mêmes, et les votes de préférence pouvaient être écrits par un autre que l'électeur. Les faisceaux se chargèrent partout de la distribution des bulletins aux électeurs, et nul bulletin ne fut distribué par les comités électoraux du bloc national, sans qu'on n'y eut déjà inscrit les noms des candidats fascistes. Ceux-ci eurent ainsi le maximum des votes de préférence et sortirent en tête des listes du bloc national. Le jeu de la proportionnelle ne s'exerça pas sur leurs noms, et les trente-cinq candidats fascistes furent tous élus.

(2) L'ordre du jour voté par le Congrès s'exprimait textuellement comme suit : « le 3e Congrès national des faisceaux italiens de combat déclare qu'il accepte » comme postulats fondamentaux du fascisme les idées qui ont été exposées par » Mussolini dans son discours, et qui ont été développées par les rapporteurs des » différentes questions à l'ordre du jour ; et renvoie etc.... »

lors de l'occupation des usines. Ces derniers, après l'occupation des fabriques, dûrent choisir entre l'élargissement de la lutte dans le champ politique et l'abandon de la bataille. La capitulation s'imposa à cause surtout de leur manque complet de cadres militaires. Ils étaient suivis par les multitudes ouvrières (les usines furent occupées par deux ou trois cent mille hommes, au moins) ; ils possédaient beaucoup d'armes et des munitions de guerre, et ils en avaient trouvé en grande quantité dans les usines (1) ; mais ils n'avaient aucune organisation militaire. Si les hommes qui occupaient les usines avaient voulu combattre, ils n'auraient pas opposé une résistance sérieuse faute de cadres et de direction.

Aucun mouvement révolutionnaire, même s'il soulève des multitudes très larges, ne peut réaliser ses buts sans une organisation militaire appropriée. L'opposition française se transforma en révolution lorsqu'ell' trouva dans la garde nationale son armée ; elle devint républicaine lorsque les sections armées de Paris purent se mesurer avec les forces militaires de la monarchie. L'opposition parlementaire de Pym et de Hampden se convertit en révolution, lorsque l'alliance avec une partie de l'aristocratie et avec les presbytériens d'Ecosse, donna au Parlement une armée capable de résister aux milices de Charles Ier. Le fascisme comprit cette nécessité. Il se désintéressa presque complètement de l'action parlementaire, et ne se préoccupa que de l'organisation de l'armée en vue de sa révolution.

Les socialistes avaient eu la prétention d'accomplir leur révolution en proclamant les principes de l'anti-militarisme le plus intransigeant, et ils avaient par cela même dégoûté la grande masse d'officiers mécontents qui encombraient l'armée au lendemain de l'armistice. Le fascisme, au contraire, accueillit dans ses rangs tous ces mécontents, de sorte qu'au jour de sa victoire quatre généraux, dont trois — Cappello, Fara et Maggiotto — limogés pendant la guerre, marchaient en tête des chemises noires, qui défilaient dans les rues de Rome.

Le fascisme infusa à ses escouades armées une discipline militaire, dont le serment de fidélité au chef du parti était l'expression formelle. Cette discipline constitua en même temps la force et la faiblesse du fascisme. Elle fut sans doute un des éléments décisifs du succès du *coup de force* ; mais cette discipline militaire et le serment, qui en était l'expression, enlevèrent au

---

(1) « Après l'évacuation, on saisit dans beaucoup d'usines occupées et en tout » endroit du pays plusieurs milliers de fusils, des revolvers, des bombes, des armes » blanches de toute sorte, environ cent tonnes de chéddite et de nitroglycérine. » — GIOLITTI. — *Op. cit.*, vol. II, p. 596.

fascisme toute possibilité d'évolution graduelle. Il ne fut plus un parti : il ne fut qu'une faction.

Le coup de force du mois d'octobre 1922.

Aujourd'hui, en 1928, on ne peut pas encore écrire l'histoire véridique des événements qui se déroulèrent pendant les dernières journées du mois d'octobre 1922. Encore maintenant, on donne des versions contradictoires des épisodes les plus saillants de ces journées, et l'on ne peut pas juger de leur exactitude six ans seulement après les événements. D'autre part, pour rester dans les limites de cet essai, il me suffit de considérer les faits seuls pouvant expliquer la contradiction apparente d'un parti, qui, se proclamant révolutionnaire et étant, en un certain sens du mot, vraiment révolutionnaire, au lendemain de sa victoire ne change pas les fondements de l'organisation constitutionnelle de l'état.

Le fascisme, tout en reniant le programme de 1919, avait maintenu son caractère subversif. Il se borna à substituer à la révolution communiste, qu'il prêchait auparavant, la révolution autoritariste. Par conséquent il dut accentuer son préjugé institutionnel et se renfermer dans son attitude d'hostilité préconçue contre la monarchie, qui représentait le système du compromis, véritable antithèse de la révolution. Pour cette raison Mussolini, après les élections de 1921, malgré la volonté contraire de la majorité des nouveaux députés fascistes, voulut confirmer derechef la *tendance républicaine* du parti (1).

Nonobstant les atténuations dictées par les nécessités de l'action quotidienne, le fascisme conserva sa tendance républicaine jusqu'à la veille du *coup de force*. Mussolini comprit alors que plusieurs monarchistes encadrés dans les faisceaux ne marcheraient pas en cas de lutte ouverte contre le pouvoir royal. Il s'aperçut que sa milice, qui se glorifiait comme d'une grande victoire de la poursuite des forces socialistes en débandade, n'avait pas la cohésion et l'entrain suffisants pour faire face à l'armée régulière, bien que les tendances philofascistes de beaucoup d'officiers ne fissent prévoir qu'une faible résistance (2).

(1) Le groupement parlementaire fasciste avait approuvé une résolution anti-républicaine en substance, bien qu'anodine dans sa forme. Le soir même, Mussolini prononça à Milan, sur la place de la Scala, « un discours bref, mais très » violent, contrastant avec l'ordre du jour de conciliation voté quelques heures » auparavant et où il confirmait son erreur républicaine ». — A. MISURI. — *Rivolta Morale*. — Milan, 1924, pp. 26 à 30. Personne parmi le public ne se soucia de la résolution votée par les députés, et ce fut le discours de Mussolini qui fit texte.

(2) Un groupement d'officiers de l'armée adressa au mois d'août 1922 une lettre ouverte au *Giornale d'Italia*, dont voici la conclusion : « Il est inutile de cacher » que nos sympathies vont aux fascistes, qui se battirent contre les bolchévistes.

Le rapprochement ouvert entre le fascisme et la monarchie, et l'abandon exprès de l'idéal républicain furent consacrés lorsqu'une déclaration de loyalisme, nécessaire pour rassurer les consciences troublées des monarchistes, ne pouvait plus ébranler la fidélité de la milice. Mussolini, dans un discours prononcé à Udine le 20 septembre 1922, rendit hommage au Roi « premier soldat d'Italie », et le 24 octobre, à Naples, il proclama sa fidélité à la monarchie conçue comme la garantie suprême de l'ordre national. Mussolini réussit ainsi à réduire la force de résistance de ces groupements qui paraissaient bien décidés à s'opposer à tout mouvement extra-légal, de même qu'il obtint de renforcer dans les rangs de l'armée le courant de sympathie envers le fascisme.

La crise approchait. Depuis le mois de septembre Giolitti, appuyé par des hommes, tels que le sénateur Albertini, qui ne cachaient pas leurs idées libérales et ne les cachèrent pas dans la suite, s'efforçait de s'entendre avec Mussolini pour aboutir à la formation d'un cabinet, au sein duquel les fascistes devaient avoir une large représentation. A ce moment les groupements de droite, pour s'emparer de la direction de la lutte, provoquèrent une crise extra-parlementaire. Le ministre Riccio, qui représentait dans le cabinet les tendances de droite, démissionna à l'improviste, et sa retraite soudaine obligea le ministère Facta à démissionner avant la rentrée des Chambres.

Les groupements de droite, en demandant la constitution immédiate d'un *ministère de minorité* présidé par Salandra, se plaçaient franchement hors de la loi et de la coutume constitutionnelle. Le fascisme dut précipiter son action, sous peine d'être devancé, et de perdre toute chance de conquérir le pouvoir. La droite avait elle-même enfreint les règles constitutionnelles en vue de s'assurer la faveur populaire qui, dans ces jours, s'attachait à tous ceux qui s'efforçaient de donner un gouvernement au pays : le fascisme suivit sa trace, et dramatisa la situation par la mobilisation générale de sa milice, ordonnée le 28 octobre.

Les espoirs d'une solution constitutionnelle de la crise, les plans de Giolitti et de Salandra de former un cabinet, dosé selon les données de la vieille cuisine politique et comprenant une représentation, fût-elle large, du parti fasciste, leurs illusions, leurs rêves, tout s'écroula. Le parti fasciste, au moment même où il mobilisait sa milice, était hors la loi commune :

» Aujourd'hui on polémique à propos du Roi et de la Monarchie. Il faut que
» Mussolini se déclare ouvertement. Notre serment de fidélité ne peut pas être
» oublié. Si les fascistes sont contre la Monarchie, notre mot d'ordre sera : *feu*.
» Les officiers de l'armée italienne, plutôt que de trahir, se feront sauter la
  cervelle. »

coûte que coûte, il devait s'emparer du pouvoir. Ainsi fut interdite à la monarchie la voie des compromis et des transactions. Elle dut choisir entre la résistance par la force contre un parti armé qui prétendait lui imposer la nomination de son chef comme Président du Conseil des ministres, et la légalisation de l'état des choses créé par l'acte extra-légal d'un parti révolutionnaire.

Pouvait-on résister ? Sans aucun doute. Malgré la préparation soignée de plusieurs mois, les organisations militaires fascistes ne pouvaient pas être comparées à l'armée régulière. Celle-ci au premier moment aurait peut-être hésité ; mais enfin elle aurait marché et dispersé des milices bien encadrées, mais manquant d'armes et n'ayant rien à opposer aux mitrailleuses et à l'artillerie. A ce moment le fascisme recrutait la majeure partie de ses forces parmi la petite bourgeoisie, et celle-ci, toujours en quête de paix et de tranquillité, aurait assisté les bras croisés à la bataille entre l'armée et la milice. En dehors de ses organisations armées, le fascisme ne pouvait compter sur aucune force révolutionnaire, et au surplus il devait craindre qu'à son premier revers les masses ouvrières des villes, toujours fidèles aux syndicats socialistes, ne se dressent pour l'écraser.

L'épisode de Crémone démontre que cette hypothèse ne manquait pas de fondement. A Crémone, en effet, les fascistes ne se bornèrent pas à s'assembler le matin du 28 octobre, pour se disperser comme presque partout ailleurs à la première annonce de la proclamation de l'état de siège ; mais ils cherchèrent à exécuter sérieusement les prescriptions de leur plan de bataille, à s'emparer de la préfecture, de la gare, de la poste et du télégraphe. Refoulés par la police, ils virent aussitôt se lever la foule menaçante des adversaires, et ceux qui se proposaient de faire une révolution, furent obligés de ne pas se montrer dans les rues de la ville....

La monarchie, au contraire, préféra renoncer à l'emploi de la force. La proclamation de l'état de siège fut révoquée ; les escouades fascistes purent accomplir sans aucune opposition la *marche sur Rome* ; le Roi chargea leur chef de constituer le nouveau cabinet. La monarchie croyait pouvoir ainsi endiguer le mouvement fasciste dans les limites de la constitution ; elle espérait, en confiant au fascisme la direction du gouvernement, contenir ses débordements grâce au fonctionnement naturel des pouvoirs régulateurs de la constitution.

Ceux-mêmes, qui — comme l'auteur de cet essai — ne reconnaissent ni la légalité de la conquête fasciste, ni l'opportunité et la constitutionnalité de la politique suivie par la Couronne, doivent cependant reconnaître qu'à ce moment-là la décision royale emporta le consentement de la majorité des Italiens.

Depuis la fin de la guerre, aucun cabinet vraiment fort n'avait mérité la confiance sincère de la nation, et n'avait fait preuve de la vigueur nécessaire pour contraindre le peuple au respect de la loi. Depuis la crise ministérielle du mois de janvier 1922 on n'avait plus de gouvernement ! Les vieux groupements politiques, l'un après l'autre, avaient tous échoué. Un nouveau ministère Salandra, de cet homme dont on n'avait pas oublié la politique à double face pendant la crise du mois de mai 1915 et les faiblesses de la première année de la guerre, n'était désiré que par le petit noyau de politiciens qui rêvaient de se partager le pouvoir sous ses auspices.

Au moment de la chute du ministère Bonomi le pays avait attendu ce cabinet populaire, dont le veto opposé à Giolitti faisait prévoir l'arrivée imminente ; mais alors ce fut la Couronne qui s'y opposa, toujours imbue des vieilles formules de la politique d'avant-guerre. Le Roi parut céder au mois d'août 1922, lorsqu'il chargea Filippo Meda, le parlementaire le plus remarquable du parti populaire, de constituer le nouveau cabinet ; mais une fois encore l'expérience populaire ne put s'accomplir, et ce ne fut pas à cause du refus « personnel » de Meda. Au moment où la crise allait aboutir à la formation d'un ministère de concentration démocratique, qui aurait rendu impossible toute tentative révolutionnaire de droite et de gauche, la grève générale, déchaînée par les maximalistes en guise de protestation contre les violences fascistes, fournit à ceux-ci l'occasion d'intervenir par leurs procédés extralégaux.

Par conséquent l'opinion publique approuva la décision du Souverain de confier à Benito Mussolini la direction du gouvernement, car elle ne voyait à ce moment-là aucun autre moyen de revenir à la norme constitutionnelle. Mussolini jouissait ainsi d'une position légitimée par le consentement de l'opinion publique, bien mieux que par le vote de confiance, arraché quelques jours plus tard à cette même Chambre, qu'il avait outragée à volonté. Mais l'investiture de légitimité, consentie par l'opinion publique à Mussolini et à son ministère, était — selon les termes propres du droit privé — *qualifiée*. Elle avait été donnée en vue d'un but très précis, vers lequel la nation voulait que le nouveau gouvernement dirigeât ses efforts. Ce but était le rétablissement de l'ordre constitutionnel selon la lettre et l'esprit du Statut. En d'autres termes, ce rétablissement de l'ordre constitutionnel était l'objet du mandat conféré par le peuple à cette espèce de ministère plébiscitaire, sorti du *coup de force* du mois d'octobre. L'accomplissement du mandat devenait ainsi la condition essentielle de la légitimité de la conquête violente du pouvoir.

Etant donné, enfin, que le Roi avait sanctionné l'acte final de cette substitution par les formes constitutionnelles habituelles, il se portait lui-même garant du nouveau cabinet vis-à-vis de la nation.

La lutte entre la Chambre et le pouvoir exécutif.

La continuité monarchique fut sauvée pendant la crise du mois d'octobre 1922, et il en fut de même de la continuité formelle du gouvernement parlementaire. La substance du régime monarchique et du système représentatif fut, au contraire, ouvertement entamée (1).

Un dilemme se posa immédiatement au fascisme : ou réduire la substance en proportion de la forme, ou égaler la forme à la substance. Ou clore le cycle de l'action révolutionnaire, et gouverner selon la tradition parlementaire ; ou concentrer dans les mains de l'exécutif, qu'il avait conquis, tous les pouvoirs de l'état, et abattre graduellement tout ce qu'il avait renoncé à renverser d'un coup.

Dans une première période il sembla bien que le fascisme ne voulait pas rompre la tradition parlementaire et qu'il se bornerait à rendre plus prompte et plus vivace l'action gouvernementale, sans toucher à l'organisation constitutionnelle des pouvoirs. En effet, Mussolini, lorsqu'il composa son ministère, chercha la participation, soit de quelques représentants des groupements personnels qui divisaient la partie démocratique de la Chambre, soit de six députés du parti populaire (2).

Il exhala son ressentiment contre la Chambre en lui rappelant qu'il aurait pu transformer « sa salle sourde et grise en un bivouac » pour ses manipules (3) », et il affirma sa prééminence sur elle en déclarant qu'il était de son pouvoir de décider si elle survivrait « deux jours ou trois ans ». Mais, ces manifestations de force triomphante une fois satisfaites, le nouveau Président du Conseil s'abaissa lui aussi à demander la confiance du Parlement ; et, avant d'aborder la réforme bureaucratique et fiscale, il sollicita des Chambres les pleins pouvoirs, en déclarant qu'il ne voulait pas

---

(1) L. SALVATORELLI. — *Op. cit.*, p. 130.

(2) Le député populaire Tangorra fut nommé ministre du trésor, le député Cavazzoni ministre du travail et de la prévoyance sociale, les députés Gronchi, Merlin, Milani et Vassallo furent nommés sous-secrétaires d'état, respectivement au travail, aux territoires libérés, à la justice et aux affaires étrangères.

(3) Terme qui servait pour indiquer les patrouilles de la milice fasciste.

perpétuer l'abus de décrets-lois, érigé en véritable coutume par les cabinets d'après-guerre (1).

L'action des autorités locales, approuvée ou bien tolérée par le gouvernement central, la soumission de plus en plus complète des organes de l'état aux organes du parti, les campagnes menées en faveur de réformes électorales et constitutionnelles, l'évolution de la doctrine fasciste sous l'inspiration des chefs des différentes hiérarchies du parti désenchantèrent bientôt l'opinion publique, et démontrèrent que le fascisme n'avait nullement renoncé à la réalisation intégrale de son programme.

Au courant de l'hiver 1923 l'opinion publique changea radicalement vis-à-vis du fascisme à cause de son refus d'accepter la tradition constitutionnelle du pays, et le Congrès du parti populaire (Turin, avril 1923) se fit l'interprète de ce revirement. Le parti populaire fit remarquer que la mise en pratique intégrale du programme fasciste réaliserait des idées opposées aux principes de la tradition catholique, et déclara que ses hommes continueraient à collaborer au sein du ministère fasciste, pourvu que celui-ci acceptât franchement l'ordre constitutionnel établi (2). Mussolini riposta à la délibération du Congrès de Turin en invitant les ministres et les sous-secrétaires populaires à démissionner. Immédiatement après il présenta à la Chambre un projet de réforme électorale, qui prévoyait l'abolition de la représentation proportionnelle, considérée par les populaires comme le dernier rempart des libertés constitutionnelles.

Le Congrès de Turin avait imprimé une direction cohérente au mouvement d'opposition encore incertain, fixé le terrain de la bataille constitutionnelle et engagé le combat. La majorité de la Chambre démontra bientôt par des indices indubitables son intention de faire bloc avec le parti qui avait amorcé l'offensive. Le gouvernement ne pouvait pas recourir à la dissolution de la Chambre, car il savait bien que les opposants maintiendraient leur majorité dans une nouvelle Chambre élue sur la base du système proportionnel. Il dut accepter la bataille parlementaire ; mais il réussit d'avance à rallier tous les groupements contraires

(1) La loi du 3 décembre 1922, n° 1601, concéda les pleins pouvoirs au gouvernement en vue de la réorganisation de la bureaucratie de l'état et de l'amélioration de l'organisation fiscale.

(2) Le rapport du secrétaire politique du parti, Don Sturzo, fit admirablement ressortir les contradictions existant entre la conception chrétienne de l'état et la « déification de la nation », base de la pensée fasciste. Le Congrès fut unanime au sujet des questions de principes, et il se divisa seulement sur les problèmes tactiques. La majorité (100,000 votes à peu près) accepta les propositions de la direction du parti, tandis que la minorité (30,000 votes à peu près) se ralliait à la tendance de *gauche* favorable au passage immédiat du parti à l'opposition.

à la représentation proportionnelle et à entamer profondément la force du parti populaire, en obligeant son secrétaire politique, Sturzo, à démissionner (1).

La Chambre, après des débats qui se poursuivirent pendant une semaine, approuva le projet de loi ministériel (juillet 1923) ; mais ce ne furent ni les discours des partisans de la réforme, ni les arguments du Président du Conseil qui assurèrent le succès. La lutte, mieux que dans la salle des séances du Parlement, fut menée dans les coulisses de la Chambre et dans le pays, grâce à une véritable mobilisation soit de la presse, soit des forces armées du parti fasciste. Le mot d'ordre fut : la loi électorale doit être approuvée ; la Chambre l'approuvera bien qu'elle soit contraire à sa pensée. Le souvenir des *journées de mai* et de la *révolution d'octobre* fut évoqué comme un défi. Et la Chambre, non sans quelques résistances très honorables, plia.

Le parti fasciste, maître du ministère, dominait désormais le Parlement ; et la nouvelle loi électorale lui donnait le moyen de transformer son pouvoir de fait en une domination de droit.

Il n'y a aucun intérêt — je pense — à nous attarder ici sur la loi électorale de 1923. Cette loi devait servir à un but déterminé, c'est-à-dire, à assurer au parti dominant la majorité à la Chambre élective. Sa destinée était d'être bientôt abrogée par la première assemblée recrutée selon ses prescriptions. La loi de 1923 n'appliquait ni le système majoritaire, ni le système proportionnel. Elle constituait un collège unique national, divisé en collèges régionaux. Si dans tout le pays une liste bénéficiait de la majorité *relative* des votes, pourvu qu'elle remporta 25 % des suffrages, elle voyait élus ses 357 candidats. Au cas où nulle liste ne remportait 25 % des suffrages, la répartition des sièges devait s'effectuer selon le système proportionnel. Dans l'autre cas, la proportionnelle jouait seulement pour la répartition des 178 sièges réservés à la minorité. La loi prévoyait en outre des formalités très compliquées pour la présentation des candidats, et fixait des termes excessivement larges pour les différentes opérations préliminaires, de sorte que la campagne électorale devait s'ouvrir presque trois mois avant les élections.

Les électeurs furent convoqués pour le 6 avril 1924. Le 7 mars on connaissait déjà officiellement les noms des 357 élus de

____

(1) A la veille des débats sur la réforme électorale, les journaux gouvernementaux agitèrent l'épouvantail d'une campagne anticléricale, au cas où le parti populaire ne renoncerait pas à son attitude d'opposition intransigeante. Il est certain que des projets de lois contre les Congrégations religieuses et contre les écoles catholiques avaient été déjà préparés. Don Luigi Sturzo démissionna pour détourner une campagne anti-cléricale, jugée *indésirable*.

la majorité, car l'ambiance de la lutte défendait aux partis d'opposition de présenter des listes nationales de majorité, et les avait contraints à s'en tenir à des listes très restreintes uniquement en vue de répartir les sièges réservés à la minorité.

Le gouvernement demandait au pays de déclarer s'il approuvait ou non le fait accompli ; il lui demandait aussi de renouveler pour l'avenir son mandat de confiance, donnant ainsi à la lutte un caractère plébiscitaire, incompatible avec l'essence du régime représentatif. En proclamant que la votation devait lui assurer la majorité *a qualunque costo*, il enleva lui-même toute trace de constitutionnalité aux élections. Celui qui dans la séance du 30 mai 1924 contesta aux 357 députés de la majorité la légalité de leur mandat — Giacomo Matteotti — fut assassiné.

C'est, en effet, lorsque le ministère disposait d'une puissance absolue et sans bornes, et qu'un nouveau règlement intérieur venait de réduire le Parlement au rôle d'une assemblée qui approuve ou repousse sans discuter, qu'éclata l'incident qui renversa tout à coup la situation politique : le 12 juin on annonçait la disparition de Giacomo Matteotti.

Chez les fascistes on comprit que le meurtre du député socialiste avait été une « erreur » ; on sentit que l'opinion publique se réveillait soudainement, exigeant qu'il lui fût rendu compte du dernier assassinat, et des autres. Ce fut la débandade des rats, s'éloignant à la hâte du navire qui va sombrer. Et le navire n'avait plus son pilote, car lui aussi, frappé par les conséquences imprévues de l'acte, ne trouvait plus dans son éloquence que la parole du blâme contre ceux qui, par une *bêtise*, compromettaient son plan politique (1).

Le peuple italien, dans sa presque totalité, fut debout contre le fascisme. Pendant les jours immédiatement postérieurs à l'assassinat de Matteotti, la masse populaire attendait et invoquait l'homme capable de la diriger : elle était prête à tout risquer, tandis que les forces fascistes étaient incapables d'une résistance quelconque. Le régime fasciste fut pendant une semaine à la merci des opposants, d'un homme, du hasard ; mais personne n'osa.

Le 13 juin les députés des partis d'opposition, exceptés les amis de Giolitti, désertèrent la salle des séances de la Chambre en déclarant qu'ils ne reprendraient leur activité parlementaire que quand seraient châtiés les coupables autant que les responsables

(1) « On fera justice ; on doit faire justice, car, comme on l'a déjà dit, ce crime » est un crime *d'anti-fascisme* et d'antination. Plus qu'horrible, il est d'une » bêtise misérable. » Discours de Benito Mussolini. — Chambre des députés. — 13 juin 1924. — *Atti Parlamentari* XXVII *Legisl.*, p. 329.

indirects de l'assassinat ; quand on aurait rendu au peuple les libertés garanties par le Statut, et au Parlement le pouvoir et la dignité à lui conférés par la constitution ; quand serait dissoute la milice armée fasciste.

L'opinion publique voulait voir dans la sécession des opposants le commencement d'une lutte plus serrée et plus acharnée, destinée à répéter les scènes du serment du *Jeu de paume* de 1789 ; elle pensait bien qu'en face du Parlement du fascisme siégerait l'Anti-Parlement de la démocratie. Il n'en fut rien. Les opposants attendirent que le processus de dissolution du régime, évolué avec une redoutable rapidité pendant les dernières heures, précipitât sa marche naturellement, sans aucune intervention d'une force extérieure. La composition hétérogène des partis composant le bloc sécessionniste ralentit son action, tandis qu'il fallait frapper coup sur coup, égarer l'adversaire par des mouvements rapides et décidés, s'emparer de la victoire par la hardiesse.

Dans cette lutte éclatant à l'improviste entre le gouvernement et une partie de la représentation nationale, qui bien à raison affirmait être l'interprète de la pensée et du sentiment de la majorité du pays, c'était à la Couronne qu'appartenait le rôle d'arbitre. Puisque les opposants sécessionnistes avaient exclu l'usage des moyens extra-légaux, ils devaient se servir du procédé constitutionnel de l'appel au Roi. Défiances intérieures, craintes d'un refus, espoirs chimériques d'une intervention spontanée de la Couronne détournèrent de cette démarche les partis d'opposition. Les chefs fascistes purent ainsi rallier les rangs dispersés de leur parti et les lancer à la contre-offensive déclanchée dès le mois de septembre par les « discours dominicaux » débités de côté et d'autre par le Président du Conseil.

Les opposants sécessionnistes se leurraient de l'espoir que le résultat de l'enquête pénale sur l'assassinat de Matteotti résoudrait la crise, comme si le pouvoir judiciaire avait jamais tranché un conflit politique ! Ils ne profitèrent ni de la sortie des députés anciens combattants de la majorité ministérielle, ni du passage à l'opposition de Giolitti et d'Orlando (novembre 1924) ; et ils crurent pouvoir l'emporter en entretenant l'esprit frondeur de l'opinion publique sans lui assigner aucune action concrète.

Le 3 janvier 1925 Mussolini put risquer l'assaut final de la contre-offensive fasciste par un discours qui, du point de vue constitutionnel, eut peut-être plus d'importance que la marche sur Rome elle-même, car il marque le point de départ d'un « régime constitutionnel fasciste », et de la destruction, tantôt sournoise, tantôt brutale, des institutions de l'ancien droit public italien.

Les déclarations de Mussolini, qui revendiquait la responsabilité de tous les actes de la *révolution* et qui annonçait prochaine la présentation des lois *fascistissime*, ne furent contrecarrées par aucun acte des opposants sécessionnistes, qui eût un égal retentissement dans le pays.

Dès lors, les députés sécessionnistes furent virtuellement exclus du Parlement, et ceux qui cherchèrent à y rentrer furent repoussés par la force ; dès lors la dictature fasciste prit forme, et la Chambre des députés fut réduite au rôle d'une assemblée d'enregistrement des lois.

La lutte entre le gouvernement et les oppositions, naguère dramatique comme une vraie bataille pour le régime, s'effrita dans l'épisode. Elle ne put recouvrer l'ampleur de jadis, car la dictature par les lois sur la presse arracha à l'opposition la seule arme qu'elle avait conservée et plaça les dissidents en face du dilemme : se révolter, ou se taire.

Depuis le 3 janvier 1925 le fascisme poursuit son expérience, alternant les périodes de calme et les périodes de violence, les offensives de paix et les répressions soudaines, profitant de l'émotion provoquée par les attentats contre son chef, exploitant l'orgueil national de plus en plus surexcité. Depuis trois ans il construit progressivement son droit public, qui, tout en n'étant pas exprimé dans les formules d'une constitution, existe aujourd'hui réellement et pénètre de ses principes la législation nouvelle de l'état italien.

Cette nouvelle organisation constitutionnelle, donnée par le fascisme à l'Italie, est-elle une œuvre vraiment stable qui puisse satisfaire l'esprit d'un peuple troublé depuis 1918 par une crise presque perpétuelle ? C'est pour répondre à cette question que nous nous efforcerons dans les pages suivantes d'examiner les lignes fondamentales du nouvel ordre politique italien, la réglementation des pouvoirs de l'état et des droits du citoyen, l'organisation de l'administration publique centrale et locale.

III.

L'ÉTAT FASCISTE.

LE *mythe de la nation*. — LE *mythe de l'homme* ET LA RAISON
D'ÉTAT. — LES ORGANES CONSERVATEURS. — LA CENTRALISATION,
L'EGLISE ET L'ÉTAT. — LE SYSTÈME DE DIFFÉRENCIATION. — LA
MORALE DE L'ÉTAT FASCISTE. — MONARCHIE OU DYARCHIE.

Le MYTHE DE LA NATION.

« L'humanité existe comme fait biologique ; elle n'existe pas
» comme idée sociale. Au contraire, les sociétés humaines parti-
» culières existent comme fait biologique autant que comme
» conception sociale ; elles sont des fractions de l'espèce humaine,
» pourvues d'une organisation unitaire pour atteindre les buts
» propres de l'espèce (1). » Le nationalisme fasciste déduit de ce
dogme fondamental toute sa doctrine sur la nature et sur les fins
de l'état, sur la condition de l'individu dans la société juridiquement organisée, sur les rapports des états entr'eux, sur la nature,
la forme et les buts des institutions du droit public et du droit
privé.

J'ai dit — et non sans raison — qu'il s'agissait d'une affirmation
élevée à la dignité de dogme. En effet, malgré toutes les recherches
parmi les produits de la littérature fasciste, on ne trouve ni la
démonstration, ni même une tentative de démonstration du bien
fondé de cette hypothèse.

Le nationalisme fasciste déclare donc à priori que la société
humaine n'est pas une réalité sociale, et que les seules réalités
sont les sociétés humaines particulières, identifiées, comme on le
verra, avec les nations ; et c'est seulement à celles-ci qu'il confère
une personnalité et qu'il reconnaît des fins particulières et caractéristiques.

(1) ALFREDO ROCCO. — *La dottrina del fascismo ed il suo posto nella storia*. —
Discours prononcé à l'université de Pérouse, le 30 août 1925. — Milan, 1925,
p. 11.

En niant l'existence de l'humanité comme *idée sociale*, le nationalisme fasciste nie aussi toute *idée sociale universelle*. Il ne désavoue pas cette première déduction de son postulat fondamental ; il l'accepte franchement et — émaillant sa déclaration de quelques petites erreurs historiques — il poursuit : dans la conception de la » nature de la société et de l'état, de ses buts, des relations entre » la société et les individus, le fascisme repousse en bloc la » doctrine dérivée plus ou moins directement de l'école du droit » naturel du XVIᵉ, XVIIᵉ et XVIIIᵉ siècles (1). »

Il importe peu que le nationalisme fasciste repousse en bloc tous ces sytèmes arbitraires, construits par le rationalisme pour justifier l'existence des droits naturels d'une façon autre que celle de la philosophie traditionnelle. Il est décisif, au contraire, que le nationalisme fasciste ne rejette pas seulement le contrat social de Rousseau ou l'individualisme de Grotius, mais qu'il n'admette l'existence d'aucun droit naturel de l'homme, puisqu'aussi bien s'il admettait ces droits, il devrait reconnaître à l'humanité une unité, non seulement biologique, mais aussi sociale, corrélative soit à l'identité des droits des individus qui la composent, soit à l'unité de fin en vue de laquelle les droits eux-mêmes sont déterminés.

Par le fait seul qu'il nie l'existence de la société humaine, le nationalisme fasciste annule l'individu, ou tout au moins il le soumet aux exigences, aux nécessités, aux intérêts de la seule réalité sociale conçue par sa doctrine : la nation. « Le fascisme pense que » la société est le but, et que l'individu est le moyen ; que la » vie de la société c'est de plier l'individu à être un instrument des » buts sociaux (2). »

Voilà, déduite de sa conception particulariste, la loi morale du nationalisme fasciste. La formule du nationalisme fasciste est « l'individu pour la société » ; sa dynamique est de réunir dans les mains de la société nationale, et de son expression juridique — l'état — le maximum de pouvoirs, pour mieux diriger l'individu à réaliser, en soi et hors de soi, le but de la société particulière, dont il fait partie.

Mais, avant de procéder à l'examen de la doctrine du nationalisme fasciste, il faut s'entendre sur la signification de certains mots, très fréquemment employés dans les essais peu nombreux et fragmentaires des théoriciens, autant que dans la prose redondante des politiciens.

On parle de ces sociétés particulières, dont les buts spécifiques

(1) A. Rocco. — *Loc. cit.*, p. 11.
(2) A. Rocco. — *Loc. cit.*, p. 14.

sont la pierre angulaire de la construction philosophique et politique du nationalisme fasciste. Que sont au juste ces sociétés particulières? Sont-elles des réalités immanentes ou contingentes? Sont-elles absolues et immuables, ou bien variables en extension et en qualité? Voilà les questions qui se posent inévitablement à tout individu de culture moyenne dès qu'il a entendu formuler le dogme fondamental, proclamant les sociétés particulières les seules « réalités politiques et philosophiques ».

Cependant la doctrine fasciste ne réussit pas à donner une réponse satisfaisante à ces demandes élémentaires, et pour répondre elle doit sortir du champ du rationnel et du positif. Tout d'abord elle affirme que la seule société particulière ayant droit à la qualification de réalité c'est la nation. Aux questions visant les qualités qu'on veut attribuer à la nation, elle répond que la nation est la synthèse parfaite de l'universel et de l'individuel, et, par ce fait même, transcendante à la vie de chaque particulier.

C'est alors que l'incroyant, émerveillé de l'apparition de cette divinité nouvelle sur un Olympe qu'on supposait à toujours déserté par ses anciens habitants, demande la raison d'une pareille divinisation d'une chose — fût-elle réelle ou abstraite — en plein vingtième siècle. « La nation — lui réplique-t-on — est » divine, parce qu'elle est l'expression concrète du devenir de » l'esprit, et par conséquent elle renferme en soi le genre et » l'espèce ; parce qu'elle est la synthèse de l'universel et de » l'individuel, de sorte qu'elle renferme en soi les raisons de notre » droit autant que de notre devoir, les raisons de l'extension de » notre individualité autant que de ses limites (1). »

Malgré l'abus de la locution conjonctive *parce que*, l'argument n'est qu'une déclaration. Il s'efforce de développer l'idée, tout en s'embrouillant parmi des phrases, qui sentent le superficiel ; mais il ne donne aucune explication.

Alors la demande se présente à nouveau, sous une autre forme, mais identique dans la substance : quelle est la raison pour laquelle la nation est la seule synthèse sociale parfaite? Comment compose-t-elle en unité l'universel et l'individuel? Comment absorbe-t-elle, et pourquoi, les raisons de tout devoir et de tout droit de l'individu? Qu'est-ce enfin que cette entité transcendante, ayant le droit de soumettre l'individu à sa volonté toute-puissante, dont l'autorité n'est limitée ni par la fin naturelle de l'homme, ni par les droits innés attribués à l'homme pour atteindre cette fin?

Si je ne me trompe, on se trouve maintenant en face du pro-

(1) BALBINO GIULIANO. — *L'esperienza politica dell'Italia.* — Florence, 1924, p. 200.

blème fondamental de la nomenclature de la doctrine fasciste ; et le problème est tel qu'il ne touche pas seulement à la terminologie, mais à l'ontologie elle-même. Avant d'admettre la prétendue transcendance de la nation, on doit savoir en quoi consiste cette réalité, à laquelle on attribue les caractères de la divinité.

Il est évident que le nationalisme fasciste n'admet pas la définition des individualistes, selon laquelle la nation est une agrégation d'un certain nombre d'individus, vivant une vie commune sur un territoire donné, motivant la volonté de leur union sociale par l'identité de mœurs, d'institutions, de culture. Si le fascisme, reniant son préjugé anti-contractualiste, acceptait cette définition, il ne pourrait pas attribuer à la nation ce caractère transcendantal, qui ne peut s'adapter à une entité formée par le consentement, fût-il implicite, de ses composants.

Si l'on veut définir la nation comme une réalité, il faut pourtant, ou s'en tenir à la méthode rationnelle, qui aboutit — au moins — au contractualisme *implicite*, accepté par l'opinion commune du XIXe siècle, ou suivre l'école historique et admettre que la nation est le produit de l'évolution unitaire d'un groupement d'individus, ayant depuis longtemps en commun les traditions, la langue, le territoire.

Il semble que quelques-uns des théoriciens du fascisme se rallient à l'école historique, notamment ceux qui pensent que les différentes sociétés humaines — les nations — sont formées par « la série indéfinie des générations passées, présentes, futures, qui » en ont fait, en font, en feront partie (1) ». S'il en est ainsi, je ne puis pas envisager un contraste plus frappant entre le *fait* national, tel qu'il est manifesté par l'histoire, et l'*idée* de la nation divine, telle qu'elle est dogmatiquement formulée par la théorie du nationalisme fasciste.

Fichte, dans ses discours à la nation allemande, fut sans doute celui qui donna à la conception historique de la nation sa plus haute signification. Eh bien ! lui-même, pour atteindre le *sublime*, nécessaire pour entraîner ses compatriotes à la lutte contre l'étranger, dut quitter le champ philosophique et se placer sur le terrain purement politique, plus précisément sur le terrain de la politique contingente. Il dut renoncer à donner la définition de *la nation*, en vue de démontrer la prééminence absolue, inéluctable, divine de la nation germanique. Au lieu de démontrer pourquoi la nation est divine, il déclara divine la seule nation allemande ; elle seule capable de reconstituer son unité après des siècles de servitude et de démembrement ; elle seule divine en tant que

____

(1) A. Rocco. — *Loc. cit.*, p. 12.

supérieure aux autres nations. Ainsi c'est Fichte, dont les *Discours* ont été si abondamment empruntés — pour ne pas se servir d'un mot moins propre — par le nationalisme fasciste, c'est Fichte lui-même, qui avoue qu'il est impossible de donner de la nation une définition universelle, permettant de déduire ce caractère transcendantal, qui lui est attribué à priori par la doctrine fasciste.

En ce moment la doctrine fasciste renverse cet obstacle infranchissable par une méthode rationnelle : elle identifie arbitrairement l'état avec la nation, et crée le mythe de l'*état-nation*. La doctrine fasciste ne se soucie pas du fait que la nation, soit comme idée, soit comme réalité, est le produit d'une époque déterminée de l'évolution sociale. De même elle ne se préoccupe pas du fait que le développement historique de l'état nous montre que la forme, autant que la substance, de toute organisation étatique est fondée sur la sociabilité naturelle de l'homme, tandis qu'on ne pourrait pas invoquer cette même sociabilité pour démontrer *nécessaire* l'agrégation sociale particulière et contingente qu'est la nation.

En effet, on est dans le champ des mythes, et on sait que là où commence le mythe on sort du domaine de la raison. C'est la volonté qui crée le mythe, et qui par un acte de foi y adhère : l'intelligence ne participe à l'opération que d'une façon secondaire pour lui donner sa forme, de même que la fantaisie pour le colorer.

Il en est certains qui appellent hypothèses, catégories, prémisses, etc., toutes ces résurrections de la mythologie ancienne. D'autres, au contraire, ne craignent pas la vieille terminologie, et appellent tout simplement du mot traditionnel de *mythe* la matérialisation des créations abstraites et dogmatiques de leurs volontés et de leurs fantaisies. La majorité des fascistes se range parmi ces derniers et reconnaît franchement qu'à la base de la nouvelle construction philosophique et politique se trouve le *mythe de la nation.*

Cet aveu de la part des théoriciens du nationalisme fasciste n'est peut-être qu'une boutade. Toutefois il y a un fait acquis, dont la valeur est absolument décisive : le fait que le système du nationalisme fasciste part d'une idée — l'état-nation, — se transformant en réalité en tant que la volonté du sectateur lui confère une existence autonome, lorsqu'il la *pose* hors de soi-même, dans la forme précisée par son intelligence.

Les mots, dont j'ai du faire usage en ce moment en vue d'expliquer le procédé du nationalisme fasciste pour exprimer la prétendue divinité de la nation, m'apprennent que ce procédé ne diffère nullement de celui employé il y a un siècle par l'allemand

Hegel. Au contraire, les conséquences, aujourd'hui déduites par le nationalisme fasciste, sont profondément différentes de celles tirées autrefois de prémisses substantiellement identiques par le philosophe de Stuttgart. Selon Hegel c'est l'état, divin et immanent, qui dépasse l'individu et s'impose à lui par l'autorité d'un impératif catégorique kantien. Mais l'état de Hegel n'est qu'une abstraction, dont la réalisation n'est pas nécessairement la nation. Il participe de la divinité parce qu'il est l'état, non parce qu'il s'identifie avec la nation.

Lorsqu'on abandonne l'abstrait pour le concret, l'état de Hegel se cristallise dans une chose définie et précise, telle que l'état prussien de la restauration, dont la destinée était d'absorber les autres formations étatiques de la nation allemande. En d'autres termes, selon Hegel l'état *est*, même indépendamment de la nation. Il est toujours l'état éthique, ayant sa vie et sa propre personnalité, supérieur aux individus composant sa population, bien qu'il ne soit pas encore *l'état national*, ralliant sous son pouvoir une nation toute entière, et cette nation seulement.

Le nationalisme fasciste emprunte à Hegel l'idée de l'état éthique ; mais il n'en conçoit la réalisation que dans la nation juridiquement organisée ; et il assigne les attributs de la divinité à la nation, préexistante à l'état. Celui-ci est divin, en tant qu'il est national. Ainsi il donne à l'idée de l'*état organique* une signification nouvelle. L'état se qualifie *organique*, non seulement parce qu'il est fondé sur les hiérarchies des individus, des classes et des pouvoirs ; mais aussi parce qu'il est l'unité résumant la série indéfinie des générations.

Cette attitude fait naître certains problèmes, dont les solutions présentées par le nationalisme fasciste se rapprochent singulièrement des conclusions de nombre d'écoles philosophiques et politiques françaises, anciennes et modernes.

Si on estime que la seule réalité est l'état, avec son territoire et sa population, et avec les territoires et les populations qui peuvent s'y agréger, le problème politique se résume dans l'organisation de l'effort continuel, destiné à composer en unité organique les citoyens, à écarter tout obstacle à l'identité de la langue, de la culture, des mœurs, et à étouffer toutes les tendances opposées à la formation d'une tradition franchement unitaire.

Si, au contraire, on part de la donnée que l'état s'identifie abstraitement avec la nation, le problème politique est de traduire concrètement cette identification de la façon la plus parfaite et la plus complète. Par conséquent le devoir fondamental de l'état est d'établir et de rendre effectif son pouvoir sur toute l'étendue du territoire national, jusqu'à ses limites naturelles ; de réunir sous son organisation juridique tous les groupements détachés du corps national pour n'importe quelle raison. Etant donné que l'état-nation n'est pas l'agrégé des individus composant sa population, mais la synthèse de la série des générations passées, présentes et futures, il est de son devoir de redonner au corps national tous les territoires jadis possédés et de pourvoir par là aux nécessités du développement des générations de l'avenir. L'organicité de l'état-nation, telle qu'elle est conçue par la nationalisme fasciste italien, ne peut qu'engendrer une tendance effrénée à l'expansion ; et cette tendance devient l'idée-maîtresse de sa politique extérieure.

Comment peut-on limiter les conséquences de cette *théorie* expansionniste ?

Pour les partisans de la définition contractualiste de l'état, la volonté contraire des différents groupements ethniques constitue la limite de l'expansion. De même, si on conçoit la nation comme une réalité historique, variable et contingente, les traditions et les transformations subies au cours des siècles posent des limites, *grosso modo* reconnaissables, bien que souvent marquées d'une façon incertaine.

Mais quelle est la limite objective de l'expansion légitime d'un état, conçu comme l'organisation juridique d'une nation, existant *sub specie aeternitatis* ; d'un état se révélant sous les formes chimériques du mythe, dont la volonté de l'individu, qui l'a créé et qui chaque jour le recrée, fixe arbitrairement l'extension ?

La conception transcendantale de la nation, proclamée par le nationalisme fasciste, n'est qu'une réalité subjective. Elle existe seulement dans l'esprit de l'individu, et son existence extérieure n'est que le résultat de la manifestation de l'intelligence et de la volonté de son créateur. Lorsqu'on incarne cette réalité subjective dans l'état, elle prend les formes et les aspects que lui confèrent ceux qui détiennent le pouvoir suprême. La fixation des limites du droit de conquête de l'état-nation est ainsi confiée entièrement à la volonté toute puissante des gouvernants.

La seule limite objective est donnée par les tendances analogues ou par la force de résistance des autres sociétés particulières se trouvant au contact de l'état-nation, au moment où celui-ci essaye de réaliser sa volonté de conquête. Le seul équilibre possible est l'équilibre des forces. L'impérialisme, conçu comme action expansive de la nation poussée jusqu'aux limites de sa capacité et de ses besoins, est, non seulement un droit, mais une véritable règle de vie (1).

Tandis que Hegel justifie la guerre en raison de la valeur éducative de l'effort collectif qu'elle impose, la doctrine du nationalisme fasciste élève la guerre à la dignité de loi éternelle de la vie de l'espèce humaine, et considère la lutte extérieure comme le meilleur moyen pour atteindre la perfection du pouvoir de l'état-nation (2).

Pour ces raisons je crois qu'on ne peut pas qualifier de vantardises les attitudes du nationalisme fasciste, lorsqu'il déclare représenter un élément révolutionnaire au sein de la communauté des états de l'Europe occidentale. En effet, il abjure toutes les positions de la pensée politique des cent dernières années, en reniant la réalité des conceptions dépassant les sociétés nationales particulières. Il légitime toute manifestation de la volonté de l'état-nation, en tant que celui-ci possède la force nécessaire pour s'imposer aux adversaires. Il s'efforce en un mot, au nom des droits imprescriptibles de chaque peuple, de démembrer les organisations internationales péniblement échafaudées par la politique moderne.

On dira que cette résurrection est anti-historique dans une période caractérisée par le mouvement des idées et des droits vers des conceptions de plus en plus larges, et toujours tendant à l'universalité. Peut-être : en ce moment, je ne juge pas, je constate.

Le MYTHE DE L'HOMME et la raison d'état.

Selon le nationalisme fasciste la force de l'état-nation est divine autant qu'est divin l'état dont elle émane. Toute chose accomplie par cet état est légitime, en tant qu'elle est une manifestation de la divinité de sa puissance. Toute expression de sa volonté est obligatoire parce que sa volonté est la seule justice, sa parole est la seule loi, sa perfection est le seul but. Par conséquent « le fascisme » pense que le problème prééminent est celui des droits de l'état » et des devoirs de l'individu et des classes. Les droits mêmes de » l'individu, pour autant qu'on lui en reconnaît, ne sont qu'une

(1) « Nous sommes impérialistes, parce que nous ne pouvons pas admettre » qu'une nation, représentant (sic) une force spirituelle et économique supérieure » à celle d'un autre peuple, doive renoncer — en vertu d'une moralité abstraite » et mortifiante — à la réalisation concrète du développement de ses énergies, » fût-ce au prix d'imposer aux autres la domination de sa force. » — BALBINO GIULIANO. — *Op. cit.*, p. 202.

(2) « Voilà justifiée la guerre, loi éternelle de l'espèce humaine, que ces doc- » trines-là (les doctrines libérales) ne qualifient que comme une dégénération » absurde ou une folie monstrueuse. » — ROCCO, *loc. cit.*, p. 13.

» conséquence des droits de l'état. Et ces droits chacun les fait
» valoir soit en qualité de détenteur d'un droit propre, soit en
» qualité d'organe d'un intérêt social convergeant avec un intérêt
» individuel (1) ».

Le droit existe en tant que l'état le déclare, et en vertu seulement
de sa déclaration (2). L'état est la seule source du droit, la seule
origine de la justice. La loi est juste en tant qu'elle est édictée
par l'état, et personne ne peut contester sa légitimité, en prétextant
n'importe quelle violation des droits naturels (3).

L'individu est citoyen en tant que l'état lui confère cette qualité,
et les organes de l'état gardent toujours la faculté de limiter la
substance même des droits attribués au citoyen suivant l'intérêt
collectif. « L'état a ses buts historiques et immanents de conser-
» vation, d'expansion, de perfectionnement, bien distincts des
» buts des individus qui le composent pro tempore (4). » En cas
de conflit, ce sont toujours les fins de l'état qui doivent prévaloir,
eu égard à leur caractère *divin*.

Un pareil état n'est que le *Léviathan* de Hobbes, « vrai dieu
» mortel, auquel l'homme est redevable, au-dessous du Dieu
» immortel, de sa paix et de sa défense (5) ». Cet état doit être
unitaire, pour manifester sa personnalité, sa volonté, sa force
elles-mêmes unitaires. La norme de vie de l'état-nation est sa
volonté. Etant donné qu'il n'existe aucune réalité capable de limiter du dehors les manifestations de cette volonté, on devrait en
conclure que la loi de la force, bien qu'idéalisée par le mythe,
est la loi fondamentale de cet état-nation ; que le succès est la
seule justification de ses actes. Mais le nationalisme fasciste
n'admet pas cette conclusion, ou du moins ne l'admet pas dans
une pareille forme, claire et non équivoque. Il s'efforce de rompre
la chaîne logique des déductions successives ; il nie que la loi de la
force domine la vie de son état-nation ; il affirme que « les intérêts
supérieurs de la société » doivent régir toute l'activité de son organisation politique idéale. La détermination de ces « intérêts

____

(1) A. Rocco. — *Loc. cit.*, p. 14.

(2) «.... dans l'état bourgeois le droit prime la loi, c'est-à-dire que le législateur
» est subordonné à une norme suprême de droit ; dans l'état soviétique le législa-
» teur est tout puissant, le droit est identifié à la loi ; seul est droit ce qui trouve
» son expression dans la loi, ce qui est reconnu comme tel par le pouvoir de l'état. »
— B. Mirkine-Guetzévitch. — *L'état soviétique et l'état de droit. — Revue de
droit public*, p. 322-323 ; 1927.

(3) «... les lois sont les règles du juste et de l'injuste, car on ne peut appeler
» injuste que l'acte contraire à une loi donnée. » — Hobbes. — *Léviathan.* — IIe
partie, chap. XXVI.

(4) A. Rocco. — *Loc. cit.*, p. 13.

(5) Hobbes. — *Léviathan.* — IIe partie, chap. XVII.

supérieurs de la société » devient ainsi le problème fondamental de la morale fasciste, en tant que la doctrine ne reconnaît qu'à ces intérêts le caractère de loi suprême, obligatoire autant pour les citoyens que pour l'état.

Tout d'abord on doit exclure qu'ils soient quelque chose de supérieur et d'extérieur à l'état, car en ce cas il faudrait nier la transcendance de l'état-nation, dogme fondamental de la *croyance* nationaliste-fasciste. Il s'ensuit que ces « intérêts supérieurs de la nation » ne peuvent être définis que comme la manifestation du besoin intime et immanent de l'état-nation de réaliser sa perfection.

La fixation de ces intérêts doit être indépendante de toute manifestation antérieure de la volonté des citoyens, par le fait que le nationalisme fasciste n'admet pas la théorie de l'origine contractualiste de l'état, soit explicite, soit implicite. Elle doit être aussi indépendante de toute manifestation actuelle de la volonté des citoyens, car, selon le nationalisme fasciste, on ne peut pas admettre que des *sujets* participent à la formation d'une loi, destinée à régir l'état, maître absolu des vies et des droits des individus. Par conséquent le droit de fixer les « intérêts supérieurs » d'une société nationale quelconque revient à ceux qui détiennent en fait le pouvoir.

Ce principe, admis désormais par la pratique du gouvernement fasciste comme un axiome indiscutable, engendre à son tour une autre de ces *identifications*, dont est émaillé le système en discussion. Si le gouvernement — et par ce mot je désigne l'élite des dirigeants de l'état, autant que les organes nécessaires à leur action — si le gouvernement seul a le droit de fixer les intérêts supérieurs de l'état, d'y conformer les lois et d'y soumettre les droits individuels, en fait il s'identifie avec l'état. De la même façon que — selon la doctrine fasciste — l'état est défini comme la conscience, la volonté, la raison de la nation, on peut définir le gouvernement comme l'expression unitaire de cette conscience, de cette volonté, de cette raison (1).

Mais le gouvernement n'est pas une chose abstraite. Le complexe des organes des pouvoirs publics, autant que l'élite des hommes qui les dirigent, sont des choses bien concrètes ; et les abstractions, chéries par les théoriciens du nationalisme fasciste,

(1) Cette identification est commune à tous les théoriciens de l'absolutisme. Selon Hobbes, toute vie autonome de l'état s'épuise au moment même de la conclusion du prétendu contrat primitif. Après le contrat, c'est le souverain seul, qui vit et opère au nom de l'état. De la même façon de Maistre identifie l'état avec le monarque et l'aristocratie, tandis que l'esprit de Spinoza n'est apaisé que par l'identification la plus sublime : la *théocratie*.

ne peuvent resoudre les problèmes concrets de l'action gouverne-mentale.

Lorsque le nationalisme fasciste attribue au gouvernement le droit de fixer les « intérêts supérieurs de la société », c'est aux gouvernants qu'il reconnaît en fait cette faculté. Et le choix des gouvernants peut correspondre, ou bien être contraire à la volonté exprimée ou présumée des citoyens. Si les gouvernants se trouvent d'accord avec la pensée et la volonté de la majorité, ils descendent de l'Olympe d'une divinisation arbitraire, pour prendre le rôle, plus humain mais plus noble, d'interprètes de la nation. Ce qu'ils déclarent est ce que pensent et ce que veulent les citoyens. Dans le cas contraire on se trouve en face d'un véritable problème de force. Si les gouvernants prétendent fixer l'intérêt de la collectivité d'une façon contraire à la volonté des individus ; s'ils ne veulent pas céder devant la désapprobation manifeste ou implicite de la majorité des citoyens, leur volonté, leur délibération, leur action deviendront volonté, délibération, action de l'état, du moment qu'ils possèdent la force nécessaire pour s'imposer.

C'est ainsi que ces prétendus « intérêts supérieurs de la société », lorsqu'ils prennent corps, se résument dans les « intérêts particuliers de l'oligarchie au pouvoir ». La raison d'état des autocraties ancien régime reparaît ainsi sous une nouvelle dénomination.

Malgré les démentis des théoriciens, ces « intérêts supérieurs de la société » ne sont en réalité qu'une forme de justification ou de déguisement du droit de la force, invoqué par les détenteurs du pouvoir. Donc c'est la force seule qui est la norme de la volonté de l'état, c'est le droit de la force seul qui est la loi morale de la nouvelle incarnation nationaliste de l'absolutisme.

Le système du nationalisme fasciste, vaincu ainsi dans le champ rationnel, a recours comme d'usage à une nouvelle abstraction, à une autre forme de mythe. Les individus composant la nation — affirme-t-il — sont incapables, aussi bien individuellement que collectivement, de déterminer les véritables intérêts de la société. Cette détermination ne peut pas être confiée à des gens incapables. Les hommes capables — les experts — seuls ont le droit de diriger l'action de l'état conformément à ses véritables intérêts. La multitude — poursuit-il, — n'ayant pas la capacité nécessaire pour apprécier le bien commun, n'est pas même capable de choisir les chefs, chargés de sa réalisation. Par conséquent la direction de l'état revient aux hommes exceptionnels, qui par leur génie transcendant peuvent *informer* toute l'action de l'état. La volonté de ces hommes s'impose en toute légitimité aux tendances contraires de la multitude, car, en s'identifiant avec celle de l'état, elle participe de sa divinité et de sa puissance sans bornes.

L'histoire n'offre aucun exemple de gouvernants choisis par une puissance surhumaine, sauf les deux premiers rois d'Israël (1). Le sacre même des rois de droit divin n'était en réalité qu'une confirmation d'un choix antérieur résultant soit de l'élection, soit de la désignation par le prédécesseur, soit de la loi de succession de la monarchie. L'*homme providentiel*, destiné par la nature elle-même à régir l'état — le démiurge — n'est qu'une abstraction, imaginée par les épigones de Hegel pour diviniser le succès de l'individu s'imposant à ses contemporains par la force. En réalité cet *homme providentiel* n'existe pas. Il y a des hommes, que la libre désignation de leurs concitoyens charge de la direction de l'état ; il y en a d'autres, qui usurpent le pouvoir en étouffant par la force la volonté contraire de la majorité. Ce sont ceux-ci qui recherchent des divinisations arbitraires pour cacher sous le leurre du mythe l'origine réelle de leur puissance.

Ainsi en est-il du nationalisme fasciste. Tandis qu'à l'extérieur il justifie l'impérialisme illimité, en idéalisant la force de l'état-nation comme la seule source du droit objectif ; à l'intérieur il affirme la toute-puissance du *chef*, il en divinise le succès, il le sublimise comme cause première des droits publics et privés, il lui confère le pouvoir de fixer à son gré la loi morale de l'état identifiée avec les prétendus intérêts supérieurs de la nation. Bien à raison le *chef* d'aujourd'hui peut répéter les mots de Louis XV : « En ma personne seule réside l'autorité souveraine, à moi » seul revient indivisé, indépendant, suprême le pouvoir législatif ; » de moi émane l'ordre public tout entier, dont je suis le gardien » suprême. Mon peuple est un tout unique avec moi ; les droits » et les intérêts de la nation, dont on voudrait faire une chose » détachée du monarque, forment nécessairement un tout unique » avec mes droits et mes intérêts et reposent exclusivement en » mes mains (2). »

Mais c'est de l'absolutisme, s'écrie-t-on peut-être, et exprimé dans la forme la plus rigide et la plus intransigeante, qui nous rappelle la tradition de l'empire de Byzance. En effet, un pareil système politique *s'appelait* absolutisme.

Les organes conservateurs.

Les régimes absolus n'ont jamais contribué largement à la civilisation humaine. Les progrès réalisés sous les régimes autoritaires furent presque toujours inspirés par des mouvements de réaction contre la domination autocratique. Cette situation d'infériorité

(1) *Livre des Rois.* — I. X. 1, et I-XVI, 1 et 12.
(2) Lit de justice du 3 mars 1766.

des régimes absolus n'est pas sans cause ; et on l'observe dans toutes les organisations étatiques, où le pouvoir suprême est confié à une petite oligarchie de caste.

Malgré les apparences redoutables de son organisation militaire l'état absolu repose sur les bases les plus faibles. Ne pouvant s'appuyer sur le libre consentement des sujets, il doit toujours se garder des tentatives renouvelées de subversion. La nécessité de sa propre défense est pour l'état-gouvernement absolu si absorbante, qu'elle en devient la seule raison de vie ; et les théoriciens de l'autoritarisme ne conçoivent leur état tout-puissant que préoccupé de se maintenir par la contrainte des sujets (1) et de se renforcer par la menace de peines effrayantes contre les rebelles (2).

Il est de la nature même de l'état absolu de consacrer la majeure partie de ses forces à son maintien et de n'en réserver qu'une toute petite partie au perfectionnement des sujets. Les moyens employés par les régimes absolus pour *tenir* furent aussi variés et innombrables, que les formes sous lesquelles se déchaînèrent les réactions individualistes. Mais on peut classer ces différents moyens en trois catégories fondamentales, selon qu'ils sont destinés à opérer dans le temps, en extension, ou en profondeur. En effet l'absolutisme pour se raffermir s'efforça toujours de perpétuer la forme et la substance de ses institutions, de centraliser à outrance son administration, de briser par une différenciation artificieuse les liens de solidarité des classes, des groupements, des individus soumis à sa domination.

La nationalisme fasciste ne dément pas les données de l'histoire. L'état, dont il rêve la construction et dont il a déjà jeté les fondements et bâti les piliers, repose en réalité sur les trois principes de la conservation, de la centralisation, de la différenciation.

Le nationalisme fasciste n'a pas encore manifesté le caractère conservateur de son action, parce que jusqu'à présent il a dû se débarrasser des institutions du régime représentatif, pour ériger le nouvel édifice de son organisation. Mais le *dynamisme* fasciste, exalté par les politiciens du nouveau régime comme la caracté-

---

(1) « Le sujet commet un crime grave lorsqu'il décrie le *souverain représentant,*
» ou qu'il discute son pouvoir, ou qu'il emploie son nom sans révérence, de
» façon à l'exposer au mépris populaire ou à affaiblir l'obéissance du peuple, où
» réside la garantie de la sûreté de l'état. Cette règle ressemble au 3ᵉ commande-
» ment. » — HOBBES. — *Léviathan.* — IIᵉ partie, chap. XXX.

(2) « Il y a de la folie à prétendre enchaîner à tout jamais quelqu'un à sa parole,
» à moins qu'on ne fasse en sorte que la rupture du pacte entraîne pour le violateur
» de ses serments plus de dommage que de profit ; c'est là ce qui doit arriver
» particulièrement dans la formation d'un état. » — SPINOZA. — *Tract. Théol.
politic.* — Chap. XVI.

ristique la plus marquante de leur mouvement et de la nouvelle organisation politique italienne, est de sa nature transitoire. Sa destinée est de faire place à l'*immobilisme*, lorsqu'auront disparu les institutions de droit privé et de droit public contraires au nouvel ordre de choses. Les deux piliers de l'*immobilisme* fasciste existent déjà, et ils ne diffèrent guère de ceux sur lesquels s'appuyèrent toujours les régimes absolus dès l'antiquité la plus éloignée : l'armée et l'aristocratie.

L'armée, organisée sur la base de la conscription obligatoire et universelle, n'est qu'une conséquence des principes égalitaires de 1789. Le système de la conscription obligatoire, en multipliant le nombre des combattants, contribua sans doute autant que la découverte des engins modernes de destruction à augmenter les ravages de la guerre. Mais il contribua aussi à raffermir et à développer le caractère démocratique des organisations politiques modernes. Au lendemain de la guerre européenne personne n'osait s'opposer à l'introduction du suffrage universel, étant donné que tous les citoyens grâce à la conscription, et les femmes mêmes à la suite de la mobilisation civique, avaient participé à la défense armée de l'état.

Le nationalisme fasciste, pour des raisons évidentes d'équilibre extérieur, ne songea pas à l'abolition de l'armée permanente et nationale ; mais il multiplia ses efforts en vue de noyauter l'armée régulière, et d'organiser à son côté sa propre armée, chargée de la défense du régime. Au sein de l'armée régulière il mit en évidence une élite de privilégiés, liés au sort du nouveau régime par la reconnaissance des faveurs octroyées et par le désir de les conserver. Les privilèges furent prodigués à l'aviation, jusqu'à former d'elle une véritable armée indépendante, dotée d'un uniforme spécial (dans les milieux militaires les apparences prennent souvent une valeur substantielle). S'il est très difficile de juger à présent de la capacité offensive et défensive de l'aviation italienne dans une guerre extérieure, il est pourtant certain que son concours a été singulièrement précieux aux gouvernants pour s'assurer de l'armée régulière, toujours démocratique dans sa masse et monarchiste dans ses cadres.

La défense active du régime fut entièrement confiée à la milice fasciste — *milice volontaire pour la sûreté nationale* —, dont on conserva jalousement le caractère d'armée de parti et qu'on organisa sur la base du recrutement volontaire. Les milices volontaires peuvent se justifier dans un régime libre, lorsqu'elles servent à la conquête d'un objectif militaire et extérieur ; mais elles se transforment fatalement en instruments de domination

au profit de leurs chefs si, leur mission accomplie, elles ne sont
pas dissoutes immédiatement, ou si elles sont employées pour le
maintien de l'ordre intérieur. Camillo Cavour avait bien compris
cette vérité, et en 1861 il n'hésita pas à encourir la haine de Garibaldi et le mépris de ses partisans, en démobilisant ces bataillons
de volontaires, qui avaient conquis le Royaume des Deux Siciles
à la maison de Savoie. Le fascisme comprit lui aussi cette vérité,
et, une fois au pouvoir, il se refusa opiniâtrement à dissoudre les
escouades, qui avaient fait la *marche sur Rome*. Il s'efforça, au
contraire, d'en perfectionner les cadres et l'armement, et de les
recruter toujours parmi les *fidèles* de sa faction.

Grâce à cette milice volontaire de partisans, le fascisme put
adopter un système de gouvernement, dépeint en maître, il y a
un siècle, par Tommaseo, lorsqu'il écrivait : « Ils font un pas
» en avant, puis font semblant de s'arrêter ou bien de reculer ; et
» entretemps la colère des peuples s'endort ; l'injustice s'enracine
» à la dérobée ; et un nouvel anneau est soudé à la lourde
» chaîne (1). »

Au lendemain des journées d'octobre le fascisme, désireux
d'imiter Bonaparte, voulut lui aussi avoir son aristocratie, décorée
des titres nobiliaires traditionnels. Et de fait il sortit une première
fournée de ducs, de comtes et de barons. Mais l'expérience risqua
de tourner au ridicule chez un peuple, comme l'italien, auquel
les blasons féodaux rappellent la sottise de l'aristocratie de Cour,
plutôt que les gestes de l'ancienne chevalerie.

Le fascisme se rabattit sur la création d'une aristocratie de
parti, destinée à monopoliser toutes les positions privilégiées.
Pour conserver à son organisation politique un certain caractère
aristocratique, il ferma rigoureusement l'accès aux faisceaux (2),
il enleva toute apparence démocratique à ses règlements intérieurs,
il établit une hiérarchie rigide de dirigeants nommés ou investis
par les chefs suprêmes, il soumit, en un mot, aussi formellement
que substantiellement, l'activité du parti à la volonté toute-
puissante du *chef*.

A côté de cette aristocratie de parti, le fascisme rêva encore
d'une aristocratie intellectuelle, et il s'efforça de l'insérer dans
les cadres de son organisation politique, au moyen d'une *Accademia d'Italia*, servilement calquée sur le modèle des académies

(1) TOMMASEO. — *Dell'Italia*. — Liv. V, IIIᵉ partie, chap. 5.
(2) Depuis 1926, ne peuvent être inscrits aux faisceaux que les jeunes gens,
ayant accompli leur stage dans les avant-gardes ou dans les autres organisations
de la jeunesse fasciste, et les personnalités auxquelles la direction centrale des
faisceaux confère l'inscription *ad honorem*.

françaises (1), et au moyen des « syndicats des travailleurs intellectuels », contrôlés et dominés par le gouvernement central,
qui peut exclure les individus doués d'un excessif esprit d'indépendance (2).

C'est ainsi que le sentiment de la conservation pousse l'organisation étatique à s'appuyer entièrement sur la force conservatrice
d'une oligarchie de miliciens et de fonctionnaires, car le travailleur
intellectuel *syndiqué* sous le contrôle de l'état n'est qu'un fonctionnaire. Il appartient à ses miliciens et à ses bureaucrates de
défendre le régime par la force et par la parole, et par contre
le régime garantit de sa toute-puissance leur situation économique privilégiée.

La centralisation ; l'Eglise et l'état.

Je me bornerai ici à considérer la centralisation, que les techniciens du droit appelleraient *par matière* ; et je me réserve d'examiner plus longuement dans la suite la centralisation *par territoire*,
dont l'établissement est une des caractéristiques les plus marquantes du nouveau régime italien.

On peut expliquer la tendance du régime italien d'aujourd'hui
par la nécessité commune aux régimes autocratiques de soumettre
à leur contrôle toutes les manifestations de l'activité individuelle ;
mais on peut aussi l'expliquer du point de vue historique comme
une réaction contre la situation préexistante à la conquête fasciste.

La déchéance des gouvernements italiens, hâtée par la guerre et
par les crises d'après-guerre, avait mené le pays, mieux qu'à une
décentralisation, à un véritable effritement des pouvoirs. La crise
de l'état et du gouvernement, chronique de 1918 à 1922, avait
vidé les organes de l'état des facultés essentielles de la souveraineté,
aussi bien que des pouvoirs jadis usurpés aux institutions locales.

(1) Mussolini, lorsqu'il décréta la constitution de l'*Accademia d'Italia*, n'avait
pas oublié ce que son maître Saint-Simon avait écrit, dès 1803, au sujet des académies : « Le despotique Richelieu fut le fondateur de la première académie en
» France ; il vit que l'espoir des médailles et des fauteuils enchaînerait l'écrivain ;
» que l'administration s'en servirait pour répandre des principes favorables à
» ses vues, qu'elle maîtriserait ainsi l'opinion publique, et qu'elle ferait des
» académies autant de ressorts cachés de son despotisme. » — SAINT-SIMON. —
Lettres d'un habitant de Genève. — Réponse d'un ami à la 1re lettre.

(2) *L'Accademia d'Italia* fut érigée par le décret-loi du 7 janvier 1926, n° 87 ;
mais jusqu'à présent il n'a pas encore été procédé à sa constitution régulière. Elle
devrait se composer de soixante membres, nommés par décret royal sur la proposition du chef du gouvernement qui, à son tour, choisit parmi trois noms pour
chaque siège, proposés par les membres en fonction (art. 6). — Les associations
des *travailleurs intellectuels*, sont régies par la loi du 3 avril 1926, n° 563. Cette
loi oblige les associations reconnues par l'état à insérer dans leurs statuts une
clause subordonnant l'admission des membres à la condition qu'ils soient « de
» bonne conduite politique du point de vue national ».

Une justice de parti se superposait à la justice de l'état, incapable de contraindre les citoyens au respect de ses jugements impartiaux. Une police de parti se substituait à la police de l'état, gardienne de la tranquillité publique, et adoptait le système des représailles pour venger tout acte contraire au bon plaisir de ses chefs ou à leur conception subjective de la justice. Une minorité de profiteurs s'était emparée du contrôle de la richesse nationale et de la politique économique, entretenant les passions populaires et suscitant des troubles pour les exploiter. Les manifestations innombrables de mécontentement engendrées par la guerre avaient abouti à une véritable « anarchie de la pensée », pas encore complètement refoulée par la vague de bon sens de 1920.

Ainsi qu'il en va de tout mouvement de réaction, le fascisme se livra aux excès contraires de la centralisation. Il ne se borna pas à rétablir l'idée unitaire de l'état ; mais il alla jusqu'à identifier l'état avec la nation, l'état et la nation avec le gouvernement. Il voulut tout réduire à l'unité, et rendre parfaits les éléments spirituels de son état-nation idéal, savoir l'unité de culture, l'unité de religion, de traditions, de mœurs, de langue, en un mot, l'unité des sentiments et des volontés (1). Il prétendit enfin soumettre toute activité individuelle à la direction et au contrôle du gouvernement, conçu comme le centre et le moteur de cette perfection unitaire.

Le nationalisme fasciste proclame que son idée de centralisation à outrance est l'antithèse la plus absolue du jacobinisme rationaliste, et qu'elle se rattache à une prétendue tradition thomiste (2) ; mais en réalité il arrive à des conséquences bien semblables à celles tirées par l'oligarchie jacobine dans les périodes les plus troublées de la révolution française, lorsqu'elle imposait à la république la toute-puissance unitaire des comités de la Convention et de la Commune de Paris (3).

(1) A. Rocco. — *Loc. cit.*, p. 11.

(2) Alfredo Rocco, ministre de la justice du cabinet fasciste, dans son discours de Pérouse — la plus complète synthèse donnée jusqu'à présent de la doctrine fasciste, — veut bien trouver la justification de la centralisation unitaire de son système dans la doctrine de S. Thomas (*De regimine princip.*, I chap. 2 ; et *Comm.*, *in Polit.* L. III, Lect. VIII). Mais il confond les problèmes de la pluralité des pouvoirs et ceux de la pluralité des organes du pouvoir ; et il oublie que S. Thomas, au premier chapitre de son *De regimine*, lorsqu'il fixe sa nomenclature, attribue la dénomination de monarchie au gouvernement juste d'un seul. Il oublie encore que d'après S. Thomas la conception de tyrannie est très large, jusqu'à comprendre tous les régimes dont les gouvernants placent leurs intérêts personnels au-dessus du bien commun, et ne se soucient que de se maintenir. Selon Saint Thomas le gouvernement mauvais d'un seul est, parmi les gouvernements mauvais, le pire.

(3) A cet esprit jacobin du nationalisme italien fait pendant le philo-jacobinisme de la critique historique française contemporaine de marque nationaliste, et sa tendance à exalter Robespierre, ne fût-ce que pour la logique rigide de son système politique.

Toute activité est fonction de l'état. Là où l'état ne pourvoit pas par ses organes, il centralise par son contrôle et par sa surveillance la plus tracassière, sous prétexte d' « encadrer toutes les » forces vivantes et opérantes de la nation dans l'organisation de la » collectivité ». La formule fasciste est : « *Tout pour l'état, rien* » *contre l'état, rien en dehors de l'état* (1). »

Rien n'échappe à cette centralisation systématique, poursuivie à travers un fatras de lois, de règlements, de décrets, d'instructions des ministères et d'ordres du parti. Aujourd'hui la centralisation fasciste n'est égalée que par la centralisation du gouvernement de la république des Soviets, et, sous certains aspects, la politique fasciste se montre plus rigide et plus rigoureusement logique que la politique communiste.

La doctrine fasciste pose-t-elle des limites, abstraites ou concrètes, à cette centralisation de tous les pouvoirs dans la nation, dans l'état, dans le gouvernement, dans le parti, résumés tous dans la personne du *chef*? Elle ne donne, et ne peut donner aucune limite objective. Puisque la fin de l'état est sa propre perfection — et non la perfection de l'individu, — puisqu'il appartient au gouvernement de déclarer l'intérêt collectif et d'y soumettre tous les droits individuels, puisque la loi morale de la nation, de l'état, des gouvernants est déterminée par leur capacité de réaliser par la force leur bon plaisir, on ne peut évidemment fixer aucune limite à l'absorption des fonctions publiques par les organes du pouvoir exécutif et du parti. Ceux-ci centralisent autant qu'ils peuvent centraliser. La soumission de l'individu et des institutions autonomes à leur toute-puissance justifie l'action centralisatrice des organes gouvernementaux, de même qu'elle manifeste le succès du système. La volonté des gouvernants est le droit en tant qu'elle se réalise ; elle est juste en tant qu'elle est concrétée en droit positif. La seule limite est tout à fait subjective. Elle est fixée par l'intérêt du *chef* de s'abstenir des ordres qui pourraient provoquer un mouvement de réaction capable de le déposséder.

« La fin de cette institution (l'état) est la paix et la défense de » tous. Or, toute chose qui a droit à une fin, a droit aussi aux » moyens, et par conséquent il appartient à quiconque — homme » ou assemblée — investi de la souveraineté, de juger des moyens » pour réaliser la paix et pour organiser la défense, autant que » d'écarter tous les obstacles et toutes les contrariétés, en préve- » nant les dissensions à l'intérieur et les hostilités à l'extérieur (2). »

(1) Mussolini. — Discours à la Chambre des députés. — Séance du 26 mai 1927.

(2) Hobbes. — *Léviathan.* — IIe partie, chap. XVIII.

L'état s'arrêtera sur la voie de la centralisation, lorsque les gouvernants estimeront qu'à la suite des réactions actuelles ou éventuelles des citoyens le système, au lieu d'assurer la paix intérieure, risque de provoquer des désordres compromettant la stabilité du régime. C'est l'équilibre des forces, qui reparaît comme la seule réalité de la doctrine fasciste.

Jusqu'à présent le nationalisme fasciste n'a rencontré sur son chemin aucune force décidée à lui résister ; et il a réussi à attribuer à l'état des fonctions de plus en plus complexes, et à assigner aux organes centraux du gouvernement des facultés de plus en plus étendues. Mais cette absorption graduelle des activités individuelles dans la vie collective devra tôt ou tard placer le fascisme en face de ce problème, qui a tourmenté tous les régimes après l'établissement du Christianisme : le problème des rapports entre l'Eglise et l'état.

On peut croire que le nationalisme fasciste énonce déjà sa solution particulière du problème, lorsqu'il proclame son intention de reconstituer le système politique et de se rattacher à la tradition unitaire de l'Empire romain. En effet, si les théories de l'étatisme furent poussées à leurs extrêmes conséquences et trouvèrent leur expression la plus adéquate dans les philosophes protestants du XVIIe siècle, Rome païenne est encore l'exemple le plus parfait de la centralisation étatique. Mais entre Rome païenne et Rome chrétienne il y a une révolution, la plus profonde, et, sous un certain aspect, la seule véritable révolution de l'humanité, encore en marche depuis vingt siècles : la révolution du christianisme.

L'empire des Césars put transformer la religion, conçue comme règle de vie et ensemble de cérémonies, en une fonction de l'état, parce que le vrai dieu tout-puissant de l'Olympe romain était l'état lui-même ; et l'universalité des dieux romains n'était en réalité que la divinisation de la conquête universelle de ses légions. Lorsqu'une nouvelle religion se répandit, se qualifiant d'universelle, non pas au nom de la force, mais au nom d'une révélation divine, s'engagea immédiatement le conflit. Des princes sages et modérés, tel que Trajan ou Marc-Aurèle, ne purent eux-mêmes ralentir la contrainte exercée par l'état sur une religion qui se permettait de nier la divinité de l'Empire et d'enseigner une loi supérieure au précepte *salus reipublicae suprema lex esto*. Le dénouement de la lutte ne tarda pas : ce fut l'effondrement du vieil étatisme romain.

C'est à cet étatisme que se rattache le nationalisme fasciste. Sa destinée sera-t-elle d'imiter la fin de l'ancien césarisme, que ne sauvèrent de la défaite, ni l'abandon de la capitale traditionnelle, ni les diversions hérétiques des successeurs de Constantin ?

Les théoriciens et les praticiens du nationalisme fasciste comprennent que la position de leur état-nation en face de l'Eglise du XXe siècle ne ressemble guère à la position de l'Empire de Rome en face de l'Eglise primitive. Ils ne peuvent fermer les yeux sur l'immense influence aujourd'hui exercée par les institutions religieuses et par les chefs de la hiérarchie ecclésiastique sur l'opinion publique, et ils prévoient combien de dangers susciterait une lutte ouverte entre l'Eglise et l'état. D'autre part, ils sont eux-mêmes convaincus que leur logique aboutit à la thèse du philosophe : « Vouloir enlever au souverain la toute-puissance en matière » de religion, c'est vouloir la division dans l'état (1). » Ils comprennent qu'en renonçant à soumettre entièrement l'Eglise à l'état, leur conception unitaire est blessée à mort. Mais ils voudraient soumettre l'Eglise, tout en esquivant la bataille ouverte contre elle.

Cette double préoccupation explique les tentatives des théoriciens et les efforts des politiciens du nationalisme fasciste, dont l'observateur superficiel ne saisit peut-être pas toute la signification, et qui au premier moment peuvent apparaître comme contradictoires à ce système de résurrection italienne de l'autoritarisme.

Les théoriciens, en vue de trouver une solution quelconque du problème, se rallient à l'enseignement de l'école autoritaire française d'à-présent. L'Eglise — affirment-ils — est de sa nature, autant que par sa constitution, un organisme de conservation. Par conséquent sa tradition, son système et son instinct doivent la pousser vers les régimes réalisant dans l'ordre politique l'idée de toute-puissance, qu'elle proclame dans le domaine religieux. Un conflit entre l'état fasciste et l'Eglise — concluent-ils — est hors du cadre des choses probables, car il est de l'intérêt de l'Eglise de s'opposer à tout mouvement contraire à une organisation sociale, unitaire et forte, telle que l'organisation donnée par le fascisme à l'état italien.

Les politiciens de leur côté aspirent à donner une signification concrète à cette identité des fins et à cette solidarité des intérêts, proclamées par les théoriciens ; mais tout en renouvelant les vieilles formules de respect formel envers les hiérarchies de l'Eglise, ils tâchent d'en stériliser le pouvoir spirituel et de lui enlever toute influence sur la formation des nouvelles générations.

(1) SPINOZA. — *Tract. Teol. Polit.* — Chap. XIX.

Les efforts dialectiques des uns et les tentatives des autres sur le terrain de la politique positive peuvent-ils réussir?

L'Eglise par la condamnation de la formule *politique d'abord* des monarchistes français a confirmé son attitude traditionnelle : elle refuse d'identifier sa fin surnaturelle avec les buts humains de l'état, de se lier au sort de n'importe quelle forme politique contingente. L'Eglise ne se borne pas à repousser les propositions auxquelles se rallient ouvertement les doctrinaires du nationalisme fasciste ; mais en outre elle se proclame supérieure à tout préjugé d'ordre politique, et par ce fait même reconnaît possible l'entente avec tous les régimes sur la base du respect de son indépendance spirituelle : avec la république démocratique de la France, aussi bien qu'avec la république communiste de la Russie, ou avec le nouvel absolutisme monarchique-militaire de l'Espagne. Cette entente n'engage jamais l'Eglise à reconnaître juste ou parfait *en soi* le régime avec lequel elle s'accorde, mais n'implique qu'une reconnaissance de fait.

Les formes mêmes garantissant son indépendance spirituelle l'Eglise ne les fixe pas d'une façon rigide, et après les expériences des régimes concordataires, elle tolère de bonne grâce le régime séparatiste, même dans certains pays de la vieille Europe. L'Eglise ne se préoccupe pas des formes des gouvernements, choisies par les différentes nations : elle exige seulement qu'aucun obstacle n'empêche les multitudes de se servir des moyens de salut ; et qu'aucune entrave ne porte atteinte au libre exercice de sa mission.

Voici, dès lors, comment se pose le problème des rapports entre l'Eglise et l'état fasciste : étant donné que le nationalisme fasciste, par sa conception rigidement unitaire de l'état, exclut *a priori* tout régime séparatiste, que d'autre part l'Eglise vient de renouveler la condamnation des doctrines identifiant les fins du catholicisme et les buts des régimes autoritaires ou de n'importe quelle autre forme d'organisation politique, un accord est-il possible entre l'Eglise et l'état fasciste, permettant à l'une de sauvegarder sa complète indépendance spirituelle et à l'autre de s'en tenir à ses rigides préjugés politiques ? Ou bien, au contraire, la lutte éclatera-t-elle fatalement, lorsque l'état fasciste, appliquant intégralement son programme, déchaînera sa dernière offensive pour réaliser son idée unitaire et s'emparer enfin de la direction de la vie religieuse de la nation?

Aujourd'hui on ne peut pas encore entrevoir la réponse adéquate à la question ainsi posée. La vie politique n'est qu'une suite de réalisations ; et chaque réalisation est le résultat d'un compromis, où les parties renoncent à quelques unes des conséquences logiques de leurs principes fondamentaux. Personne ne peut dès à présent prévoir jusqu'à quel point les politiciens du nationalisme fasciste renonceront aux corollaires de leur doctrine pour esquiver un conflit ouvert avec l'Eglise catholique. Aujourd'hui on doit se borner à reconnaître que la conception de l'état-nation, telle qu'elle est énoncée par le nationalisme fasciste, et telle que les praticiens essayent de la réaliser dans la nouvelle organisation étatique italienne, n'admet la survivance d'aucune autorité indépendante du pouvoir gouvernemental et délivrée de ses contrôles.

Selon le nationalisme fasciste, l'état — et en son nom le gouvernement — a le droit le plus absolu de régler toute manifestation du *phénomène religieux*, en tant qu'elle peut exercer une influence quelconque sur la vie politique. En Italie, l'état doit protéger et favoriser la religion catholique à cause de l'influence politique du catholicisme et du rôle joué par l'Eglise dans la formation de la tradition italienne. L'état pourra ainsi disposer d'un puissant moyen de cohésion nationale, de la meilleure garantie de la discipline intérieure, et du moteur le plus efficace de l'expansion de la nation italienne. L'Eglise, considérée ainsi comme facteur politique, ne peut se soustraire à la tutelle et au contrôle de l'état, pas plus qu'une institution quelconque créée par l'esprit d'association des citoyens. Pourquoi garderait-elle son autonomie vis-à-vis d'un état regardé comme « la synthèse la plus parfaite des individus assujettis à son autorité »? Elle doit finir par reconnaître la supériorité de l'état divin et transcendant, dans les questions mêmes qui se rattachent à la vie religieuse de la nation.

D'ailleurs la formule fasciste *tout pour l'état, rien contre l'état, rien en dehors de l'état*, n'est qu'une résurrection des théories et des formules absolutistes du xvie et du xviie siècles, qui trouvèrent leur expression la plus parfaite dans le système de Benoît Spinoza (1). Et toutes ces formules ne peuvent se concilier avec la doctrine et la tradition catholiques.

Si le nationalisme fasciste s'engage à fond dans sa politique d'application du dogme de la toute-puissance de l'état-nation et de l'*homme providentiel* destiné à le régir, il rencontrera tôt ou tard sur son chemin l'Eglise, irréductiblement opposée à toute

---

(1) « Le salut du peuple est la loi supérieure à laquelle doivent se rapporter
» toutes les lois divines et humaines. Or, comme c'est au souverain seul qu'il
» appartient de déterminer ce qui est nécessaire au salut du peuple et à la tran-
» quillité de l'état, et d'ordonner ce qui lui a paru convenable, n'en résulte-t-il pas
» qu'il n'appartient qu'au souverain de déterminer la manière dont chacun doit
» pratiquer la pitié envers le prochain, c'est-à-dire la manière dont chacun doit
» obéir à Dieu ? » — SPINOZA. — *Tract. Theol. Polit.* — Chap. XIX.

domination humaine. Et au carrefour le nationalisme fasciste devra choisir : ou bien livrer bataille à l'Eglise, ou bien renoncer aux développements de son préjugé unitaire. C'est seulement en se désistant de la direction de la vie religieuse de la nation, qu'il pourra se soustraire à une lutte, dont le dénouement est fixé d'avance.

Mais le nationalisme fasciste, renonçant à l'application intégrale de son programme centralisateur, renonce par là même à la caractéristique la plus marquante de sa politique. S'il se plie à accepter des limitations à sa centralisation unitaire, il désavoue en bloc son système fondé sur la négation des limites de la toute-puissance de l'état-nation ; il reconnaît l'existence des droits naturels de l'individu, supérieurs aux pouvoirs du législateur ; il renonce, en un mot, à la réalisation de son état éthique idéal, légiférant dans tous les domaines de l'activité humaine.

En d'autres termes, pour détourner l'état, tel qu'il le conçoit, de la lutte ouverte contre l'Eglise — gardienne de l'intégrité de la personnalité humaine et de l'autonomie de la société religieuse — il faut que le nationalisme fasciste renie son programme, ses caractéristiques, ses dogmes.

Le système de différenciation.

« Ils (les tyrans) s'efforcent que nul lien de fédération ne
» s'établisse entre les sujets, qu'ils ne jouissent point entre eux du
» bienfait de la paix, afin que, l'un se défiant de l'autre, ils soient
» incapables de rien projeter contre leur dominateur (1). »

Lorsque le mouvement fédératif, tel qu'il en est dans la société contemporaine, se révèle comme un phénomène de caractère universel, les gouvernements autoritaires n'ont pas l'espoir de l'étouffer. C'est alors qu'ils s'efforcent de vinculer les associations, soit par un contrôle tracassier, soit par une politique de différenciation artificieuse, visant à désunir les coalitions spontanées et à enlever au peuple toute possibilité de manifester ses sentiments de solidarité.

Les monarchies orientales érigèrent leur despotisme sur une rigide division de castes, dont les plus élevées ne pouvaient avoir aucun rapport avec les forces populaires, et les plus humbles ne pouvaient jamais mettre à leur tête des chefs capables d'en diriger les tentatives de rébellion. La religion divinisait en quelque sorte ces autocraties, par le caractère sacré qu'elle attribuait aux divisions de castes. Les autocraties les plus modernes se sont bornées

(1) S. THOMAS. — *De Regimine princ.* — I, chap. 3.

à conférer dans une mesure différente les droits politiques et privés aux différents groupements sociaux, de sorte que, les uns servant de contrepoids aux autres, les rivalités mutuelles les détournent tous de la pensée même de se solidariser contre l'oppression commune. Tandis que le Christianisme fonde sa hiérarchie sur le devoir et n'attribue aux gouvernants qu'une récompense plus glorieuse dans la vie immortelle (1), les autocraties fondèrent leurs hiérarchies sur le droit (2) ; et les privilèges, au lieu de servir à récompenser la vertu, servirent à raffermir la domination des fidèles, liés au chef par la reconnaissance ou par l'intérêt.

La révolution française, dominée par la passion de vengeance et par les rancunes aigries pendant les siècles de la servitude, au lieu de redonner aux hiérarchies leur signification chrétienne et leurs fins naturelles, prétendit les abolir d'emblée et en effacer tout vestige. Mais elle décomposa ainsi la société dans ses éléments sans en respecter les organes vitaux. La réaction ne tarda pas contre le nivellement outrancier des jacobins. Les politiciens de l'école autoritaire espérèrent reconstituer ces hiérarchies, dont la révolution avait brisé la puissance ; mais leurs chimères s'évanouirent sous la poussée des multitudes appelées à la vie politique.

L'école libérale favorisa l'avènement de hiérarchies fondées sur la puissance économique ; elles virent bientôt leur prééminence combattue par les organisations du *quatrième état*, exigeant au nom de la même divinisation de la richesse leur part d'influence.

Une troisième école défendit l'idéal d'une organisation sociale dirigée par les experts, et ce fut cette école qui eut une influence vraiment remarquable sur la formation intellectuelle des chefs du fascisme italien. En effet, lorsque le nationalisme fasciste célèbre sa conception de l' « état corporatif dirigé par les experts » comme la manifestation la plus personnelle du génie de ses chefs, il oublie que, malheureusement, l'idée n'est ni spontanée, ni même italienne ; qu'elle fut exposée, développée, discutée il y a plus que cent ans par un français : le comte de Saint-Simon (3).

L'opinion publique considéra les théories de Saint-Simon comme la quintessence du subversivisme, et rangea les saint-

(1) S. Thomas. — *De Regim. princip.* — I, ch. 8 et 9.
(2) Tommaseo. — *Dell'Italia.* — *Destini dell'Umanità* V.
(3) Voir Saint-Simon. — *Du système industriel.* — Dans la seconde partie de son ouvrage, et précisément dans le *post-scriptum* de *l'Adresse au Roi*, Saint-Simon esquissa même la forme de six décrets qu'il demandait à Louis XVIII d'édicter afin de donner un commencement à une réforme, destinée — disait-il — à fermer la période des « gouvernements des métaphysiciens de la politique » (ainsi il appelait les avocats), et à ouvrir l'époque de la domination des « savants, » des artistes et des industriels (producteurs) ».

simoniens parmi les plus dangereux et violents propagandistes
de la révolution sociale. Les conceptions politiques de Saint-
Simon étaient pourtant si peu subversives que leur créateur
croyait en retrouver le premier essai d'application dans la constitution artificielle, imposée par Bonaparte au Royaume d'Italie
pour masquer la toute-puissance de sa dictature militaire (1).
La nationalisme fasciste, en adoptant l'idée saint-simonienne, a
montré combien de services elle peut rendre pour étayer un régime
autocratique et reconstituer ces hiérarchies de privilégiés, gage
de sa stabilité.

« Le fascisme veut que l'état soit régi par des hommes capables
» de s'élever au-dessus des intérêts particuliers et de réaliser les
» intérêts de la collectivité sociale (2). » Le principe est très bon,
et il n'y a certainement personne qui puisse le contester. Mais le
problème politique est de définir le système du choix de ces
philanthropes, doués d'un esprit humanitaire si exquis. Le
fascisme répond que « le peuple est l'interprète le moins propre des
» intérêts de la société, et qu'il est incapable de s'abstraire de ses
» intérêts pour se mettre au niveau des intérêts historiques de la
» société », et que « dans ce domaine, mieux vaut la clairvoyance
» instinctive de certains esprits d'élite, la tradition, les qualités
» acquises par l'hérédité (3) ».

Si quelqu'un, après ces déclarations, croyait encore qu'était
possible, en régime fasciste, le maintien d'un système quelconque
de désignation populaire des gouvernants, les principes énoncés
par le ministre de l'intérieur Federzoni vinrent bientôt le désen-
chanter. « Notre principe de la souveraineté nationale, affirma-t-il,
» notre pensée fondamentale est que les pouvoirs doivent être
» unifiés dans l'état, et que, pour l'exercice des fonctions adminis-
» tratives, il faut principalement une désignation de compétence,
» au lieu de l'investiture non censurable d'un prétendu mandat
» électoral (4). »

La société nationale est ainsi partagée en deux grandes classes :
une majorité jugée foncièrement incapable de comprendre les

(1) Au lendemain de la publication de la constitution du Royaume d'Italie,
Saint-Simon s'écriait : « Quelle admirable conception ! Pourquoi n'a-t-elle pas
» fixé davantage l'attention de l'école ?... Il (Bonaparte) s'est assuré, par la
» manière dont il a composé les trois collèges (des savants, des propriétaires et
» des commerçants) qu'ils renfermeraient toujours les hommes les plus éclairés
» de son royaume. » — *Introduction aux travaux scient. du* XIXe *siècle.* — Tome II,
n° 19.
(2) A. Rocco. — *Loc. cit.*, p. 16.
(3) A. Rocco. — *Loc. cit.*, p. 16.
(4) Discours à la Chambre des députés. — 27 novembre 1925. — *Atti parlamentari* XXVII *legisl.*, p. 4661.

intérêts de la nation, et de choisir les administrateurs de la chose publique ; une minorité préposée par l'hérédité, par la tradition, par le *chef* à la gestion de toutes les fonctions publiques. Il faut ajouter que l'aristocratie du parti divise encore les citoyens en « actifs et passifs » selon la vieille conception aristotélicienne (1) ; tandis que l'organisation du travail intellectuel et manuel et le régime du commerce, fondés sur les deux principes de la concession et de la limitation (2), partagent le corps social en une foule de catégories, jouissant de droits et de privilèges particuliers, préoccupées de se défendre contre la concurrence des esprits les plus élevés et des initiatives les plus hardies. L'organisation corporative — comme on le verra dans la suite — reproduit elle aussi la distinction entre citoyen *actif et passif*, et par ses cadres dogmatiquement fixés par l'état, elle approfondit l'artificieuse différenciation des individus, en privilégiés et parias.

La révolution française ne réussit pas à réaliser l'égalité de fait des citoyens. Elle affirma quand même l'égalité de droit vis-à-vis de la loi, et, par l'unification des lois fondamentales du droit public et du droit privé, elle contribua puissamment au progrès juridique de la société. Le nationalisme fasciste revient sur ce postulat de l'organisation politique moderne, il le nie en plein, et rétrograde vers les anciennes formes des droits spéciaux.

Est-il vrai que cette différenciation — comme l'affirment les théoriciens du nationalisme fasciste — se rattache à l'idee de l'*état organique*, telle que la concevait la pensée traditionnelle en opposition à l'atomisme rationaliste ? Je n'hésite pas à répondre que non. L'état organique de l'école traditionnelle, fondé sur la hiérarchie des devoirs et non sur la hiérarchie des privilèges, suppose la liberté la plus absolue de différenciation, celle qui résulte du développement libre des différentes activités de l'individu.

(1) A. Rocco se rattache expressément à la *politeia* d'Aristote, « composée seulement par les citoyens ; savoir par les guerriers qui la défendent et par les magistrats qui la gouvernent ». — *Loc. cit.*, p. 22.

(2) Le décret-loi du 16 décembre 1926, n° 2174, stipule que pour exercer n'importe quel commerce — soit-il de gros ou de détail — il faut une licence de l'autorité communale (Art. 1) ; et que la concession de cette licence est soumise à l'avis préalable d'une commission de fonctionnaires et de commerçants, laquelle doit décider « si le nombre des magasins existant est déjà suffisant aux besoins de la commune (art. 3) ». — Le nombre des *procureurs* (avoués) est fixé chaque année par le ministre de la justice, pour chaque circonscription de Tribunal (art. 21, loi du 25 mars 1926, n° 453). — Personne ne peut exercer la profession de journaliste sans être inscrit sur un *albo* (liste) spécial (art. 1er et 7, loi du 31 décembre 1925, n° 2307). — Dans tous les ordres professionnels une situation de privilège est assurée aux membres des organisations syndicales fascistes (art. 4, décret du 23 septembre 1926, n° 1703 ; art. 3, 4, 5 et 6, décret du 6 mai 1926, n° 747). — On pourrait allonger la liste à volonté.

L'école traditionnelle désavoue comme contraire au droit naturel toute division rigide de classes, de catégories, de groupements, fixée d'avance et imposée par une force extérieure et non censurable. Son état organique suppose une hiérarchie d'organismes — la famille, la commune, le syndicat — ayant une vie propre et des fins particulières, et par cela même garantis contre les empiètements et les usurpations par une autonomie de droit et de fait.

Cette conception est l'antithèse la plus absolue de l'idée de l'*état organique* du nationalisme fasciste. Celui-ci s'est emparé de la forme de l'organicité traditionnelle, tandis qu'il en reniait la substance. Il a conservé la commune et le syndicat, mais il entrave l'exercice de leurs fonctions sociales, en méconnaissant leur droit de pourvoir d'une façon autonome à leurs fins particulières. La famille elle-même n'échappe pas mieux que les institutions du droit public à la vague centralisatrice, et son autonomie n'est respectée qu'en tant qu'elle ne contraste pas trop avec la prédominance absolue de l'état.

La conception nationaliste de l'état ne renferme donc rien d'organique ; mais une différenciation d'individus et de groupements, fixée et réglée par le pouvoir étatique, et destinée à perpétuer un système gouvernemental donné.

La morale de l'état fasciste.

La loi de l'état est la nécessité de sa conservation autant que sa tendance indomptable à l'expansion. La seule limite à l'expansion, à l'intérieur et à l'extérieur, est sa capacité de réaliser toutes les choses, que besoins, traditions, ambitions lui représentent comme nécessaires à sa vie et à sa perfection. Seul interprète de la loi, seul maître de la destinée sociale et individuelle, seul capable de fixer les limites de l'action étatique : ainsi se définit le gouvernement.

L'état s'identifie avec le gouvernement et celui-ci, à son tour, est absorbé par l'*homme providentiel*, qui s'empare de sa direction. La nécessité prééminente est le maintien de la domination inviolable du *chef* ; et tout est subordonné à cette fin : les forces armées du parti, l'aristocratie des fidèles, la centralisation des pouvoirs poussée à l'extrême du possible, la stratification des classes destinée à étouffer tout mouvement de solidarité des sujets.

Tel est l'état, conçu par le nationalisme fasciste.

« Un homme d'une activité intellectuelle surhumaine, dirigeant
» toutes les affaires d'un peuple intellectuellement passif... La nation
» comme ensemble, et les individus qui la composent n'ont aucune

» influence sur leur propre destinée. Ils n'exercent pas de volonté
» au sujet de leurs intérêts collectifs. Une volonté qui n'est pas
» la leur, et à laquelle ils ne sauraient désobéir sans crime légal,
» décide de tout pour eux (1). » Après avoir ainsi décrit les caractères du gouvernement absolu, Stuart Mill demande : « Quelle
» espèce d'êtres humains peut-on former sous un pareil régime?
» Quel sera le développement de leurs facultés intellectuelles
» ou actives? »

Mais aussi pour les partisans de cette forme de gouvernement,
pour ceux qui de bonne foi croient à son excellence, il y a une
question préalable à résoudre. Comme peut-on assurer à cette
monarchie paternelle le prince juste et illuminé, que Saint
Thomas souhaite à sa cité, insouciant des gloires caduques et des
louanges des hommes, et désireux seulement de celles, qui
« naissent du témoignage intime de la conscience et se confirment
» par le témoignage même de Dieu (2) »?

Le fascisme doit ainsi résoudre un nouveau problème, et il ne
peut l'éluder par ses abstractions mythiques. Les institutions
juridiques établies par le nationalisme fasciste sont-elles suffisantes pour assurer le peuple contre le prince — ou le chef, —
qui vise l'instauration d'une tyrannie? La discipline du fascisme
est-elle aussi parfaite qu'il est nécessaire pour assurer aux sujets
le prince sage, qui — comme Salomon — ne demande qu' « un
» cœur docile, afin de rendre justice à son peuple et de discerner
» le bien du mal (3) »? Ici se résume, à mon sens, le problème
politique posé par le fascisme, dès qu'il entama l'établissement
d'un nouvel ordre politique, basé sur la dictature de parti.

La concentration illimitée des pouvoirs dans l'état, et plus
précisément dans les mains du chef du gouvernement, étouffe
toute action des institutions capables de contrebalancer l'autorité
de celui qui seul légifère, administre, juge. Le fascisme ne renie
pas seulement la division des pouvoirs selon Montesquieu, mais
aussi le traditionnel équilibre des organes constitutionnels, tel
qu'il a été élaboré par la pratique, et conçu par la doctrine du parlementarisme anglais. Il concentre tous les droits et toutes les
fonctions dans le *chef*, aidé par l'oligarchie des fidèles. Aucun
homme, aucune institution ne possède aujourd'hui le droit de
fixer des limites aux fonctions du *chef*, d'en équilibrer les pouvoirs,
d'en endiguer les empiètements éventuels, à moins de lutter
contre ce *chef* en *asperrimo combattimento*.

(1) STUART MILL. — *Op. cit.*, p. 57.
(2) S. THOMAS. — *De Regim. Princip.* — I, chap. 8.
(3) *Livre des Rois.* — III-III, 9.

Par conséquent, l'organisation juridique de l'état n'a plus la fonction que lui attribuait l'école constitutionnelle classique, c'est-à-dire, d'assurer la paix intérieure de la nation et la liberté des individus par l'équilibre constant des pouvoirs. La seule fonction assignée par le fascisme à l'organisation juridique de son état est de soumettre la volonté de l'individu à la puissance du gouvernement, de transmettre le plus rapidement possible les ordres du centre à la périphérie, de sanctionner l'obéissance la plus prompte et la plus exacte aux commandements du *chef*.

On peut encore décorer du nom de constitution l'ensemble des lois propres à pareille organisation, pourvu qu'on ne confère au mot constitution que sa signification étymologique d'ensemble de lois sur les institutions politiques fondamentales d'un peuple. Si, au contraire, on attribue au mot constitution sa signification scientifique de « loi qui règle l'équilibre des organes du pouvoir politique », on doit refuser cette qualification à la législation fasciste de droit public.

Il est bien évident que cette organisation juridique ne peut nullement contenir les manifestations de la volonté du *chef*. Celui-ci se montrera tel qu'il est : s'il est bon, il pourra faire du bien ; s'il est mauvais, il ne trouvera dans l'organisation juridique aucune entrave à ses tentatives contraires au bien commun. En d'autres termes, l'organisation étatique du fascisme n'a rien en soi qui puisse donner le caractère de stabilité à un régime juste.

A ce moment je veux aller jusqu'à la dernière concession. Je veux admettre que tout mécanisme d'équilibre constitutionnel sera parfaitement inutile, si la vie de la nation, autant que l'action du *chef*, sont dominées par une discipline morale, s'imposant à leurs volontés avec l'évidence d'un axiome et la force incoercible d'une nécessité.

Quelle est, alors, cette discipline morale, que le nationalisme fasciste se propose de fixer au chef tout-puissant de son état-nation ? Le fascisme n'a pas d'hésitation ; il ne cherche pas de se dérober dans le brouillard des spéculations métaphysiques. Il répond tout simplement par un nom, plus éloquent qu'un programme : *Machiavel*. « A lui se rattache le fascisme, non seule- » ment par sa doctrine, mais aussi bien par son action (1). » Il est vrai que le fascisme prétend que tous les reproches des étrangers contre Machiavel proviennent de son attitude favorable à l'établissement en Italie d'un gouvernement national fort, capable de résister aux ennemis du dehors. Il est vrai que le fascisme s'efforce

(1) A. Rocco. — *Loc. cit.*, p. 25.

de nous donner une sorte de Machiavel idéal, concevant sa formule de *la fin justifie les moyens* sous le coup d'une aspiration indomptable vers la liberté et la grandeur de son pays.

Mais, tout en essayant de créer un Machiavel autre que l'apologiste des forfaits de Cesare Borgia et des ruses ignobles de Ferdinand d'Aragon, le fascisme accepte en bloc la morale politique du *secrétaire florentin*, et notamment le principe que « la patrie doit » être défendue d'une manière glorieuse ou avec ignominie ; et » dans les deux cas elle est bien défendue (1) ». Par conséquent il ne faut pas rechercher la justification de la conquête du pouvoir dans le consentement antérieur ou subséquent des citoyens, ou dans leur adhésion explicite ou implicite au nouvel ordre politique. Le fait seul du succès suffit pour justifier la conquête, au moment même où elle est accomplie.

Personne n'a le droit de défendre l'emploi de certains moyens pour la conquête du pouvoir, étant donné que la seule loi et la seule justification est le succès. Le conquérant ne doit observer que les lois de la prudence, pour ne pas compromettre la réussite de son plan : « celui qui veut s'emparer du pouvoir doit fixer » quelles sont les cruautés qu'il faut accomplir ; et il doit les faire » d'un coup, pour ne pas devoir les renouveler tous les jours, » et pouvoir, en ne les renouvelant pas, rassurer les sujets et les » gagner par des bienfaits,... car le mal doit se faire tout à la fois, » afin qu'en le savourant moins, il blesse moins, et, au contraire, » les bienfaits doivent se répandre peu à peu, afin qu'on les » savoure mieux (2). »

La sûreté de la conquête doit être garantie en armant les fidèles, et en favorisant les armées (3). S'il est possible de se maintenir par le consentement, tant mieux ; mais, s'il n'est pas possible il faut obliger les sujets à *croire par force* (4). Le prince ne doit pas se soucier de l'honnêteté substantielle de ses actions : il doit s'en tenir à tout ce qui est nécessaire à son maintien (5), de

---

(1) MACHIAVEL. — *Discorso sulla prima deca di Tito Livio*, ch. 41.

(2) MACHIAVEL. — *Le Prince*. — Chap. VIII.

(3) « Mais comme on ne peut pas armer tous ses sujets, lorsque tu fais du bien » à ceux que tu armes, tu peux être en sûreté du côté des autres. » — N. MACHIAVEL. — *Le Prince*. — Chap. XX.

(4) « Il faut donc qu'il (le prince) se mette en état de les faire (les peuples) » croire par force lorsqu'ils ne croient plus. » — N. MACHIAVEL. — *Le Prince*. — Chap. VI.

(5) « Un prince qui veut maintenir son état est souvent contraint de n'être pas » bon ; car lorsque le parti dont il croit avoir besoin, soit le peuple, soit les soldats, » soit les grands, est corrompu, il faut suivre son humeur, et le contenter, et » alors il ne peut pas bien faire. » — N. MACHIAVEL. — *Le Prince*. — Chap. XIX.

même qu'il ne doit pas sacrifier sa sûreté à l'observation de ses engagements (1).

Cette identification des dogmes et de la morale fasciste avec le système de Machiavel n'est-elle pas une simple vantardise de gens qui s'efforcent de paraître atroces pour mieux se raffermir? Je ne veux pas résoudre la question par la critique de l'action développée par le nationalisme fasciste depuis la conquête du pouvoir ; et je me borne à considérer si sa doctrine politique et celle de Machiavel découlent de la même source, si elles se rattachent aux mêmes systèmes philosophiques.

« L'hérésie politique des gibelins trouva son fondement dans » l'hérésie philosophique et religieuse des nominalistes, qui » substituèrent le règne des abstractions au règne des réalités, » en plaçant la psychologie, au lieu de l'ontologie, la première » dans l'ordre fondamental du savoir, et creusant un abîme entre » le réel et l'idéal (2). » Mais Machiavel fut celui qui donna la synthèse de l'hérésie politique des gibelins, lorsque dans les *Discours* il fixa les buts de sa politique italienne, et que dans le *Prince* il en détermina les moyens.

Les abstractions s'adaptent aux tempéraments des peuples et se modèlent *grosso modo* sur les conditions et sur les aspirations des différentes époques : elles sont théologiques dans l'hellénisme d'Alexandrie, politico-religieuses pendant le stade de formation des grands états modernes, politico-économiques à l'époque de l'industrialisme. Mais elles ne sont toujours que des constructions arbitraires engendrées par une même tradition philosophique, qui *veut* nier la réalité, et qui, pour pouvoir l'ignorer, nie le vrai et le faux, en affirmant que « toute idée complète en nous, et par » cela adéquate et parfaite, est une idée vraie (3) ».

Dans l'Italie contemporaine l'erreur philosophique des nominalistes a trouvé sa nouvelle expression grâce à l'actualisme, qui remanie par des propositions moins claires que Spinoza et par des conceptions moins éblouissantes que Schlegel, la vieille doctrine

(1) « Par conséquent un prince prudent ne peut et ne doit point tenir sa parole, « quand sa fidélité peut lui faire du tort, et quand les raisons qui lui ont fait » promettre quelque chose n'existent plus. » — N. MACHIAVEL. — *Le Prince*, chap. XVIII. — SPINOZA, de son côté, généralisa l'enseignement de Machiavel, en déclarant que « aucun pacte n'a de valeur qu'en raison de son utilité ; si l'utilité » disparaît, le pacte s'évanouit avec elle et perd toute son autorité ». — *Tract. Theol. Polit*, chap. XVI.

(2) GIOBERTI. — *Del primato morale e civile degli Italiani*. — Ed. Turin, 1919, vol. I, p. 52.

(3) SPINOZA. — *Ethique*, IIe partie, prop. XXXIV.

conceptualiste (1). Le nationalisme fasciste, avec ses mythes de l'état-nation et du chef, et avec sa justification du succès, n'est que le corollaire politique du système actualiste.

Monarchie ou Diarchie.

L'état fasciste est aujourd'hui une réalité. Les idées nationalistes sont désormais cristallisées dans un système d'institutions juridiques. L'organisation politique italienne se présente sous un aspect complètement nouveau ; elle a perdu tous les caractères jaidis gravés par le « Statut de Charles Albert » et par la coutume parlementaire. La politique italienne d'aujourd'hui n'est plus la politique de hier, ou — au moins — le fascisme s'efforce de la rendre différente, en rompant avec les principes et les traditions régissant la vie des autres états occidentaux.

Il existe encore, cependant, en Italie une continuité formelle, qui s'oppose d'une façon tout à fait particulière à un pareil changement substantiel. Le fascisme a superposé son organisation nouvelle à l'ancienne organisation ; mais il n'a pas aboli formellement le Statut concédé en 1848 par le roi Charles Albert, et transformé grâce aux pébliscites en pacte synallagmatique entre le Souverain et le peuple.

J'ai tâché d'envisager les raisons qui forcèrent le fascisme à respecter la continuité formelle de la monarchie représentative. Mais il s'agissait de raisons purement contingentes, c'est-à-dire de raisons de convenance et d'opportunité. En réalité le fascisme n'a pas renoncé — et il ne pouvait pas renoncer, sous peine de renier son propre système — à poser et à résoudre le problème institutionnel. Le fait d'en avoir renvoyé la discussion et d'en avoir ajourné la solution n'implique aucune renonciation.

Cependant le fascisme, identifiant l'état avec le gouvernement et concentrant tous les pouvoirs aux mains d'un seul homme, a donné à l'Italie deux chefs de l'état : le Roi et le *chef du gouvernement* (2) ; et la situation ainsi créée n'a rien de comparable dans l'histoire des autres peuples de l'Europe occidentale, sauf la monarchie des derniers Mérovingiens.

Les crises ministérielles fréquentes contenaient d'une certaine façon les dictatures de cabinet, qui se succédèrent presque sans

____

(1) Le chef de l'école « actualiste », dont le dogme fondamental est la « divinisation de l'acte », est Giovanni Gentile, ancien ministre de l'instruction publique du cabinet fasciste.

(2) Le titre officiel du Président du Conseil des ministres italiens est aujourd'hui : Chef du gouvernement, Premier ministre secrétaire d'état (art. 1, loi du 24 décembre 1925, N° 2263).

interruption de 1852 à 1914. Ces crises obligeaient le *dictateur* à changer très souvent ses collaborateurs, et lui défendaient de s'arroger la plénitude du pouvoir ou d'élever la dignité de sa charge au-dessus du Parlement, au niveau de la Couronne.

Les victoires de l'exécutif contre la Chambre des députés remportées en 1923 sur la question de la réforme électorale et en 1924 à la suite de la sécession des députés de l'opposition, affranchirent le Président du conseil de tout contrôle de la représentation nationale. La loi électorale de 1923 substitua à l'ancienne dictature du cabinet une étrange dictature plébiscitaire, pourvue en réalité du droit de former sa majorité parlementaire, indépendamment du choix des citoyens. La déchéance du mandat parlementaire des députés de l'opposition, prononcée par la majorité de la Chambre le 9 novembre 1926 (1), enleva tout espoir de rétablir l'équilibre traditionnel des pouvoirs, et le dictateur put exposer, sans rencontrer aucune contradiction, sa nouvelle théorie constitutionnelle : « l'opposition n'est pas nécessaire au fonction- » nement d'un bon régime politique. L'opposition est stupide » autant que superflue dans un régime *totalitaire*, tel que le » régime fasciste... L'opposition, nous l'avons en nous... C'est » nous qui nous contrôlerons rigoureusement nous-mêmes (2). »

Surgit alors la nécessité d'attribuer de nouvelles dignités au Président du Conseil des ministres, de l'élever par un nouveau titre au-dessus de ses prédécesseurs, de rendre par de nouvelles dispositions légales sa personne aussi sacrée que celle du Souverain (3). L'article 2 de la loi du 24 décembre 1925 stipule encore que le « Chef du gouvernement, Premier ministre, secrétaire d'état

(1) La Chambre des députés par le vote de la motion du député Augusto Turati (9 novembre 1926) créa l'institution de la *déchéance du mandat parlementaire*, contraire au Statut et qu'aucune loi fondamentale de l'état ne prévoyait. Elle estima que la sanction de la déchéance pouvait être appliquée aux députés qui — selon l'avis de la majorité — n'exerçaient pas leurs fonctions parlementaires en conformité du serment.

(2) *Discours* de BENITO MUSSOLINI. — Chambre des députés, Séance du 26 mai 1927.

(3) Les dignités du *chef du gouvernement* furent fixées par la loi du 24 décembre 1925, n° 2263, et furent mieux précisées encore par la loi du 25 novembre 1926, n° 2008. On n'a pas encore formellement déclaré la personne du chef du gouvernement « sacrée et inviolable » comme celle du Roi ; mais tous les attentats à la vie, à l'intégrité et à la liberté personnelle du Roi et du chef du gouvernement comportent la même sanction : la mort (art. 1er, loi du 25 novembre 1926), pas encore rétablie en Italie pour l'homicide. — Dans les cérémonies publiques le chef du gouvernement a droit de préséance sur les Chevaliers de l'Annunciata, cousins du Roi (art. 7, loi du 24 novembre 1925). Les offenses de fait et de parole, « dirigées n'importe comment contre le chef du gouvernement » constituent une forme spéciale de crime, et sont réprimées par des peines très sévères (art. 9, loi du 24 décembre 1925).

» est nommé et révoqué par le Roi ». On eut soin, dans la rédaction de cet article, de déclarer que pour la validité du décret de révocation n'était pas nécessaire la signature du ministre sortant, mais qu'il suffisait de la signature de son successeur. Mais, en réalité, quelle importance peut avoir une pareille disposition ?

L'absence de limites à la toute-puissance du Premier ministre, de même que la réunion dans la même personne des pouvoirs de droit du chef du gouvernement et des pouvoirs de fait du chef du parti dominant, enlèvent à la Couronne toute possibilité d'exercer cette prérogative, à laquelle elle doit sa supériorité vis-à-vis du chef temporaire de l'organisation exécutive.

En réalité, la prééminence du Souverain n'existe plus.

L'existence de deux armées, dont l'une conserve son caractère de milice de parti et est liée par un serment de fidélité à la personne du chef du gouvernement et du parti, transforme en un problème de force l'exercice de la prérogative royale. Si le Souverain veut renvoyer le chef du gouvernement, et si celui-ci ne veut pas se plier au bon plaisir du Roi, le différend ne peut être résolu que par une *expérience de force* entre les corps fidèles au Roi et les milices dévouées au chef du gouvernement, et entretenues pour protéger sa dictature et les *conquêtes de la révolution fasciste*.

Une pareille situation ne peut évidemment pas se perpétuer. Les mouvements de réaction, de même que les mouvements révolutionnaires, ne peuvent pas s'arrêter à mi-chemin : une loi supérieure à la volonté même des chefs, et exprimée parfois par les prétentions déréglées des foules, les pousse fatalement vers la réalisation des dernières conséquences de leurs prémisses. Le nationalisme fasciste n'échappe pas à cette loi historique générale.

La coexistence du Cabinet, disposant des pouvoirs effectifs, et du Souverain, n'ayant en réalité que la *dignité*, est possible dans les monarchies représentatives occidentales, où la constitution est un véritable organisme vivant, régulateur des pouvoirs. L'autorité du Cabinet, fondée sur le consentement de l'opinion publique, est contrecarrée par l'opinion publique elle-même, dont les opinions changeantes défendent à qui que ce soit de s'éterniser au pouvoir.

La coexistence de deux autorités suprêmes fut possible — et, peut-être, est encore possible — dans les monarchies orientales, où l'esprit de conservation le plus rigide domine les gouvernants autant que les gouvernés, et où le souverain, exclu de la vie politique trouve une compensation dans l'exercice des hautes fonctions religieuses.

Mais le fascisme, détruisant l'équilibre des pouvoirs constitutionnels pour y substituer la dictature de son chef, n'a pu dédommager par de nouvelles dignités hiératiques le Souverain, au niveau duquel il élevait le chef du gouvernement. En les maintenant tous deux, le fascisme a créé un dualisme, qui devra fatalement aboutir à une lutte de prééminence.

Il y a plus. Le nationalisme fasciste s'affirme unitaire, rigidement unitaire, non seulement pour le plaisir de tirer toutes les conséquences logiques de ses dogmes fondamentaux. Il est unitaire parce que la centralisation la plus outrée est nécessaire au maintien de sa dictature. Il se propose d'organiser hiérarchiquement l'état, et il n'y a pas de hiérarchie qui admette une double autorité suprême, ou qui consente à l'existence, au-dessus du vrai chef, d'un organe quelconque dépourvu de fonctions et de pouvoirs réels. La réalisation du principe unitaire devra être poussée jusqu'au bout, et le dualisme, jusqu'à présent conservé pour des raisons d'opportunité et de convenance, devra disparaître.

Enfin, le nationalisme fasciste érige toute sa croyance politique sur la foi dans la *clairvoyance instinctive* d'un homme providentiel et sur la soumission absolue de la nation. Par conséquent il ne peut souffrir de limites à la dignité, de même qu'au pouvoir, de son chef. Le jour viendra où l'homme, identifié avec le gouvernement, avec la nation elle-même, requerra la dignité suprême corrélative à la toute-puissance déjà conquise.

L'état italien s'appelle encore aujourd'hui *monarchique constitutionnel*, tandis qu'il n'est plus ni monarchique, ni constitutionnel. Aux ordres prévus par le Statut on a substitué une nouvelle organisation, fondée sur des dogmes nettement opposés aux principes communs à toutes les monarchies représentatives de l'Europe occidentale. La doctrine du parti dominant nie l'équilibre des pouvoirs, caractère essentiel de tout régime constitutionnel. A la monarchie du Statut et des plébiscites on a substitué une véritable dyarchie, tandis que les lois et l'action du gouvernement engagent le pays dans la centralisation la plus absolue qu'ait expérimentée un peuple civilisé.

La politique nouvelle de l'état italien trouvera-t-elle son expression définitive dans une *unité* succédant à l'*unité monarchique*, substantiellement renversée? Le nationalisme fasciste répond par l'affirmative, en rêvant à son *empire*, centralisé, guerrier, conquérant, destiné à renouveler les fastes de Rome sous la conduite d'un *homme providentiel*.

IV.

L'ORGANISATION DES POUVOIRS.

Equilibre et centralisation des pouvoirs.

Les lois fondamentales des régimes autocratiques ne visent nullement à l'organisation des pouvoirs de l'état. Elles ne servent qu'à régler la transmission de la magistrature suprême; à déterminer la forme sous laquelle s'exprime la volonté du monarque; et à garantir l'exécution la plus prompte et la plus générale des ordres souverains. C'est seulement quand le principe de la prééminence du droit remplace la soumission à la toute-puissance de l'autorité suprême, qu'on s'aperçoit de la nécessité de lois destinées à fixer les fonctions étatiques, à spécialiser les organes des pouvoirs, à déterminer le choix des titulaires des charges publiques. Il existe entre l'idée de la suprématie du droit et le fait de l'existence de normes organiques des pouvoirs la corrélation la plus intime. En effet, aucune organisation sérieuse des pouvoirs n'est possible là où ne règne pas l'idée de la prééminence du droit; tandis que l'empire de la loi ne peut être sûrement fondé que sur des normes organiques des pouvoirs fondamentaux.

Lorsqu'après les guerres de Louis XIV, l'établissement de l'hégémonie mondiale de l'Angleterre incita les publicistes du continent à étudier la constitution anglaise, tous se leurrèrent d'apparences. Les formes de l'organisation étatique anglaise frappèrent tellement les observateurs étrangers, qu'ils oublièrent d'en saisir la substance et notamment de rechercher les vraies causes de la stabilité et de la supériorité incontestable de l'organisation politique de l'Angleterre. On estima que ces causes de stabilité et de supériorité résidaient dans l'équilibre du système bicaméral, ou dans une rigide division des pouvoirs ; et ce ne fut que bien tard qu'on comprit qu'elles se résumaient dans l'idée de la prééminence absolue du droit et de la loi, idée développée dans la conscience du peuple anglais à travers une évolution de plusieurs siècles et manifestée par le fonctionnement autonome des organes judiciaires.

Il s'ensuivit que les nations du continent adoptèrent souvent les institutions anglaises, sans s'assurer d'avance de l'existence de cet ensemble de conditions politiques et historiques, qui les avaient engendrées et développées en Angleterre, et sans se soucier de former dans la conscience publique l'idée de la prééminence absolue du droit.

Cette erreur apparut évidente dans les tentatives d'organisation constitutionnelle de la France, toutes fondées sur des abstractions plutôt que sur la réalité. En effet il fallut un siècle de pénibles expériences avant que la nation française put se donner un régime conforme à ses besoins, à ses traditions, à sa conception juridique, et par cela même capable de résister aux critiques et aux réactions de la génération succédant à celle qui l'avait établi.

L'erreur fut plus évidente en Italie. L'Italie, reproduisant les institutions anglaises, ne se soucia pas d'en rechercher le type à la source primitive, mais les emprunta tout simplement aux publicistes français, depuis que ceux-ci les avaient remaniées selon les principes du rationalisme le plus rigide. L'établissement de l'organisation constitutionnelle en Italie ne fut pas précédé par une élaboration profonde et sérieuse des idées et des institutions. Les constitutions de 1848 furent acceptées dans la forme imposée par le bon plaisir des princes et de leurs conseillers. La Sicile seule eut une constitution rédigée par une assemblée populaire, dont les discussions attestent comment l'autonomie traditionnelle de l'île avait entretenu une élite remarquable de savants dans la conception moderne du droit public.

Les débats de l'assemblée sicilienne n'eurent aucune influence directe sur la formation des lois constitutionnelles, étendues par les plébiscites à l'Italie entière. Cependant ils formèrent une école de publicistes — la seule foncièrement italienne — d'où sortirent dans ces dernières années Luigi Sturzo, qui eut « l'honneur de défendre le régime parlementaire et la liberté du pays (1) », et Vittorio Emanuele Orlando, savant de génie et médiocre homme d'état, dont la pénible destinée était de prononcer l'éloge funèbre du parlementarisme italien.

(1) Discours du député Arturo Labriola. — Chambre des députés. — Séance du 11 juillet 1923.

Orlando, dans son discours du 22 novembre 1924 à la Chambre des députés, posa le problème constitutionnel dans des termes rigoureusement scientifiques. « Il n'y a pas d'incompatibilité » — dit-il — entre la dictature et les institutions parlementaires, » à la condition que la dictature soit temporaire, qu'elle soit une » parenthèse, que, le remède au mal une fois trouvé, elle dispa- » raisse, et qu'elle-même rétablisse les institutions parlementaires, » dont elle n'est pas la négation, mais, au contraire, la confir- » mation (1). »

Le discours d'Orlando ne fut pas seulement la suprême affirmation de l'école constitutionnelle classique au sein du Parlement italien. Il fut aussi une sorte d'*ultimatum* au fascisme pour qu'il renonçât à un système de gouvernement dictatorial, qui, en se perpétuant, ne pouvait se concilier davantage avec l'équilibre constitutionnel des pouvoirs.

Le fascisme riposta — notamment par le discours de Benito Mussolini du 3 janvier 1925 — confirmant le caractère permanent de sa dictature, et déclarant qu'elle ne se bornerait pas à pourvoir aux nécessités momentanées de la paix intérieure, mais qu'elle travaillerait à réaliser un nouvel ordre de choses, fondé sur la concentration des pouvoirs dans les mains d'un seul et de l'oligarchie de ses partisans.

Cette attitude était parfaitement logique. Le fascisme, en identifiant le gouvernement avec l'état et créant le mythe de l'*homme providentiel*, renverse les fondements de toute loi organique des pouvoirs, et abjure l'idée même de la constitution, telle qu'elle était comprise par les publicistes et par les hommes d'état du XIXe siècle. En effet, si la loi de l'état se confond avec les intérêts supérieurs de la nation, si le *chef* seul, grâce à son génie surhumain, est capable de les comprendre, toute entrave à son action, toute limite à son pouvoir ne peut être qu'obstacle à la réalisation prompte et complète du bien commun. Si ces intérêts sont une véritable norme impérative, et si toute la vie de l'état doit s'y conformer, la parole du *chef* doit être supérieure à toute loi objective préexistante.

C'est pour cette raison que le nationalisme fasciste, une fois maître des organes de l'exécutif, n'essaya pas de substituer une nouvelle constitution aux lois fondamentales qu'il venait de violer ; il ne voulut pas imposer un nouvel équilibre aux pouvoirs de l'état ; il ne se préoccupa que de les concentrer dans les mains d'un seul. C'est ainsi qu'il réussit à établir son ordre nouveau par une foule de lois spéciales, qui assignaient à l'exécutif l'une

---

(1) *Atti parlamentari* XXVII *Leg.*, p. 728.

après l'autre toutes les fonctions de l'état, et qui graduellement affaiblissaient et détruisaient les contrôles, jadis exercés par le Parlement et par le pouvoir judiciaire.

Si un pareil bouleversement du droit public put se consommer dans la brève période de trois ans, ce ne fut que grâce au développement imparfait de la conscience juridique du peuple italien. La genèse des institutions constitutionnelles, de même que la dictature de Cabinet, établie dès les premiers temps de la vie parlementaire, ne favorisèrent par la compréhension de la nature de l' « état de droit », de sorte que ni les masses, ni les élites gouvernementales ne sentirent que la suprématie absolue de la loi était la seule garantie de la stabilité du régime représentatif. Les gouvernants s'efforcèrent d'amoindrir les liens trop rigides de la loi, pour justifier leurs petits empiètements, les faveurs personnelles, les tracasseries et les faiblesses nécessaires à leur maintien. D'autre part, les gouvernés s'habituaient à ne voir dans la loi qu'une limite tout à fait arbitraire à leurs libertés, plutôt que la déclaration de leurs droits. Les partis, désireux de s'assurer l'appui des masses populaires, furent tous entraînés à se montrer plus ou moins contraires à la légalité elle-même.

Trop souvent on voyait dans le juge le fonctionnaire de l'exécutif, et non l'interprète impartial de la loi. Les classes dirigeantes ne surent pas éduquer à la vie publique les multitudes, appelées par les réformes électorales de 1882, de 1913 et de 1919 à choisir leurs gouvernants, et d'ailleurs le pouvaient-elles, imbues comme elles l'étaient de l'égoïsme mesquin prêché par l'école positiviste?

Le nationalisme fasciste, pour remporter la victoire, n'eut à briser aucune tradition de l'égalité profondément enracinée dans l'âme populaire, ni à effacer aucun sentiment de dévotion sincère aux lois fondamentales existantes. Il lui suffit de se rattacher à la tradition des politiciens de la Renaissance et à leur rêve de résurrection de la Rome païenne, divinisant la force et justifiant le succès. Il lui suffit de raviver dans l'âme populaire le sentiment de respect servile de la force, jadis inspiré par les dominations étrangères et par les autocraties nationales, pour parfaire aisément sa tache révolutionnaire.

La théorie du nationalisme fasciste nie donc l'existence d'un droit naturel. Elle nie le fondement des lois constitutionnelles, en proclamant inutile tout équilibre des pouvoirs et qu'à toute nécessité peut suffire l'expérience du *chef*, son génie, son dévouement à la patrie, son infaillible conseil. On peut constater l'application de ces principes théoriques par l'examen de l'attitude du nationalisme fasciste vis-à-vis des lois fondamentales de l'ancien régime représentatif italien.

Le droit de suffrage.

L'histoire politique de l'Angleterre, depuis la fin des guerres napoléoniennes, se résume dans l'histoire de sa législation sur le droit de suffrage. Les réformes électorales successives marquent l'avènement au pouvoir de la bourgeoisie industrielle, puis des noyaux ouvriers les plus évolués, enfin la formation d'une véritable démocratie parlementaire, c'est-à-dire, les trois grandes étapes de l'évolution politique anglaise des cent dernières années.

L'évolution politique de l'Italie ne fut pas aussi régulière que celle de l'Angleterre. Elle ressemble plutôt à celle de la France, dont l'Italie se rapproche le plus par le tempérament de sa population, autant que par le degré de conscience juridique des masses.

En France, l'électorat censitaire favorisa l'hégémonie ploutocratique et les dictatures parlementaires de la monarchie de Juillet. La deuxième république s'établit sur la base du suffrage universel, mais sombra bientôt, faute d'une préparation politique sérieuse des masses. Ce fut ce même suffrage universel, fondement de la démocratie républicaine de 1848, qui légitima l'avènement de l'empire plébiscitaire. Et le second empire, à son tour, une fois raffermi, se hâta de bouleverser tout équilibre constitutionnel, en concentrant les pouvoirs dans les mains du chef et de l'oligarchie irresponsable de ses fidèles.

L'évolution politique italienne présenta, quelques dizaines d'années plus tard, des phases sensiblement analogues. L'électorat censitaire — tempéré par la loi électorale de 1882 et rétabli par la contre-réforme de Crispi — maintint jusqu'en 1913 la dictature parlementaire de Cavour, de Depretis, de Crispi, de Giolitti. La guerre mondiale ne permit pas aux Italiens de tirer immédiatement toutes les conséquences de l'introduction du suffrage universel ; mais au lendemain de l'armistice l'Italie se trouva en présence d'une situation tout à fait semblable à celle de la France au temps de la deuxième république. L'attitude même des catholiques en face des problèmes italiens d'après-guerre s'inspira visiblement de l'attitude de Montalembert et de Lacordaire dans la crise française de 1848. En Italie, comme en France, le régime démocratique du suffrage universel aboutit à la dictature militaire d'un chef, qui n'avait jamais commandé des armées ; et le chef, sa domination une fois consacrée par une sorte de procédé plébiscitaire, renia ce suffrage, auquel il avait demandé la confirmation de sa conquête.

Entre le second Empire et le régime fasciste il y a pourtant une différence très marquée, et aujourd'hui on ne peut pas encore prévoir quelle influence elle pourra exercer sur le développement futur des institutions.

Le second Empire ne renia jamais, au moins formellement, le suffrage universel. Il s'efforça d'en étouffer les manifestations par les cabales et par les intrigues ; il en brisa la puissance en arrachant au corps législatif les pouvoirs ordinaires des assemblées représentatives ; il le ridiculisa par l'épuration des listes électorales. Mais, cependant, il ne contesta jamais aux citoyens le droit de participer par le vote à la chose publique.

Le nationalisme fasciste, au contraire, ne reconnaît aucun fondement juridique, ni aucune raison politique au droit de suffrage. Elle est tranchante cette déclaration du chef du gouvernement fasciste : « Aujourd'hui, 26 mai, nous ensevelissons » solennellement le mensonge du suffrage universel démocra- » tique (1). »

Mais en réalité ce n'est pas seulement le suffrage universel que le régime fasciste « ensevelit solennellement » ; c'est le suffrage lui-même en tant que droit du citoyen de participer d'une façon quelconque au choix des gouvernants. Alfredo Rocco avait déjà affirmé que « pour le fascisme la souveraineté est dans la société » en tant qu'elle est juridiquement organisée, c'est-à-dire dans » l'état ». En ajoutant que « la clairvoyance instinctive de certains » esprits d'élite, la tradition, les qualités acquises par l'hérédité » assurent le bon choix des gouvernants mieux que la désignation populaire (2), il avait implicitement nié l'existence d'un « droit au suffrage », dont l'état ne peut qu'organiser, ou tout au plus limiter, l'exercice.

Peu de temps après, comme on discutait à la Chambre des députés la réforme de la loi communale et provinciale abolissant les administrations électives des petites communes, le principe anti-suffragiste du nationalisme fasciste fut dévoilé plus clairement encore. « La doctrine fasciste — dit-on — transporte la souverai- » neté du peuple, conçu comme la somme des individus, à la » nation juridiquement organisée en état. Elle limite le pouvoir » du suffrage. Elle substitue le culte du meilleur au culte de la » majorité, conçue comme expression numérique ; car elle pense » que l'exercice de la souveraineté ne peut pas être confié à la » multitude, incapable de s'abstraire des considérations parti-

(1) Discours de B. Mussolini. — Chambre des députés. — Séance du 26 mai 1927.

(2) A. Rocco. — *La dottrina del fascismo ed il suo posto nella storia del pensiero politico.* — Discours prononcé à l'Université de Pérouse le 30 août 1925. — Milan, 1925, p. 16.

» culières et contingentes, et d'atteindre une vision large et
» objective des grandes intérêts nationaux (1). »

Selon le nationalisme fasciste, le citoyen ne possède pas le droit de choisir ses gouvernants, car il est censé foncièrement incapable de les choisir en conformité des intérêts collectifs de la société nationale, dont il fait partie. Ce sera le *chef*, porté au pouvoir suprême par son génie ou par sa fortune, qui confiera les fonctions subalternes à des chefs en sous-ordre, choisis parmi ceux qu'il estime capables de remplir honorablement les charges publiques. S'il le croit convenable, il pourra aussi déléguer à certaines catégories de citoyens le pouvoir d'élire leurs chefs particuliers, investis de fonctions publiques données ; mais ce droit ne sera qu'une simple délégation du pouvoir souverain, révocable *ad nutum*, et ne pourra jamais se transformer en un véritable droit d'auto-gouvernement.

Tandis que le nationalisme fasciste dès ses débuts proclamait nettement ses idées anti-suffragistes, il fut obligé de marquer le pas lorsqu'il s'agit de passer à leur application. Ce fut seulement grâce à une tactique savante de réalisations graduelles qu'il réussit à arracher au peuple italien le droit de suffrage, sans provoquer de dangereuses réactions.

Je ne m'arrêterai pas à l'action exercée par le nationalisme fasciste pour fausser les résultats des scrutins, lorsqu'il empêchait les partis d'opposition de lutter sur un pied d'égalité. Je me bornerai à examiner les lois, qui ont graduellement transformé l'organisation électorale italienne.

La loi électorale de 1923 ne porta pas atteinte au droit de suffrage ; mais elle en faussa l'expression. En assurant la victoire à la liste qui enlevait la *majorité relative* dans la circonscription unique nationale, elle n'adopta ni la représentation proportionnelle ni le scrutin majoritaire. Elle prétendait introduire en Italie le système anglais de la majorité relative, sans adopter la répartition du corps électoral par circonscriptions territoriales, qui en est la prémisse nécessaire. En stipulant qu'une liste pouvait l'emporter par le suffrage de vingt-cinq pour cent des votants, elle légitima d'avance la prédominance d'une très petite minorité. En divisant les députés en deux catégories — ceux de la majorité, élus par le système majoritaire et ceux de la minorité, élus par le système proportionnel — elle attribua une valeur différente aux votes des citoyens.

(1) Discours du député Macotta. — Chambre des députés. — Séance du 27 septembre 1925. — *Atti parlamentari* XXVIIe Leg., p. 4637. — On voit se perpétuer dans les phrases citées la confusion entre la souveraineté et le droit de suffrage, erreur, d'autre part, imputable surtout à maints théoriciens superficiels de la démocratie.

La loi suffit quand même à assurer au gouvernement fasciste une majorité fidèle dans la Chambre, étant donné les méthodes de lutte suivies par le parti gouvernemental aux élections du mois d'avril 1924. Mais, le jour d'une nouvelle campagne électorale, la loi de 1923 pouvait bien se retourner contre ceux qui en avaient jusqu'alors profité. Un bloc, même partiel, des partis d'opposition pouvait renverser d'un coup la situation et obliger la liste gouvernementale à partager avec les autres listes battues les 178 sièges réservés aux minorités.

La loi électorale fut bientôt revisée. On rétablit le scrutin d'arrondissement (*collegio*), aboli par la réforme proportionnaliste de 1919, tout en conservant le système de la majorité relative introduit par la loi de 1923 ; et pour mieux garantir les membres de la majorité gouvernementale on combina un véritable régime de privilèges pour les députés sortants (1).

C'est une tradition commune à tous les régimes représentatifs que la modification du système électoral entraîne la dissolution immédiate de la Chambre, élue sur la base de la loi qu'on vient de réformer. Le gouvernement fasciste ne se soucia pas de convoquer les électeurs pour le renouvellement de la Chambre ; mais, au contraire, il déclara expressément qu'il ne dissoudrait pas l'assemblée élective (2).

(1) Le rétablissement du scrutin d'arrondissement fut l'œuvre de la loi du 15 février 1925, n° 122, refondue dans le « texte unique de la loi électorale politique », approuvé par le décret du 17 janvier 1926, n° 112. — L'article 2 confirmait le suffrage universel, déclarant que « tous les citoyens qui ont achevé leur vingt- » et-unième année » sont électeurs. L'article 40 fixait le nombre des députés à 560 (au lieu de 535), et stipulait que « l'élection des députés sera faite par scrutin » uninominal, selon la circonscription par collèges (arrondissements) qui sera » déterminée etc... » — L'article 82 stipulait que sera proclamé élu le candidat « qui remportera le plus grand nombre de votes ». — L'article 52 établissait une série de privilèges en faveur du député sortant. Il lui suffisait, pour poser sa candidature, de présenter une déclaration écrite ; tandis que les autres candidats devaient présenter, avant le midi du septième jour suivant la publication du décret de convocation des électeurs, une déclaration signée par devant notaire d'au moins quatre cents électeurs, et accompagnée par des certificats attestant que les signataires étaient inscrits dans la liste des électeurs du collège. Le député sortant n'était pas obligé de déclarer formellement s'il acceptait la candidature proposée par un groupement d'électeurs, de sorte qu'on ne pouvait pas lui appliquer la sanction de nullité, prévue par l'article 100, contre « l'élection du » député qui aura accepté une candidature dans plus de deux collèges ». Ce privilège devait servir, selon les déclarations des chefs fascistes eux-mêmes, à transformer éventuellement les élections en un plébiscite sur le nom d'un seul député sortant : Mussolini.

(2) Mussolini, dans son discours du 26 mai 1927, déclara expressément que la Chambre des députés élue en 1924 « sera maintenue jusqu'à la fin de la législature » (avril 1929) ». — Personne ne parle plus — et c'est bien naturel — du droit de dissolution de la Chambre des députés, reconnu à la Couronne par l'article 9 du Statut !

Le but visé par la réforme électorale de 1923 n'était que d'assurer au gouvernement fasciste une majorité parlementaire fidèle. De même, la loi électorale de 1925 fut votée par la majorité de la Chambre afin de fournir au gouvernement une arme contre le bloc des partis d'opposition, constitué à la suite de l'assassinat de Giacomo Matteotti, et de lui donner le moyen d'achever une nouvelle étape dans la réalisation de son plan d'abolition graduelle du suffrage.

Depuis la réforme électorale de 1925 on assista à une manifestation apparemment invraisemblable : le gouvernement fasciste — anti-suffragiste en théorie autant qu'en pratique — qui présente une loi concédant l'électorat communal et provincial à certaines catégories de femmes (1) ! Personne ne jugea sérieuse une telle concession, évidemment octroyée en vue de détourner l'opinion publique des véritables visées du parti dominant. En effet, peu de temps après, on enleva à tous les électeurs — hommes et femmes — le droit de nommer les administrateurs des communes : les femmes italiennes ne jouirent ainsi que pendant quelques mois du droit de vote et ne purent jamais l'exercer !

Tout d'abord le gouvernement s'arrogea le droit de nommer l'administration de la commune de Rome (2), ensuite des communes d'une population inférieure à cinq mille habitants (3), et des centres balnéaires et de tourisme (4). Enfin le régime des administrations nommées par le gouvernement fut étendu à toutes les communes du royaume (5), sous le prétexte que le système électif ne pouvait pas assurer la tutelle des intérêts généraux des citoyens par un bon choix des administrateurs (6).

Aujourd'hui le droit de suffrage n'existe plus que pour la nomination des conseillers provinciaux. Mais il ne s'agit que

(1) La loi du 22 novembre 1925, n° 2155, attribua le droit de vote administratif (communal et provincial) aux femmes, qui possédaient un certain degré de culture, ou qui pouvaient se prévaloir d'un cens minimum fixé par la loi. La discussion de cette loi à la Chambre des députés fut longue et passionnée, et servit bien au gouvernement pour satisfaire les velléités oratoires des membres de la majorité qui n'avaient pas encore compris le véritable caractère d'une assemblée fasciste. L'opinion publique tourna en ridicule la réforme, de sorte que, malgré la propagande très active des faisceaux féminins, dix pour cent à peu près des femmes ayant droit au vote demandèrent leur inscription sur les listes électorales.

(2) Décret-loi du 28 octobre 1925, n° 1949.

(3) Loi du 4 février 1926, n° 237.

(4) Décret-loi du 15 avril 1926, n° 765.

(5) Décret-loi du 3 septembre 1926, n° 1910.

(6) « Le principe électif est contraire *en soi* à toute bonne administration, parce » que, lorsque l'autorité administrative émane des élections, elle doit s'exercer » d'une façon mauvaise et sectaire. » — Discours du député d'Ayala. — Chambre des députés. — Séance du 27 novembre 1925. — *Atti Parlamentari* XXVII *Legisl.*, p. 4046.

d'une survivance formelle. En effet toutes les administrations provinciales sont régies par des *Commissions royales extraordinaires* nommées par le gouvernement, en attendant qu'une nouvelle loi fixe un nouveau système de nomination. D'autre part les pouvoirs plus étendus attribués aux préfets et la constitution des Conseils provinciaux de l'économie (1) ont réduit à néant les fonctions des anciens organes électifs de la province.

La suppression du droit de suffrage législatif à été le couronnement de l'action fasciste visant l'effacement des dernières survivances du système démocratique. Au mois de mai 1927 le chef du gouvernement avait déclaré : « En somme, la nation sent-elle » le besoin électoral ? Elle l'a oublié. Est-il nécessaire pour nous » d'obtenir par des bulletins de vote l'attestation du consentement » du peuple ? Laissez-moi penser que tout ceci n'est nullement » nécessaire. Vers la fin de cette année, ou l'année prochaine, » nous préciserons les formes selon lesquelles on devra constituer » la Chambre corporative de l'état italien (2) ».

Le parti dominant et son chef ont observé leur engagement. Avant la fin de l'année, le grand conseil fasciste fixa les lignes fondamentales de l'organisation du suffrage corporatif, et chargea « le ministre de la justice de rédiger un projet de loi sur la base » de ces directives et de le présenter à la séance du grand conseil » qui sera convoqué au mois de janvier an VII (1928) (3) ».

Le projet définitif de réforme, après avoir été approuvé par le grand conseil fasciste, fut présenté à la Chambre des députés qui l'approuva presque sans discussion dans sa séance du 16 mars 1928. Le Sénat le vota le 12 mai 1928 sans y porter aucune modification.

La loi, que le gouvernement présenta sous le titre de « réforme de la représentation nationale » et que la presse fasciste et philo-fasciste qualifia de « loi électorale corporative », exige la participation de trois institutions différentes, savoir : les associations syndicales, le grand conseil fasciste, le corps électoral corporatif. A chacune de ces trois institutions sont conférées des fonctions particulières. Les associations syndicales présentent les candidats ; le grand conseil fasciste désigne les députés ; le corps électoral approuve la liste formée par le grand conseil (4).

(1) Les Conseils provinciaux de l'économie furent institués par la loi du 18 avril 1926, n° 731. Ils doivent représenter « les intérêts des activités productives de » chaque province, en assurer et favoriser la coordination et le développement, » en harmonie avec les intérêts économiques généraux de la nation » (art. 2).

(2) Discours de B. Mussolini. — Chambre des députés. — Séance du 26 mai 1927.

(3) Résolution du grand conseil fasciste. — 10 novembre 1927.

(4) Art. 2 de la loi du 17 mai 1928, n° 1019.

Les « confédérations nationales des syndicats légalement » reconnus en conformité du décret du premier juillet 1926 (1) », présentent huit cents candidats (2). Le gouvernement peut en outre conférer le droit de présenter des candidats aux « institutions » (*enti morali*) légalement reconnues et aux associations de fait » ayant une importance nationale et se proposant des buts de » culture, d'éducation ou d'assistance ». Ces institutions et ces associations ne peuvent présenter plus de deux cents candidats (3). La loi ne prévoit pas d'élection préparatoire au sein des confédérations syndicales pour le choix des candidats, mais confère le droit de proposition aux « conseils généraux ou nationaux de chaque confédération», en prescrivant que la désignation doit être faite dans une séance qui aura lieu à la capitale (4).

La liste des candidats, dont le nombre peut ainsi varier de huit cents à mille, est présentée au grand conseil fasciste, qui doit choisir les quatre cents *députés désignés*. Le grand conseil n'a cependant aucune obligation de choisir les députés désignés sur les listes dressées par les confédérations syndicales et par les institutions et les associations autorisées par le gouvernement à présenter des candidats. Il peut « les choisir librement sur » la liste des candidats et même en dehors de cette liste, quand » cela est nécessaire pour comprendre dans la liste (des députés) » les noms d'hommes distingués dans les sciences, dans les lettres, » dans les arts, dans les armes et dans la politique n'ayant pas » été compris dans les listes des candidats (5) ». En ce moment la liste perd le caractère fragmentaire de son origine ; elle « reçoit le chrême unitaire et totalitaire du parti, et devient » ainsi la liste que le régime en organe politique présente à la » nation (6) ». Cette liste est unique pour tout le royaume (7).

Le corps électoral n'a qu'à approuver ou à désapprouver la

(1) En conformité du décret du premier juillet 1926 les confédérations nationales des syndicats fascistes bénéficient seules de la reconnaissance légale et les associations syndicales qui n'adhèrent pas à ces confédérations n'existent que comme associations de fait, et sont exclues de toute participation directe ou indirecte à la vie corporative de l'état. — Voir dans la suite le chapitre « L'organisation corporative ».

(2) Art. 3 de la loi du 17 mai 1928. — Voici comment les huits cents candidats ont été répartis (Tableau A, annexé à la loi) : Patrons agricoles, 96 candidats ; patrons industriels, 80 ; entreprises de transports maritimes et aériens, 40 ; entreprises de transports par voie de terre, 32 ; banques, 24 ; ouvriers et employés, 320 ; travailleurs intellectuels, 160.

(3) Art. 4 de ladite loi.

(4) Art. 3 de ladite loi.

(5) Art. 5 de ladite loi.

(6) Résolution du grand conseil fasciste, 16 novembre 1927, paragraphe 5.

(7) Art. 1 de la loi du 17 mai 1928.

liste des *députés désignés* présentée par le grand conseil (1). Ce ne sera qu'au cas où la liste formée par le grand conseil n'emportera pas la majorité des votes, qu'aura lieu une sorte d'élection de ballottage avec des *listes concurrentes*. La loi d'ailleurs fixe pour la présentation de ces listes des formalités si compliquées et des termes si brefs que les comités électoraux auront beaucoup de peine à profiter des « droits éventuels » reconnus par la loi (2).

L'âge électoral a été conservé à vingt et un ans pour les célibataires, tandis qu'il a été réduit à dix-huit ans pour les hommes mariés ayant des enfants. Mais pour bénéficier du droit de vote il faut aussi que le citoyen paie une contribution syndicale, ou qu'il possède un cens minimum, ou qu'il touche un appointement ou un salaire de l'état ou d'une institution publique, ou qu'il appartienne au clergé catholique ou d'un « autre culte admis dans l'état (3) ».

La nouvelle organisation électorale part de deux principes fondamentaux proclamés ouvertement par les organes suprêmes du parti dominant : l'abolition de tous les autres partis, et la prééminence absolue des organes politiques du fascisme sur les organes syndicaux. Le grand conseil fasciste, en fixant les directives de la réforme de la représentantion nationale, proclama que la nouvelle loi devait « tenir compte de la situation de fait » existant en Italie, à savoir : abolition de tous les partis politiques » contraires au fascisme, existence d'un seul parti politique » conçu comme instrument du régime (4) ». La commission de la Chambre des députés, chargée de l'examen du projet gouvernemental, ajouta que la loi devait viser à garantir « l'homogénéité » politique de la nouvelle représentation nationale (5) ». Le chef du gouvernement confirma ce principe en déclarant que l'état, c'est-à-dire le gouvernement, doit être l'arbitre des luttes politiques et sociales et que tout doit être dans l'état et rien en dehors de l'état (6).

La prééminence des organes politiques du parti était la conséquence logique de ce principe *totalitaire*. Comme le fascisme ne concevait la nouvelle loi électorale que comme un moyen pour

(1) Art. 7 de ladite loi.
(2) Art. 8 et 9 de ladite loi.
(3) Art. 10 de ladite loi. — Pour apprécier la valeur technique de cette loi il faut relever qu'il n'existe pas en Italie de cultes admis et de cultes non admis. Selon l'art. 1er du Statut, la religion catholique est la religion de l'état et les autres cultes sont tous tolérés.
(4) Résolution du grand conseil fasciste. — 10 novembre 1927, parag. 1.
(5) Rapport de la Commission parlementaire sur la réforme de la représentation nationale.
(6) Discours prononcé par B. Mussolini. — Sénat, séance du 12 mai 1928.

former une représentation nationale s'inspirant de son esprit intransigeant, il lui fallait organiser le *contrôle politique* des membres de la Chambre, même avant leur élection. Comme la *fascistisation* encore incomplète des syndicats ne leur permettait pas de « se substituer au *parti du régime* dans l'exercice des » fonctions publiques et de se charger à eux seuls de la » représentation de la nation », on ne pouvait « concéder aux » organisations syndicales que la faculté de faire les premiers » pas dans cette voie (1) », et c'était le parti, c'était l'organe suprême du parti — le grand conseil fasciste — élevé ainsi à la dignité d'un véritable organe constitutionnel, qui devait jouer le rôle de première importance dans la formation de la Chambre des députés. En réalité la loi a intégralement appliqué ces principes et a réalisé le *contrôle politique* le plus rigide de la représentation nationale.

Le premier acte de la procédure électorale, le choix des candidats, est accompli sous le contrôle indirect du parti dominant. La loi, au lieu d'appeler les membres des syndicats à choisir les candidats, a conféré ce pouvoir aux conseils généraux ou nationaux des grandes confédérations nationales, composés des dirigeants centraux et provinciaux des organisations syndicales. Une grande partie de ces dirigeants est nommée directement ou indirectement par l'exécutif, et ceux mêmes qui sont élus par les syndicats doivent demander au gouvernement la ratification de leur nomination et ne peuvent exercer leurs fonctions sans une investiture ministérielle. Tous ces dirigeants peuvent être révoqués en tout temps par les présidents confédéraux ou par le gouvernement. C'est donc un corps électoral de fonctionnaires qui choisit les candidats et ces fonctionnaires, de par leur soumission à l'exécutif et au parti, n'ont aucune indépendance politique.

Malgré les exaltations des rapports gouvernementaux (2), le choix des candidats n'a qu'une très petite importance, car le choix des élus appartient en réalité aux organes politiques du parti. Le grand conseil fasciste avait demandé qu'on lui réservât le droit de reviser les listes des candidats « pour s'assurer que les » candidats soient tous fascistes éprouvés, et qu'ils possèdent » les qualités nécessaires pour représenter, non seulement les » intérêts des catégories dont ils font partie, mais aussi les intérêts

(1) Résolution du grand conseil fasciste. — 10 novembre 1927, par. 2.

(2) « Cette élection préliminaire sera l'œuvre d'un corps électoral d'élite, » renfermant les éléments dirigeants de la vie économique nationale et aussi de la » vie intellectuelle et spirituelle. Cette élection sera donc une désignation consciente et non l'expression purement formelle d'une volonté inexistante des » masses livrées aux influences de démagogues irresponsables. » — Exposé des motifs ministériel de la réforme de la représentation nationale.

» généraux de la nation et du régime (1) ». La loi, en réservant au grand conseil la formation de la liste des députés désignés en les choisissant « librement sur la liste des candidats et même en » dehors de cette liste », a transformé la *revision* en un véritable *choix*. En réalité les organisations syndicales, ou pour mieux dire les dirigeants des grandes confédérations nationales des syndicats, expriment le *désir* que les noms des candidats qu'ils proposent soient inscrits dans la liste définitive ; mais c'est le grand conseil qui, d'accord avec le *chef*, décide souverainement si ce désir doit ou non être satisfait !

Le choix du grand conseil une fois accompli, la procédure de formation de la nouvelle Chambre est parfaite. Au moment de la publication de la liste définitive les candidats ont déjà le titre de « députés désignés (2) ». Les chefs fascistes eux-mêmes ont fait ressortir la valeur de ce titre, en déclarant qu'il « montre » que le choix du grand conseil est déjà une nomination, au moins » du point de vue individuel, et que cette nomination pour devenir » définitive ne réclame que l'approbation du corps électoral appelé » à sanctionner, non le choix du grand conseil, mais sa directive » politique (3) ». En d'autres termes le candidat choisi par le grand conseil est député du moment même de la publication de la liste définitive, et sa nomination n'est soumise qu'à la condition résolutoire du vote contraire du corps électoral. « Avec la désigna- » tion du grand conseil, l'élection du député peut être considérée » comme accomplie, sauf la condition de la ratification du corps » électoral (4). »

Ces considérations sont, à mon avis, suffisantes pour évaluer le rôle tout à fait secondaire réservé au corps électoral corporatif. Cependant je crois nécessaire d'y ajouter quelques observations qui feront mieux ressortir le caractère de l'organisation fasciste du droit de suffrage.

Tout d'abord il faut relever qu'en réalité il n'existe pas de « corps électoral corporatif ». Le grand conseil fasciste avait, il est vrai, proclamé que « le droit de vote ne sera reconnu indif- » féremment à tous les citoyens, comme il l'était sous le vieux » régime du suffrage universel démocratique. Il ne sera plus accordé » qu'aux citoyens prouvant par leurs cotisations syndicales qu'ils » sont des éléments actifs de la vie nationale, et aux autres caté- » gories, qui, tout en ne tombant pas sous la loi de la réglemen- » tation juridique des contrats collectifs du travail, sont jugés

(1) Résolution du grand conseil fasciste. — 10 novembre 1927, parag. 4.
(2) Art. 5 de la loi du 17 mai 1928.
(3) Exposé des motifs ministériel de la réforme de la représ. nationale.
(4) Ibid.

» utiles à la collectivité nationale (1) ». Tous ceux qui à la suite de cette proclamation solennelle attendaient l'institution d'un véritable « suffrage corporatif » ont été bien déçus, quand ils ont dû constater que la nouvelle loi rétablissait tout simplement le *suffrage censitaire*. En effet, le droit de vote n'a pas été conféré aux membres seuls des associations syndicales, comme l'exigeaient les principes corporativistes ; mais il a été reconnu à tous ceux qui « payent une contribution syndicale en conformité de la loi du » 3 avril 1926 (2) ». Or, cette contribution syndicale n'est qu'une sorte de *taxe* imposée à tous les patrons et à tous ceux qui reçoivent un appointement ou un salaire ou qui exercent une profession, même s'ils n'adhèrent pas aux syndicats professionnels (3). Le fait que bénéficient aussi du droit de vote les contribuables qui payent un impôt de cent lires au moins à l'état, à la province ou à la commune et les possesseurs de titres nominatifs de dettes publiques avec une rente de cinq cents lires au moins (4) confirme le caractère censitaire du corps électoral créé par la loi de 1928.

Ce prétendu corps électoral corporatif est-il même un *corps électoral* ? Je n'ai pas d'hésitation à répondre que non. Elire signifie choisir, or que peuvent-ils choisir les citoyens italiens, après que le grand conseil fasciste a arrêté la liste des *députés désignés* ? Le citoyen n'a pas le droit de choisir parmi les noms de la *liste officielle* : il ne peut, au moins théoriquement, que l'accepter ou la repousser en bloc. Il ne peut pas même choisir entre des directives politiques différentes, car la liste unique lui défend de donner une signification politique positive au vote contraire à la liste gouvernementale. Une apparence de droit électoral n'a été conservée qu'au cas où la liste du grand conseil n'emporte pas la majorité des suffrages ; mais comment peut-on se leurrer de ce vain espoir, du moment que l'organe suprême du parti dominant proclame que tout système de représentation nationale doit respecter ces deux faits, savoir : « abolition » de tous les partis politiques contraires au fascisme ; existence » d'un seul parti fonctionnant comme instrument du régime (5) » ?

La loi électorale de 1928, réalisant intégralement le principe *totalitaire* du fascisme, confiant à l'organe suprême du parti la nomination de la Chambre des députés, ne réservant à la nation que la ratification formelle de cette nomination, a légitimé l'abolition du régime représentatif et du droit de suffrage, que le

(1) Résolution du grand conseil fasciste. — 10 novembre 1927, parag. 7.
(2) Art. 10, let. A, de la loi du 17 mai 1928.
(3) Art. 5 de la loi du 3 avril 1926, n° 563.
(4) Art. 10, let. B. de la loi du 17 mai 1928.
(5) Résolution du grand conseil fasciste. — 10 novembre 1927, parag. 1.

gouvernement fasciste avait déjà aboli *en fait* grâce à son œuvre de réalisations graduelles.

Le gouvernement représentatif exige que la nation toute entière, ou au moins une partie nombreuse de la nation, exerce, par l'entremise de députés qu'elle nomme périodiquement, le pouvoir de contrôle suprême. Or si l'on abolit, ou si l'on empêche ce contrôle de la nation, si l'on remplace l'élection directe par un système conférant le choix des députés à une petite oligarchie de parti, on détruit même formellement le régime représentatif. Ce régime réclame pour son fonctionnement régulier l'existence de partis, ayant des programmes politiques clairs et précis, se succédant au pouvoir, garantissant par le contrôle parlementaire la stabilité de l'équilibre constitutionnel et la prééminence absolue du droit. Si l'on exclut de la soi-disant représentation nationale les partis, si on légitime le système *totalitaire*, on enlève toute possibilité d'action à ces organes, même si l'on ne les abolit pas formellement. Tel a été le résultat auquel a abouti la loi électorale de 1928 (1).

Après la promulgation de la loi électorale de 1928, le grand conseil fasciste, cet organe de parti, dont la loi ne fixe pas la composition de même qu'elle n'en règle pas le fonctionnement, a été transformé en une sorte de conseil de grands électeurs. C'est lui, ce sont ses membres qui bénéficient seuls du droit du suffrage et qui proclament vouloir s'en servir dans le but d'exclure du Parlement ceux qui ne sont pas *fascistes éprouvés*.

C'est ainsi que le nationalisme fasciste, même sous les apparences d'une concession à l'idée démocratique du droit de suffrage ou de l'établissement d'un nouveau système de choix des gouvernants, essaye de réaliser intégralement sa conception anti-suffragiste et son idéal d'un état soumis à la toute puissance *unitaire* du gouvernement.

Le pouvoir législatif.

La doctrine du nationalisme fasciste ne répugne pas à la définition classique, selon laquelle la loi est la manifestation d'une autorité souveraine, obligeant tous les citoyens à faire, ou à omettre, ou à supporter quelque chose en vue du bien commun. Par contre, le nationalisme fasciste s'écarte de la pensée juridique moderne par sa conception de l'autorité souveraine, de ses pouvoirs, des limites objectives de la puissance de l'état. Il s'en

---

(1) « Cette loi qui confie au grand conseil fasciste le choix des députés exclut » de la Chambre toute opposition de caractère politique et marque ainsi le déta- » chement définitif du régime fasciste du régime constitutionnel. » — Discours du député Giovanni Giolitti. — Chambre des députés. — Séance du 16 mars 1928.

écarte plus nettement encore, lorsqu'il envisage les procédés particuliers de manifestation de la volonté de l'état, lorsqu'il précise sa doctrine sur la formation et la promulgation des normes obligatoires pour tous les citoyens.

Selon le nationalisme fasciste, la loi — considérée dans son origine — est une sorte d'incarnation du droit prééminent de l'état, tandis que — du point de vue objectif — elle se définit comme la règle de conduite imposée par l'autorité souveraine aux individus pour en obtenir le concours le plus efficace à la réalisation des fins particulières et immanentes de la nation juridiquement organisée. Puisque, pour la doctrine fasciste, le *chef* est le seul interprète de la volonté du gouvernement, identifié avec l'état-nation, c'est dans le *chef* seulement que réside en sa plénitude le droit de formuler et de promulguer la loi. Si, comme le proclame le nationalisme fasciste, il n'y a aucun droit de l'individu antérieur à l'existence de l'état ; si le droit *est* en tant que l'état le déclare, c'est la loi qui crée le droit, et le droit lui-même — du point de vue subjectif — n'est plus qu'une concession de l'état à l'individu, ou aux associations, dans le but de satisfaire des intérêts collectifs supérieurs. Il s'ensuit qu'on ne peut fixer aucune limite objective au pouvoir législatif de l'état, du gouvernement, du *chef*.

La loi est la manifestation de la volonté de la nation divine, déclarée par *l'homme providentiel* qui régit le gouvernement. La loi est toujours obligatoire, indépendamment de la valeur intrinsèque de ses prescriptions ; et « chaque sujet, à moins d'avoir reçu » directement une révélation certaine de la volonté de Dieu, doit » obéir aux ordres de l'état comme aux commandements de » Dieu (1) ».

Le nationalisme fasciste, pour appliquer ces principes sans être obligé de bouleverser d'un seul coup l'organisation parlementaire existante, eut recours à deux moyens différents. Il s'efforça d'augmenter, tout d'abord en fait et successivement en droit, les pouvoirs de l'exécutif dans le champ législatif ; et en même temps il réduisit graduellement la participation du Parlement à la formation des lois, en limitant l'autonomie intérieure des Chambres, et en enlevant toute valeur réelle à leurs délibérations.

Pour accroître en fait les pouvoirs de l'exécutif dans le champ législatif, le fascisme ne dut créer rien de nouveau. Il lui suffit de perpétuer, en la renforçant, une tradition détestable régnant depuis longtemps en Italie.

---

(1) HOBBES. — *Léviathan*, IIe partie, chap. XXVI.

Le Comte de Cavour, tout en instaurant une véritable dictature parlementaire, professa le plus grand respect de la loi ; et, si parfois il viola la substance des normes constitutionnelles, il en sauvegarda toujours soigneusement la forme. Ses successeurs, moins souples que lui et moins habiles à maîtriser les humeurs changeantes des assemblées, furent entraînés à se servir — et souvent à abuser — du *pouvoir d'ordonnance*, reconnu aux organes de l'exécutif par les publicistes italiens avec une largeur inconnue chez les autres nations.

L'opinion publique s'adapta de bon gré au système, et ne s'insurgea pas contre la rupture complète de l'équilibre des pouvoirs, réalisée par le gouvernement pendant la guerre, lorsqu'il enleva presqu'entièrement au Parlement ses fonctions législatives, par des interprétations extensives de la délégation des pleins pouvoirs (1). Ce ne fut qu'après la ratification du traité de Saint-Germain qu'on redonna aux Chambres l'exercice des pouvoirs législatifs prévus par la constitution (2). Mais il ne s'agissait en réalité que d'une reconnaissance purement formelle.

Les cabinets présidés par Giolitti, Bonomi et Facta continuèrent à se servir des décrets-lois, prétextant des raisons d'urgence, bien souvent créées artificiellement en attendant les vacances des Chambres pour aborder les problèmes les plus importants. L'abus arriva à tel point que, lorsque le cabinet Mussolini, au lendemain de la marche sur Rome, sollicita du Parlement les pleins pouvoirs pour réformer l'organisation bureaucratique de l'état et le régime des impôts, l'opinion publique vit dans cet acte un hommage inusité à l'autorité des Chambres.

La délégation des pleins pouvoirs une fois échue, le cabinet fasciste n'en demanda pas le renouvellement, et en même temps il se garda bien de redonner au Parlement ses pouvoirs législatifs. Il jugea bon de reprendre la tradition des cabinets de guerre et d'après-guerre, en réglant tout simplement par des décrets les droits fondamentaux du citoyen, y compris le droit de *cittadinanza* (3). Lorsqu'on estima l'abus suffisamment ancré (4), on le

(1) Loi du 22 mai 1915, n° 671.

(2) Par l'article 5 de la loi du 26 septembre 1920, n° 1322, portant la ratification du traité de Saint-Germain, le Parlement chargea le gouvernement de fixer le jour de l'échéance des pleins pouvoirs concédés pendant la guerre. Le décret du 30 septembre 1920, n° 1384, fixa le terme au 31 octobre 1920.

(3) Les premières normes restrictives de la liberté de la presse furent édictées par deux décrets-lois, l'un sous la date du 15 juillet 1923, et l'autre sous la date du 10 juillet 1924. Ce ne fut qu'à la fin de 1925 qu'ils obtinrent la ratification du Parlement. Le décret-loi du 10 janvier 1926, n° 16, autorisa la révocation du droit de *cittadinanza*, pour des raisons « d'indignité politique » des allemands et des slaves, qui avaient acquis la nationalité italienne en vertu du traité de Saint-Germain.

(4) « Aujourd'hui, soit par le fait que la jurisprudence déclare valables les

légitima, en attribuant au gouvernement le pouvoir le plus étendu dans le champ législatif (1).

Mais ce renforcement du pouvoir de l'exécutif ne pouvait suffire à la tendance centralisatrice du gouvernement fasciste : il n'était qu'une sorte de ratification des résultats obtenus jusqu'alors. Après la nouvelle réglementation des facultés législatives de l'exécutif, on continua à régler par des décrets les matières mêmes expressément exclues de la compétence gouvernementale par la loi du 31 janvier 1926. C'est ainsi qu'on modifia par des décrets-lois le régime des sociétés anonymes, en bouleversant tout le système du Code de commerce (2); qu'on soumit au contrôle gouvernemental toutes les manifestations publiques n'ayant pas un caractère politique (3) ; qu'on enleva les administrations électives aux communes de plus de cinq mille habitants (4) ; qu'on échafauda le monopole étatique de l'instruction et de l'éducation de la jeunesse (5).

Le décret-loi est maintenant le moyen législatif normal. Les limites du pouvoir législatif du gouvernement fixées par la loi du 31 janvier 1926 n'ont jamais été respectées. Le Parlement est réduit au rôle d'une *chambre de ratification* des mesures législatives édictées par l'exécutif (6). La ratification a perdu tout caractère de sérieux, ne fût-ce qu'à cause des délais très longs entre la promulgation des décrets législatifs et leur présentation au Parlement (7). Tout contrôle sur la légitimité des décrets-lois est

» décrets-lois, soit à cause de l'acquiescement du Parlement qui les ratifie toujours » il n'y a en réalité aucune limite à la faculté législative du gouvernement. » Discours du ministre de la justice, Rocco. — Chambre des députés. — Séance du 20 juin 1925. — *Atti Parlamentari* XXVII Leg., p. 4390.

(1) Loi du 31 janvier 1926, n° 100. — Les principes fondamentaux de la loi autant que certaines dispositions de détail — telles que les normes relatives à la ratification des décrets-lois — furent empruntés au fameux paragraphe 14 de la Constitution autrichienne du 21 décembre 1867.

(2) Décrets-lois du 11 mars 1926, n° 413, du 7 septembre 1926, n° 1511, et du 6 novembre 1926, n° 1830.

(3) Le décret-loi du 6 août 1926, n° 1486, donna des pouvoirs très étendus au ministère et aux préfets pour régler, et éventuellement pour interdire toutes les manifestations scientifiques, intellectuelles, de bienfaisance et de sport.

(4) Décret-loi du 3 septembre 1926, n° 1910.

(5) Décrets-lois du 9 janvier 1927, n° 5, et du 9 avril 1928, n° 696.

(6) Du premier janvier au 28 avril 1928 la *Gazetta Ufficiale* publia 116 décrets-lois et 301 lois ratifiant des décrets-lois édictés par l'exécutif. Dans la même période on ne publiait que 30 lois approuvées par le Parlement suivant le procédé normal. La plupart de ces lois ne visaient que des questions d'importance toute secondaire. J'ai devant les yeux l'ordre du jour d'une séance du Sénat (8 février 1928). Il comporte le vote d'une loi et de 11 lois de ratification de décrets législatifs, et la discussion de 7 lois et de 62 lois de ratification de décrets législatifs.

(7) Dans la *Gazetta Ufficiale* (n°s du 1er janvier au 28 avril 1928) ont été publiées 113 lois ratifiant des décrets édictées plus d'un an auparavant. — « Il est » vraiment pénible de devoir présenter des rapports sur des projets de ratification

aboli en fait (1). Le gouvernement ne se préoccupe que d'obtenir la ratification prompte des mesures législatives qu'il promulgue. Dans ce but une nouvelle procédure a été fixée pour la ratification des décrets-lois (2). Une commission permanente de dix-huit membres nommés par le Président de la Chambre est chargée de rédiger les rapports sur les décrets-lois présentés par l'exécutif. Cette commission a remplacé en fait toutes les autres commissions législatives ; elle centralise tout le travail préparatoire de l'assemblée, et l'ancienne organisation des bureaux et des commissions a été effectivement abolie.

Le fait que sur 356 décrets-lois édictés du 16 février au 31 décembre 1926, 236 ne furent publiés que quinze jours au moins après la signature royale, et que pour 96 on attendit plus d'un mois avant de les publier, suffit pour démontrer qu'en réalité les raisons d'urgence, alléguées pour justifier l'emploi de ces procédés extraordinaires, n'existaient pas du tout. En effet, l'usage très large des décrets-lois n'a été qu'un moyen pour concentrer graduellement dans les mains de l'exécutif les fonctions législatives, attribuées jadis au Parlement. Et le but a été complètement atteint !

La Chambre de la XXVIe législature, après avoir voté la confiance au cabinet présidé par Benito Mussolini, et octroyé au gouvernement les pleins pouvoirs pour la réforme bureaucratique et fiscale, ne fut appelée à participer au travail législatif que pour approuver la loi électorale de 1923. Et elle l'approuva dans la crainte qu'un vote contraire ne déchaînât de nouveaux troubles dangereux pour le pays. La Chambre de la XXVIIe législature, dont la majorité avait été soigneusement triée par le gouvernement, était bien dévouée au chef et à l'oligarchie dominante. Mais les groupements d'opposition étaient encore suffisamment forts pour exercer une influence remarquable sur les travaux parlementaires. Composés de politiciens entraînés par une longue

» de décrets, auxquels personne ne pense plus et qui n'ont plus aucune importance.
» Et pourtant le pauvre rapporteur doit se charger du travail inutile de para-
» phraser l'exposé des motifs ministériels. » — Discours du député M. A. Vicini. — Chambre des députés. — Séance du 8 décembre 1927. — *Atti parlamentari* XXVII *Leg.*, p. 8111.

(1) L'*enregistrement sous réserve* de la part de la Cour des comptes était autrefois un véritable contrôle de légitimité, dont pouvait tirer avantage un Parlement désireux de rappeler le Cabinet au respect de la loi. Les *enregistrements sous réserve* cessèrent d'un coup depuis le 15 février 1926, bien que le gouvernement édictât une foule de décrets-lois anti-constitutionnels. Les *enregistrements sous réserve* passèrent de 973 en 1924, à 965 en 1925 ; et de 240 des trois premières quinzaines de l'année 1926 tombèrent à 20 dans la période du 15 février au 31 décembre 1926.

(2) Réforme du règlement de la Chambre des députés approuvée le 8 décembre 1926.

expérience aux débats des assemblées publiques, ils montrèrent dès le commencement de la session comment ils pouvaient mettre en échec la majorité elle-même.

Le gouvernement se hâta au secours de sa majorité chancelante, en faisant abolir en bloc toutes les modifications introduites dans le règlement de la Chambre à la suite de l'adoption de la représentation proportionnelle, et en revisant ce règlement de façon à prévenir les embûches d'une minorité habile et vigilante et à entraver toute tentative d'obstruction (1). Mieux que la réforme du règlement, la sécession des députés des partis d'opposition servit aux fins du gouvernement fasciste. Les opposants non-sécessionnistes furent bientôt étouffés par la majorité écrasante dont disposait le gouvernement, et l'exiguïté de leurs forces dans le pays les empêcha d'exercer aucune influence sérieuse dans le Parlement (2).

Tandis qu'au Sénat une parole libre retentit toujours tant qu'on put espérer le rétablissement de la normalité constitutionnelle, les séances de la Chambre des députés ne furent plus que des séances académiques, sans vie et sans chaleur. On exalta l'empressement des députés à voter les lois sans les discuter et sans les amender ; l'éloquence se transforma en rhétorique, puisqu'il ne fallait plus convaincre personne ; la discussion des lois dégénéra en joute entre les orateurs, *stylés* à encenser la sagesse du *chef* qui apprêtait des projets si complets et si parfaits pour les délibérations de ses fidèles. Les députés n'étaient rassemblés que lorsque le *chef* devait prononcer quelques discours pour faire connaître à l'intérieur ou à l'étranger ses intentions et ses projets. Le travail des commissions parlementaires se réduisit à paraphraser l'exposé des motifs des projets gouvernementaux. La seule loi largement discutée, au cours des quatre dernières années, fut la loi sur le suffrage féminin, qui n'eut pas et n'aura jamais d'application !

Mais cette situation ne suffisait pas encore — et ne pouvait pas

(1) Le règlement de 1924 institua la « procédure abrégée », dont voici les caractères. Sur demande du gouvernement ou de trente députés, la Chambre décide par assis et levé si on doit adopter la « procédure abrégée ». En cas d'adoption, aucun orateur ne peut parler plus de quinze minutes pendant la discussion, et plus de cinq minutes pour justifier son vote. On ne peut demander le vote par appel nominal ou par scrutin secret, avant la fin de la discussion. Il est défendu de procéder à la vérification du nombre légal, si la demande n'est pas signée par soixante députés au moins.

(2) On assista aux dernières discussions politiques de la Chambre italienne du 15 au 22 novembre 1924, lorsque, à la suite des débats sur la politique générale du gouvernement, les anciens présidents du conseil Giolitti et Orlando se rangèrent à l'opposition ; et le 25 mai 1925 à l'occasion du vote des lois sur la presse et sur les associations.

suffire — au nationalisme fasciste. La Chambre des députés, bien que contrainte à n'exercer aucune fonction législative sérieuse, bien qu'épurée à la suite de l'expulsion et de la déchéance des représentants de l'opposition, était toutefois une survivance constitutionnelle dangereuse, dont le fascisme pour sa sûreté ne pouvait tolérer la conservation. Qui pouvait garantir que, de même que la Convention nationale, après un hypothétique — mais non impossible — Thermidor, la Chambre italienne ne rappellerait pas dans son sein les expulsés ? Comment pouvait-on empêcher qu'à un certain moment, se souvenant de son origine formellement démocratique, elle ne sentit pas le besoin de se conformer à un mouvement profond et indomptable de l'opinion publique, et ne renversât tout ce que ses maîtres actuels avaient érigé ?

Les déclarations des théoriciens du fascisme, de même que les expériences des administrations locales, faisaient pressentir que les jours de la « dernière Chambre du suffrage universel » étaient comptés. En effet, le grand conseil fasciste formula par sa résolution du 10 novembre 1927 les lignes fondamentales de la réforme destinée à créer le *Parlement corporatif*, et les principes proclamés par l'organe suprême du parti ont été appliqués par la nouvelle loi sur la représentation nationale. Mais, si la résolution du grand conseil et les dispositions de la loi s'étendent largement sur le mode de recrutement du *Parlement corporatif*, elles sont par contre muettes au sujet des fonctions de ce nouvel organe de l'état fasciste (1).

Le système électoral adopté par la loi de 1928, de même que les idées des hommes et du parti qui président à sa naissance offrent un gage certain que l'assemblée sortie de la « désignation » du grand conseil fasciste » n'aura que le nom de Parlement. Elle ne sera ni meilleure, ni pire que ces assemblées consultatives chéries par les régimes autocratiques d'autrefois, destinées à renforcer la toute-puissance du pouvoir central, par le conseil des experts et des techniciens les plus dévoués au gouvernement.

Les idées du parti dominant au sujet des assemblées et des organes collégiaux ressortent clairement de deux institutions typiques de l'administration locale, créées au courant de l'année 1926 : les Conseils provinciaux de l'économie (2) et les Consultes municipales (3). De même que dans le Parlement corporatif,

(1) Le grand conseil fasciste se borna à déclarer que « les charges spécifiques » de l'assemblée seront fixées dans la suite ».

(2) Loi du 18 avril 1926, n° 731, modifiée par le décret-loi du 16 juin 1927, n° 1071, et par la loi du 29 mars 1928, n° 631.

(3) La *Consulte municipale* fut instituée par la loi du 4 février 1926 pour les communes de moins de cinq mille habitants. Par des lois et des décrets successifs elle fut étendue à toutes les communes du Royaume.

la prééminence de l'exécutif est assurée dans ces assemblées locales par le droit conféré au gouvernement de nommer directement une partie des membres et de choisir les autres sur des listes dressées par les associations syndicales reconnues, et par cela même placées sous le contrôle des organes administratifs de l'état. Les *Consultes municipales* aussi bien que les Conseils provinciaux de l'économie n'ont que des pouvoirs consultatifs (1), et leur action est dirigée, réglée, contrôlée continuellement par des fonctionnaires du pouvoir central : Podestats et Préfets.

Toute assemblée élective, pour jouer un rôle législatif indépendant du pouvoir exécutif, doit recevoir l'investiture d'un corps électoral constitué en dehors des influences directes ou indirectes du gouvernement. Il faut en outre que la faculté de choisir appartienne à ce corps électoral comme un droit, non créé, mais simplement reconnu par la loi. En d'autres termes, l'existence de toute assemblée délibérative autonome est corrélative à la reconnaissance de ces droits primordiaux de l'individu. Dans le cas contraire, l'activité législative des assemblées ne sera que l'exercice d'un pouvoir délégué par l'autorité prééminente de l'exécutif, et par conséquent soumise au bon plaisir du gouvernement, qui pourra révoquer *ad nutum* sa délégation, comme s'il s'agissait d'un mandat conventionnel de droit civil. Ces assemblées, bien que revêtant leurs fonctions des formes habituelles aux corps délibérants, ne rempliront en réalité qu'une fonction consultative.

Telle est la destinée du Parlement corporatif fasciste. Composé de personnages nommés par l'organe suprême du parti, soumis par cela même au contrôle politique de l'exécutif et de l'oligarchie dominante, étranger aux passions, aux sentiments, aux désirs d'un corps électoral qui ne participe pas à sa formation, il ne sera rien de plus qu'une assemblée consultative. Son avis ne sera nullement obligatoire pour ces organes, qui selon le système fasciste ont le droit exclusif de manifester la volonté de l'état-nation, et qui en vertu des lois nomment ce parlement fictif et lui délèguent les pouvoirs.

Les précédents d'une pareille organisation ne font pas défaut dans l'histoire constitutionnelle moderne. Mieux qu'à la constitution française du second Empire, attribuant encore une fiction de pouvoir autonome au Corps législatif élu sur la base du suffrage universel ; mieux qu'à la constitution de l'an VIII, conférant au corps électoral la désignation des listes des notables, elle se rattache aux lois fondamentales de la République italienne

(1) Art. 2 de la loi du 18 avril 1926 et art. 5 de la loi du 4 février 1926.

et du Royaume d'Italie de la période napoléonienne. Ces deux constitutions, avec leurs collèges électoraux nommés pour la première fois par l'exécutif et se complétant par cooptation, avec leurs corps délibératifs recrutés eux-mêmes par l'exécutif sur des listes de candidats dressées par l'aristocratie des collèges, réalisèrent il y a un siècle le principe fondamental du droit constitutionnel fasciste : « le pouvoir et la confiance doivent venir d'en haut (1). »

Le nationalisme fasciste ne se borne pas à intégrer ses conceptions constitutionnelles dans l'ensemble de son système ; mais il affirme que la législation ne peut vraiment progresser, tant substantiellement que formellement, que par l'adoption de son système : c'est l'argument commun à toutes ces tendances d'après-guerre, qui, méconnaissant la raison intime de la crise des régimes représentatifs, estiment les assemblées électives foncièrement incapables d'élaborer des lois bonnes et bien rédigées, et préfèrent s'en rapporter entièrement à un gouvernement fort et centralisé, aidé par les conseils des savants et des techniciens de son choix.

L'expérience italienne n'a pas donné jusqu'à présent des résultats favorables à cette thèse. Depuis l'établissement de la dictature fasciste on a vu se multiplier les lois et les décrets. La réglementation étatique, qui n'est plus limitée par les contrôles et par les difficultés mêmes de la procédure parlementaire, vise désormais tous les rapports de la vie civile ; elle se soucie des particularités les plus minutieuses ; elle étouffe toute initiative personnelle sous un fatras de prescriptions inutiles, ou illogiques, ou contradictoires. La rédaction des lois ne retire aucun avantage de l'activité désordonnée et sans contrôle des bureaux ministériels. Les lois et les décrets rédigés en termes quelconques par les fonctionnaires de l'administration centrale, réclament souvent de nouvelles lois et de nouveaux décrets, pour être complétés ou éclaircis. Aux normes législatives et réglementaires s'entremêlent des dispositions explicatives, étalant des interprétations

(1) La dictature monarchique-militaire de l'Espagne reproduit elle aussi une image du Parlement corporatif fasciste par son *Assemblée nationale*, composée de personnalités choisies par le gouvernement, et chargées d'émettre des avis en ce qui concerne l'élaboration de la réforme constitutionnelle, l'examen des budgets et des projets de décrets qui lui seront soumis. Les pouvoirs de cette assemblée furent clairement définis par le dictateur espagnol dans sa réponse à une interpellation de M. Gabriel Maura (27 novembre 1927). « Quoi qu'il en » soit, dit-il, le gouvernement est fermement résolu à suivre rigoureusement la » ligne de conduite qu'il s'est tracée. Nous écoutons tous les avis émis à l'Assemblée, » en recueillant tout ce qui nous semble devoir être retenu ; mais nous nous » réservons toute liberté pour agir ensuite. »

authentiques, parfois contradictoires avec la signification matérielle des mots (1). L'absence complète de tout obstacle aux changements des lois en augmente l'instabilité, et rend le législateur de
moins en moins soucieux de la perfection substantielle et formelle
de normes qu'il peut modifier ou abroger à volonté. Le gouvernement, n'ayant aucune responsabilité politique définie, multiplie
les expériences et recherche le perfectionnement des institutions
à travers un remaniement perpétuel (2).

L'incertitude et l'instabilité des institutions ne sont pas moin-
dres dans un état régi par la volonté toute-puissante de l'exécutif
que dans les pays dominés par l'arbitraire inconstant des
multitudes non éduquées à la vie politique. Et la raison, de même
que l'expérience, nous montrent que les institutions réglées
d'autorité par l'exécutif revêtent tôt ou tard les formes les plus
convenables à la tutelle des intérêts particuliers de la minorité
au pouvoir, au mépris des véritables intérêts de la communauté.

Enfin il y a lieu d'observer qu'en substituant aux assemblées
législatives des corps techniques, appelés à donner leur avis sur
les projets rédigés par l'exécutif, on n'apporte aucune solution au
problème constitutionnel : on se borne à le reculer. Si — comme
le fait prévoir la logique des choses — les corps techniques
essayent d'exercer une influence dominante dans le processus
de formation et de rédaction des lois, on se trouve devant une
situation analogue à celle de la France au lendemain de la
constitution de l'an VIII, lorsque le Tribunat, dont le rôle était
de discuter tout simplement les lois, voulut donner aux conclusions

(1) Un décret-loi, signé par le Roi le 3 janvier 1926, et publié le 19, contient
à l'article 2 cette clause : « Ce décret *sera* appliqué à partir du 1er janvier 1926. » —
Pendant plus d'un an on ne hasarda aucune application des dispositions de la loi
du 4 février 1926, n° 235, et du décret-loi du 3 septembre 1926, n° 1910, ayant
trait à la constitution et au fonctionnement des *Consultes municipales*. Il fallut
que le décret-loi du 27 octobre 1927 — selon les termes mêmes d'une communi-
cation officielle du gouvernement — « rendît possible la réalisation concrète de la
» réforme fasciste de l'organisation communale ».

(2) Il y a aujourd'hui en Italie nombre de lois et de décrets qu'on a dû réformer
entièrement avant leur mise à exécution. Pour réglementer l'exercice de la
profession d'avocat, on édicta la loi du 25 mars 1926, n° 453 ; mais quelques
semaines après on s'aperçut que la loi corporative du 3 avril 1926 portait des
dispositions contradictoires avec celles de la loi précédente. On essaya de concilier
et de coordonner les deux lois par le décret du 6 mai 1926, n° 747 ; mais on fut
encore obligé de remanier toute l'organisation de l'exercice professionnel par
le règlement approuvé par le décret du 26 août 1926, n° 1683. — Pour donner une
nouvelle forme à l'administration communale de Rome, on promulgua cinq
décrets-lois successifs, qui ont créé, aboli, recréé de nouveau une foule d'institutions. — Les conseils provinciaux de l'économie furen réformés avant leur
constitution. — La réorganisation des administrations locales de bienfaisance,
prévue par la loi du 17 juin 1926, n° 1187, fut partiellement suspendue par le
décret-loi du 19 août 1927, n° 1748, et réformée par la loi du 4 mars 1928, n° 413.

de ses débats la valeur et la forme d'une véritable décision. Et alors l'exécutif devra choisir : ou se plier aux prétentions de l'assemblée consultative et lui conférer graduellement le pouvoir délibératif ; ou étouffer les prétentions des techniciens par la dissolution de leur corps. Dans le premier cas, les conseils techniques se transformeront rapidement en assemblées représentatives, ne fût-ce que pour mieux exploiter les courants favorables de l'opinion publique. Dans l'autre cas, on enlèvera toute apparence de pondération aux ordonnances gouvernementales et le régime autoritaire sera obligé de dévoiler ses véritables caractères.

Si, au contraire, les corps techniques respectent les limites marquées à leurs attributions par le pouvoir souverain du gouvernement, ils ne seront que des *assemblées de morts*, semblables à celle appelée par Justinien pour composer ses Pandectes ; et il suffira qu'un *Préfet du prétoire* quelconque, par des interpolations adroites, prostitue l'autorité morale des savants et des techniciens aux décisions variables de la toute-puissance gouvernementale.

Jusqu'à présent le fascisme n'a réalisé que la première partie de son programme de réorganisation du pouvoir législatif : il a graduellement anéanti les pouvoirs autonomes conférés au Parlement par la constitution et par la coutume. Jusqu'à présent, il a détruit : maintenant il se propose de reconstruire. Mais quelle que soit la forme dans laquelle il va fixer ses nouvelles institutions, celles-ci ne seront en substance que des organes de consultation. Et les précédents historiques sont tels, qu'on doit craindre que l'expérience fasciste ne contribue en rien au progrès juridique du peuple italien.

La responsabilité politique de l'exécutif.

Le fascisme, une fois au pouvoir, proclama son opposition irréductible au système parlementaire, déclarant que le nouveau gouvernement, issu « d'un plébiscite armé et de la manifestation directe de la volonté populaire », ne pouvait être soumis, comme les cabinets parlementaires du passé, au contrôle politique de la Chambre élective. Le nationalisme fasciste n'oublia pas de déduire toutes les conséquences logiques de cette idée fondamentale.

On renonça bientôt aux projets de réforme constitutionnelle, rédigés au lendemain des journées d'octobre en vue de conférer au Président du conseil des pouvoirs analogues à ceux du Chancelier de l'Empire allemand (1). On comprit en effet que le chef

(1) Au courant de l'hiver 1923, Michele Bianchi, un des *quadrumvirs* de la marche sur Rome, proposa l'institution du « Chancelier ». Selon ses suggestions, la Chambre des députés devait, après les élections, nommer elle-même le Président.

du gouvernement, échappant ainsi au contrôle de l'assemblée élective, devait se soumettre à la Couronne, dont on renforçait automatiquement les pouvoirs. On se rallia de préférence à une tactique intermédiaire de réalisation graduelle, consistant d'abord à entraver le rôle de surveillance du Parlement, puis à substituer au Parlement lui-même d'autres assemblées — corporatives ou consultatives — incapables de résister aux empiètements de l'exécutif.

Les chefs fascistes s'illusionnèrent sur la portée de la réforme électorale de 1923, croyant, parce qu'elle assurait au gouvernement une majorité choisie d'avance par lui-même et cimentée par l'identité d'origine, qu'elle résoudrait le problème, au moins d'une façon transitoire. L'expérience révéla, au contraire, l'insuffisance du système et comment une minorité, soutenue par l'opinion publique favorable, pouvait quand même exercer un contrôle efficace sur l'exécutif, jusqu'à ébranler la masse de la majorité fidèle au gouvernement. On comprit alors que pour résoudre réellement le problème, il fallait exclure purement et simplement les opposants des assemblées chargées par la constitution de juger de l'action gouvernementale.

Le *système totalitaire* avait été expérimenté déjà dans les administrations locales. Aux élections partielles pour le renouvellement de plusieurs conseils communaux et provinciaux démissionnaires ou dissous, le parti fasciste avait remporté tous les sièges, y compris ceux réservés par la loi à la minorité, en obligeant les partis contraires à s'abstenir (1). On adopta le même système pour le Parlement ; et son application fut singulièrement favorisée par la tactique des partis d'opposition, renonçant à l'exercice du contrôle parlementaire sans tirer aucune conséquence révolution-

du Conseil. Celui-ci, son programme une fois approuvé par le Parlement, devait gouverner pendant les cinq années de la législature complètement soustrait aux votes politiques des Chambres, étant seulement responsable vis-à-vis de la Couronne. En réalité, il s'agissait de transformer l'assemblée représentative en une sorte d'assemblée d'électeurs de second degré, qui, après avoir nommé le Président du Conseil, n'exerceraient plus que des fonctions consultatives. Au premier moment le projet intéressa beaucoup l'opinion publique ; mais il fut bientôt oublié.

(1) Le système faussait complètement les résultats du vote. Il suffit de quelques exemples pour le démontrer. Dans ma ville natale, Modène, aux élections communales du mois de novembre 1922 la liste fasciste, la seule présentée, fut élue par 16,000 votes sur 24,000 électeurs inscrits. Aux élections législatives du 6 avril 1924, malgré la « pression » exercée sur les partis d'opposition, les fascistes n'enlevèrent que 8,000 votes à peu près, et furent mis carrément en minorité. On remarqua le même phénomène dans toutes les villes et centres industriels de l'Italie septentrionale, et dans quelques villes de l'Italie centrale.

naire de l'acte foncièrement révolutionnaire de la sécession. L'exclusion des opposants du Parlement réalisa en fait le principe totalitaire. La nouvelle loi sur la représentation nationale a légitimé le principe totalitaire ; le parti dominant a seul le droit de représenter la nation et de parler en son nom.

On peut déjà relever les conséquences de l'application du *système totalitaire* ; et elles sont d'une gravité vraiment exceptionnelle. L'abolition du contrôle jadis exercé par les Chambres sur le gouvernement, dévoile le caractère réel du régime imposé à l'Italie par le fascisme, mieux encore que la concentration des fonctions législatives dans les mains de l'exécutif. Les débats parlementaires sur le budget, à l'occasion desquels les assemblées représentatives discutent et jugent l'ensemble des actions et des projets de l'exécutif, n'ont plus aucune importance. Ils se ramènent à de simples dialogues entre les ministres et quelques députés. Les orateurs, avant de signaler une amélioration possible dans tel ou tel service, déclarent que, tout en demandant quelques modifications de détail, ils n'ont nullement l'intention de critiquer le gouvernement. A la fin de leurs discours, ils débitent l'inévitable panégyrique du *chef* et proclament leur foi en la destinée glorieuse de la patrie, confiée en toute sécurité à *l'homme providentiel*.

L'abolition du contrôle de l'assemblée élective sur le gouvernement empêche la Couronne de jouer son rôle régulateur de la vie nationale, et — ce qui est bien plus grave — rend impossible tout contrôle sérieux et objectif de l'opinion publique.

On voit ainsi prendre corps un des principes fondamentaux du système politique fasciste : le gouvernement, identifié avec l'état-nation, est au dessus du citoyen autant que les fins de l'état sont au dessus de l'individu. Il appartient au gouvernement de commander, au citoyen d'obéir. Toute critique est vaine et inutile, car l'individu ne possède pas les données nécessaires pour juger de l'action des gouvernants ni pour comprendre l'intérêt général de la collectivité.

La critique est-elle ainsi rendue vraiment impossible ? Les mouvements d'opposition sont-ils pour toujours étouffés ? Non, certainement. Il est impossible au gouvernement de saisir les courants de l'opinion publique, de la diriger, de la réformer au besoin, en l'éduquant à la compréhension des problèmes politiques ; mais l'opinion publique ne renonce pas à la critique. Et son blâme, malgré les tentatives de prohibition, s'aigrit et devient plus méchant en raison des efforts accomplis pour l'étouffer. La vigilance la plus active de l'autorité, l'action la plus avisée de la police politique régulière et de la police volontaire des délateurs, produit coutumier des régimes autocratiques, n'ont jamais réussi, et ne réussiront jamais, à arracher aux opposants et aux mécontents le *jus murmurandi*.

Le mot de blâme, chuchoté par l'un, est accepté par l'autre comme une vérité indiscutable. Il est bientôt répété et colporté, avec une satisfaction toujours plus grande en raison de la rigueur des défenses, ne fût-ce que pour le plaisir qu'on éprouve en savourant le fruit défendu. Cette critique, non contrôlée et qu'on ne peut pas vérifier, se répand d'un bout à l'autre du pays, exagérée, défigurée, de plus en plus envenimée, excitant le ressentiment et la haine contre les gouvernants. A la surface on ne voit rien de cette critique, qui s'en prend aux hommes, autant qu'aux institutions, et entretemps elle achève son travail souterrain, en méprisant tout, en outrageant tout, ne fût-ce que par ce qu'il est défendu de mépriser et d'outrager. Sous le déguisement de l'adulation elle pénètre partout, et pour se répandre plus sûrement elle revêt les apparences de la servilité. Elle glisse dans les antichambres ; elle se propage dans les usines. Le murmure engendre l'hypocrisie ; l'hypocrisie à son tour engendre la lâcheté.

C'est alors qu'on répand les périodiques édités en cachette, les pamphlets et les tracts anonymes, qui passent de main en main, jalousement conservés comme des trésors. Ces imprimés divertissent les salons ; ils arrivent jusqu'aux villages les plus reculés. L'homme cultivé les lit avec un demi-sourire, heureux de trouver enfin une parole discordante parmi l'unanimité asphyxiante de la presse gouvernementale, tandis que l'ouvrier les dévore et les passe aux camarades après en avoir appris par cœur les points les plus marquants. Pour mille copies, il y a au moins dix mille lecteurs. Si la police arrive parfois à saisir quelques dépôts de ces imprimés dangereux, ou les presses dont ils sortaient, ou si elle écroue les auteurs et les colporteurs de cette marchandise de contrebande, il y en a d'autres plus avisés et plus astucieux qui, à l'intérieur ou à l'étranger, se chargent de la besogne.

Au courant de l'année 1925 on répandait en Italie un bulletin, qui chaque semaine rapportait les dessous de la politique, assaisonnant ses brefs renseignements par le sel des bons mots toscans. On le trouvait partout ; tout le monde le lisait, même les chefs des hiérarchies fascistes pour y trouver peut-être la boutade contre les rivaux ou les collègues. On trouva et on saisit la typographie de ce petit journal, on emprisonna les auteurs présumés de la publication, et celle-ci continua quand même à paraître régulièrement.

Mais à côté des écrits inspirés par un idéal foisonnent aussi les pamphlets et les tracts, dont le but n'est que d'exaler des rancunes privées ou de « faire chanter » les puissants. Comment peut-on distinguer les uns des autres ? Le bien et le mal, accouplés sous le même déguisement de l'anonymat, se montrent sous le même aspect au public. Le même masque sert au maître-chanteur et à l'idéaliste : comment est-il possible de les distinguer ?

L'exercice du *jus murmurandi* est toujours une école d'hypocrisie ; il peut devenir ainsi l'école du mensonge et du crime. Et entretemps se forme dans l'opinion publique un état d'esprit de défiance et de rancune, d'autant plus dangereux pour la stabilité du régime qu'il est soustrait complètement au contrôle des gouvernants. Si le contrôle de l'opinion publique ne peut s'exercer librement, l'organisation des pouvoirs s'effondre et il devient impossible de la rétablir pacifiquement. Voilà dans toute sa gravité le problème politique posé par le nationalisme fasciste à la suite de l'application de son *système totalitaire*.

Ce que maints politiciens optimistes ne regardèrent que comme une parenthèse, est selon le nationalisme fasciste un nouvel ordre des choses, destiné à se perpétuer. Mais, si l'opinion publique ne peut exprimer librement son opposition, elle doit choisir entre la renonciation totale et la révolte. Il n'y a, malheureusement, nulle autre hypothèse possible. Renoncer à la manifestation de ses convictions signifie, pour l'individu de même que pour la collectivité, se condamner par soi-même à ne plus exercer — ni aujourd'hui ni demain — la moindre influence sur la destinée du pays. Se révolter signifie essayer de substituer à une domination fondée sur la force une nouvelle organisation politique, servie par une force plus capable de rallier les multitudes. Mais comment peut-on garantir que cette tentative ne sera pas la première d'une série sanglante d'expériences de force, destinées à se renouveler jusqu'au moment où de la lassitude générale sortira un nouvel équilibre ?

Ces doutes et ces craintes, bien naturels dans l'esprit d'un citoyen soucieux du bien de son pays, furent exprimés par tous les écrivains politiques italiens, dès que le fascisme marcha vers la réalisation de son *système totalitaire*. Ils furent le motif dominant de la littérature politique de 1924 et de 1925. Et cette littérature n'oublia pas d'avertir que la condition réelle de l'opinion publique était bien différente de son apparence, et que sous le voile d'une servilité sans bornes couvaient les germes des désordres prochains. Le nationalisme fasciste riposta par le renforcement de l'organisation policière (1), par l'établissement d'un système rigide de lois visant toutes les formes, anciennes et nouvelles, de crime politique (2), et en confirmant sa foi inébranlable dans la divinité de l'état-nation et dans le génie instinctif de son chef.

Le pouvoir judiciaire.

La prééminence de la loi, caractère essentiel de l'*état de droit*, s'appuie sur deux principes qui doivent dominer toutes les institutions de droit positif, savoir : le respect des droits acquis et l'indépendance de l'autorité judiciaire. Les lois positives se rapprochent d'autant plus de l'idéal de perfection, qu'elles respectent davantage les droits acquis du citoyen. D'autre part, la prééminence de la loi dans la vie individuelle et collective existe dans la mesure où se trouve garantie l'indépendance de la magistrature. L'indépendance absolue de l'autorité judiciaire assurerait l'établissement d'un régime juridique parfait.

Quelle est l'attitude du nationalisme fasciste vis-à-vis de ces deux principes ? Il les nie tout simplement, soit dans sa théorie, soit par son action gouvernementale.

Si « pour le fascisme la société est le but et l'individu est » le moyen, si la vie de la société est de plier l'individu à être » un instrument des buts sociaux (3), » on ne peut admettre les droits individuels qu'en tant qu'ils ne contrarient pas la fin sociale, telle qu'elle est déclarée par le gouvernement de l'état-nation. L'individu ne peut donc pas être considéré comme *ayant droit* vu qu'il n'acquiert aucun droit, et qu'il ne peut jamais en acquérir. On doit définir par conséquent la personnalité juridique de l'individu comme un ensemble de droits prêtés.

De par le principe de la prééminence absolue des fins sociales, la société juridiquement organisée est seule sujet de droit. Par conséquent, il n'existe pas un *patrimoine des droits individuels*, que l'état doit respecter dans sa législation. Il n'existe qu'une fin

---

(1) « Nous avons en Italie 60,000 gendarmes, 15,000 agents de police, 5,000 » *métropolitains* (agents de police de la capitale), 10,000 hommes de la milice de » chemins de fer, des postes et télégraphes, des routes... Enfin nous avons la » milice des frontières et la milice forestière. Je crois que le régime dispose à » présent d'un ensemble de 100,000 hommes de force de police. » — Discours de B. Mussolini. — Chambre des députés. — Séance du 26 mai 1927. — Dans ces forces de police ne sont pas compris les 300,000 hommes de la *Milice volontaire pour la sûreté nationale*, chargés des services de police politique.

(2) Texte unique des lois de sûreté publique, approuvé par le décret du 6 novembre 1926, n° 1848. — Loi du 25 novembre 1926, n° 2008, pour la défense de l'état.

(3) A. Rocco. — *Loc. cit.*, p. 14.

sociale, pour la réalisation de laquelle l'état peut obliger l'individu à sacrifier tous les droits jadis conférés par les pouvoirs publics.

Dans cet état d'esprit le fascisme a déjà abordé la question de la rétroactivité de la législation criminelle, lors de la discussion de la loi pour la défense de l'état. Les chefs fascistes, fidèles à leur tactique graduelle, ne se sont pas prononcés ouvertement pour la rétroactivité absolue de la loi pénale, tout en déclarant qu'il n'y avait pas de sérieux arguments juridiques contraires. Ils se bornèrent, pour le moment, à adopter le principe de la rétroactivité de l'aggravation de la peine (1).

Dans ces conditions tombent tous les arguments jadis allégués pour démontrer la nécessité de l'indépendance du pouvoir judiciaire. En effet, à quoi bon cette indépendance ? Pour garantir le droit de l'individu contre les empiètements éventuels de l'exécutif ? Mais l'exécutif ne peut jamais dépasser des limites qui n'existent pas. Pour assurer une justice capable de protéger l'autonomie juridique des citoyens et des collectivités contre la loi elle-même, si elle enfreint la constitution de l'état ou les principes généraux du droit ? Mais la loi elle-même crée le droit, et il n'existe aucun principe de droit supérieur à la toute-puissance du gouvernement et de son *chef*.

Lorsqu'on nie l'existence des droits acquis de l'individu, et qu'on nie en principe l'existence de tout droit dépassant la volonté du gouvernement, il n'y a plus aucune nécessité d'une magistrature indépendante du pouvoir exécutif. A quoi bon se préoccuper de *suum cuique tribuere*, lorsqu'on n'admet pas l'existence du *suum* ? Etant donné que le droit n'est que la nécessité de l'état, manifestée par la volonté souveraine du gouvernement, le juge, appelé à définir concrètement ce droit, n'est que l'interprète de la volonté du gouvernement, de même qu'un fonctionnaire quelconque de la hiérarchie administrative. Toutes les dispositions élaborées par les législations du XIXe siècle en vue de garantir la dignité et l'indépendance de la magistrature tombent à vide, comme le droit des juges à l'inamovibilité, d'ailleurs imparfaitement établi par le Statut de Charles Albert. J'oserais dire qu'on peut renoncer à avoir des juges cultivés et intelligents, pourvu qu'ils soient interprètes fidèles de la volonté souveraine.

Les deux principes de la non-existence des droits acquis et de la subordination de l'autorité judiciaire au pouvoir exécutif ont déjà reçu une très large application dans le nouveau régime autoritaire

---

(1) Rapport ministériel sur le projet de loi pour la défense de l'état. — *Atti Parlamentari* XXVII *Legisl.* — Doc. 1100. — Articles 5 et 7 de la loi du 25 novembre 1926, n° 2008.

italien. Le gouvernement fasciste, s'il ne se rallia pas encore ouvertement au principe de la rétroactivité *absolue* de la loi pénale, lors de l'approbation des lois pour la défense de l'état, adopta expressément ce principe dans la nouvelle loi de sûreté publique pour les peines de police, aussi graves que celles prévues par la loi criminelle. Il a été possible ainsi, en vertu d'une loi approuvée le 6 novembre 1926, de frapper de la peine de l'*admonition* (1) 939 personnes et d'en déporter (2) 698, comme coupables de prétendus crimes politiques, commis avant la publication de la loi, et qui auparavant n'étaient nullement défendus (3). De la même façon on interdit la profession d'avocat à tous ceux qui avaient manifesté « une activité publique contraire aux intérêts » de la nation », avec la déclaration expresse que l'enquête « ne » devait pas omettre ces faits, qui, tout en se référant au passé, » perpétuaient dans le présent leurs conséquences morales (4) ». La loi du 25 novembre 1926 sur la défense de l'état créa de nouvelles formes de délit politique frappées de la peine accessoire de la confiscation des biens, et stipula que toute aliénation faite par le coupable « pendant l'année précédant le crime, est présumée » en fraude de l'état ».

Je ne veux pas dresser ici la liste de toutes les dispositions législatives contraires au principe du respect des droits acquis. Je me borne à examiner les dispositions se rapportant plus particulièrement au statut de la magistrature.

La loi du 24 décembre 1925, n° 2300, autorisa le gouvernement à révoquer, pendant l'année 1926, « les fonctionnaires, employés » et agents de n'importe quel ordre et degré, civils ou militaires, » dépendant d'une administration de l'état qui, par des manifes- » tations accomplies en service ou hors service, ne donnaient » pas une garantie absolue de l'accomplissement fidèle de leur

(1) Le citoyen frappé de l'*admonition* ne peut pas s'éloigner de sa demeure, sans en donner préalablement avis à l'autorité de la police ; et celle-ci — s'il s'agit d'admonestés politiques — peut « porter toutes les autres prescriptions » qu'elle estime nécessaires, eu égard à la situation particulière de l'admonesté » et aux exigences spéciales de la défense sociale et de l'état... » — Art. 172 de la loi de sûreté publique du 6 novembre 1926.

(2) Le citoyen frappé de déportation (*confino*) ne peut pas s'éloigner de la commune, où il a été déporté. Il doit, en outre, s'adonner à un travail continu « de la façon indiquée par l'autorité préposée à sa surveillance, en tenant compte » des nécessités locales et des travaux publics à exécuter ». Il doit, enfin, se conformer « à toutes les autres prescriptions, que l'autorité de police jugera bon » de lui imposer ». — Articles 189, 190 et 193 de la loi de sûreté publique du 6 novembre 1926.

(3) Je relève ces chiffres du discours de B. Mussolini, 26 mai 1927. Ils ne se réfèrent qu'à la première période d'application de la loi.

(4) Art. 1 du décret-loi du 6 mai 1926, n° 747, et art. 26 du décret du 26 août 1926, n° 1683.

» devoir, ou se placent dans une situation incompatible avec les
» directives politiques du gouvernement ». Les juges ne furent
pas exclus de cette mesure d'*épuration* et furent ainsi assimilés
aux fonctionnaires de l'ordre administratif. On stipula seulement
que pour la révocation des juges, de même que pour celle des
professeurs d'Université et des hauts officiers de l'armée, il fallait
une délibération spéciale du Conseil des ministres.

Ainsi cette loi ne compromit pas seulement tous les droits
acquis par les fonctionnaires de l'état, en faisant dépendre leur
carrière du sort d'un jugement politique ; mais elle enleva aux
juges la garantie de l'inamovibilité, regardée toujours comme la
meilleure défense de leur indépendance. Dès que cette loi fut
appliquée, la justice ne fut plus en Italie une fonction de l'état :
elle devint un service du gouvernement.

Mais le juge, bien que soumis à l'arbitraire de l'exécutif, reste
malgré tout imprégné de la mentalité juridique, qui répugne à
prononcer des jugements de caractère essentiellement politique.
Il s'agit d'un fait relevé partout, parce que tous les crimes politiques renferment plus au moins un délit d'opinion. Par conséquent toutes les législations en ont tenu compte, d'une manière
différente selon le caractère des régimes dont elles émanaient.
Les régimes autocratiques attribuèrent le jugement des crimes
politiques aux tribunaux extraordinaires, formés directement
par le prince dont ils interprétaient la volonté, et exempts de
l'observation des règles normales de la procédure. Les régimes
représentatifs, au contraire, tendirent de plus en plus à faire
rentrer les crimes politiques dans le ressort du jury populaire,
afin que le jugement renfermât aussi une appréciation politique
de la légitimité du fait, en rapport avec l'orientation générale de
l'esprit public.

Aucune des constitutions octroyées par les souverains ou
votées par les assemblées populaires au courant du XIXᵉ siècle
n'oublia de proclamer la garantie du juge naturel, et de prohiber
les tribunaux extraordinaires. Les constitutions elles-mêmes ou
les codes s'empressèrent de reconnaître au jury le jugement des
crimes politiques, ou, comme en France pour les crimes les plus
graves, à une assemblée émanant du suffrage populaire. En Italie,
le jugement des crimes politiques était confié au jury (1) ; et
l'article 71 du Statut de Charles Albert stipulait que « personne
» ne peut être soustrait à ses juges naturels, et par conséquent on ne
» pourra pas former des tribunaux ou des commissions extra-
» ordinaires ».

(1) Article 14 du Code de procédure pénale.

Dès à présent on annonce que le nouveau code de procédure pénale ne se bornera pas à réduire la compétence du jury ; mais qu'il l'abolira entièrement, en substituant aux juges populaires des *assesseurs* siégeant aux côtés des juges ordinaires dans les procès relevant auparavant de la Cour d'Assises. En attendant ce nouveau code, le jugement de certains crimes politiques — parmi lesquels la reconstitution des associations et des partis dissous par l'autorité, l'adhésion à ces associations et à ces partis et la propagande de leur doctrine (1), — fut soustrait à la connaissance du jury pour le confier à un *tribunal spécial*, présidé par un général et composé de cinq juges choisis parmi les officiers supérieurs de la *milice volontaire pour la sûreté nationale* (milice fasciste) (2). En outre les peines de l'*admonition* et de la déportation, jadis infligées par la magistrature ordinaire seulement aux criminels de droit commun, sont maintenant du ressort d'une commission composée de fonctionnaires de l'exécutif (3).

Il n'y a rien ici qui ne soit conforme à l'ordre naturel et logique des choses. Si — comme le proclame le nationalisme fasciste — le but de la loi est de réaliser les fins de l'état, déclarées par le gouvernement ; si, par conséquent, la justice n'est plus qu'un service de l'administration exécutive de l'état, il est parfaitement logique que l'administration de ce service soit organisée selon le système le plus adéquat aux vues des détenteurs du pouvoir. Pourquoi ceux-ci se soucieraient-ils des droits individuels entièrement subordonnés à l'intérêt collectif, ou des dispositions d'une loi fondamentale — le Statut de Charles Albert, — qui ne s'accorde plus avec l'esprit et les nécessités des *temps nouveaux* ?

La justice de parti est une conséquence nécessaire du *régime de parti*, bien différent du *gouvernement de parti*, caractéristique du régime représentatif. Toute autre conception contredit à l'idée et à la pratique du *système totalitaire*, prôné par le parti fasciste après la conquête du pouvoir.

Les lignes suivantes — extraites du rapport de la commission parlementaire chargée d'examiner la loi pour la défense de l'état (4) — correspondent parfaitement à l'organisation des pouvoirs réalisée en Italie par le nationalisme fasciste. « Un tribunal

(1) Articles 1, 2, 3, 4 et 5 de la loi du 25 novembre 1926, n° 2008.

(2) Art. 7 de la loi citée.

(3) L'*admonition* et la déportation sont infligées « par une commission provinciale, composée du Préfet, du Procureur du Roi, du Questeur (chef de la police), » du Commandant des *Carabinieri* (gendarmes), et d'un officiel supérieur de la » milice volontaire pour la sûreté nationale, délégué etc... » — Articles 168 et 186 de la loi de sûreté publique du 6 novembre 1926.

(4) *Atti parlamentari* XXVII° *Legisl.* Doc. 1100 A, p. 2. — La Commission était présidée par le député Carlo Delcroix, rapporteur le député Manaresi.

» spécial — y lit-on — est chargé de l'application de la loi,
» présentée aujourd'hui à votre approbation. Ce tribunal sera
» présidé par un général et composé d'officiers de cette milice
» qui est la noble expression de la révolution fasciste, et qui
» se rattache par ses origines aux pures traditions du volon-
» tarisme italien. Ce sera cet organe nouveau, manifestation
» typique des forces nationales, qui jugera des crimes ayant trait
» à l'existence et à la sûreté de la Patrie. La rapidité et la rigueur
» de sa procédure, de même que la foi éprouvée et la grande
» autorité des juges, nous donnent la garantie la plus sûre de
» l'équité et — en même temps — de la rigueur des décisions. »

Il y a déjà trois siècles qu'on écrivait ceci : « Penser que le
» détenteur du pouvoir souverain est soumis aux lois civiles est
» une opinion inconciliable avec la nature de l'état... Ce système,
» en supposant une loi supérieure au souverain, place au dessus
» de lui un juge, et lui confère le droit de le châtier. Par la même
» raison, il faudra un troisième pour juger le second, et ainsi de
» suite, indéfiniment. On aboutira au bouleversement et au
» délabrement de l'état (1) ! »

Les mesures exceptionnelles.

Le Parlement italien, en renonçant expressément à l'exercice du
pouvoir législatif, chargea le gouvernement de « réformer les
» dispositions de la loi de sûreté publique », de les coordonner
avec les normes du code de procédure pénale, et de rédiger un
nouveau *texte unique* (2). Le gouvernement profita de cette
délégation pour éditer tout simplement des règles contraires à
plusieurs dispositions du Statut fondamental.

La constitution italienne, à la différence de la majorité des
constitutions européennes, ne renfermait aucune disposition
autorisant les organes de l'exécutif à suspendre totalement ou
partiellement les garanties constitutionnelles. Si elle ne contenait
pas de prohibition absolue, comme l'article 130 de la constitution
belge, elle déclarait implicitement illégitime toute proclamation
d'état de siège, en stipulant que le Roi ne peut pas suspendre
l'application des lois (art. 5), et que le citoyen ne doit pas être
soustrait à ses juges naturels (art. 71).

Cependant la pratique fut souvent contraire à la claire signification de la loi. Malgré les blâmes répétés du Parlement et les
avis contraires de la majorité des publicistes, les gouvernants
eurent recours fréquemment à l'état de siège, oubliant peut-être

(1) HOBBES. — *Léviathan,* IIe Partie, chap. XXIX.
(2) Art. 1 de la loi du 31 décembre 1925, n° 2318.

la phrase qu'on attribuait à Cavour mourant : « Tout le monde est
» capable de gouverner avec l'état de siège (1). »

Le texte unique de la loi de sûreté publique, rédigé par le
gouvernement fasciste, légitima et organisa cet abus de pouvoir
évident. La loi actuelle prévoit un double ordre de mesures :
la proclamation de l'état de danger public, et la proclamation de l'état de guerre (2). Toutes deux sont du ressort
exclusif du ministère. L'état de danger public, de même que
l'état de guerre, sont déclarés par le ministre des affaires intérieures, avec le consentement du chef du gouvernement (Président
du Conseil), ou par les préfets « expressément délégués (3) ». Il
n'est question ni de délibération du Cabinet, ni d'intervention
du Souverain.

L'état de danger public une fois déclaré, le chef de la police
locale « a la faculté d'ordonner l'arrestation de tout individu,
» lorsqu'il le juge nécessaire au rétablissement ou au maintien
» de l'ordre ». Si l'état de danger public a été proclamé dans toute
l'étendue du territoire national, « le ministre des affaires inté-
» rieures a le pouvoir de promulguer des ordonnances sur les
» matières se référant *quocumque modo* à l'ordre et à la sûreté
» publique ; et il peut déroger, si c'est nécessaire, aux règles du
» droit commun (4) ».

Après la déclaration de l'état de guerre, tous les pouvoirs
conférés aux autorités civiles en cas de *danger public* passent aux
commandants militaires territoriaux. Les tribunaux militaires
jugent les « délits contre la personnalité de l'état (crimes politiques),
» contre l'administration et l'ordre public », de même que les
délits contre les personnes ou la propriété, ayant rapport avec
l'état de guerre (5).

Il s'agit de dispositions d'une gravité indiscutable. Mais le

(1) Depuis la constitution du Royaume d'Italie, l'état de siège fut proclamé
maintes fois, à savoir : le 17 août 1862 en Sicile et le 20 du même mois dans les
provinces napolitaines à la suite de la tentative de Garibaldi, qui échoua à
Aspromonte ; au mois de septembre 1867 en Sicile à la suite des troubles de
Palerme ; le 3 janvier 1894 en Sicile et successivement dans la province de Massa
et Carrara ; le 7 et le 9 mai 1898 dans les provinces de Milan, Florence, Livourne
et Naples, étendu ensuite par les autorités militaires, expressément autorisées,
aux provinces de Pise, Sienne, Arezzo, Luques, Massa et Carrara, Grosseto
et Côme, et à l'arrondissement de La Spezia. En 1894 et en 1898 on conféra aux
autorités militaires le pouvoir de « promulguer des ordonnances (*bandi*), ayant
» force de loi dans les circonscriptions de leur commandement » (art. 251 du code
pénal pour l'armée).
(2) Articles 219 et 222 de la loi de sûreté publique du 6 nov. 1924.
(3) Articles cités.
(4) Articles 220 et 221 de la même loi.
(5) Articles 222, 223 et 224 de la même loi.

plus grave est que l'exercice de pouvoirs si étendus n'est soumis à aucun contrôle. Les contrôles du Parlement et de l'opinion publique sont — comme on vient de le constater — annulés en droit, et mieux encore en fait. Le contrôle même de la Couronne est expressément exclu à l'égard de ces mesures extraordinaires.

La proclamation de l'état de danger public et de l'état de guerre, de même que la constitution des tribunaux spéciaux (1), sont enlevés à la compétence, ne fût-ce que nominale, de la Couronne ; et le *chef du gouvernement* peut désormais se passer de l'avis du Roi, sans enfreindre par là aucune disposition de la loi. Si la Couronne voulait renouveler l'acte accompli — ou qu'on dit accompli — le 28 octobre 1922, en refusant au ministère Facta la signature du décret de proclamation de l'état de siège, elle ne le pourrait plus, parce que ce pouvoir, autrefois reconnu par la loi et par la tradition, lui a été enlevé. C'est ainsi que l'autorité du *chef du gouvernement* commence à s'affirmer indépendante de l'autorité du *chef de l'état*, même à travers les dispositions de la loi positive. Le problème constitutionnel, posé par le nationa-lisme fasciste dès qu'il proclama la prééminence absolue de l'*homme providentiel* mené au pouvoir par la *révolution*, marche désormais vers une solution.

Si l'on veut attribuer à la nouvelle organisation des pouvoirs une des dénominations traditionnelles de la science politique, on ne peut choisir que la dénomination d'*état de police*. Le gouver-nement, identifié avec l'état, pourvoit à tous les besoins de l'individu et de la collectivité ; il élabore et il promulgue les lois ; il choisit les chefs des administrations jadis autonomes en leur déléguant les pouvoirs nécessaires ; il dispose des droits civils et politiques des individus en confiant l'administration de la justice à ses fonctionnaires fidèles ; il suspend, enfin, l'application du droit commun chaque fois qu'il le juge bon pour le salut public. Un pareil gouvernement ne demande qu'une chose au citoyen — ou bien, au sujet : — c'est de s'abandonner confiant à ses soins paternels, qui doivent assurer la paix et le progrès de la collectivité.

Si je ne me trompe, il ne s'agit pas ici d'une organisation *nouvelle* des pouvoirs étatiques. Avant la révolution française toutes les monarchies du continent étaient régies par des insti-tutions et selon des principes bien semblables aux principes et aux institutions du nationalisme fasciste. Par contre, tous ces états de l'ancien régime conservaient jalousement leur forme monar-chique, et aucun ministre, fût-il puissant comme Choiseul ou

(1) Art. 7 de la loi du 25 novembre 1926, n° 2008.

Dubois, ou intrigant comme Pombal, ou fat comme Godoy, n'alla jamais jusqu'à se substituer à son prince. C'est que ces souverains ancien régime régnaient en vertu d'un principe qui les plaçait bien au dessus du niveau des autres mortels. L'*état de police*, avec ses dictatures de ministres, de fonctionnaires, de favoris et de favorites, vivait et fonctionnait toujours au nom du roi : au nom de Philippe IV d'Espagne ou de Ferdinand IV de Naples. Personne ne s'insurgeait contre la *majesté sacrée* de ces rois, parce qu'ils étaient rois de *droit divin*.

La situation est bien différente pour Celui, qui est roi « par » la volonté de la nation ». Il peut régner dans un *état de police*, s'il en est en réalité le chef unique et tout-puissant ; s'il possède un pouvoir effectif égal, au moins, au pouvoir conféré au Souverain par la constitution de l'Empire allemand, et qui permettait à Guillaume II le *renvoi* de Bismarck. Autrement, l'*état de police*, domaine de celui qui en dirige l'action, devient l'état du *chef du gouvernement*, contre lequel le Souverain ne peut plus invoquer ce principe de *droit divin*, abjuré par son aïeul dès qu'il régna sur l'Italie entière. Un Roi, qui s'appelle Roi « par » la volonté de la nation », est Roi jusqu'au moment où se maintient un équilibre des pouvoirs, défendant à qui que ce soit d'identifier sa volonté avec la volonté de la nation. Le jour où à un autre est reconnu le pouvoir de suspendre les lois de droit commun, le Souverain a fini, non seulement de gouverner, mais aussi de régner.

V

LE CITOYEN.

———

———

Le droit de CITTADINANZA.

Avant la conquête fasciste, l'opinion publique italienne ne professait pas ce respect pour les droits subjectifs du citoyen, qui est la marque de supériorité de la conscience politique du peuple anglais, et qui garantit la stabilité de son organisation constitutionnelle. Le courant nationaliste put ainsi, en Italie plus aisément qu'ailleurs, réaliser son système et mettre les droits publics et privés de l'individu à la merci de la toute-puissance de l'état et de ses gouvernants. L'application de la théorie nationaliste au sujet des droits publics subjectifs dans les lois et dans l'administration est désormais presque complète. Le *droit fasciste* a développé dans ce champ toutes les conséquences des principes des théoriciens. Il a construit déjà une organisation, qu'on peut juger dans les lois et dans leur application.

« Le fascisme croit, lui aussi, qu'on doit éviter dans l'état
» moderne soit l'anéantissement, soit l'amoindrissement excessif
» de la personnalité individuelle. Mais il croit tout cela, non parce
» qu'il reconnaît à l'individu un droit à la liberté, mais parce qu'il
» croit que le développement de la personnalité humaine est
» d'intérêt pour l'état... Pour le fascisme, l'individu est conçu
» comme organe ou bien comme instrument de l'intérêt social.
» C'est un instrument qu'on emploie dans la mesure où il sert
» au but, et qu'on écarte lorsqu'il ne sert plus (1). » L'état,

———

(1) A. Rocco. — *La dottrina del fascismo nella storia del pensiero politico.*— Discours prononcé à l'Université de Pérouse le 30 août 1925. — Milan, 1925, pp. 15 et 16.

pouvant négliger l'individu-instrument lorsqu'il ne sert plus à ses fins, s'arroge ainsi le pouvoir le plus étendu sur lui et justifie par la prééminence absolue de sa fin toutes les violations des droits individuels (1).

L'examen critique de la réglementation édictée jusqu'à présent par la dictature italienne nous fournira le moyen de saisir le caractère réel de l'étatisme fasciste.

La législation italienne, à l'exemple de tous les pays continentaux, acceptait le *jus sanguinis* comme fondement de la nationalité. Dès lors elle reconnaissait implicitement que ce que les juristes italiens appellent *diritto di cittadinanza* n'était qu'une conséquence du fait naturel de la procréation par des citoyens italiens. L'état, tout en se réservant de régler et de limiter l'exercice des facultés inhérentes au droit de *cittadinanza*, ne pouvait jamais méconnaître le « fait » de l'appartenance de l'individu à la communauté nationale. Le droit de *cittadinanza* pouvait être renié par le citoyen quittant la communauté nationale ; mais l'état ne pouvait jamais l'enlever à ceux qui voulaient le conserver (2). La législation italienne fut encore plus explicite. Elle abolit expressément les institutions ancien régime de la mort civile, de l'infamie, de la mise hors la loi (3), et déclara que les condamnations pénales ne pourraient jamais entraîner la perte du droit de *cittadinanza*, mais seulement la limitation de certaines facultés inhérentes à ce droit (4).

Ces règles trouvaient leur justification dans le principe presqu'universellement accepté que, si l'homme est de sa nature sociable, il doit nécessairement appartenir à une société humaine particulière et qu'on ne peut admettre l'existence d'un individu n'appartenant à aucune société juridiquement organisée. La législation du nationalisme fasciste a modifié radicalement ce système et en a abjuré ouvertement les principes.

(1) A. Rocco. — *Loc. cit.*, p. 14.

(2) La doctrine et la jurisprudence jugeaient que dans le cas prévu par l'article 11 de la loi du 13 juin 1912 (perte de la nationalité de la part du citoyen, qui « sans » permission du gouvernement accepte un emploi d'un gouvernement étranger » ou prend service militaire sous une puissance étrangère ») existait une déclaration implicite du citoyen de renoncer à la nationalité italienne.

(3) Art. 24 du décret du 17 février 1861.

(4) Art. 3 et 4 des dispositions transitoires pour l'application du Code civil (30 novembre 1865). — Art. 33, 35 et 349 du Code pénal. — L'art. 4 cit. définit ainsi l'*interdiction légale*, prévue pour les condamnations les plus graves : « L'inter-» diction légale enlève au condamné la capacité d'administrer ses biens, de les » vendre, de les hypothéquer, ou d'en disposer de quelque autre façon, sauf par » testament. L'autorité pourvoit à la nomination d'un tuteur, qui représente » le condamné, en administre les biens, etc. » L'art. 33 du code pénal stipule que le condamné à la prison perpétuelle n'a plus l' « exercice » de la puissance paternelle, et perd aussi la capacité de tester.

On conféra tout d'abord aux préfets le pouvoir de « révoquer la
» concession de la *cittadinanza* acquise à la suite de l'option
» prévue par les traités de paix », si le citoyen se montrait indigne
de la nationalité italienne « par sa conduite politique » (1). On
proclama ainsi pour la première fois que le droit de *cittadinanza*
existe en vertu d'une *concession* de l'état, et que pour le conserver
il faut s'en montrer digne par sa propre conduite politique. On
divisa ainsi les citoyens italiens en deux catégories : les citoyens
nés entre les frontières de 1914, et les citoyens devenus italiens
à la suite des traités de paix de 1919. Tandis que, vis-à-vis des
citoyens des anciennes provinces, l'état — en vertu de la législation
d'avant-guerre — ne pouvait que limiter l'*exercice* des droits
inhérents à la *cittadinanza*, il pouvait, au contraire, enlever aux citoyens des territoires rédimés un droit reconnu par un acte international et acquis à la suite de leur option ; et tout cela par un
simple décret de l'exécutif.

La perte de la nationalité, dans une forme analogue à la mort
civile des lois de l'ancien régime, fut prévue par la loi du 31 janvier
1926 et confirmée par la loi du 25 novembre 1926 sur la défense
de l'etat, comme peine pour certains nouveaux crimes politiques,
création du droit fasciste. D'après la loi du 31 janvier 1926, la
perte de la nationalité peut être prononcée contre celui qui « commet
» — ou concourt à commettre — à l'étranger un fait de nature
» à troubler l'ordre public du Royaume, ou à nuire aux intérêts
» italiens, ou à porter atteinte au renom ou au prestige de l'Italie,
» bien que ce fait ne soit pas un délit ». D'après la loi du 25 novembre
1926, la perte de la nationalité est une peine accessoire applicable,
en cas de non-comparution devant le tribunal spécial, aux citoyens
prévenus d'avoir répandu ou colporté, « hors du territoire de
» l'état, des nouvelles ou des propos faux, exagérés ou tendancieux
» sur la situation intérieure de l'état, de nature à en amoindrir le
» crédit ou le prestige à l'étranger », ou d'avoir déployé « *quo-
» cumque modo* une activité de nature à nuire aux intérêts natio-
» naux » (2).

Ces deux lois ne stipulent rien sur les effets de la perte de la
nationalité, infligée aux *criminels* politiques. S'il n'y a aucun doute
que la perte de la nationalité entraîne *ipso jure* la perte des droits
politiques, on ne peut pas saisir les intentions du législateur au
sujet des droits privés. En particulier on ne peut comprendre
quelle est la situation de ces condamnés vis-à-vis des dispositions
du Code civil qui ne connaissent que des citoyens et des étrangers (3),

(1) Décret du 10 janvier 1926, n° 16.
(2) Art. 5 de la loi du 25 novembre 1926, n° 2008.
(3) Art. 1er du Code civil, et articles 6, 7 et 8 des dispositions sur la publication,
l'interprétation et l'application des lois en général.

s'ils n'obtiennent pas ou ne demandent pas la naturalisation dans un autre pays, pour ne pas accepter, ne fût-ce qu'implicitement, leur condamnation. Le législateur a-t-il voulu renouveler en plein vingtième siècle la *sacertas* du droit romain primitif?

La signification politique de ces lois éclate principalement dans la procédure absolument arbitraire qui les entoure. En effet on ne voit comment on peut fixer selon des principes objectifs les caractères du *crime contre la Patrie*, prévu par la loi du 31 janvier 1926, puisque la loi elle-même stipule que les faits constituant ce prétendu crime contre la Patrie peuvent « ne pas être un délit ». De la même façon la loi du 25 novembre 1926, en frappant de la perte de la nationalité tous ceux qui « hors du territoire de l'état » déployent *quocumque modo* une activité de nature à nuire aux » intérêts nationaux », concède aux autorités chargées de son application l'arbitraire le plus absolu. La loi ne trace aucune limite objective entre les faits licites et illicites, de sorte que personne ne peut régler sûrement son action, s'il veut esquiver une sanction aussi grave.

Le décret du 10 janvier avait déjà conféré à un fonctionnaire de l'exécutif — le préfet — le pouvoir d'enlever la nationalité italienne aux habitants des territoires rédimés, qui l'avaient acquise en vertu des traités de paix. Les deux lois du 31 janvier et du 25 novembre 1926 suivirent le même système, et conférèrent aux organes de l'exécutif le pouvoir d'exclure de la communauté nationale les citoyens jugés indignes d'en faire partie pour des raisons politiques. Dans les cas prévus par la loi du 31 janvier 1926, la perte de la nationalité est prononcée par décret royal, sur proposition du ministre des affaires intérieures d'accord avec le ministre des affaires étrangères, ayant pris l'avis d'une commission composée de trois fonctionnaires administratifs et de deux juges nommés par le ministre de la justice (1). Dans les cas prévus par la loi du 25 novembre 1926, elle est prononcée par le tribunal spécial, composé — comme on l'a vu — d'un général et de cinq juges choisis parmi les officiers de la milice volontaire pour la sûreté nationale. Aucun recours n'est admis contre le décret royal ou contre la décision du tribunal spécial qui ont prononce la perte de la nationalité.

Lorsqu'on discutait à l'Assemblée Nationale la première proposition de loi contre les émigres (2), Mirabeau s'écria : « la formation

___

(1) Le ministre des affaires intérieures n'est pas obligé à s'en tenir à l'avis de la commission consultative.
(2) Séance du 28 février 1791.

» de la loi ou sa proposition ne peut se concilier avec les excès de
» zèle, de quelques espèces qu'ils soient ; ce n'est pas l'indignation,
» c'est la réflexion qui doit faire les lois, c'est surtout elle qui
» doit les porter ». Cette vérité s'imposa toujours à tous les législateurs et à tous les gouvernements. Les lois portées sous le coup
de l'indignation et où la réflexion était absente, tombèrent vite
ou causèrent des injustices effrayantes en préludant à l'établissement des pires tyrannies.

Telle a été jusqu'à présent la destinée des lois fascistes sur
le droit de *cittadinanza*. Les gouvernants italiens, après avoir
proclamé leur volonté de frapper leurs adversaires en les excluant
de la communauté nationale, furent obligés de raréfier les décrets
de perte de la nationalité, et n'osèrent même pas en frapper les
chefs des partis d'opposition (1).

C'est que le principe de ces lois est tellement contraire aux
idées acceptées dans la société moderne, qu'il est impossible d'en
justifier une large application par des arguments compréhensibles
pour la conscience juridique contemporaine. La nationalité est
aujourd'hui considérée comme si intimement liée à la personnalité
individuelle, qu'on ne peut pas s'imaginer un homme privé du
droit d'invoquer les lois d'une patrie, qu'il n'a jamais abjurée.
En effet le fascisme lui-même a jugé la valeur des lois sur la perte
de la nationalité en ne les appliquant pas.

La liberté personnelle.

L'article 26 du Statut stipule que « la liberté personnelle est
» garantie. Nul ne peut être emprisonné ou traduit en justice que
» dans les cas prévus par la loi, et dans les formes qu'elle déter-
» mine ». Le code de procédure pénale, notamment depuis la réforme de 1912, réglemente l'arrestation d'une manière presque
parfaite. Il prescrit que les agents de la force publique doivent
présenter le prisonnier au juge immédiatement après l'arrestation,
et au plus tard dans les vingt-quatre heures (2) ; et que le juge,
à son tour, doit l'interroger immédiatement et décider s'il y a lieu
ou non à la réclusion préventive (3).

Les dispositions légales avaient été trop optimistes quant au
degré de conscience juridique du peuple italien. En réalité la

(1) En vertu de la loi du 31 janvier 1926 on n'a jusqu'à présent frappé de la
perte de la nationalité que 17 citoyens, dont 4 anciens fascistes. Parmi les chefs
des opposants on ne toucha qu'à Gaetano Salvemini, socialiste-réformiste,
professeur à l'Institut des sciences politiques et sociales de Florence, et à Giuseppe
Donati, directeur du journal du parti populaire.
(2) Art. 304 et 308 du code de procédure pénale.
(3) Art. 306 et 307 du code de procédure pénale.

violation de la loi constituait la pratique constante de la police italienne ; et ni l'opinion publique ne s'en troublait, ni la magistrature ne jugeait bon de frapper les coupables des sanctions très sévères prevues par le code pénal (1). Les agents de la police judiciaire, par une interprétation extensive et arbitraire du vieux code de procédure, s'arrogeaient toujours le droit d'interroger le prévenu et les témoins, alors que la loi ne leur conférait ce pouvoir qu'en cas de flagrant délit ou de nécessité absolue. Et pour accomplir cette enquête préliminaire, ils gardaient le prévenu pendant des journées, parfois pendant des semaines, avant de le présenter à l'autorité judiciaire. L'abus était tellement enraciné que, même après la promulgation du code de procédure de 1912, personne n'osa le faire disparaître.

A côté de cet abus, un autre prit naissance, bien plus grave au point de vue politique. Une disposition de la loi de sûreté publique autorisait le préfet à prendre, en cas d'urgence, toutes les mesures nécessaires au maintien de l'ordre public. On interpréta extensivement cette disposition, et on créa ainsi l'institution de l'*emprisonnement de police*, auquel les praticiens donnèrent le nom de *fermo* (arrêt). On pratiqua largement cet abus, surtout dans les régions où les autorités gouvernementales participaient à découvert aux luttes électorales ; et l'emprisonnement de police servit trop souvent pour entraver pendant la préparation électorale et le scrutin l'action des « grands électeurs » contraires aux candidats ministériels. Ces procédés, ouvertement contraires aux prescriptions des lois et du Statut lui-même, purent se perpétuer grâce à la complicité du silence des classes cultivées, fréquemment favorisées par un pareil système dans les luttes contre les masses ouvrières.

Le nationalisme fasciste, en s'emparant du pouvoir, trouva cette tradition d'illégalité ancrée depuis longtemps. Il n'eut à vaincre aucune résistance de l'opinion publique pour la perpétuer, et il put aisément perfectionner le système et s'en servir pour frapper les adversaires du nouvel ordre de choses. De la même façon, il n'eut jamais à abroger les dispositions du code de procédure pénale, depuis longtemps enfreintes systématiquement, parce que l'autorité judiciaire continua à ignorer l'existence de l'abus et n'essaya jamais de le faire disparaître. Enfin il ne fut pas nécessaire à la nouvelle loi de sûreté publique de renforcer les pouvoirs de la police ; il lui suffit de confirmer la faculté octroyée aux préfets

---

(1) « L'officier public qui, abusant de ses fonctions, ou bien agissant hors des
» conditions ou sans les formalités prévues par la loi, enlève à quelqu'un sa
» liberté personnelle est puni par la détention de trois mois à sept ans, etc... » —
Art. 147 du code pénal.

de prendre, en cas d'urgence, les mesures nécessaires au maintien de l'ordre public. La suppression effective du contrôle de la représentation nationale sur l'action des autorités administratives garantit suffisamment la toute-puissance de la police.

Par contre, on limita le droit de libre circulation du citoyen à l'intérieur du royaume, et on adopta une législation ouvertement prohibitive sur l'émigration. L'application partiale des dispositions de la loi fut expressément autorisée par la création de la catégorie des *individus politiquement suspects*, soumis à des restrictions particulières.

Le droit de circuler librement à l'intérieur n'est reconnu qu'au citoyen muni de la carte d'identité ; lui seul peut être hospitalisé dans les hôtels, dans les pensions, dans les cliniques (1), et la police a le droit de renvoyer à leur commune les citoyens dépourvus de la carte d'identité (2). D'autre part la loi ne reconnaît au citoyen aucune action contre les fonctionnaires de l'exécutif qui refusent de délivrer la carte d'identité, ou qui en retardent sans motif la délivrance (3).

L'émigration est rigoureusement interdite au citoyen dépourvu de passeport, et les coupables d'émigration non-autorisée sont frappés par des peines très graves. Les peines sont plus sévères pour ceux qui émigrent, ou qui essayent de franchir les frontières, pour des motifs politiques (4). Comme aucune disposition légale n'enjoint aux autorités de délivrer les passeports et que la concession en est entièrement soumise à l'arbitraire de la police, il résulte qu'en réalité on est revenu en Italie au système des autorisations d'émigration, tel qu'il existait sous les monarchies absolues.

La loi de sûreté publique a établi une catégorie de citoyens — les *malfamés*, — dont la liberté personnelle est particulièrement soumise à restriction. On considère comme *malfamé* le citoyen « signalé par la voix publique comme habituellement coupable » de certains crimes énumérés par la loi, parmi lesquels notamment les « crimes contre la personnalité de l'état (crimes politiques) et » contre l'ordre public » (5). Aucune disposition ne règle la procédure à suivre pour inscrire un citoyen dans la liste des *malfamés*,

(1) Art. 107 de la loi de sûreté publique du 6 novembre 1926.
(2) Art. 158 de ladite loi.
(3) Art. 159 de ladite loi.
(4) L'art. 160 de la loi de sûreté publique frappe de la détention de trois ans au moins et de l'amende de 20,000 lires ou plus ceux qui émigrent sans passeport, ou qui essayent de franchir les frontières, pour des motifs politiques. S'il n'y a pas de motifs politiques la détention est de six mois minimum et l'amende de 2,000 lires ou plus.
(5) Art. 167 de la loi de sûreté publique du 6 novembre 1926.

et pour vérifier cette voix publique, suffisante pour limiter sa liberté personnelle. En outre, le citoyen n'a aucun moyen de se pourvoir judiciairement ou administrativement contre une décision, que l'autorité n'est pas obligée de lui notifier.

Le chef provincial de la police peut requérir l'*admonition* des malfamés, des condamnés pour certains crimes prévus par la loi, et en général de tous les citoyens « signalés par la voix publique » comme dangereux pour l'ordre national » (1). L'*admonition* est prononcée par une commission composée de fonctionnaires de l'exécutif (2). Dans l'examen des affaires rentrant dans sa compétence, cette commission n'est pas tenue à des règles rigoureuses de procédure ; mais, « dès que la comparution du prévenu a été » ordonnée, elle peut prononcer son arrêt à tout moment de la » procédure, si elle juge avoir des preuves suffisantes » (3). La commission n'est pas obligée de rechercher la vérité des accusations formulées par la voix publique ; il suffit qu'elle s'assure de l'existence de celle-ci signalant le prévenu comme dangereux à l'ordre public. Les arrêts de la commission ne sont pas susceptibles d'appel (4).

Le citoyen frappé de l'*admonition* ne peut s'éloigner de sa demeure sans en donner préalablement avis aux autorités de police, et il est obligé de ne pas sortir de chez lui pendant les heures fixées par la police. Contre les *admonestés* pour raisons politiques la police « peut porter toutes les autres prescriptions » qu'elle estime nécessaires, eu égard à la situation particulière de » l'*admonesté* et aux exigences spéciales de la défense sociale et » de l'état » (5).

Cette même commission a le pouvoir de condamner à la déportation (*confino di polizia*) les citoyens frappés de l'admonition et tous ceux « qui ont commis, ou qui ont manifesté l'intention » sérieuse de commettre » des actes contre l'ordre social, ou de nature à « entraver ou à gêner l'action des pouvoirs de l'état » en sorte de nuire *quocumque modo* aux intérêts nationaux » (6)

---

(1) Art. 166 de ladite loi.

(2) La commission est composée du préfet, du questeur (chef provincial de la police), du procureur du Roi, du commandant des *carabinieri* (gendarmerie) de la province, et d'un officier supérieur de la milice volontaire pour la sûreté nationale. — Art. 168 de ladite loi.

(3) Art. 171 de ladite loi.

(4) Art. 175 de ladite loi.

(5) Art. 172, 173 et 174 de ladite loi.

(6) Art. 185, 189 et 190 de ladite loi. — Les dispositions de la loi italienne sur la déportation trouvent leur pendant dans les dispositions de la loi russe (décret du comité exécutif panrusse — 10 août 1922 — et instructions du commissariat du peuple pour les affaires intérieures. — Voir : *Orientalia Christiana* — Rome — fasc. octobre 1925). — En Russie la durée maximum de la déportation est fixée

Le déporté est transféré par la force publique dans la commune choisie par la commission dans le territoire du royaume ou des colonies, en tous cas hors de la commune de sa résidence. Il est obligé de ne pas quitter le lieu de sa déportation. Il doit s'adonner à un travail continu « de la façon indiquée par l'autorité préposée » à sa surveillance, en tenant compte des nécessités locales et des » travaux publics à exécuter ». Il doit, enfin, se conformer « à » toutes les autres prescriptions que l'autorité de police jugera bon » de porter ». Parmi ces prescriptions est notamment prévue celle de « ne pas prêter corps aux soupçons », et on n'arrive pas à comprendre comme elle pourrait être traduite dans une règle objective de conduite (1).

Les caractères de cette législation sont tout à fait évidents. Les limitations de la liberté personnelle prévues par la loi italienne de sûreté publique, bien que déguisées sous le nom de mesures de police, sont en réalité de vraies peines, d'une gravité parfois exceptionnelle.

Les termes employés par la loi pour désigner les catégories d'individus passibles d'*admonition* ou de déportation sont vagues et indéterminés. Les faits, sur lesquels la voix publique se fonde pour créer le *suspect*, sont eux aussi indiqués vaguement par la loi, de sorte que le citoyen, désireux d'éviter une peine de nature à briser d'un seul coup son activité professionnelle et à l'acculer à la ruine irréparable, ne connaît pas ce qu'il peut faire et ce qu'il doit esquiver (2). La voix publique est autorisée par la loi elle-même à disposer de la liberté et de la fortune de l'individu. On ne demande pas qu'elle soit au moins fondée sur des présomptions certaines, graves, concordantes ; il suffit qu'elle existe pour que

à trois ans. La loi russe prévoit trois degrés de peine : l'éloignement d'une localité donnée avec défense de séjourner dans certains lieux fixés pour chaque condamné ; la déportation dans une région choisie par les autorités ; la déportation à l'étranger. En tous cas la peine ne comporte pas d'arrestation préventive, comme elle le comporte en Italie. Le condamné peut obtenir un sursis de 15 jours pour régler ses affaires, et peut rejoindre par ses propres moyens le lieu de sa déportation. Les familles sont toujours autorisées à suivre les déportés à leurs propres frais.

(1) Art. 184, 185 et 188 de ladite loi. — On peut se pourvoir contre la décision devant une commission d'appel, composée de fonctionnaires de l'administration centrale, et présidée par le sous-secrétaire aux affaires extérieures.

(2) L'examen de cette législation rappelle la loi des suspects de la révolution française et le célèbre discours de Vergniaud (23 septembre 1792) : « Savez-vous » comment sont décernés ces mandats d'arrestation ? La commune de Paris se » repose à cet égard sur son comité de surveillance. Ce comité de surveillance, » par un abus de tous les principes ou par une confiance criminelle, donne à des » individus le terrible droit de faire arrêter ceux qui leur paraîtront suspects. » Ceux-ci subdélèguent encore ce droit à d'autres affidés, dont il faut bien servir » les vengeances, si on veut qu'ils servent les vengeances de leurs complices ». — C'est la destinée commune de toutes les proscriptions.

la police opère sa mainmise sur un citoyen quelconque, sans que celui-ci puisse se défendre contre la calomnie.

L'indétermination de la peine n'est pas moindre que l'indétermination des éléments constitutifs du crime qu'elle doit frapper. Celui qui tue, après avoir prémédité son crime, sait que, sa responsabilité une fois prouvée, il risque l'emprisonnement perpétuel. Celui qui par des fraudes et par des détours s'assure un profit injuste aux dépens d'autrui sait qu'il peut être condamné à trois ans de réclusion. Par contre, le citoyen qui apprend qu'il est *malfamé* le jour où la commission provinciale le frappe de l'admonition ou de la déportation, ne connaît pas la peine qu'il va subir, même après sa condamnation. Dès qu'il est frappé par l'admonition, dès qu'il est déporté dans « une commune quelconque du royaume ou des colonies », il est soumis entièrement à la toute-puissance de la police. S'il n'est qu'admonesté, la police peut fixer ses heures de sortie de façon à rendre impossible l'exercice de sa profession ou de son métier. On peut lui défendre de se rendre dans une autre commune pour travailler ; on peut l'écrouer, s'il est surpris la nuit hors de sa maison. S'il est déporté, la police peut l'obliger à un travail dépassant ses forces, et peut lui imposer les règles de vie les plus extravagantes, sous prétexte de l'empêcher de « prêter corps aux soupçons ». Et il ne peut rien faire, il ne peut rien dire, il ne peut avoir recours à aucune autorité, faute de garanties légales contre les abus des « autorités préposées à sa surveillance » (1).

On se tromperait toutefois si l'on croyait que ces mesures ont été édictées expressément pour les suspects politiques. Les institutions de l'admonition et de la déportation doivent frapper, aussi bien que les suspects politiques, tous les individus dénoncés par la voix publique comme recéleurs, les souteneurs habituels, les trafiquants de stupéfiants, les suspects d'homicide, de violence, de vol, etc... (2). Il n'y a qu'une seule différence : la loi confère aux autorités de police des pouvoirs plus étendus lorsqu'il s'agit de suspects politiques (3).

A vrai dire, l'admonition et la déportation remontaient à la législation antérieure à la conquête fasciste. L'admonition fut introduite une première fois, en 1871, par le cabinet Lanza-Sella,

(1) En réalité, il y a un moyen de se pourvoir soit contre les décisions des commissions provinciales, soit contre les empiétements des autorités de la police : c'est le recours au *chef du gouvernement*. Maints admonestés ont été biffés de la liste des malfamés politiques et maints déportés ont obtenu leur élargissement par des *suppliques au chef*. Si la supplique était accompagnée par la promesse de ne faire plus de politique, la *grâce* était accordée.

(2) Art. 166 et 167 de la loi de sûreté publique du 6 novembre 1926.

(3) Art. 172 de ladite loi.

et réglementée par la loi de sûreté publique de 1889 et par son règlement exécutif (1). Elle n'était appliquée qu'aux vagabonds et aux criminels de droit commun. Elle était prononcée par une ordonnance du président du Tribunal, et la loi admettait le pourvoi devant la Cour d'appel pour incompétence ou pour inobservation du droit.

La loi et le règlement de sûreté publique de 1889 et les mesures extraordinaires connues sous le nom de « lois Crispi » (2) réglèrent la déportation. Elle était applicable aux admonestés et aux individus soumis à la *surveillance spéciale* de la police, condamnés deux fois au moins pour contravention à la surveillance ou à l'admonition, ou pour délit contre la propriété ou les personnes, ou pour violence et résistance aux autorités publiques. La peine était du ressort d'une commission composée de juges et de fonctionnaires, dont les décisions étaient révocables par une commission centrale siégeant au ministère des affaires intérieures.

Les dispositions des lois de 1889 et de 1890 ne visaient que les condamnés de droit commun et les récidivistes. Malgré cela, le gouvernement s'en servit parfois pour frapper ses adversaires, notamment quand le dernier cabinet Crispi expérimenta sa *politique forte* contre les partis d'extrême-gauche. L'intervention de la magistrature pour l'application de ces peines de police, tout en endiguant les abus, ne réussit pas à empêcher les impiètements de l'exécutif. Mais l'opposition constante du Parlement, en dévoilant les méfaits du système des peines de police, les discrédita tellement que les cabinets postérieurs n'osèrent pas renouveler les tentatives de Crispi. Le nombre des criminels de droit commun admonestés ou déportés fut ainsi graduellement réduit, et depuis 1900 on ne frappa plus les délits politiques de l'admonition ou de la déportation.

Lorsque le gouvernement fasciste, en 1925, demanda aux Chambres l'autorisation de modifier la loi de sûreté publique, il promit formellement qu'il n'étendrait pas l'application des peines de police (3). Mais, son pouvoir une fois affermi, il passa outre à cet engagement formel, étendant l'application des peines

(1) Art. 94 à 116 du texte unique de la loi de sûreté publique du 30 juin 1889, n° 64. — Art. 91 à 95 du règlement du 8 novembre 1889, n° 6517.

(2) Loi du 29 mars 1890, n° 6697 et règlement du 30 avril 1890, n° 6850.

(3) « Le gouvernement déclare formellement que, malgré toutes les insinuations » contraires, la réforme de l'admonition et de la déportation n'aura pour but de » frapper les suspects politiques ou les auteurs de fait, que la loi pénale ne » prévoit et ne punit pas comme délits. » — Discours de M. Federzoni, ministre des affaires intérieures. — Chambre de députés. — Séance du 27 mai 1925. — *Atti parlam.* XXVII *Leg.*, p. 3835, 3836.

de police et aggravant leurs conséquences, sans que personne osât le critiquer.

Le gouvernement dispose ainsi d'une vraie législation pénale, appliquée par des commissions administratives, infligeant des peines différentes de celles prévues par la loi commune, sans la garantie du jugement public. Lorsque le *chef du gouvernement* — auquel la loi reconnaît maintenant le pouvoir punitif le plus étendu — rendit compte au Parlement de la réforme de la loi de sûreté publique, il déclara simplement : « On retranche ces individus » (les suspects politiques) de la circulation, comme les médecins » isolent les malades contagieux » (1). Et personne ne se leva pour demander les noms des 1541 malfamés politiques, des 959 admonestés et des 698 déportés, ni les raisons pour lesquelles l'exécutif les avait privés de la liberté personnelle garantie par le Statut.

La liberté d'opinion.

Benoît Spinoza, après avoir déduit de ses prémisses fondamentales la théorie de l'absolutisme, suivant le processus logique le plus rigoureux, en tenta la justification du point de vue pratique. Mais, au lieu de confirmer par l'expérience les résultats de la déduction abstraite, il aboutit — peut-être involontairement — à la démonstration de l'identité, ou tout au moins de l'analogie, de l'absolutisme et de l'anarchie. Cette contradiction est singulièrement frappante là où il envisage le problème de la liberté. Il ne reconnaît pas à l'individu le droit à la liberté, affirmant que, lorsque « nous avons transféré à un autre le droit que nous possé- » dons de vivre à notre gré — lequel n'est déterminé pour chacun » de nous que par le degré de puissance qui lui appartient — nous » ne dépendons plus que de sa volonté » (2). Mais, lorsqu'il envisage le problème du point de vue pratique, il est obligé d'admettre que tous les gouvernements sont incapables d'étouffer complètement la liberté d'opinion. « Admettons — dit-il — qu'il soit possi- » ble d'étouffer la liberté des hommes et de leur imposer le joug » à ce point qu'ils n'osent pas même murmurer quelques paroles » sans l'approbation du souverain : jamais, à coup sûr, on n'em- » pêchera qu'ils ne pensent selon leur libre volonté. Que suivra- » t-il donc de là ? C'est que les hommes penseront d'une façon, » parleront d'une autre ; que, par conséquent, la bonne foi, chose » nécessaire à l'état, se corrompra » (3).

(1) Discours de B. Mussolini. — Chambre des députés. — Séance du 26 mai 1927.

(2) SPINOZA. — *Tract. Theol. Polit.* — chap. XVI.

(3) SPINOZA. — *Op. cit.*, Chap. XX.

Le nationalisme fasciste n'a pas encore contrôlé les données théoriques de sa doctrine par les expériences d'une longue pratique gouvernementale. Il marche en vertu de la force initiale qui l'a poussé à la conquête révolutionnaire du pouvoir, et il n'a pas encore éprouvé la valeur des résistances intimes des individus et des groupements d'autant plus indomptables que la toute-puissance étatique s'efforce de les briser. Il s'en tient encore aux abstractions de ses théoriciens, qui pensent — tel le platonicien Bodrero — que « la liberté n'est rien ; qu'elle n'est qu'une forme » vide sans aucun contenu. Mais cette liberté — poursuivent-ils » dans un charabia incompréhensible — n'étant qu'une condition » extérieure, doit être remplie de quelque chose. Et alors cette » liberté n'est plus la liberté ; elle devient l'autorité de l'état, » garantissant entre certaines limites la liberté » (1). Et si l'on admet que ces limites doivent être fixées par la toute-puissance du gouvernement et de son chef en vue de maintenir l'ordre de choses jugé convenable aux intérêts supérieurs de la nation, on doit admettre aussi qu' « il appartient au souverain de juger des » doctrines et des opinions favorables ou contraires à la paix » (2). Le *chef du gouvernement* lui-même, dont personne ne peut nier l'esprit pratique et le sens politique, semble croire qu'on puisse réglementer la liberté d'opinion par de simples mesures de police (3).

Avec un pareil état d'esprit on devait nécessairement revenir aux serments politiques et aux crimes d'opinion de l'ancien régime. En effet, le gouvernement fasciste, prétextant la lutte engagée au courant de l'année 1925 contre une des sectes de la franc-maçonnerie italienne, obligea les fonctionnaires et les agents de l'état à déclarer qu'ils n'appartenaient pas à des sociétés secrètes. Ce « test » eut la destinée de tous les serments d'opinion. On rencontra quelques idéalistes impénitents répugnant au parjure ; mais tous les

---

(1) Discours du député Bodrero à la Chambre des députés. — Séance du 16 mai 1926. — *Atti parlam.* XXVII *Leg.*, p. 3667.

(2) HOBBES. — *Léviathan* — II Partie, chap. XVIII.

(3) « On ressentit alors (en novembre 1926) une émotion profonde en Italie, » et il fut nécessaire de prendre des mesures. Il fallait que la révolution résistât » à l'anti-révolution. Ce fut alors que sur ce papier, écrit par moi-même au » crayon, comme vous le voyez, j'arrêtai les mesures qu'on devait adopter, » savoir : annulation et revision de tous les passeports pour l'étranger ; ordre de » tirer sans avertissement sur tout individu surpris à passer clandestinement » les frontières ; suppression des publications anti-fascistes quotidiennes et pério-» diques ; dissolution de toutes les organisations, associations ou groupements » anti-fascistes ou suspectés d'anti-fascisme ou pratiquant une action contre-» révolutionnaire quelconque ; création d'une police spéciale pour chaque région, » de bureaux de police et d'investigation et d'un tribunal spécial. » — Discours de B. Mussolini. — Chambre des députés. — Séance du 26 mai 1927.

autres, mêmes les membres et les chefs les plus connus de la franc-maçonnerie, déclarèrent n'avoir jamais été inscrits à des sociétés secrètes et promirent de ne pas y adhérer à l'avenir. Les organisations fascistes, désenchantées des résultats du « test », s'emparèrent des listes des membres des sociétés secrètes et en commencèrent la publication, bientôt suspendue pour ne pas compromettre une foule de notabilités du parti.

L'insuffisance du système du « test » ainsi démontrée, on eut recours au système inquisitorial. Tout d'abord le gouvernement se fit octroyer le pouvoir de révoquer les fonctionnaires qui se « plaçaient dans une situation incompatible avec les directives » politiques générales du gouvernement » (1). Ensuite la loi « sur la » discipline juridique des rapports collectifs de travail » stipula que les associations syndicales, pour obtenir la reconnaissance de leur personnalité, devaient exclure tous ceux qui ne pouvaient pas justifier de « leur bonne conduite politique du point de vue » national » (2). Enfin, jugeant encore insuffisantes ces prescriptions, le gouvernement par le règlement d'exécution de la loi syndicale défendit aux individus suspects par leur pensée politique de s'inscrire aux associations syndicales : et cette prohibition aboutit à l'exclusion des adversaires du gouvernement de la vie active de l'état corporatif dont le nationalisme rêve la constitution, de même que de l'exercice de toutes les professions et de tous les métiers (3).

Les conséquences fatales d'un système législatif se proposant le but insaisissable d'extirper toute idée contraire à la pensée des gouvernants, commencent à préoccuper les plus réfléchis des chefs fascistes. Tandis que certains d'entr'eux, poussés par une logique aussi rigoureuse qu'abstraite, ne pensent qu'à renforcer les pouvoirs de l'état pour étouffer toute opinion contraire (4),

(1) Loi du 24 décembre 1925, n° 2300. Il s'agissait d'une mesure temporaire, qui dans la suite fut englobée dans la loi organique sur les emplois publics.
(2) Art. 4 de la loi du 3 avril 1926, n° 563.
(3) Art. 1er du décret du 1er juillet 1926, n° 1130.
(4) Dans le rapport de la commission parlementaire pour la réforme du Code pénal, rédigé par le député De Marsico, un des *intellectuels* du fascisme, on lit les périodes suivantes : « Il n'y a personne qui ne soit convaincu que la sûreté d'une » action politique ou le développement d'une entreprise scientifique, industrielle, » coloniale, destinée à rehausser sans aucune guerre le prestige et la force du » pays, n'aient la même valeur que l'intégrité du territoire national ou que la » tranquillité de la nation. Celui, qui, dans une nation jouissant de ses forces » morales restaurées, entrave cette action, ou s'oppose à cette entreprise avec » des moyens suffisants, est coupable de trahison autant que celui qui porte » atteinte à l'intégrité du territoire ou à la paix des citoyens ». — *Atti Parlament.* XXVII *Lég.* — Doc. 326 A, p. 25. — Quelles sont les limites du crime contre la Patrie, lorsqu'on admet qu'une « entreprise scientifique », une fois patronnée par le gouvernement, doit être considérée *tabou* ?

d'autres plus soucieux de l'avenir du régime estiment maladroit d'attribuer la palme du martyre aux adversaires les plus honnêtes et les plus inflexibles, qui se refusent à des hommages répugnant à leurs consciences.

Mais là ne réside pas pour l'intérêt national le véritable danger résultant de l'application de ces lois exceptionnelles, danger bien plus grave et bien plus réel. Parmi les citoyens frappés par les lois d'opinion, certains se renferment dans une intransigeance dédaigneuse, se dévouant à l'idéal de la liberté et consacrant leurs forces à la conquête de l'égalité des droits pour tous, pour leurs adversaires politiques comme pour eux-mêmes. Mais ces idéalistes ne sont qu'une très petite minorité parmi les victimes du fascisme. La majorité des anti-fascistes, ruinés dans leur position économique et atteints dans leur carrière professionnelle, ne rêvent que la vengeance et ne se soucient guère du rétablissement d'un équilibre favorable à la collectivité. Le régime policier a développé chez ces malheureux un état d'esprit et un système d'idées qui ne diffère de celui des dominateurs que par leurs fins personnelles : les uns tâchent de maintenir leurs privilèges par la compression des adversaires ; les autres ne songent qu'à déposséder les gouvernants pour les frapper demain de la même *interdictio aqua et igni.*

Le communisme, blessé à mort par la faillite des tentatives révolutionnaires de 1919 et de 1920, s'est relevé maintenant et voit grossir ses rangs par l'adhésion d'une foule de gens qui n'espèrent plus que dans les résultats miraculeux de l'action directe prêchée par les extrémistes. Des hommes qui ne plièrent pas devant la force triomphante du nationalisme fasciste, rêvent aujourd'hui le triomphe du communisme vengeur qui leur permettra — c'est la phrase habituelle de ces recrues, souvent inconscientes, de la doctrine de la force — d'appliquer pendant six mois les lois fascistes contre les fascistes.

Ainsi la création des *crimes d'opinion,* tandis qu'elle éduque les âmes faibles à l'hypocrisie et au parjure, engendre dans les esprits ardents et passionnés une *conscience anarchique,* source de calamités et de troubles pour la Patrie.

La liberté de parole.

« Les limitations à la liberté de propagande politique et reli-
» gieuse — écrivait Attilio Brunialti — ne peuvent se justifier
» que par l'hypothèse que les croyances religieuses et politiques
» actuelles renferment la vérité absolue » (1). Le nationalisme

(1) BRUNIALTI. — *Il Diritto Costituzionale e la Politica.* — Turin, 1900. — Vol. II, p. 723.

fasciste n'a pas d'hésitation à déclarer que la vérité ne se trouve que dans sa doctrine. Il s'ensuit que l'octroi de la liberté de propagande et de discussion n'apparaît ni nécessaire ni opportun, car il provoquerait fatalement des débats inutiles ou dangereux sur les actes et sur les projets des gouvernants.

Le nationalisme fasciste n'eut besoin d'édicter aucune loi particulière pour limiter la liberté de propagande et de discussion, car les mesures adoptées contre les individus suspects pour cause politique avaient étouffé déjà tous les débats publics. De la même façon, il ne fut pas nécessaire d'organiser la censure des discours, par le fait que la pratique gouvernementale réservait désormais à un seul parti, le parti fasciste, le droit d'exposer publiquement sa doctrine, et son programme. Par contre, le régime de la censure fut adopté pour réglementer les manifestations publiques de n'importe quel caractère.

Mais la politique est un poison si subtil qu'il pénètre en cachette dans les manifestations les plus innocentes de la vie et se révèle aujourd'hui dans la dissertation d'un savant rebelle au dogmatisme étatique, demain dans les applaudissements prodigués à une mélodie ou à une déclamation, de sorte que le régime de la censure doit atteindre les manifestations les plus variées de la vie. Tout le monde se rappelait en Italie que, sous les régimes absolus, ce furent les congrès des savants qui nourrirent les aspirations des classes cultivées vers la liberté, de même que sur les scènes des théâtres on ranimait la résistance de la bourgeoisie libérale contre les dominations étrangères. De la même façon, dans l'Italie contemporaine, les dernières paroles libres se firent entendre au congrès des avocats pendant le mois de septembre 1925 et au congrès de philosophie, inauguré à Milan au printemps 1926 et immédiatement dissous par les autorités gouvernementales.

Le décret-loi du 6 août 1926 combla cette lacune en prescrivant que « les manifestations publiques de science, de bienfaisance » et de sport, de même que les commémorations et les célébrations, » ne peuvent avoir lieu sans l'autorisation préalable du préfet » de la province », auquel les promoteurs doivent adresser une demande spéciale un mois au moins avant la date fixée. Le préfet décide définitivement, après avoir consulté une commission présidée par lui-même et composée du commandant de la garnison, du *proviseur des études* (chef provincial de l'administration scolaire), du maire (maintenant du *podestat*) du chef-lieu de la province et du secrétaire de la fédération provinciale fasciste (1). L'autorisation doit être refusée pour les manifestations qui

(1) Art. 1, 4 et 5 du décret-loi du 6 août 1926, n° 1486.

« contrastent *quocumque modo* avec la conscience nationale », de
même que pour celles qui — selon l'avis du préfet — « n'offrent
» pas de garanties de réaliser la fin visée » à cause de l'insuffisance
des moyens, ou de la concurrence d'autres manifestations pro-
jetées dans la même période (1).

Ces mesures trouvent leur complément dans la défense faite
aux magistrats, aux professeurs des Universités et des écoles
moyennes (2), aux étudiants (3) de constituer des associations
professionnelles ; et dans la prohibition de se fédérer ou d'adhérer
aux unions et aux fédérations similaires, imposée aux associations
d'avocats ne jouissant pas du privilège de la reconnaissance gouvernementale (4). Ainsi on a enlevé la possibilité de se réunir
périodiquement à ces catégories d'intellectuels jugées, peut-être
à raison, comme les plus hostiles à la dictature par leur esprit
critique et par leur insoumission opiniâtre aux prétentions dogmatiques des politiciens de métier.

La censure théâtrale a été rétablie grâce à l'interprétation extensive d'une disposition ambiguë de la loi de sûreté publique de
1889, confirmée par celle de 1926 (5). La censure des films, jadis
instituée par des raisons exclusivement morales, a été renforcée
et rendue plus sévère. Tous les films fabriqués dans le pays,
soient-ils destinés aux cinémas nationaux ou fabriqués pour
l'exportation, doivent être soumis à la revision de l'autorité de
police (6). Les entrepreneurs de cinémas sont obligés d'inscrire
aux programmes, dans des proportions fixées par les règlements,
« des films d'éducation civique, de propagande nationale et de
» culture générale », fournis par une institution dépendant du
ministère des affaires intérieures et du ministère de l'économie
nationale (7).

Le visa préventif de l'autorité de police fut enfin prévu pour les
informations transmises par T. S. F., et on menace de retirer leur
licence à ceux qui transmettraient des renseignements « faux ou
» tendancieux, ou *quocumque modo* de nature à nuire à l'état » (8).

(1) Art. 2 du même décret-loi.
(2) Art. 11 de la loi du 3 avril 1926, n° 563.
(3) Art. 94 du décret du 1er juillet 1926, n° 1130.
(4) Art. 3. du décret du 6 mai 1926, n° 747.
(5) « Les opéras, les comédies, les pièces chorégraphiques et les autres
» productions théâtrales ne peuvent être représentées ni déclamées en public
» sans être préalablement communiquées au préfet. » La loi confère au préfet le
droit d'interdire tout spectacle contraire à la morale ou « à l'ordre public ».
Art. 72 de la loi de sûreté publique du 26 novembre 1926.
(6) Art. 75 de ladite loi.
(7) Art. 1, 2, 4 et 5 du décret-loi du 3 avril 1926, n° 1000.
(8) Art. 24 et 28 du décret du 13 août 1926, n° 1559, et décret du 29 décembre
1927 approuvant le contrat entre l'état et l'*Ente italiano per le audizioni radio-
foniche*, concessionnaire du monopole des transmissions par t. s. f.

Je ne veux esquisser aucune critique de l'ensemble des dispositions législatives que j'ai résumées. Elles sont bien à leur place dans l'organisation politique et administrative réalisée par le nationalisme fasciste, et elles ne pourraient être discutées sans renouveler l'examen des principes fondamentaux de cet absolutisme du vingtième siècle. On critiquerait le manque de logique du fascisme, s'il n'avait pas soumis au contrôle minutieux de sa police toutes les manifestations de la vie intellectuelle de la nation !

Le droit de réunion.

Le Statut de Charles Albert n'adopta pas le système suivi par les autres constitutions italiennes de 1848, qui oublièrent toutes de réglementer le droit de réunion. Il reconnut expressément « le » droit de se réunir pacifiquement et sans armes, en se conformant aux lois qui règlent l'exercice de ce droit selon l'intérêt » général. Cette disposition n'est pas applicable aux réunions dans » les lieux publics ou ouverts au public, lesquelles restent » entièrement soumises aux lois de police » (1).

La législation et la pratique hésitèrent longtemps entre l'attribution de pouvoirs discrétionnaires aux autorités de police et l'acceptation de la liberté absolue de réunion. La matière fut enfin réglée par la loi de sûreté publique de 1889 (2), complétée par une circulaire du 18 mars 1891 de Giovanni Nicotera, ministre des affaires intérieures, qui en fixait les modalités d'application (3). La politique de réaction des cabinets di Rudini et Pelloux de 1898 et de 1899 s'efforça de renverser le système libéral de la loi de 1889 ; mais l'annulation du décret-loi du 22 juin 1899, niant la liberté de réunion, et la politique de tolérance de Zanardelli et de Giolitti rétablirent bientôt le système de la loi de 1889.

Cette loi consacrait d'une manière très complète la liberté de réunion. La police ne pouvait intervenir dans les réunions privées, sauf en cas de désordres. Les organisateurs des réunions publiques devaient prévenir la police vingt-quatre heures à l'avance ; mais la police ne pouvait interdire les réunions signalées régulièrement, et ne pouvait les dissoudre que si les orateurs attaquaient les lois ou les institutions de l'état, ou lorsque l'assemblée prenait un caractère ouvertement séditieux. Les réunions électorales étaient complètement libres, et les organisateurs n'étaient pas tenus de les signaler d'avance à la police.

(1) Art. 32 du Statut fondamental du royaume.
(2) Texte unique de la loi de sûreté publique du 30 juin 1889, n° 6144, et règlement du 8 novembre 1889, n° 6517.
(3) BRUNIALTI. — *Op cit.*, vol. II, p. 798 et suiv.

La réalité présentait un tableau beaucoup moins idyllique que celui montré par la législation. Les fonctionnaires de l'exécutif s'écartaient très souvent de la lettre et de l'esprit de la loi et s'arrogeaient le droit d'interdire des réunions régulièrement signalées. De leur côté les partis anti-constitutionnels abusaient souvent du droit de réunion pour fomenter des agitations ouvertement contraires aux lois et aux institutions. L'exaltation révolutionnaire d'après-guerre galvauda le droit de réunion. L'intolérance des mécontents rendit toujours pénible et souvent impossible la propagande des idées contraires au *miraculisme* bolchévique. Alors que les multitudes les moins cultivées commençaient à comprendre elles aussi la nécessité du respect de la liberté de réunion, se déchaîna l'action violente des escouades fascistes. L'équilibre des différents courants politiques, nécessaire à la pratique d'une propagande pacifique d'idées et de programmes, fut ainsi brisé, et l'exercice du droit de réunion se transforma en un problème de force.

Sous les derniers cabinets antérieurs à l'avènement du fascisme, la liberté de réunion fut limitée *en fait* par les forces irresponsables des partis. Pendant la campagne électorale de 1921 le gouvernement de Giovanni Giolitti appuya ouvertement les blocs nationaux, dont les organisations fascistes constituaient les patrouilles d'assaut, et permit qu'on ôtât aux adversaires l'exercice du droit de réunion (1). La situation empira au fur et à mesure que le fascisme militarisait ses forces, tandis que les pouvoirs de l'état n'osaient pas intervenir pour contraindre les citoyens à l'observation de la loi et pour garantir le libre exercice des droits constitutionnels.

Une fois au pouvoir, le nationalisme fasciste se préoccupa d'annuler *en fait* le droit de réunion, et la force de son organisation armée lui permit d'atteindre aisément son but. Pendant la lutte électorale de 1924 tous les partis d'opposition durent renoncer à tenir des meetings, et très souvent même leurs réunions privées furent troublées par l'adversaire (2). Depuis janvier 1925 aucune réunion politique ne fut convoquée sans la permission des chefs fascistes : là où la surveillance vigilante de la police ne multipliait pas ses décrets de prohibition, les pouvoirs *de fait* de la police de parti étouffaient toute tentative des adversaires.

(1) Dans les collèges (circonscriptions) de l'Emilie et de la Romagne le parti socialiste, bien que déjà séparé des éléments communistes, ne put organiser aucune réunion publique. Dans la province de Reggio il fut contraint de s'abstenir de la lutte. Le parti populaire, lui aussi, fut lourdement entravé dans sa propagande par les escouades d'action fascistes, bien que deux ministres représentassent le parti au sein du cabinet Giolitti.

(2) Discours du député Giacomo Matteotti à la Chambre des députés. — Séance du 30 mai 1924.

Ce ne fut qu'en novembre 1926, lors de la publication du nouveau texte unique de la loi de sûreté publique, qu'on réglementa d'une façon organique l'exercice du droit de réunion. Mais ces nouvelles dispositions apparurent le jour même de leur publication comme ne correspondant plus à la situation réelle creée par l'action combinée des organes de la police du gouvernement et du parti fasciste. En réalité, quiconque n'est pas entièrement dévoué aux gouvernants ne peut exercer les droits limités reconnus par la loi en vue d'organiser des réunions privées ou publiques. Les dispositions de la loi semblent édictées en prévision du relâchement éventuel de la pression exercée par le parti fasciste, afin de permettre au gouvernement de maintenir en tous cas un contrôle rigoureux sur les manifestations des opposants.

Les dispositions sur le droit de réunion édictées par la loi du 6 novembre 1926 reproduisent littéralement celles du décret du 22 juin 1899. Les organisateurs d'une réunion publique quelconque doivent en prévenir la police trois jours à l'avance. La police a toujours le droit d'interdire la réunion pour des raisons « d'ordre » public, de moralité ou de santé publique » et de fixer elle-même « le temps et le lieu de la réunion » (1). La police a le droit de considérer comme publiques toutes les réunions privées, qui — à son avis — « à raison du lieu choisi, du nombre des personnes » invitées ou du but ou de l'objet de la réunion » doivent être soumises aux règles des réunions publiques (2). Les réunions régulièrement notifiées et autorisées par la police peuvent être dissoutes si elles donnent lieu à des manifestations séditieuses « ou » lésant la dignité et le prestige des autorités » (3).

Le jour où, le joug du parti dominant s'étant un peu relâché, les hommes libres pourront entrevoir une reprise de la propagande publique, la police disposera de pouvoirs suffisants pour étouffer tous leurs efforts. Ne fût-ce qu'en faisant usage de la faculté de fixer « le temps et le lieu des réunions publiques », elle pourra saboter toute propagande contraire au gouvernement, imposant aux orateurs adversaires du régime de parler dans les localités les plus éloignées et aux heures les plus incommodes. Dans cette matière, comme en général pour tout ce qui se rattache à la réglementation des libertés publiques, le pouvoir de la police n'est soumis qu'au contrôle hiérarchique des organes centraux de l'administration, et le citoyen n'a même pas le droit de provoquer l'intervention des autorités supérieures.

(1) Art. 17 de la loi de sûreté publique du 6 novembre 1926.
(2) Ibid.
(3) Art. 19 de ladite loi.

Un de ces hommes destinés dans les périodes révolutionnaires à marcher toujours à l'arrière-garde de la faction dont ils font partie, le député M. A. Vicini, s'exprimait ainsi dans le rapport de la commission parlementaire pour la réforme de la loi de sûreté publique : « En régime parlementaire — écrivait-il naïvement — » on ne doit pas s'alarmer des pouvoirs octroyés à l'autorité de » police. Quand la police était un organe des gouvernements » absolus, toute concession de pouvoirs plus étendus pouvait » constituer une menace pour les citoyens. Mais, dans notre droit » constitutionnel, le gouvernement est responsable vis-à-vis du » Parlement, et devra en conséquence se charger de la responsa- » bilité des abus commis par les organes de la police » (1). Je crois qu'aucun des adversaires du régime fasciste n'a jamais résumé avec autant d'efficacité les raisons qui justifient la responsabilité ministérielle, et qui condamnent l'*état de police* !

La liberté de la presse.

La liberté de la presse, proclamée par l'article 28 du Statut, fut réglée par l'edit de Charles Albert du 26 mars 1848, étendu successivement aux autres provinces italiennes. Pendant soixante années à peu près on n'apporta que des modifications de détail à l'édit de 1848, et la seule tentative sérieuse de réformer le régime de la presse dans un sens restrictif fut celle des cabinets di Rudini et Pelloux en 1898 et en 1899. Le garde-des-sceaux Bonacci présenta alors un projet de loi organique sur la presse, destiné à remplacer l'édit de Charles Albert ; mais l'opposition de la Chambre des députés en empêcha le vote. Les mesures restrictives prévues par le projet Bonacci furent édictées par le décret-loi du 22 juin 1899 ; mais le Cabinet en publiant ce décret-loi commit de telles erreurs de forme que la Cour de cassation en prononça la nullité, sans préjuger de la constitutionnalité de ses dispositions.

L'édit de 1848 confirmait la liberté de la presse proclamée par le Statut (2), et dans son préambule déclarait que « la liberté de la » presse, garantie indispensable des institutions d'un régime » représentatif bien ordonné et instrument principal pour repan- » dre largement les idées utiles, doit être maintenue et protégée » par les mesures les plus convenables à en assurer les bienfaits ». En vertu de l'édit de Charles Albert l'ancienne censure fut com-

(1) Rapport présenté à la Chambre des députés le 20 mai 1925. — *Atti Parlam.* XXVII *Leg.*, doc. 317 A.

(2) L'art. 1er de l'édit déclare libre « la manifestation de la pensée au moyen » de la presse ou de n'importe quel artifice mécanique apte à reproduire les signes » figuratifs ».

plètement abolie. Les feuilles périodiques durent seulement être publiées sous la responsabilité d'un gérant, majeur et citoyen italien, dont le nom devait être notifié à la prefecture avant le commencement de la publication. Le gérant devait signer la première copie de chaque numéro, que l'imprimeur envoyait au parquet (procureur du Roi) ou au préteur local (juge de paix). Pour les imprimés non périodiques la loi ne demandait que l'indication sur chaque copie du nom de l'imprimeur et l'envoi de la première copie au parquet et de deux autres copies, l'une à la Bibliothèque nationale, l'autre à la Bibliothèque de l'Université la plus proche.

La responsabilité des feuilles périodiques incombait toujours au gérant, même lorsque l'auteur était connu ou se présentait spontanément pour répondre en justice. Pour les imprimés non périodiques, la responsabilité incombait premièrement à l'auteur et ensuite à l'éditeur, si leurs noms figuraient dans la publication ou s'ils étaient connus par d'autres moyens. L'imprimeur n'encourait qu'une responsabilité subsidiaire lorsqu'on ne parvenait pas à connaître les noms de l'auteur ou de l'éditeur, sauf s'il était convaincu de complicité dans la publication incriminée.

Les dispositions de l'édit de 1848 sur les délits de diffamation et d'injure par la presse furent remplacées par les articles 393, 394 et 395 du Code pénal de 1889. Les autres délits de presse, savoir : la provocation publique ; les crimes contre la religion de l'état, contre les autres cultes et contre les mœurs ; les offenses envers le Roi, le Sénat, la Chambre des députés, les souverains et les chefs des gouvernements étrangers et les membres du corps diplomatique, tombaient sous les dispositions de l'édit de 1848 autant que du code pénal. Le pouvoir de saisir les livraisons d'une feuille périodique avant leur mise en vente, conféré par l'édit de 1848 au procureur du Roi, fut abrogé au courant de l'année 1906 (1). La profession d'imprimeur était absolument libre, l'imprimeur étant seulement tenu de signaler aux autorités de police l'ouverture de son établissement.

Il y avait en Italie des publicistes qui, se rattachant à l'opinion de l'assemblée sicilienne de 1848, estimaient que « la loi la plus » parfaite qu'on puisse édicter en matière de presse ne comprend » que ces mots : la presse est libre » (2). Il y eut, d'autre part, des gouvernants qui abusèrent souvent du pouvoir conféré par l'édit de 1848 au procureur du Roi, dans le but d'étouffer la presse adverse ou de couper court aux polémiques gênantes. Mais il faut recon-

(1) Loi du 28 juin 1906, n° 278.
(2) Discours du député Ferrara à la Chambre des communes de la Sicile en 1848.

naître que dans son ensemble l'édit de 1848, notamment après
que la loi de 1906 eut abrogé la saisie préventive des journaux,
assura à l'Italie un régime de liberté de la presse conforme aux
vœux de la presque totalité des citoyens. L'opinion publique
demandait, il est vrai, des dispositions plus rigoureuses sur la
responsabilité pour le payement des dommages-intérêts, et s'en
prenait surtout au scandale de représentants de la nation concédant leurs noms pour la gérance des journaux, dans le but
d'entraver le cours de la justice grâce au privilège de l'immunité
parlementaire. Mais personne ne songea jamais à l'établissement
d'un régime coercitif.

Giovanni Giolitti, en blâmant les mesures restrictives édictées
par le gouvernement fasciste, interprétait fidèlement l'opinion
des Italiens. « Nous avons eu dans l'histoire de notre pays —
» disait-il — des périodes plus difficiles qu'à présent. Il suffit
» de se rappeler celles d'Aspromonte, de Villafranca, de Custoza,
» de Lissa et du régicide. Aucun des gouvernements qui régirent
» alors l'Italie ne songea à supprimer la liberté de la presse. Et ce
» fait produisit des conséquences très remarquables à l'étranger,
» car il nous fit apparaître comme une des nations les plus libres
» et les plus civilisées. Le peuple italien, après les sacrifices de la
» guerre la plus sanglante, après la victoire, ne doit pas être jugé
» moins digne de la liberté qu'auparavant » (1).

Ce régime de liberté véritable fut renversé par le nationalisme
fasciste, poussé par la nécessité de défendre sa conquête autant
que par la logique de son système politique.

Jusqu'à la veille de la *marche sur Rome* la presse italienne ne
s'était guère souciée de la psychologie politique des faisceaux de
combat. Ce ne fut que pendant l'été 1922 que les grands journaux
de l'Italie septentrionale abordèrent les problèmes constitutionnels
posés par l'action ouvertement extra-légale du fascisme et par la
carence du dernier cabinet libéral-démocrate (2). Mais l'orientation anti-fasciste de la presse à grand tirage ne s'affirma qu'après
le coup de force d'octobre et après le premier discours de Mussolini
à la Chambre des députés, quand on comprit que la tradition
constitutionnelle avait été irrémédiablement brisée. Au courant
du printemps 1923, l'annonce des projets de réforme électorale
et de réforme constitutionnelle, de même que les premiers essais
du *système totalitaire*, provoquèrent des débats sur les idées et sur
les principes, les plus vifs et les plus élevés peut-être de l'histoire
des cinquante dernières années du journalisme italien. Tous les

(1) Discours à la Chambre des députés. — Séance du 15 novembre 1925.
(2) M. Borsa. — *La libertà di stampa.* — Milan, 1925, p. 3 et suiv.

grands journaux de la péninsule, l'un après l'autre, interprétant le sentiment répandu dans toutes les couches de la nation, passèrent ouvertement à l'opposition.

La puissance de la presse se révéla aux élections législatives de 1924, lorsque le gouvernement fut nettement battu dans toutes les villes du nord et dans plusieurs endroits du centre et du midi, malgré l'*action directe* des escouades fascistes et l'étonnante organisation électorale du parti au pouvoir. Elle apparut plus redoutable pour les dominateurs au lendemain de l'assassinat de Matteotti. Pendant des mois, les journaux d'opposition dominèrent sans conteste l'opinion publique du pays, atteignant des tirages jusqu'alors inconnus et brisant toute tentative de réaction de la presse gouvernementale.

Le fascisme ne disposait pas de moyens suffisants pour résister à l'offensive des journaux d'opposition. La presse fasciste vivait encore des mesquineries et des bavardages du journalisme de province. Les meilleurs écrivains étaient tous liés aux *trusts* adversaires. Les polémistes les plus vigoureux s'étaient rangés du côté de l'opposition. Le public n'achetait, ne lisait, ne goûtait que les journaux anti-fascistes, les organes graves et solennels de la tradition libérale-conservatrice aussi bien que les petites feuilles gaies vivant en marge de la politique.

La veille du vote de la réforme électorale de 1923, le gouvernement, craignant d'être battu à la Chambre, avait rédigé un décret limitant très fortement la liberté de la presse. Ce décret ne fut publié qu'un an plus tard, et la législation sur la presse, graduellement édictée en 1924 et en 1925, eut son couronnement dans le règlement exécutif du 4 mars 1926 et dans le décret du 26 février 1928 réglant l'exercice de la profession de journaliste. En même temps le parti fasciste, profitant de la situation d'infériorité créée à la presse adverse par l'application des nouvelles lois restrictives, s'empara l'un après l'autre de tous les grands journaux d'opposition, et en novembre 1926 supprima d'un coup les périodiques encore indépendants.

Le régime actuel de la presse italienne résulte du décret-loi du 15 juillet 1923, n° 3288 (publié le 8 juillet 1924), du décret-loi du 10 juillet 1924, n° 1081, de la loi du 31 décembre 1925, n° 2307, du règlement exécutif du 4 mars 1926, n° 371 et du décret du 26 février 1928, n° 384. Les dispositions de l'édit de Charles Albert, non abrogées implicitement par les lois et par les décrets successifs, sont encore appliquées. Enfin, des règles concernant les imprimeries, la distribution et la vente des imprimés sont portées par le texte unique de la loi de sûreté publique du 6 novembre 1926.

Toutes les publications périodiques (journaux, revues, bulletins, etc.) doivent avoir un *directeur responsable* (1). Les sénateurs et les députés ne peuvent assumer la direction d'aucune publication périodique (2). « Pour exercer la profession de journaliste dans » les publications périodiques du royaume et des colonies, il faut » être inscrit dans le tableau professionnel », dressé par les « syndicats régionaux fascistes des journalistes » (3). La direction et la responsabilité des publications périodiques ne peuvent être confiées qu'aux journalistes ayant obtenu leur inscription sur cette liste (4). La direction de l'ordre professionnel, la tenue du tableau, la surveillance des inscrits appartiennent aux syndicats fascistes, bénéficiant seuls de la reconnaissance légale ; et les syndicats exercent ces fonctions au moyen d'un comité nommé par le gouvernement sur des listes doubles de candidats qu'ils présentent (5). Le règlement interdit l'inscription de tous ceux qui « ont exercé une activité publique contraire aux intérêts de la » nation ». Les noms des individus frappés de cette indignité politique doivent être biffés de la liste, d'office ou sur la demande du préfet (6), et contre la décision d'exclusion on peut se pourvoir devant une « commission supérieure de la presse », siégeant près du ministère de la justice et composée de dix membres nommés par le gouvernement (7).

Le nom du directeur responsable doit être agréé préalablement par le procureur général près la Cour d'appel territoriale (8), et pour obtenir cet agrément la loi exige l'accomplissement d'un tas de formalités et une documentation très compliquée (9). Le procureur général peut en outre exiger la présentation de tous les autres documents qu'il juge opportuns (10), et peut subordonner son agrément à la condition que le directeur responsable fixe sa résidence dans le lieu où le journal ou la revue doivent paraître (11).

(1) Art. 1er de la loi du 31 décembre 1925, n° 2307.

(2) Art. 1er du décret-loi du 15 juillet 1923, n° 3288. — Les fascistes eux-mêmes ont éludé la prohibition en nommant certains parlementaires directeurs politiques des grands journaux contrôlés par le parti et en attribuant la charge de directeur responsable à des rédacteurs de second plan, ressuscitant ainsi la figure typique du gérant d'autrefois.

(3) Art. 1 et 2 du décret du 26 février 1928 et art. 7 de la loi du 31 décembre 1925.

(4) Art. 1 du règlement du 4 mars 1926.

(5) Art. 2 et 3 du décret du 26 février 1928.

(6) Art. 5 et 6 du décret cité.

(7) Art. 14 du décret cité.

(8) Art. 2 de la loi du 31 décembre 1925.

(9) Art. 3 de ladite loi ; art. 1 et 2 du règlement du 4 mars 1926.

(10) Art. 2 du règlement cité.

(11) Art. 4 du règlement cité.

Enfin il délibère sur la requête du candidat à la direction de la nouvelle publication périodique. Il n'y a aucune disposition qui oblige le procureur général à donner son agrément ou qui fixe un délai à sa décision, lorsque la documentation présentée est conforme aux prescriptions. La loi se borne à stipuler que contre la décision du procureur général il y a lieu de se pourvoir devant le ministère de la justice et que contre la décision ministérielle on peut recourir au Conseil d'état pour inobservation de la loi (1). L'agrément du procureur général une fois obtenu, il est communiqué par l'intéressé au préfet et, si celui-ci ne se pourvoit pas contre cette décision, on peut finalement commencer la publication.

Dès ce moment le journal ou la revue sont soumis au contrôle très rigoureux du préfet, disposant des sanctions de la *saisie préventive*, de l'*avertissement (diffida)* et de la *révocation* du directeur responsable.

La saisie préventive, abolie par la loi de 1906, fut rétablie d'une façon assez curieuse. Lorsque le Conseil des ministres approuva le premier décret-loi sur la presse, le projet présenté par le Président du Conseil ne prévoyait que les dispositions sur l'avertissement et sur la révocation du directeur responsable. Mais, quand le décret parût dans le numéro du 8 juillet 1924 de la *Gazzetta Ufficiale*, on y trouva inséré un nouvel article rétablissant la saisie préventive (2). La saisie est ordonnée par le préfet ou par un fonctionnaire délégué par le préfet (3). Elle intervient dans maints cas, prévus par la loi en termes volontairement vagues et ambigus (4). En réalité on employa très largement ce moyen de « persuasion et de pression » (5) et, au moment de la lutte acharnée contre la presse de l'opposition, les préfets oublièrent souvent de motiver leurs décrets, se bornant à reproduire les phrases indéterminées de la loi (6).

(1) Art. 3 du règlement cité et art. 1er de la loi du 31 décembre 1925.

(2) M. BORSA. — *Op. cit.*, p. 46 et suiv. — L'auteur s'appuie sur l'autorité du Duc Colonna di Cesarò, chef du groupement libéral-démocrate sicilien, qui en sa qualité de ministre des postes avait participé à l'approbation du décret et en connaissait la rédaction primitive.

(3) Art. 3 du décret-loi du 10 juillet 1924.

(4) Art. 3 du décret-loi cité, et art. 4 du décret-loi du 15 juillet 1923.

(5) Les préfets n'appliquaient que les instructions données par le ministre des affaires intérieures Federzoni par sa circulaire du 14 juillet 1924 (voir : BORSA. — *Op. cit.*, pages 46 et 47), où on peut lire les lignes suivantes : « On a raison de croire » que la simple mesure de la saisie suffira à cette œuvre de persuasion et de pression, » rendue aujourd'hui indispensable pour endiguer les abus de la liberté de la » presse (on était dans la période des polémiques relatives à l'assassinat de » Matteotti); sans être obligé d'avoir recours à la procédure des deux avertis-» sements et de la révocation du gérant en cas de récidive ».

(6) « Nous avons assisté à la saisie des journaux de Milan pour des renseigne-» ments reproduits des journaux de Rome, qui les avaient publiés sans être » frappés d'aucune sanction. Nous avons vu le même journal saisi dans une ville

L'avertissement est prononcé par le préfet, sur avis d'une commission composée d'un juge nommé par le procureur général de la Cour d'appel et d'un représentant de la classe des journalistes (1). Les pouvoirs du préfet au sujet de l'avertissement (*diffida*) des journaux sont très étendus. Il suffit de signaler qu'il peut *avertir* un journal chaque fois qu'il estime que ce journal par ses publications « provoque des alarmes injustifiées parmi la popu-
» lation ou qu'il suscite des troubles de l'ordre public » (2).

L'avertissement prononcé deux fois au courant de deux années permet au préfet de révoquer le directeur responsable de la publication périodique (3), et celle-ci doit immédiatement cesser de paraître. Contre le décret de révocation il n'y a que le recours au ministère des affaires intérieures, dont la décision est définitive (4). Le préfet peut en outre s'opposer à l'agrément d'un nouveau directeur responsable, et dans ce cas le procureur général de la Cour d'appel doit tenir en suspens toute décision et transmettre le dossier au ministère des affaires intérieures, qui prononce définitivement (5).

Les règles très rigoureuses édictées sur la responsabilité des imprimeurs en matière de dommages-intérêts et de frais de justice à abouti à l'établissement d'une sorte de censure privée. Les propriétaires de la publication périodique et l'éditeur sont solidairement responsables, et les machines, les caractères et, en un mot, tout l'outillage de l'imprimerie sont considérés comme une garantie privilégiée pour l'état et pour les tiers lésés, excepté si les propriétaires déposent un cautionnement, dont le montant est fixé chaque année par le président du Tribunal (6).

La loi de sûreté publique du 6 novembre 1926 donne au gouvernement le moyen de contrôler les publications non périodiques,

» et permis dans une autre. Ne parlons pas des motifs : le plus fréquent est que » le journal était saisi parce qu'il portait des phrases de nature à maintenir les » esprits dans un état de surexcitation dangereuse. » — M. BORSA. — *Op. cit.*, p. 52. — Les dirigeants d'un journal de province, voyant leur feuille saisie depuis plusieurs semaines, jugèrent bon de publier un numéro ne contenant que des fragments de Manzoni, de Tommaseo, des Fioretti de Saint-François d'Assise. Il fut saisi lui aussi parce que le préfet le jugea une protestation irrévérencieuse contre la loi.

(1) Art. 2 du décret-loi du 15 juillet 1923. — En 1924, au moment de l'application des premières mesures contre la liberté de la presse, les associations de journalistes refusèrent de nommer leurs représentants dans une commission prévue par une loi contraire à la constitution.

(2) Art. 2 du décret-loi du 15 juillet 1923.

(3) Art. 3 du décret-loi cité.

(4) Art. 6 du règlement du 4 mars 1926.

(5) Art. cité.

(6) Art. 4 et 5 de la loi du 31 décembre 1925 et art. 7 et 8 du règlement du 4 mars 1926.

la vente et le colportage de toute espèce d'imprimés. Une autorisation spéciale de la police est requise pour exercer l'art typographique, lithographique, photographique et, en général, pour la reproduction mécanique ou chimique de caractères, de dessins, de figures (1). Cette licence a un caractère *réel*, de sorte qu'elle n'est valable que pour les locaux indiqués dans la demande de concession. On confère ainsi à la police la faculté d'entraver le développement des imprimeries d'une orthodoxie douteuse ou qui n'entretiennent pas des relations amicales avec les fonctionnaires de la police. L'autorisation est valable pour une année (2); mais elle est toujours révocable si le concessionnaire s'en sert « contre l'intérêt public » ou s'il n'observe pas les prescriptions « que l'autorité de police estime devoir porter pour la protection » de l'intérêt public » (3). La licence de la police est requise encore pour la distribution des imprimés de toute espèce (4) ; tandis que la loi défend la vente, la possession et le transport des imprimés, des estampes, etc., « contraires à l'ordre national de l'état, » ou lésant la dignité et le prestige de la nation ou des auto-» rités » (5).

Il n'existe pas d'exposé organique des idées du nationalisme fasciste sur la réglementation de la presse. Le rapport présenté par les ministres Federzoni et Oviglio à la Chambre le 4 décembre 1924 n'a presqu'aucune signification. En effet, le projet de loi rédigé par ces ministres fut dans la suite radicalement modifié, car on retrancha toutes les dispositions se rapportant aux matières réglées par les décrets de 1923 et de 1924. En outre, ce rapport n'était qu'une réimpression du rapport rédigé par le ministre Bonacci en 1898 (6), complété par un recueil de toutes les dispositions limitatives de la liberté de la presse existant dans les différents pays.

La conception fondamentale du nationalisme fasciste est que « les exigences et les droits de la presse ne doivent jamais dépasser » les limites imposées par les interêts supérieurs de la nation ». En réalité, du moment qu'on accepte l'identification des interêts

(1) Art. 111 de la loi de sûreté publique du 6 novembre 1926.
(2) Art. 12 de ladite loi.
(3) Art. 8 et 9 de ladite loi.
(4) Art. 114 de ladite loi.
(5) Art. 112 de ladite loi.
(6) Certaines parties du rapport des ministres Federzoni et Oviglio ne sont que la copie textuelle du rapport Bonacci. Et parfois on reproduit le document vieux de vingt-sept ans sans se préoccuper de le mettre à jour, de sorte que, en comparant les lois italiennes avec les lois anglaises, on parle de *Queen's Bench*, comme si en Angleterre la justice était encore administrée au nom de la Reine Victoria. — *Atti parlam.* XXVII *Leg.* — Doc. 234.

de la nation et de la volonté des gouvernants, le but unique de la législation sur la presse est d'assurer la liberté d'action de l'exécutif et de renforcer le plus possible le pouvoir effectif de ses organes.

Le nationalisme fasciste profita de l'expérience d'autrui et, se gardant bien des atrocités des lois jacobines, exploita largement les précédents législatifs français, notamment ceux du Directoire et du second Empire. En effet le système fasciste peut se résumer dans la disposition suivante de l'article 35 de la loi du 19 Fructidor an V, expérimentée déjà en Italie à la suite du décret du 1er septembre 1798 du Commissaire Trouvé : « Les journaux, les » autres feuilles périodiques, et les presses qui les impriment, sont » mis, pendant un an, sous l'inspection de la police, qui pourra » les prohiber, aux termes de l'article 355 de l'acte constitu- » tionnel ».

Les institutions fascistes sur la presse — excepté la *liste des journalistes*, inspirée par la loi autrichienne du 27 mai 1852 — sont presque toutes calquées sur la loi française du 17 février 1852. Dans cette loi on trouve tous les principes fondamentaux des lois fascistes d'aujourd'hui, savoir : la nécessité de l'autorisation préventive pour l'édition d'une quelconque publication périodique ; l'admonition — correspondant à l'avertissement des lois fascistes, — qui, une fois répétée, permet au ministre de suspendre la feuille et au chef de l'état de la supprimer ; l'*agrément* des autorités gouvernementales pour les mutations des gérants ou des dirigeants de la publication périodique.

Par contre, le système du nationalisme fasciste apparaît vraiment neuf et original dans son application. Napoléon III, malgré les rigueurs de la loi de 1852, n'atteignit jamais son but : supprimer totalement la presse adverse. Il avait fondé des journaux gouvernementaux capables de lutter avec la presse de l'opposition, il avait à son service des polémistes de la valeur de Veuillot ou de Granier de Cassagnac, et malgré cela, malgré l'arbitraire de la police et la force de sa presse, il ne réussit pas à étouffer la voix des opposants.

Le nationalisme fasciste adopta une tactique tout à fait différente. Il avait essayé aux premiers moments de sa domination de fonder des journaux capables de concurrencer les grands organes adverses ; mais après les premiers insuccès il renonça à une tentative difficile et coûteuse. Il exploita alors les conséquences d'une législation de plus en plus rigoureuse pour organiser la conquête graduelle des grandes entreprises dirigées ou contrôlées par les partis d'opposition. Les procédés furent différents pour chaque cas, mais le système fut unique. On empêchait tout d'abord la parution régulière du journal adverse par des saisies de plus en plus fréquentes ; on frappait ensuite de *l'avertissement* le gérant ou le directeur responsable afin de rendre *actuel* le danger de la suppression, et parfois on allait jusqu'à la révocation du directeur. En même temps des agents, chargés officieusement de l'affaire, entraient en rapport avec les propriétaires et, après avoir fait valoir combien leur entreprise était dévalorisée à la suite des mesures gouvernementales et combien était imminent le danger de la suppression du journal, ils offraient d'en acheter les actions ou d'en reprendre les participations aux conditions les plus attrayantes. Les anciens propriétaires une foi désintéressés, on *épurait* le personnel de rédaction et on achevait ainsi l'opération appelée en Italie *insertion dans le régime.*

Le système donna les meilleurs résultats et il permit au nationalisme fasciste de s'emparer de tous les grands journaux de la péninsule (1). Aujourd'hui la conquête de la presse est si complète que le gouvernement peut abolir sans aucun risque toute la législation exceptionnelle, ne conservant que la *liste des journalistes* et l'obligation de l'agrément avant l'édition de nouvelles publications périodiques. En réalité seuls subsistent en Italie les journaux contrôlés ou inspirés par le gouvernement, qui peut ainsi maîtriser les esprits frondeurs de la presse en biffant de la *liste des journalistes* ceux qu'il estime ne pas avoir « une bonne conduite » politique au point de vue national », et en refusant l'agrément aux directeurs responsables des journaux ou des revues dont il n'est pas complètement sûr (2).

La presse italienne, par une synthèse heureuse des caractères des journaux français et anglais, avait créé au courant des dernières années son *type*, alliant la vivacité et la souplesse des feuilles parisiennes à la gravité aristocratique des organes londoniens (3). Les grands journaux de Milan, de Turin, de Rome et de Naples, de même que les feuilles politiques de province, exerçaient une influence très remarquable sur l'opinion publique nationale. Le peuple italien, ne lisant que peu de livres, demandait exclusivement aux journaux les directives politiques et en suivait passionnément les débats sur les problèmes de la vie publique.

(1) Certaines *conquêtes* coûtèrent quelques dizaines de millions, comme par exemple les *conquêtes* du *Corriere della Sera* de Milan, du *Giornale d'Italia* de Rome, du *Mattino* de Naples. On ne connaîtra peut-être jamais combien ont coûté en réalité au contribuable italien ces opérations dictées « par la raison d'état ».

(2) La profession de journaliste est sous le régime fasciste une véritable fonction administrative. De temps à autre on accomplit des « mouvements des directeurs des grands journaux », comme autrefois on exécutait les « mouvements des préfets ». Les communiqués annonçant ces mouvements sont souvent précédés par les phrases rituelles de la bureaucratie fasciste, savoir : selon les ordres, ou avec l'agrément du chef du gouvernement.

(3) M. Borsa. — *Il Giornalismo inglese.* — P. 317 et suiv.

L'uniformité des idées et des renseignements imposée maintenant aux journaux en a affaibli considérablement l'influence politique. Le public ne s'intéresse pas aux luttes intérieures de l'oligarchie dominante, dont se nourrit la polémique de la presse fasciste, et ne s'émeut guère des invectives contre des adversaires contraints au silence. Tout le monde sait que les nouvelles, même les plus inoffensives, si elles ne proviennent pas des agences plus ou moins contrôlées par le gouvernement, passent à travers le crible d'une censure multiforme ; et par cela même on doute toujours de ce que l'on lit. Ainsi les journaux italiens n'obtiennent plus la confiance d'autrefois, même lorsqu'ils ne publient que des nouvelles et des renseignements rigoureusement objectifs.

Le régime de la presse italienne s'encadre parfaitement dans l'ensemble du régime fasciste. Une réglementation de la presse telle que l'a édictée le fascisme italien est à sa place dans un pays où la doctrine nationaliste a pu tirer toutes les conséquences de ses principes. La presse libre n'est possible que là où il existe un équilibre constitutionnel, et où l'opinion publique, formée par la presse et se manifestant à son tour par la presse, possède le pouvoir de fixer les directives de la politique nationale. Mais si cet équilibre est brisé ; si les gouvernants estiment le peuple foncièrement incapable de distinguer le bien du mal et le vrai du faux ; si le *chef* se complait à proclamer que « nous avons Rome par » droit de révolution, et elle ne nous pourra être enlevée que par » une autre force et après un combat peut-être très acharné » *(asperrimo)* » (1), dans une pareille situation la presse libre n'a évidemment pas le moyen d'exercer sa fonction d'interprète et d'inspiratrice de l'opinion publique. Entravée dans l'exercice de son devoir politique, elle doit disparaître.

La destinée de la liberté de la presse en Italie fut accomplie le jour où la conquête fasciste renversa l'équilibre établi, bien qu'imparfaitement, après l'unification du royaume. Tant que la presse libre ne troubla pas le repos des nouveaux maîtres, elle put jouir d'une certaine latitude. Mais le jour où elle prétendit opposer le droit à l'arbitraire, on l'enchaîna. Dictature et liberté de la presse sont deux termes anthithétiques : là où s'affermit l'une, l'autre ne peut se maintenir.

Le droit d'association.

Le Statut italien ne portait aucune disposition au sujet du droit d'association, et jusqu'au 26 novembre 1925 il n'existait aucune loi organique réglant l'exercice de ce droit. Par contre, le problème

(1) Discours de Mussolini à Palerme. — 5 mai 1924.

politique de l'attitude des pouvoirs de l'état vis-à-vis des associations librement formées par les citoyens fut toujours discuté
passionnément dans les assemblées législatives, devant les tribunaux, dans la presse des différents partis.

Le problème se posa une première fois en 1862, lorsque Garibaldi et le parti d'action constituaient les *comitati di provvedimento* dans le but déclaré de précipiter une nouvelle guerre
contre l'Autriche pour libérer la Vénétie. Le ministère Rattazzi
apprêta alors un projet de loi réglant l'exercice du droit d'association ; mais il le retira avant la discussion du Sénat, car il préféra
dissoudre les organisations jugées dangereuses pour la sûreté de
l'état. Ce fut alors que Rattazzi déclara — avec le consentement
de la Chambre — que l'exécutif pouvait de plein droit dissoudre
une société quelconque en vertu du *jus necessitatis*, sans qu'il fût
besoin d'une déclaration législative explicite. Les cabinets successifs pratiquèrent le même système, et la tradition ainsi formée ne
fut pas interrompue par le premier cabinet de gauche, présidé
par Agostino Depretis.

Benedetto Cairoli pencha vers une politique plus tolérante et
plus sincèrement libérale ; mais la Chambre des députés en désapprouva ouvertement les méthodes dans la séance du 11 décembre
1878. Au printemps suivant le débat reprit et la majorité vota la
confiance au nouveau président du conseil Depretis, après qu'il
eut déclaré que le gouvernement se réservait le droit de dissoudre
toute association et d'envoyer les agents de la police dans n'importe quelle habitation privée pour s'emparer du *corpus criminis*,
ou pour empêcher qu'il fût soustrait aux recherches des autorités (1). Ce principe fut largement appliqué dans la suite et notamment par le cabinet Crispi de 1889 et par le cabinet di Rudinì de
1891.

Ce fut à cette époque que la discussion fut portée devant les
autorités judiciaires, chargées de juger nombre de membres des
associations anarchistes et socialistes, traduits devant les tribunaux
comme coupables du délit *d'association criminelle*, frappé par l'art.
248 du Code pénal. La presque unanimité des décisions des
Tribunaux et des Cours d'appel donna au délit d'association
criminelle une signification si large que le droit même d'association
en était blessé à mort.

Les rigueurs de la police contre les associations subversives
— ou plutôt, contre les associations jugées subversives — redoublèrent sous le deuxième cabinet Crispi de 1893 à 1896. Les
dissolutions de sociétés furent plus fréquentes, suivies presque

(1) Séance du 4 avril 1879. — *Atti parlam. Sess.* 1878-1879, p. 5486-5579.

toujours par la confiscation du patrimoine social et par l'inculpation des membres, ou tout au moins des chefs. Une loi nouvelle frappa le délit d'instigation au crime (1); mais cette loi, destinée à châtier les forfaits des anarchistes et à défendre l'ordre social contre les menées subversives, ne servit en réalité qu'à frapper les organisations des partis avancés et même les sociétés scientifiques.

Jusqu'à ce moment les débats parlementaires sur le droit d'association, bien que parfois vifs et passionnés, n'avaient été que des prétextes pour attaquer tel ou tel cabinet. Il s'ensuivait que l'opinion publique ne s'émouvait, ni des théories autoritaires énoncées par ceux qui parlaient du banc du gouvernement, ni des proclamations de tolérance extrême débitées par ceux qui parlaient des bancs de l'opposition. Le problème du droit d'association fut posé dans toute sa gravité en 1898, quand le gouvernement, à la suite des troubles de mai, ordonna la dissolution de la presque totalité des associations socialistes, républicaines et catholiques, sans ménager dans certaines régions les sociétés mutuelles et les caisses rurales, et quand il songea à renforcer ses pouvoirs en insérant dans le fameux décret du 22 juin 1899 des clauses extrêmement restrictives sur l'exercice du droit d'association. L'opinion publique participa alors aux débats provoqués par les dissolutions de 1898 et par les tentatives de réglementation de 1899 avec un empressement et une vivacité jusqu'alors inconnus dans la vie politique italienne. L'opposition parlementaire, soutenue par le consentement public, prit bientôt une attitude si intransigeante qu'elle constituait un véritable danger pour les institutions monarchiques elles-mêmes. Les groupements libéraux-démocratiques, se ralliant à l'opposition, imposèrent le renoncement à la *politique forte*, mais en même temps permirent de contenir les emportements des extrémistes.

La politique libérale des premiers cabinets piémontais, renouvelée sans succès par Benedetto Cairoli et par le cabinet Giolitti de 1892, fut constamment pratiquée depuis 1900. On assista alors, par une sorte de réaction spontanée contre la politique réactionnaire des dix dernières années, à l'efflorescence d'une foule d'associations politiques et ouvrières, et ce mouvement gagnant bientôt le champ économique et intellectuel caractérisa la période d'avant-guerre.

On ne doit pas oublier que les dérèglements des masses furent souvent un prétexte justificateur pour l'arbitraire des gouvernements. La conscience juridique encore arriérée du peuple italien, notamment des classes ouvrières exclues du mouvement politique

(1) Loi du 19 juillet 1894, n° 315.

du *risorgimento*, avait poussé les associations à abuser de leur force au mépris de la loi et des droits des individus et des minorités. Ces défauts ne disparurent pas après que les rigueurs et les luttes de 1898 et de 1899 eurent démontré la valeur incomparable du droit d'association. Trop souvent dans les luttes économiques et politiques de l'Italie septentrionale on eut à se plaindre du sectarisme des associations ouvrières violant la liberté des minorités dissidentes, et des vexations des organisations patronales enorgueillies par quelques succès locaux. Trop souvent dans l'Italie méridionale et dans les îles de petites minorités, tenues par des liens inavouables, imposèrent leur toute puissance aux populations paisibles des campagnes, ne redoutant pas d'enfreindre les lois pénales pour raffermir leur hégémonie.

La guerre échauffa les passions, obscurcit la conception du juste et de l'injuste, substitua le culte de la force à l'idée du droit, qui péniblement s'imposait à la vénération des multitudes, et par cela même dérégla davantage le mouvement fédératif des masses italiennes. Tous les défauts d'avant-guerre apparurent de nouveau, exagérés et multipliés.

Là où les associations reçurent un large apport d'adhésions parmi les mécontents et les victimes de la guerre, elles se flattèrent de remplacer les autorités locales et de contrecarrer les ordres des représentants des pouvoirs publics par les délibérations d'assemblées irresponsables. Elles prétendirent régler de gré ou de force le marché de la main-d'œuvre, le mécanisme délicat du commerce, le fonctionnement des administrations publiques et des institutions de bienfaisance ; et souvent elles oublièrent l'interêt de la communauté pour satisfaire les convoitises des noyaux les plus bruyants et les plus immodérés (1). Comme la loi ne reconnaissait pas les associations, personne n'était responsable de leur action, et les chefs se retranchaient derrière la masse anonyme et, forts de leur irresponsabilité, abordaient d'un cœur léger les problèmes politiques et économiques les plus lourds, ne craignant pas de restreindre la liberté des représentants de la nation, dénaturant ainsi les institutions fondamentales du régime parlementaire (2).

(1) Là où les associations de tendance conservatrice étaient suffisamment fortes pour l'emporter ou pour lutter avec de bonnes chances de succès, elles pratiquèrent le même système d'action directe que les organisations prolétariennes. Dans maintes communes de l'Italie septentrionale et centrale les propriétaires organisèrent la grève fiscale contre les administrations socialistes constituées après les élections communales de 1920.

(2) Tous les candidats socialistes aux élections législatives de 1919 devaient signer leur lettre de démission, sans y apposer la date. La lettre était consignée à la direction du parti — régie alors par le courant communiste — avec l'autorisation de la dater et de l'envoyer à la Présidence de la Chambre, si la direction du parti le jugeait nécessaire pour châtier le député coupable de manque de discipline. — En réalité la direction du parti n'osa jamais se servir de ces lettres

L'action gouvernementale par son insuffisance en face des violations continuelles de la loi favorisa d'abord indirectement les empiétements des masses encadrées dans les organisations prolétariennes, et renforça ensuite le mouvement de réaction des classes et des individus lésés par ce prétentions illégales. La destinée commune de toutes les réactions est de revêtir les qualités mêmes des mouvements qu'elles s'efforcent d'étouffer, d'en exagérer les défauts et d'en pousser à fond les conséquences, pour proclamer une sorte de justice barbare du talion. Il en fut ainsi de la réaction déchaînée au commencement de 1921 dans les régions de l'Italie où les associations prolétariennes avaient le plus abusé de leur puissance. Pour frapper ceux qui avaient abusé du nombre, on légitima les représailles et on justifia la rétorsion violente des offenses. Pour atteindre ceux qui avaient méprisé la loi, on en perpétua les violations. Pour châtier ceux qui avaient méconnu la sainteté du droit d'autrui, on les condamna à supporter des vexations inouïes. On ne savait, on ne voulait pas distinguer entre ceux qui avaient respecté la loi et ceux qui l'avaient méprisée, et la réaction contre les abus de l'exercice du droit d'association se transforma bientôt en une réaction contre le droit d'association lui-même.

Tant que la direction du gouvernement resta aux mains des hommes des vieux groupements libéraux-démocrates, la réaction se développa en marge de la légalité, souvent tolérée, parfois même favorisée, jamais réprimée par les organes de l'exécutif. Après les journées d'octobre 1922, elle s'organisa sous la direction des autorités gouvernementales elles-mêmes. Auparavant on avait ravagé et incendié les sièges des associations économiques et politiques adhérentes aux partis contraires au nationalisme fasciste ; depuis lors on adopta le système des *occupations*, exécutées parfois de vive force, mais plus souvent accomplies en vertu de décrets des autorités gouvernementales scrupuleusement réguliers du point de vue formel.

Les préfets se prévalurent largement de la disposition de l'article 2 de la loi de sûreté publique et de l'article 3 de la loi communale et provinciale, autorisant les représentants locaux de l'exécutif à prendre d'urgence toutes les mesures jugées nécessaires au maintien de l'ordre public ; et dans la suite ils profitèrent aussi de la nouvelle loi sur le contrôle des associations (1). En vertu de ces dispositions les préfets révoquaient les administrateurs des associations suspectées d'adhérer aux partis d'opposition et les remplaçaient par des commissaires chargés d'en *épurer* les cadres,.

(1) Décret-loi du 24 janvier 1924, n° 64.

ou d'en modifier les statuts, ou de les liquider en réalisant d'une façon quelconque l'actif pour le mettre à la disposition des autorités (1). Le système fut pratiqué si largement que de nombreux dirigeants des associations s'empressèrent de prévenir les décrets des préfets, en dissolvant eux-mêmes leurs organisations, afin de garder en faveur des propriétaires légitimes l'actif réalisé grâce à une liquidation hâtive.

S'il est possible de régler et de limiter l'exercice du droit de réunion et même de l'abolir, sans avoir recours à des mesures législatives *ad hoc*, un pareil procédé n'est pas applicable pour le droit d'association. Il n'était pas applicable surtout en Italie, où à défaut d'une loi organique sur les associations, la plupart de celles qui existaient n'étaient que des *sociétés de fait*, ignorées par la loi qui ne concourait ni à leur constitution, ni à leur reconnaissance. On pouvait dissoudre les organisations politiques les plus notoires, on pouvait liquider les associations possédant un patrimoine immobilier, mais beaucoup d'autres auraient échappé à la surveillance de la police, et sous d'autres noms et sous les prétextes les plus variés elles auraient bientôt rallié les membres des associations dissoutes. A défaut de dispositions législatives d'ordre général, les mesures de police ne suffisent pas pour discipliner le phénomène si complexe qu'est le mouvement fédératif d'un grand peuple moderne.

Le nationalisme fasciste résolut le problème de la réglementation du droit d'association par la loi du 26 novembre 1925, n° 2029, dont les règles furent englobées dans la loi de sûreté publique du 6 novembre 1926. L'organisation créée par cette loi fut complétée par les dispositions de la loi du 3 avril 1926, n° 563, du décret du 1er juillet 1926, n° 1130, de la loi du 25 novembre 1926, n° 2008, et des décrets-lois du 9 janvier 1927, n° 5, et du 9 avril 1928, n° 696. La réglementation vise toutes les associations, et sous cette dénomination on doit comprendre aussi « les partis, les » groupements et les organisations politiques en général, bien » qu'elles ne soient que temporaires » (2).

L'autorité de police est chargée de surveiller toutes les associa-

(1) L'Association nationale des anciens combattants elle-même n'échappa pas à la destinée commune, dès que ses chefs se rangèrent du côté des opposants, au mois de novembre 1924. Un décret royal révoqua la commission centrale et la remplaça par un comité nommé par le gouvernement, lequel réforma immédiatement d'autorité les statuts sociaux. Les sections locales réfractaires à se plier aux directives politiques du gouvernement furent dissoutes par des décrets des préfets, et les présidents qui refusèrent de livrer à la police les dossiers gardés au nom de leurs mandants, furent traduits devant la justice pour répondre *d'appropriation illicite*.

(2) Art. 218 de la loi de sûreté publique du 6 novembre 1926.

tions agissant sur le territoire du royaume et des colonies. Pour permettre l'exercice de cette surveillance, tous les dirigeants des associations sont obligés, dans un délai de deux jours après la requête de la police et sous la menace de peines très graves, de communiquer à la police « l'acte de constitution, le statut et les » règlements intérieurs, la liste des charges sociales et des membres, » et tous les autres renseignements demandés sur l'organisation » et sur l'activité sociale » (1). La police a le droit de faire et de renouveler cette requête chaque fois qu'elle l'estime opportun.

Le préfet a le pouvoir de dissoudre, sans aucune formalité préliminaire, les associations, dont les dirigeants ont refusé de communiquer les renseignements requis par la police, ou qui les ont transmis inexacts, et les associations qui « entretiennent *quocum-* » *que modo* une activité contraire à l'ordre national de l'état » (2). Le préfet, en décrétant la dissolution d'une société, peut ordonner aussi la saisie du patrimoine social ; et contre son décret n'est admis que le recours au ministère des affaires intérieures. dont la décision est sans appel, « même en cas d'inobservation de la » loi » (3). La reconstitution des partis et des associations dissoutes par l'autorité, même sous des noms ou des formes différentes, est frappée de la peine de la réclusion de trois à dix ans. Le fait seul d'appartenir à ces associations est puni comme délit, de même que la propagande « *quocumque modo* de leur doctrine, de leurs pro- » grammes et de leurs méthodes d'action » (4).

Un régime spécial est prévu pour les associations profession- nelles non reconnues, qui demeurent par cela même en dehors de l'organisation corporative ; et un régime plus rigoureux est prévu aussi pour les organisations de jeunesse. Des mesures particulières existent enfin pour les employés de l'état et des institutions publiques.

Les associations professionnelles non reconnues dans les formes prévues par la loi sur l'organisation corporative sont considérées comme « association de fait » (5) ; mais elles ne peuvent pas accepter l'adhésion des membres des associations reconnues (6). En outre, elles ne peuvent pas représenter les associés pour la protection de leurs intérêts économiques et moraux (7) ; et du moment que la

(1) Art. 1er de la loi du 26 novembre 1925 et art. 214 de la loi de sûreté publique du 6 novembre 1926.
(2) Art. 214 et 215 de la loi de sûreté publique du 6 novembre 1926.
(3) Art. 215 cité.
(4) Art. 4 de la loi du 25 novembre 1926.
(5) Art. 19 de la loi du 3 avril 1926.
(6) Art. 7 du décret du 1er juillet 1926.
(7) Art. 5 de la loi du 3 avril 1926.

majorité de leurs membres adhère à une association reconnue par l'état, le patrimoine social revient à celle-ci *ipso facto* (1). Lorsque le préfet a « des motifs de soupçonner des abus de » confiance ou des dépenses illicites, ou des transformations de » capitaux à l'insu des membres ou pour des buts autres que » l'assistance économique et morale des travailleurs », il a le pouvoir d'ordonner une enquête ou d'annuler les actes jugés illégitimes, ou — dans les cas les plus graves — de « dissoudre les conseils » administratifs et de confier temporairement..... la gestion du » patrimoine social à un commissaire nommé par lui-même » (2). Les pouvoirs du commissaire arrivés à échéance, le préfet à la faculté de les renouveler ou d'ordonner la liquidation du patrimoine social. En cas de liquidation, il détermine lui-même la dévolution de l'actif net de l'association de la façon qu'il estime « la plus convenable à la protection économique et morale des » classes de travailleurs adhérents à l'association » (3).

Ne peuvent faire partie des associations professionnelles les magistrats de l'ordre judiciaire et administratif, les professeurs des Universités et des écoles moyennes et les fonctionnaires des ministères des affaires intérieures, des affaires étrangères et des colonies. Il est défendu enfin à tous les fonctionnaires, employés et agents civils ou militaires de l'état, des provinces, des communes et des administrations soumises à leur contrôle, de s'inscrire « à des » associations ou à des institutions agissant, même en partie, » d'une façon secrète et clandestine, ou dont les membres sont » *quocumque modo* contraints au secret » (4).

Les étudiants ne peuvent constituer des associations pour la défense « des intérêts estudiantins ou professionnels » (5). La loi interdit en termes généraux toutes les organisations, « mêmes » provisoires, se proposant de favoriser l'instruction, la prépa- » ration à l'exercice des professions, des arts et des métiers, » ou *quocumque modo* l'éducation physique, morale ou spirituelle » des jeunes » (6). Le décret-loi du 9 janvier 1927 excluait pourtant de l'interdiction les « associations ayant un fin religieuse « prépondérante » et les sections des jeunes éclaireurs catholiques

---

(1) Art. 21 du décret du 1er juillet 1926.

(2) Art. 2 du décret-loi du 24 janvier 1924, n° 64. — En se prévalant de cette disposition, les faisceaux s'emparèrent des gros patrimoines de l'Alliance coopérative de Turin et des nombreuses coopératives agricoles et de production de l'Emilie et de la Romagne.

(3) Art. 2 du décret-loi du 24 janvier 1924.

(4) Art. 2 de la loi du 26 novembre 1925 et art. 216 de la loi de sûreté publique du 6 novembre 1926.

(5) Art. 94 du décret du 1er juillet 1926.

(6) Art. 2 du décret-loi du 9 janvier 1927.

des communes de plus de vingt mille habitants ou des chefs-lieux de province (1). Le décret-loi du 9 avril 1928 a enlevé toute exception.

Les dispositions des lois fascistes sont beaucoup plus rigoureuses que celles jadis promulguées par le décret-loi du 22 juin 1899, et qui provoquèrent pourtant une opposition dangereuse pour les institutions fondamentales de l'état. Le décret-loi de 1899, tout en conférant au ministre des affaires intérieures et aux préfets le pouvoir de dissoudre les associations contraires à l'ordre social établi et à la constitution de l'état, n'imposait pas un contrôle perpétuel et tracassier, tel qu'il a été établi par la loi du 26 novembre 1925. Le patrimoine des associations dissoutes ne pouvait être confisqué ou dévolu à des œuvres de bienfaisance qu'au cas où un jugement rendu par les tribunaux ordinaires reconnaissait le caractère illicite de l'association. Enfin, le décret de 1899 admettait le pourvoi devant le Conseil d'état contre toutes les mesures des autorités administratives. La loi autrichienne du 15 novembre 1867, la plus rigide des lois en vigueur avant la guerre dans les états de l'Europe occidentale et sur laquelle le fascisme a calqué les dispositions ayant trait à la surveillance, exigeait que l'autorité signifiât son interdiction dans un délai de quatre semaines à partir de la constitution de la nouvelle société. Ce délai une fois échu, l'association était autorisée de plein droit.

Jusqu'à présent l'application des lois sur les associations n'a pas fait entrevoir l'intention du gouvernement fasciste d'atténuer la rigueur de leurs dispositions. Toutes les organisations politiques furent dissoutes à la veille de la publication de la loi du 6 novembre 1926, et aucune exception n'a été admise à la défense de les reconstituer. Les rigueurs de la loi furent par contre habilement exploitées par les chefs de tout grade du parti fasciste afin d'opérer une sorte de mainmise sur toutes les associations non politiques, en expulsant les individus suspects et en imposant des chefs agréant à l'oligarchie toute-puissante des dominateurs.

Les associations catholiques n'échappèrent pas à la destinée commune, malgré leur empressement à satisfaire à toutes les formalités requises par la loi du 26 novembre 1925. Elles furent bientôt obligées de faire ressortir leur caractère religieux, de s'abstenir de traiter des questions se référant directement ou indirectement à la vie politique, d'écarter les chefs mêlés d'une façon quelconque à la campagne anti-fasciste. Malgré ces renonciations, parfois pénibles, les décrets-lois du 9 janvier 1927 et du

(1) Ibid.

9 avril 1928 leur enlevèrent toute possibilité d'action parmi les
jeunes gens, tandis que les organisations professionnelles et économiques chrétiennes étaient complètement énervées à la suite de
la mise en vigueur du régime corporatif.

Le nationalisme fasciste tenta tout d'abord de justifier sa politique
hostile à la liberté d'association en prétextant une campagne contre
la franc-maçonnerie, depuis longtemps méprisée par les courants
populaires à cause du secret imposé à ses membres et de la vie
parasitaire qu'elle menait à charge des politiciens du libéralisme
démocratique. Mais l'opinion publique comprit immédiatement
que l'objectif visé en réalité par l'action fasciste était bien différent,
et le gouvernement dut le reconnaître lui-même lors de la discussion à la Chambre de la première loi sur les associations, vainement
camouflée en loi contre la *franc-maçonnerie*. Le député Bodrero,
rapporteur de cette loi, tout en trébuchant à chaque pas sur un
terrain plein d'aspérités et pour lui inconnu, déclarait que, « si
» l'état a le droit d'exiger qu'une société commerciale quelconque,
» pour exercer son activité dans le royaume, accomplisse certaines
» formalités dans lesquelles il intervient, s'il a le droit de régle
» menter les associations de droit privé, il possède *a fortiori* le
» même pouvoir dans le champ du droit public et il est de son
» devoir de s'informer comment sont constituées toutes les
» associations agissant sur son territoire, dans quel endroit et pour
» quel but elles opèrent, quels sont les membres qui les composent,
» surtout s'il s'agit de sociétés secrètes » (1). Puisque cette analogie
ne se soutenait ni du point de vue juridique, ni du point de vue
politique, le nationalisme fasciste fut bientôt amené à reconnaître
que ses lois et ses décrets sur le droit d'association ne se justifiaient qu'en admettant le droit absolu de l'état-nation, et du
gouvernement identifié avec lui, de contrôler et de diriger toutes
les activités individuelles et toutes les manifestations fédératives,
afin que rien ne fût dirigé « contre l'état », et que rien ne demeurât
« en dehors de l'état ». Dans ce champ aussi la synthèse de la
doctrine fasciste est vieille de presque trois cents ans. « Les ligues
» entre les sujets d'un même état — écrivait-on alors — ne sont
» pas nécessaires au maintien de la paix et de la justice, puisque
» chacun peut obtenir du souverain la reconnaissance de ses
» droits » (2) !

Je ne crois pas nécessaire d'exprimer aucun jugement sur la
législation du nationalisme fasciste au sujet du droit d'association.
Il faut pourtant considérer ses conséquences probables et les
dangers qu'elle renferme.

(1) *Atti Parlam.* — XXVII *Leg.* — Doc. 314 A.
(2) HOBBES. — *Léviathan* — IIe partie, chap. XXII.

Le peuple italien n'a réagi par aucun mouvement révolutionnaire à l'abolition effective de l'exercice du droit d'association. Il tolère maintenant que le contrôle gouvernemental s'exerce aussi sur des sociétés n'ayant aucun caractère politique ou économique, et qu'une sorte de dictature de *fascistes éprouvés* pèse sur toutes les associations de sport, de bienfaisance, d'instruction, etc. Jusqu'à présent aucune tentative sérieuse n'a été faite pour reconstituer les organisations politiques dissoutes par la police au commencement du mois de novembre 1926. Mais il ne faut pas avoir une connaissance spéciale et approfondie de la situation italienne pour prévoir que cet effort gigantesque de centralisation étatique ne peut être poursuivi indéfiniment dans une nation de quarante millions d'individus vifs, intelligents, passionnés et possédant une tradition des plus anciennes et des plus glorieuses du monde. La destinée du régime fasciste ne peut pas être différente de celle de tous les régimes absolus, ne se soutenant que grâce à l'organisation policière, fût-elle la plus parfaite et la plus vigilante qu'on puisse imaginer. Après une première période de résignation et de recueillement, la tendance naturelle à associer les initiatives individuelles dans tous les champs de l'activité humaine triomphera à nouveau. Si la police interdit, ou si elle rend impossible la constitution publique des sociétés, on en formera de secrètes, et l'expérience du passé nous montre comment toutes les polices sont impuissantes à lutter contre les sociétés secrètes. Les tentatives de répression n'aboutiront qu'à ranimer l'opposition et à y pousser les jeunes gens par l'attrait du romantisme et de l'aventure.

En second lieu il faut observer que le régime actuel des associations en Italie n'est pas sans danger pour les congrégations religieuses et, en général, pour les organisations catholiques encore existantes.

Les congrégations religieuses n'existent en Italie que comme associations de fait et, en vertu des lois piémontaises de 1854 étendues aux autres provinces du royaume, elles ne peuvent bénéficier de tous les droits reconnus par une jurisprudence unanime aux associations de fait en général. Des mesures édictées par le gouvernement fasciste permettent aux différentes *maisons religieuses* de bénéficier de la reconnaissance légale et du droit de posséder. Les congrégations demeurent cependant sous l'empire des anciennes lois du *risorgimento*.

Jusqu'à présent la police n'a sollicité aucune congrégation religieuse de lui communiquer ces renseignements qu'elle peut requérir de toutes les associations soumises à son contrôle. Cependant il est hors de doute que les dispositions communes sont applicables aux congrégations religieuses, qui, selon les lois italiennes, ne sont que des associations de fait, ayant des buts particuliers de culte, de bienfaisance ou d'instruction, expressément déclarées incapables d'acquérir en leur propre nom un droit patrimonial quelconque. D'autre part la police peut, chaque fois qu'elle le veut, réclamer les déclarations qu'elle n'a pas demandées jusqu'à présent, car, en ne faisant pas valoir une faculté conférée par la loi, elle n'a pas renoncé au droit de surveillance en vue duquel cette faculté a été octroyée.

Les lois actuelles ont donc forgé à l'usage du pouvoir exécutif une arme vraiment formidable pour les luttes éventuelles. Si demain le nationalisme fasciste veut entreprendre une campagne anticléricale du type combiste, il n'aura besoin d'aucune mesure légale nouvelle. Sa police, se prévalant du simple droit de requérir des renseignements et de la faculté corrélative d'interdire les associations coupables de fournir des données inexactes (1), aura le moyen de dissoudre en quelques jours toutes les congrégations religieuses et les autres associations cultuelles, de confisquer les patrimoines de celles qui possèdent encore en leur propre nom, d'organiser une véritable persécution contre ceux qui essayeront de reconstituer les congrégations dissoutes.

Les lois sur les sociétés et sur les œuvres d'instruction et d'éducation de la jeunesse soumettent enfin une foule d'institutions catholiques à l'arbitraire du gouvernement. Il ne semble pas que le décret-loi du 9 janvier 1927 et celui du 9 avril 1928 puissent s'appliquer aux institutions d'instruction et d'éducation : il semble au contraire qu'ils n'envisagent que les associations de jeunes gens ayant des buts d'instruction, de préparation professionnelle et d'éducation spirituelle et physique de leurs membres. Mais il n'y a aucune garantie contre une interprétation extensive et arbitraire des dispositions volontairement ambiguës de ces décrets, puisque les décrets eux-mêmes interdisent tout pourvoi contre les ordonnances préfectorales de dissolution.

Tous ces dangers frappent ceux qui se soucient sincèrement de la liberté religieuse du peuple italien ; et le fait seul qu'ils existent sous un régime dictatorial, tel que le régime fasciste, suffit pour démontrer comment la liberté religieuse est intimement liée à toutes les libertés civiques, dont elle est le principe fondamental et le couronnement.

(1) La loi ne déclare pas expressément qui est juge de l'exactitude des renseignements fournis à la police ; mais il est dans la logique de la loi que ce soit la police elle-même ; et contre son jugement n'est admis que le recours au ministère des affaires intérieures, d'où émanent presque toujours les ordres qui dictent à la police locale son attitude.

La liberté d'enseignement.

Le statut de 1848 ne contient aucune disposition sur le droit d'enseigner. La tradition italienne était encore trop imbue du paternalisme de l'ancien régime pour saisir une idée aussi hardiment libérale que celle proclamée par l'article 17 de la constitution belge (1).

A côté des *studii* fondées par les républiques libres du moyen âge ou par les communautés d'étudiants, d'autres avaient été érigées sous le patronage des empereurs, des seigneurs de la renaissance ou des princes vassaux de l'étranger. Les écoles d'origine républicaine elles-mêmes n'avaient pas conservé l'esprit d'indépendance des organisations politiques dont elles étaient sorties. A la diète de Roncaglia, ce furent deux juristes du *studio* de Bologne qui avec Frédéric de Hohenstaufen proclamèrent légitimes les prétentions impériales contraires à l'autonomie communale. Les écoles italiennes restèrent indifférentes au mouvement de la Réforme qui ailleurs soulevait les débats ardents entre les universités allemandes et les écoles de Paris et de Louvain. Elles acceptèrent avec la même soumission la contre-réforme catholique et le système politique des dominations étrangères ; et tandis qu'elles appuyaient les tentatives réformatrices de Pierre-Léopold en Toscane et de Marie-Thérèse en Lombardie, elles soutenaient dans la Vénétie l'immobilité rigide d'une vieille organisation oligarchique. La domination française put établir en Italie son organisation centralisée de l'instruction moyenne et supérieure, sans susciter aucune protestation des villes privées du lustre de leurs anciens instituts ou des professeurs caporalises par la toute-puissance napoléonienne. Si pendant les quarante années de la Restauration les Universités furent un des foyers les plus actifs de l'esprit d'indépendance et des aspirations à la liberté, elles n'engendrèrent pas un mouvement aussi étendu et aussi profond que celui qui animait à cette époque les milieux universitaires allemands.

Si en 1848 la constitution piémontaise ne proclama pas la liberté d'enseignement, ce fut surtout parce que personne ne la désirait. Les conservateurs n'en voulaient pas, car ils préféraient le maintien des écoles confessionnelles soumises à la protection et au contrôle de l'autorité civile. Les libéraux eux-mêmes y étaient contraires, désirant seulement conquérir le pouvoir pour exclure de l'enseignement les congrégations, et en premier lieu la Compagnie de Jésus. Seule la constitution sicilienne osa, en 1848,

(1) « L'enseignement est libre ; toute mesure préventive est interdite ; la répres-
» sion des délits n'est réglée que par la loi. »

aborder le problème de l'enseignement et le résoudre dans le sens
de la liberté absolue ; elle le dut à la tradition franchement libérale
des milieux intellectuels de l'île.

L'absence de déclaration explicite dans la charte constitutionnelle fut une des causes principales des flottements continuels de
la législation scolaire italienne et de l'incertitude des systèmes
pédagogiques expérimentés l'un après l'autre par l'école italienne.
Un seul principe fut proclamé dès le commencement du
Risorgimento et respecté toujours par la législation scolaire : le
principe de l'instruction obligatoire. L'affirmation de ce principe
suffit pour poser, en Italie aussi, le problème de la liberté de
l'enseignement.

Les groupements politiques de la classe dirigeante montée au
pouvoir à la suite de l'unification monarchique de la péninsule
n'avaient pas — et ne pouvaient pas avoir — un programme
complet et organique sur l'enseignement. Leurs principes libéraux
les empêchaient de prôner le monopole absolu de l'état dans le
champ de l'instruction. Mais d'autre part ils ne pouvaient pas se
rallier à la liberté de l'enseignement, car ils comprenaient que le
régime nouveau n'était nullement préparé à lutter sur un pied
d'égalité avec les courants traditionnalistes.

La pensée et l'action de tous les gouvernements issus des groupements libéraux de droite et de gauche accusa toujours le manque
d'une idée fondamentale claire et précise. De par là l'école qu'ils
donnèrent à l'Italie n'eut ni une philosophie ni une âme propres.
Seuls les nouveaux courants politiques, qui s'affirmèrent quand
l'unité fut sûrement garantie contre les tentatives intérieures ou
extérieures de dissolution, pouvaient aborder le problème scolaire
en précisant des solutions organiques. Ce furent en effet les socialistes et les catholiques qui présentèrent les deux solutions antithétiques de l'étatisation complète et de la liberté absolue.

Le problème scolaire fut largement discuté en 1907, lors du
débat parlementaire sur la motion présentée par le député socialiste
Bissolati, demandant l'abolition de l'enseignement religieux dans
les écoles primaires. Les deux thèses opposées de l'étatisation
de l'école et de la liberté d'enseignement furent développées par
le socialiste Leonida Bissolati et par le catholique Angelo Mauri,
tandis que les orateurs des différents groupements libéraux et
démocrates s'efforçaient en vain de concilier d'une façon quelconque les deux conceptions inconciliables.

Après les débats de 1907, de nouveaux règlements furent édictés,
qui aggravèrent la situation de l'école à tous les degrés. On
affaiblit les pouvoirs des communes sur les écoles primaires, qui

furent strictement soumises au contrôle de l'état, grâce à la constitution d'un artificieux conseil scolaire provincial dominé par des fonctionnaires. Le privilège de l'école moyenne de l'état de conférer la *licenza liceale* (baccalauréat) fut confirmé. Les Universités n'obtinrent pas l'autonomie administrative réclamée depuis longtemps, et virent restreindre leur pouvoir de conférer la *libera docenza* (agrégation à l'enseignement supérieur).

Malgré tous ces entraves, les écoles libres arrivaient à se maintenir grâce aux sacrifices des congrégations et des catholiques, et grâce surtout à l'excellence de leur organisation et de leurs méthodes d'enseignement. Les écoles de l'état l'emportaient quant au nombre des élèves, parce qu'elles seules pouvaient livrer des diplômes ayant une valeur légale ; mais les écoles libres, notamment les écoles moyennes libres, l'emportaient quant à la qualité des élèves.

Après la guerre, le parti populaire tenta la réalisation graduelle du programme catholique de la liberté d'enseignement. Il proposa que, sans renverser brutalement le système érigé fragmentairement au courant des soixante-dix dernières années, on en abordât la réforme pour l'orienter vers des conceptions franchement libérales. Il spécifia son programme minimum proposant l'institution d'un *examen d'état*, le même pour les élèves de l'école publique ou de l'école libre, qui devait précéder l'attribution des diplômes de licence des écoles moyennes et des grades académiques des Universités. Il prônait, en d'autres termes, l'adoption du système du *jury mixte* assurant à toutes les écoles le même traitement quant à la valeur légale des diplômes, tout en conservant à l'école de l'état le privilège de bénéficier elle seule des allocations des budgets de l'état et des institutions locales.

Les efforts opiniâtres du parti populaire pour la réalisation de ce programme scolaire minimum rencontrèrent la résistance la plus acharnée de la part des groupements de la vieille oligarchie parlementaire et des socialistes de la tendance la plus tempérée. Les uns craignaient qu'une tentative sincèrement libérale n'ébranlât l'hégémonie qu'une organisation artificieuse leur assurait dans l'école publique. Les autres ne comprenaient pas la signification démocratique d'une réforme destinée à appeler des forces nouvelles et libres à la diffusion de la culture, vis-à-vis de laquelle le fonctionnarisme étatique avait démontré son incapacité congénitale. Il s'ensuivit que les deux projets de réforme scolaire, ébauchés sur les suggestions du parti populaire par les ministres Croce et Corbino, sombrèrent dans les bas-fonds de la procédure parlementaire.

Au moment où le nationalisme fasciste s'empara du pouvoir, aucune réforme n'avait encore été arrêtée, et la crise de l'école, latente depuis longtemps, envenimée par la guerre, réclamait des mesures promptes et radicales. Le gouvernement fasciste aborda immédiatement la réforme scolaire suivant les idées du philosophe Giovanni Gentile nommé ministre de l'instruction publique en octobre 1922. Mais il renia bientôt la politique scolaire de Gentile, après qu'elle eut servi pour ménager les catholiques en les leurrant par l'espoir de la conquête d'un régime de liberté, et revint graduellement vers des idées de centralisation absolue. Préoccupé toujours par la crainte de ne fournir aucun argument aux catholiques rangés à l'opposition, il n'opéra aucune réforme organique des lois édictées en 1923 et se borna à les modifier par une foule de décrets et d'instructions ministérielles. Il s'ensuivit que le régime actuel de l'instruction publique italienne est aussi incertain et chaotique qu'il l'était sous les gouvernements démocratiques (1).

La réforme de 1925 (texte unique du 22 janvier 1925) renforça le régime de centralisation et d'étatisation établi par les lois et par les règlements des dernières années d'avant-guerre. Au contraire, le décret du 10 juin 1926, tout en augmentant les pouvoirs des organes gouvernementaux vis-à-vis des communes administrant encore leurs écoles primaires (2), a introduit une institution jusqu'alors inconnue à la législation italienne, savoir : l'adoption des écoles libres par les pouvoirs publics (3). Il faut cependant remarquer que, puisqu'en vertu de la loi de 1911 seule une petite minorité de communes conserve l'administration de ses écoles primaires, il s'agit en réalité d'une faculté réservée presqu'entièrement à l'administration scolaire de l'état. Ce régime n'a pas permis un développement sérieux des écoles libres. Le monopole de l'état n'a pas été ébranlé ; et les nombreuses écoles

(1) Les écoles primaires sont régies actuellement par le texte unique de la loi sur l'instruction élémentaire du 5 février 1928, n° 577, modifié par le décret du 18 mars 1928, n° 780. — Les écoles moyennes sont régies par les décrets du 11 mars 1923, n° 685, et du 6 mai 1925, n° 1054, et par le règlement du 6 juin 1925, n° 1084. — Les dispositions fondamentales au sujet de l'instruction supérieure sont renfermées dans le décret du 30 septembre 1923, n° 2102, dans le règlement général universitaire du 6 avril 1924, n° 674, et dans les décrets-lois du 4 septembre 1925, n° 1604, et du 27 octobre 1926, n° 1933. — En outre on trouve une foule de dispositions, dont certaines de toute première importance, éparpillées dans nombre de lois, de décrets et d'instructions ministérielles, de sorte que l'examen approfondi des questions scolaires est aujourd'hui aussi pénible et difficile qu'auparavant.

(2) Art. 2 du décret du 10 juin 1926, modifiant l'art. 46 du texte unique du 22 janvier 1925.

(3) Art. 3 du décret du 10 juin 1926, remplaçant l'art. 85 du texte unique. Cet article 3 stipule que l'état peut permettre aux communes de s'acquitter de leurs obligations en adoptant des écoles primaires créées par des corporations, par des associations ou par des personnes morales, pourvu que ces écoles soient « ouvertes » au public et régies conformément aux lois et aux règlements » (art. 95 du texte unique du 5 février 1928).

libres pour les enfants des classes moyennes doivent elles-mêmes se conformer aux directives pédagogiques de l'école de l'état et en adopter les livres de classe.

Les lois fascistes sur l'école moyenne ont adopté le système du *jury mixte*, jadis proposé par le parti populaire. Cette réforme a entamé les privilèges reconnus aux élèves des écoles de l'état. Le jury, bien que composé en majorité de professeurs de l'état, doit être choisi en dehors du corps de l'institut où il siège, et ainsi les élèves des écoles publiques ne passent plus leurs examens devant leurs propres professeurs, chargés en même temps de juger les élèves des écoles libres concurrentes. Les écoles moyennes libres ont bénéficié largement du système du *jury mixte*. Le nombre de leurs élèves a augmenté au courant des dernières années, sans atteindre toutefois le nombre des élèves des écoles moyennes de l'état ; mais les écoles libres ont dû adopter les programmes et les livres de classe des écoles étatiques et les systèmes pédagogiques prônés par les dirigeants fascistes de l'instruction publique. L'augmentation du champ d'action des écoles libres est ainsi contrecarrée par la diminution réelle de leur autonomie.

La réforme de l'enseignement universitaire marque une étape vers la réalisation de la centralisation à outrance. Les nouvelles lois autorisent, il est vrai, la constitution d'Universités libres et reconnaissent la valeur légale de leurs grades académiques (1) ; elles confèrent aux conseils académiques des pouvoirs assez étendus pour l'organisation des études au sein des facultés afin de développer les caractères traditionnels de chaque Université ; elles autorisent enfin les étudiants à organiser d'une façon plus souple qu'auparavant leur *curriculum studii*. Mais, par contre, elles augmentent le pouvoir de contrôle des organes centraux de l'administration de l'instruction publique. Les Universités libres, pour obtenir l'autorisation de délivrer des titres et des grades légaux, doivent se soumettre à ce contrôle, s'exerçant surtout à propos du recrutement du corps académique. L'autonomie interne des Universités a été réduite à néant, en augmentant le

---

(1) Les catholiques italiens profitèrent de la concession pour obtenir la reconnaissance de l'Université catholique du Sacré-Cœur à Milan. En même temps on constituait à Milan une autre Université libre, dirigée par des hommes de l'ancienne école positiviste. — Le gouvernement avait déclaré que la réforme universitaire devait aboutir à la réduction du nombre des Universités italiennes, et la concession de l'autonomie administrative aux petites Universités devait faciliter cette réduction. Mais les efforts accomplis par les villes universitaires et par les institutions locales sauvèrent les instituts supérieurs... condamnés à mort. Une nouvelle Université fut fondée par l'état à Bari, de sorte que, la réforme une fois accomplie, on se trouva en Italie avec vingt-cinq Universités au lieu de vingt-deux, sans compter la nouvelle Ecole supérieure de Trieste.

nombre des membres nommés par le gouvernement au sein des conseils académiques. L'autonomie administrative, imposée aux petites Universités en leur fixant une subvention de l'état égale au montant des frais d'avant-guerre, a été immédiatement limitée en assurant aux membres nommés par le gouvernement la majorité dans les conseils d'administration.

Les résultats de la réforme universitaire ne semblent pas très heureux. En effet, à l'occasion de la discussion du budget de l'instruction publique pour l'année 1928-29, deux députés fascistes ont dénoncé au gouvernement la *crise* de l'Université italienne provoquée par les réformes récentes. « Le problème universitaire » est si grave — déclara le député Eugenio Morelli — que je n'ai » pas d'hésitation à déclarer que, si vous ne le résolvez pas promp- » tement, l'Université italienne s'effrondrera bientôt. » « Le pro- » blème est grave — s'écria à son tour le député Paolo Orano — car » la jeunesse perd l'habitude d'étudier. On compte maintenant » dix mille étudiants universitaires de moins qu'il y a trois ans. » C'est un chiffre formidable ! » (1)

Sans s'arrêter aux résultats pédagogiques et scientifiques des nouvelles lois sur l'instruction publique, on doit reconnaître que dans leur ensemble il y a quelque chose qui semble faire contraste avec le principe de la centralisation absolue. Le nationalisme fasciste a-t-il en matière scolaire renié, au moins partiellement, sa conception anti-libérale, appliquée avec rigueur dans les autres domaines ? Si l'on envisage la substance et la raison politique des dispositions apparemment libérales de la législation scolaire fasciste, on doit se convaincre qu'elles ne contrastent guère avec les principes fondamentaux du nationalisme. Si l'on excepte le fait que certaines lois fascistes sur l'enseignement se ressentent de l'influence personnelle du ministre Gentile, favorable à la liberté d'enseignement avant d'adhérer au parti fasciste, il faut se rappeler que toutes ces dispositions apparemment libérales furent édictées au moment où le parti populaire prenait la tête de l'opposition anti-fasciste. Le gouvernement, afin d'entamer la force de résistance de son adversaire le plus redou- table, adopta la tactique de se montrer favorable aux réformes jadis proposées par les populaires. Ainsi il exploita habilement les réformes scolaires pour rallier au fascisme les catholiques contraires aux idées démocratiques du parti populaire, et pour capter la bienveillance des autorités religieuses, préoccupées du sort des écoles dirigées par les congrégations ou s'inspirant des principes catholiques. Les mesures favorables aux écoles libres

(1) Chambre des députés. — Séance du 29 février 1928.

ne furent en réalité que des appats en vue de la réalisation d'un plan politique plus large, de même que les prétendues lois contre la franc-maçonnerie ; mais en réalité elles ne se rapportèrent à aucun principe de liberté.

En Italie, plus encore qu'ailleurs, les seules écoles libres sont celles des congrégations, car il n'existe pas une organisation scolaire sérieuse des autres confessions ou des autres écoles philosophiques. Il s'ensuit que les atténuations au rigide monopole étatique de l'enseignement moyen, l'adoption facultative des écoles primaires libres, la reconnaissance des grades conférés par les Universités libres ne pouvaient profiter, au moment de leur octroi, qu'aux écoles catholiques. Les chefs fascistes eux-mêmes se complurent souvent à exalter les bienfaits de leur politique scolaire en faveur des écoles catholiques, espérant peut-être que l'enseignement donné par celles-ci éduquerait les nouvelles générations au respect des détenteurs du pouvoir. Par contre, lorsque des organisations non catholiques voulurent fonder des établissements d'instruction en se prévalant des nouvelles règles soi-disant libérales, elles en furent empêchées par le gouvernement (1).

En outre le nationalisme fasciste, pour se garder contre toute interprétation libérale de sa législation scolaire, fixa des programmes très rigides pour l'*examen d'état*, obligatoires pour tous les élèves des écoles libres, tandis que les commissions chargées de choisir les livres de classe s'inspiraient de plus en plus ouvertement de directives politiques. Le gouvernement, estimant qu'« il » faut que le livre de classe n'ait pas seulement l'apparence fasciste, » mais qu'il ait aussi l'âme fasciste » (2), a prescrit que « les livres » de classe d'histoire, de géographie, de lectures, d'économie et de » droit pour les écoles primaires doivent se conformer aux exi- » gences historiques, politiques, juridiques et économiques » proclamées depuis le 28 octobre 1922 » (3).

Ainsi la prétendue liberté, octroyée par les premières lois fascistes, fut graduellement ramenée à « la liberté de faire ce que » veut le ministre de l'instruction publique ».

Après la dissolution des partis adverses du fascisme, les gouvernants, n'ayant plus à craindre l'opposition des populaires, ont

(1) L'Y. M. C. A. avait fondé après la guerre à Turin des instituts d'éducation s'inspirant des principes protestants, et provoquait ainsi de vives oppositions de la part des catholiques. Malgré cela, les gouvernements dont faisaient partie les représentants du parti populaire ne firent rien pour mettre ces instituts hors du droit commun. Sous l'empire des nouvelles lois fascistes sur l'enseignement, l'Y M. C. A. dut renoncer à tout projet d'expansion et dut aussi fermer ses instituts de Turin.

(2) Séance du Conseil des ministres, 24 février 1928.

(3) Art. 1. du décret du 18 mars 1928, n° 780.

ramené les écoles catholiques elles-mêmes sous un régime moins tolérant, et quand ils estimèrent leur position inébranlable, ont proclamé ouvertement que « l'éducation totalitaire et intégrale de » l'homme italien revient exclusivement à l'état comme une de » ses fonctions fondamentales et primordiales, ou mieux encore, » comme *la* fonction étatique fondamentale » (1).

La vraie situation de l'école italienne apparaît mieux encore, si l'on considère les conditions faites au corps enseignant. Le système du *test* fut appliqué aux instituteurs et aux professeurs avec plus de rigueur qu'aux autres employés et fonctionnaires de l'état, et on leur interdit complètement l'exercice du droit d'association. Les organisations des instituteurs italiens ne s'occupaient pas seulement de la défense des intérêts professionnels de leurs membres, mais aussi de recherches et d'études pédagogiques vraiment remarquables. On essaya tout d'abord de les étouffer en *conseillant* aux instituteurs de s'inscrire à l'association fasciste ; on les obligea ensuite à se dissoudre lorsqu'on subordonna leur existence à une autorisation gouvernementale, tout en stipulant que cette autorisation ne pouvait être octroyée qu'à une seule association (2).

Tout enseignement d'idées, sauf celui du dogme, n'est en substance qu'une continuelle exposition d'opinions, qui ne peut acquérir de valeur scientifique que si la critique peut se donner libre cours et rechercher des formes de plus en plus parfaites et plus proches de la vérité. J'ai envisagé déjà quelles sont en Italie les conditions de la liberté d'opinion et de discussion : je laisse donc au lecteur de juger si ces conditions sont telles qu'elles admettent l'existence d'une réelle liberté de l'enseignement, même si la loi la proclamait complète et absolue.

En réalité le nationalisme fasciste, malgré les renonciations momentanées et les atténuations dictées par des raisons de tactique contigente, ne renie pas les conséquences logiques de son système centralisateur. Il vise désormais la réalisation intégrale du principe selon lequel « ceux qui enseignent aux citoyens leurs devoirs » envers le pouvoir souverain et les éduquent dans la connaissance » du juste et de l'injuste, pour les rendre mieux capables de vivre » selon la religion et en paix les uns avec les autres et de résister » à l'ennemi commun, ceux-là aussi sont des fonctionnaires

(1) Discours de B. Mussolini. — Conseil des ministres. — Séance du 28 mars 1928.

(2) Art. 92 du décret du 1er juillet 1926, n° 1130. — Les catholiques italiens avaient depuis longtemps constitué une association d'instituteurs, l'*Associazione magistrale Niccolò Tommaseo,* remarquée par son activité dans le champ pédagogique. Elle aussi fut tout d'abord réduite à l'inaction et puis à la dissolution.

» publics. Il sont des fonctionnaires parce qu'ils n'opèrent pas
» de leur propre autorité, mais en vertu d'une autorité déléguée.
» Ils sont publics parce qu'ils opèrent — ou, au moins, ils doivent
» opérer — au nom de l'autorité seule du souverain » (1).

Mais le nationalisme fasciste ne se borne pas à organiser un
contrôle rigide de l'école à tous les degrés en soumettant à une
discipline presque militaire les professeurs et les instituteurs.
Il vise aussi à constituer à côté de l'école un ensemble d'institutions
destinées à assurer au parti dominant un véritable monopole
de l'instruction et de l'éducation de la jeunesse. Trois organisations ont été échafaudées pour atteindre ce but, savoir : l'*Opera
nazionale Balilla*, l'Association des *Piccole italiane*, les *Avant-gardes
fascistes*. Ces organisations sont dirigées par des conseils ou par des
commissaires nommés directement par l'exécutif et soumis au
contrôle le plus rigoureux du gouvernement et du parti fasciste.

Les garçons au-dessous de quinze ans doivent s'inscrire à
l'*Opera nazionale Balilla*, les fillettes doivent adhérer à l'association des *Piccole italiane* et les garçons au-dessus de quinze ans
aux avant-gardes. Chaque année a lieu la *levée fasciste* ; les *balilla*
âgés de quinze ans passent aux avant-gardes et les membres des
avant-gardes jugés dignes d'appartenir au parti entrent dans les
rangs de la *milice volontaire pour la sûreté nationale*. L'*Opera
nazionale Balilla* bénéficie d'un véritable monopole pour tout ce
qui a trait à l'éducation de la jeunesse. Le décret-loi du 9 janvier
1927 a interdit toutes les organisations se proposant de « favoriser
» l'instruction, la préparation à l'exercice des professions, des arts
» et des métiers, ou *quocumque modo* l'éducation physique, morale
» ou spirituelle des jeunes ». Toutes les œuvres de jeunesse doivent
dépendre de l'*Opera nazionale Balilla*.

Les documents officiels de même que les délibérations des
organes du parti ne cachent pas les buts essentiellement politiques
des organisations étatiques pour la jeunesse. « Le but de la loi
» constituant l'*Opera nazionale Balilla* — déclare-t-on — est de
» fournir à l'état le moyen de participer directement à la prépara-
» tion spirituelle de la jeunesse... Il deviendra facile à l'état,
» grâce à l'*Opera nazionale Balilla*, de former dans les jeunes gens
» l'état d'esprit et la préparation de conscience nécessaires pour
» valoriser dans les développements successifs de la vie civique
» cet esprit nouveau, qui pénètre désormais la nation toute entière ;
» esprit nouveau qui, tirant origine de la tranchée glorieuse, a été
» renforcé par la foi et par la volonté des chemises noires » (2).

(1) HOBBES. — *Léviathan*. — II⁰ partie, chap. XXIII.
(2) Discours du député Terruzzi, sous-secrétaire d'état aux affaires intérieures. —
Chambre des députés. — Séance du 6 février 1926. — *Atti parlam.* XXVII
Legisl., p. 5390.

Le grand conseil fasciste a été plus explicite : il a fixé aux organisations des *balilla* et des avants-gardes le but de « préparer » du point de vue politique, spirituel et moral les jeunes à la vie » de la *milice volontaire pour la sûreté nationale* et pour celle du » parti » (1).

Les parents n'ont aucune obligation légale d'envoyer leurs enfants aux instituts post-scolaires organisés par l'*Opera nazionale Balilla* ou de les inscrire aux avant-gardes fascistes. Il en est de même pour les travailleurs, qui n'ont aucune obligation d'appartenir aux organisations de l'*Opera nazionale del dopolavoro*, chargées de pourvoir aux loisirs et au perfectionnement professionnel des ouvriers. Mais pour tous ceux que ne retient pas un sot préjugé d'indépendance, les avantages octroyés par ces organisations les déterminent à y entrer. Si ces avantages et ces privilèges ne suffisent pas, les *sages conseils* des chefs locaux de l'oligarchie dominante prennent toujours la valeur d'un ordre (2). Le gouvernement de son côté, partant du principe « autant » d'inscrits aux écoles primaires, autant de *balilla* et de petites » italiennes », a ordonné aux inspecteurs, aux directeurs, aux instituteurs de favoriser, même par l'action directe de propagande auprès des parents, l'inscription des élèves dans l'*Opera Nazionale Balilla* (3).

Le système est ainsi outillé pour tenter la plus colossale expérience d'étatisation qu'aucun peuple de l'Europe occidentale ait jamais envisagée. L'état se charge de tout ce qui a trait à l'instruction et à l'éducation de la jeunesse, pour en faire un service spécial de son administration, à laquelle on confère désormais le pouvoir de juger du vrai et du faux, du bien et du mal. Mais je ne crois pas que la tentative fasciste échappera à la destinée commune de toutes les expériences de *standardisation* intellectuelle !

---

(1) Résolution du 8 novembre 1927.

(2) « Nous savons aussi que nombre de parents chrétiens, sachant ce qu'est » et ce que doit être l'éducation et la formation chrétienne dont seule l'Eglise » a la mission et les moyens, demeurent profondément contristés et soucieux, » en constatant d'une part les nombreux efforts, ou pour mieux dire tout un » plan tendant à un vrai monopole de l'éducation de la jeunesse..., de l'autre les » difficultés, les pressions, les obstacles, les menaces obscures ou déclarées, et » les vraies hostilités qui en tant de lieux.... s'entremettent et s'opposent, » contrairement aux hautes assurances qui avaient été données, au paisible » exercice de l'action catholique..., des cercles et des patronages..., tantôt par des » agressions ouvertes et violentes, tantôt sous des prétextes qui montrent la » négation ou l'ignorance des principes pédagogiques les plus élémentaires » et les plus connus. » — Allocution de S. S. Pie XI. — 25 mars 1928.

(3) Circulaire du ministère de l'instruction publique. — Décembre 1927.

VI

LE GOUVERNEMENT.

Les pouvoirs légaux du CHEF DU GOUVERNEMENT.

La toute-puissance de l'exécutif est une conséquence logique
de la doctrine nationaliste et de l'identification du gouvernement
avec l'état. Son établissement fut rendu nécessaire par le processus même de la conquête fasciste. Le nationalisme fasciste
n'osa pas, en octobre 1922, renverser d'un seul coup l'organisation
traditionnelle des pouvoirs ; il se borna à s'emparer d'un seul
des organes constitutionnels. Pour éviter une lutte, dont le résultat
lui apparaissait incertain, il laissa aux autres organes de l'état
les pouvoirs que leur conférait la constitution. Mais à partir de ce
moment le nationalisme fasciste visa à réduire graduellement
les prérogatives des autres organes constitutionnels, pour concentrer dans le gouvernement, dont il était maître, toute la puissance
que les chefs de la *révolution d'octobre* n'avaient pas réussi à
conquérir en bloc. Il poursuivit ce but par la nouvelle organisation
des pouvoirs, par la réglementation des droits du citoyen que j'ai
essayé d'esquisser, et par la transformation des organes bureaucratiques en autant d'auxiliaires pour la conquête de la toute-
puissance de l'exécutif.

Il ne semble pas que l'organisation administrative édifiée depuis
1922 par le fascisme ait été conçue d'avance et d'une façon organique par ses chefs. Elle se forma et se perfectionna selon les
nécessités des situations politiques momentanées et les buts
immédiats tour à tour visés par les chefs. S'il en sortit un nouvel

ordre parfaitement conforme aux principes de la doctrine nationaliste fasciste, ce ne fut pas — je crois — le résultat d'une action préméditée des chefs, mais plutôt la conséquence du fait que les exigeances de la lutte imposaient cette centralisation presque militaire idéalisée par la théorie nationaliste.

En Italie, comme dans tous les états européens à régime représentatif, l'organisation de l'exécutif n'était pas réglée par la constitution. En Italie, comme dans les autres monarchies représentatives, la *figure politique* du premier ministre se précisa graduellement en marge de la constitution. La permanence au pouvoir d'hommes d'état remarquables ou de parlementaires rusés, tels que Cavour, Depretis et Giolitti, renforça les pouvoirs de fait du Président du Conseil, et ces pouvoirs ne s'affaiblirent que pendant la guerre et après l'armistice, quand aucune personnalité de premier plan ne s'imposa sans conteste aux partis et aux factions.

Si le nationalisme fasciste ne s'était proposé que de rétablir l'équilibre politique ébranlé par les crises d'après-guerre, point n'eut été besoin pour lui d'apporter aucun changement à l'organisation désormais traditionnelle du gouvernement. La personnalité incontestablement forte de son chef et sa large popularité lui assuraient la plus complète liberté d'action dans les limites de la constitution et de la coutume parlementaire. Mais la prééminence traditionnelle du Président du Conseil ne suffisait pas au nationalisme fasciste, qui ambitionnait de diriger l'action de l'état dans des voies opposées à la politique monarchique des soixante dernières années. Bien que ne disposant pas de la majorité au Parlement et dans le pays, il voulait gouverner sans condescendre à des accords avec les autres partis, et sans renoncer à aucun postulat de son programme maximum. D'où la nécessité de conférer au Président du Conseil des pouvoirs très étendus, lui permettant de diriger les autres membres du cabinet comme des fonctionnaires quelconques.

La figure politique du *chef du gouvernement* commença à se dessiner au lendemain même de la *marche sur Rome*, bien que Mussolini fût obligé d'appeler dans son ministère des hommes politiques des différents partis (1). Elle se précisa de plus en plus jusqu'au moment où elle se fixa dans la loi du 24 décembre 1925

(1) Faisaient partie du cabinet présidé par Mussolini au lendemain de la *marche sur Rome* les personnages politiques suivants n'appartenant pas au parti fasciste : les députés Cavazzoni et Tangorra, populaires, le député Colonna di Cesarò, démocrate, les députés Carnazza et De Capitani et le sénateur Rossi, libéraux, le général Diaz et l'amiral Thaon di Revel n'appartenant à aucun parti politique.

sur les « attributions et prérogatives du Chef du Gouvernement
» Premier Ministre Secrétaire d'Etat ».

Maints articles du « Statut fondamental du royaume » furent
abrogés implicitement par les dispositions de cette loi. Tandis que
l'art. 55 du Statut stipulait qu'un projet de loi doit être approuvé
par l'une des deux Chambres avant d'être présenté à l'autre, on
reconnaît maintenant au chef du gouvernement « la faculté de
» demander qu'une proposition de loi, repoussée par l'une des
» deux Chambres, soit soumise également à l'autre » (1). Autrefois
un projet de loi, repoussé par l'une des deux Chambres, ne pouvait
plus être représenté au courant de la même session (2). Aujour-
d'hui le chef du gouvernement a le droit de demander qu'il soit
présenté à nouveau devant la Chambre qui l'a repoussé, trois mois
après son rejet. Et dans ce cas, « on vote le projet de loi sans discussion, au scrutin secret » (3). A l'article 5 du Statut, déclarant
qu' « au Roi seul appartient le pouvoir exécutif », et aux dispositions
des articles 65, 66 et 67, base de l'unité politique du cabinet, on
substitua l'article premier de cette nouvelle loi, stipulant que
« le pouvoir exécutif est exercé par le Roi au moyen de son gou-
» vernement ». Ainsi le gouvernement est transformé en une
véritable entité juridique ayant son propre chef, par l'intermédiaire
duquel la Couronne doit effectuer les nominations et les révocations
des autres ministres (4).

Le contrôle le plus absolu du chef du gouvernement sur toute
l'administration est assuré par la disposition qu'il est seul responsable vis-à-vis du Roi des directives politiques générales du cabinet
et que chaque ministre est responsable vis-à-vis du chef de « tous
» les actes et de toutes les mesures de son département » (5). En
déclarant enfin que « le nombre, la constitution et les attributions
» des ministères sont fixés par décret royal » (6), on enleva
définitivement à la représentation nationale l'examen des mesures
ayant trait à l'organisation de l'administration centrale de l'état.

(1) Art. 6 de la loi du 24 décembre 1925, n° 2263.
(2) Art. 56 du Statut.
(3) Art. 6 de la loi du 24 décembre 1925.
(4) Art. 2 de ladite loi.
(5) Art. cité.
(6) Art. 4 de ladite loi. — Les publicistes italiens avaient longtemps discuté
s'il fallait une loi spéciale pour constituer un nouveau ministère. Les parlementaires eux aussi avaient hésité entre les deux thèses, jusqu'à ce que la loi du 11 juillet 1904 prescrivit expressément une délibération du Parlement pour modifier
le nombre et la formation des départements exécutifs. Après-guerre on revint
au système ancien en formant et en dissolvant les ministères par des décrets-lois,
toujours confirmés par le Parlement. La loi du 24 décembre 1925 abolit définitivement le système de la loi de 1904.

Aucun Président du conseil des états constitutionnels européens ne possède des pouvoirs et des facultés aussi étendus que ceux que la loi du 24 décembre 1925 attribue au *chef du gouvernement* italien. L'autonomie reconnue, dans certaines limites, aux différents ministres, même dans les pays traditionnellement régis par des gouvernements de parti et par des cabinets solidement unis, est maintenant complètement abolie en Italie. Les ministres ne sont en réalité que des délégués du *chef du gouvernement*, chargés de gérer tel ou tel autre département exécutif, et ils sont priés de démissionner ou bien ils sont transférés d'un département à un autre, s'ils n'exécutent pas fidèlement et exactement les ordres du chef (1). Les réunions du conseil des ministres, dans lesquelles auparavant étaient arrêtées les directives de la politique générale du gouvernement et où étaient discutées sérieusement les affaires de toute première importance, ne sont plus qu'une sorte d'audience, où le *chef* reçoit les rapports des ministres dépendants et leur communique les directives à suivre dans chaque département.

Mais il ne faudrait pas croire que les pouvoirs du *chef du gouvernement* se réduisent à ceux fixés par la loi du 24 décembre 1925. En examinant l'organisation actuelle des pouvoirs constitutionnels on a vu quelle était en réalité la position de la représentation nationale vis-à-vis de l'exécutif, et combien était fictive la responsabilité du *chef du gouvernement* vis-à-vis d'un *Chef d'état* ne disposant d'aucune sanction politique applicable au commandant effectif des forces armées du pays. De la même manière, les pouvoirs du *chef du gouvernement* dans le champ de l'administration sont beaucoup plus étendus qu'ils ne résultent de la loi, mais, pour comprendre leur portée réelle, il faut considérer comment ils se sont développés et raffermis au cours des cinq dernières années.

Le parti et le gouvernement.

Lorsque le parti fasciste imposa au Souverain de confier à son chef la direction du gouvernement, il ne disposait pas d'un personnel suffisant pour remplir toutes les charges de l'état. Cette

(1) Au mois de novembre 1926, au lendemain du quatrième attentat, Mussolini mécontent de l'action du ministre des affaires intérieures Federzoni le pria de céder la direction de son département et de se charger de celui des colonies. Le ministre des colonies Di Scalea fut renvoyé... faute de places disponibles. — Dans son discours du 26 mai 1927 à la Chambre des députés, Mussolini s'exprima très clairement sur le rôle assigné aux ministres. « Vous devez vous convaincre, a-t-il dit, que dans le gouvernement fasciste tous les ministres et tous les sous-secrétaires d'état ne sont que des soldats. Ils vont là où leur chef ordonne d'aller, et ils restent si je leur dis de rester. Il n'y a rien qui rappelle la vieille cuisine des vieux temps : il n'y a que la discipline militaire du régime fasciste. »

situation, jointe au besoin de capter la sympathie des multitudes favorables au rétablissement de la normalité constitutionnelle, détermina Mussolini à composer un ministère de *large base*. Ce furent les démissions successives des ministres non fascistes, qui l'amenèrent petit à petit à la formation d'un véritable cabinet de parti (1).

La tactique de temporisation de Mussolini ne satisfaisait pas, et ne pouvait pas évidemment satisfaire tous ceux qui escomptaient un remaniement complet des charges publiques et qui croyaient que la première conséquence d'une *révolution* devait être d'en placer les chefs dans les postes de commandement. Pour satisfaire les désirs et la convoitise des fidèles de la première heure et de la foule des partisans de la onzième heure, Mussolini constitua à côté des organes de l'état un nouveau corps composé exclusivement de membres du parti dominant. Ainsi naquit le grand conseil fasciste, dont faisaient partie les ministres et les sous-secrétaires d'état inscrits au parti, les chefs des hiérarchies du fascisme et des organisations économiques nationales adhérentes. Mussolini se réserva, tout naturellement, la présidence de ce nouvel organe gouvernemental.

Les pouvoirs et les fonctions du grand conseil furent ainsi fixés au moment de sa constitution : « Il s'agit — déclara son fondateur » — d'un organe essentiellement politique, qui n'empiète aucune- » ment sur la compétence spécifique du gouvernement, représenté » par le Conseil des ministres. En effet ni les mesures législatives » déjà édictées, ni celles qu'arrêtera le Conseil des ministres n'ont » formé l'objet de la discussion du grand conseil... Le grand » conseil aide et sauvegarde l'action du gouvernement, et au » milieu du parti et de la vie nationale il exerce une fonction » d'*orientation* politique générale, nécessaire pour assurer une « base de consentement à l'action gouvernementale » (2).

Malgré ces déclarations explicites du *chef du gouvernement et du parti*, le grand conseil fasciste commença dès sa deuxième session (12-13 février 1923) à s'occuper des problèmes législatifs, en présentant des propositions et en rédigeant des projets transmis

(1) Le ministre Cavazzoni démissionna à la suite du congrès du parti populaire de Turin (avril 1923). Peu de temps après démissionna le ministre Colonna di Cesarò. Au mois de juin 1924, Mussolini essaya de nouveau d'élargir la base de son ministère et confia le portefeuille des travaux publics au député conservateur Sarrocchi, et celui de l'instruction au sénateur Casati, conservateur-catholique. Tous deux démissionnèrent après le discours de Mussolini du 3 janvier 1925. Le 8 mai démissionna l'amiral Thaon di Revel, et depuis lors le cabinet fut composé exclusivement de membres du parti fasciste.

(2) Discours de Mussolini à la 1re session du grand conseil fasciste, 11 janvier 1923.

ensuite au gouvernement. Dans sa deuxième session il se borna à exprimer le vœu que le Conseil des ministres étendît aux travailleurs agricoles le régime des prud'hommes et qu'il formulât un projet de loi octroyant la pension privilégiée de guerre aux fascistes blessés et aux familles des fascistes morts pendant les *journées d'octobre*. Mais il élargit ensuite graduellement son intervention dans l'activité législative et administrative de l'état.

L'organisation corporative et ses principes fondamentaux furent discutés par le grand conseil fasciste dans ses séances du 6 et du 7 octobre 1925, avant que l'affaire fut traitée en Conseil des ministres (1). Le règlement des associations syndicales, rédigé par les bureaux de la Présidence du Conseil, fut présenté tout d'abord au grand conseil fasciste, qui le discuta du 25 au 27 juin 1926 en y apportant plusieurs modifications. Dans la suite il fut transmis au Conseil des ministres, qui l'approuva dans sa séance du 28 juin, et le 1er juillet il fut publié comme loi de l'état.

Le 21 avril 1927 M. Bottai, sous-secrétaire d'état aux corporations, présenta au grand conseil fasciste le texte de la *charte du travail*, et le grand conseil l'approuva, avec le vœu que le gouvernement arrêtât « les dispositions législatives nécessaires » pour promulguer les principes actuellement en voie de développement dans les lois fascistes sur la réglementation des rapports » collectifs du travail et sur l'organisation corporative de l'état ». Le texte de la *charte du travail* fut publié dans la *Gazzetta Ufficiale* (2), comme s'il s'agissait d'une loi votée par les organes constitutionnels compétents et signée par le Roi. A la suite de la *charte du travail* on lisait la note suivante : « ce texte a été » signé par le chef du gouvernement, par les ministres et les » sous-secrétaires présents, par les membres de la direction du » parti, par les autres membres du grand conseil et par les » présidents des confédérations professionnelles des patrons et » des travailleurs ».

Le 10 novembre 1927 le grand conseil alla jusqu'à formuler des prescriptions particulières pour les ministres, se chargeant ainsi du rôle auparavant rempli — du moins formellement — par le Conseil des ministres. En effet, la résolution votée au sujet de la réforme constitutionnelle prescrit tout simplement au « ministre » de la justice de rédiger un projet de loi sur la base des directives »

---

(1) « Le projet de loi présenté à votre discussion n'est en réalité que la transformation en normes législatives de la résolution votée par le grand conseil » fasciste. » — Rapport de la commission parlementaire sur le projet de loi « sur les rapports collectifs du travail ». — *Atti Parlam.* xxvii *Leg.* — Doc. 634 A,, p. 2.

(2) Numéro du 30 avril 1927.

votées et de « le présenter à la séance du grand conseil qui sera convoquée, etc. » (1).

Aucune loi ne fixe la composition du grand conseil ; aucune disposition ne précise sa place dans la hiérarchie de l'état fasciste. En réalité il est une de ces institutions caractéristiques des mouvements extralégaux, que les nouveaux maîtres forment suivant les nécessités du moment et dont les pouvoirs sont fixés par la capacité de réalisation de la nouvelle classe politique montée au pouvoir. Dans le régime fasciste, après la promulgation de la loi électorale du 17 mai 1928, on a cependant cette situation juridiquement absurde : un organe qui n'existe qu'*en fait* a le pouvoir *légal* de nommer la représentation nationale.

Dès à présent le grand conseil est sans doute l'organe consultatif le plus écouté parmi ceux qui sont accrédités auprès du *chef du gouvernement*. Composé des ministres, des sous-secrétaires d'état, des chefs des organisations politiques et économiques du parti et des personnes choisies par le *chef du gouvernement* comme ayant bien mérité de la cause fasciste (2), le grand conseil est l'expression la plus complète du parti au pouvoir et de l'homme qui le dirige. Par conséquent ses pouvoirs réels sont ceux que la force du parti lui confère et que l'autorité du *chef* lui consent.

Au lendemain de l'assassinat de Matteotti, quand la campagne des oppositions visait directement Mussolini lui-même, il se forma au sein du grand conseil un courant, dirigé par le ministre de la justice Oviglio, favorable à l'adoption de procédés de large tolérance. Mais, après que Mussolini eut étouffé la tentative des partis d'opposition, on interdit au groupement *révisionniste* de poursuivre sa campagne ; et ceux qui ne se plièrent pas à la discipline du silence furent inexorablement expulsés. Depuis lors le grand conseil n'osa plus afficher des attitudes contraires aux directives du *chef du gouvernement*, et ses résolutions ne furent plus que l'expression de la volonté du *maître* et de la petite coterie de son antichambre.

La fonction politique principale — ou peut-être exclusive — du grand conseil fasciste est maintenant de raffermir et de renforcer le pouvoir du dictateur, en faisant participer à la responsabilité de ses décisions tous ceux qui exercent des fonctions de premier plan dans l'administration, ou qui disposent d'une certaine influence politique dans le pays. Aujourd'hui on peut affirmer que la plénitude de la puissance du *chef du gouvernement*, mieux

(1) Résolution du grand conseil fasciste, 10 novembre 1927.
(2) Réforme approuvée par le grand conseil fasciste dans sa session du 7 et 8 octobre 1926.

qu'au sein du Conseil des ministres, se manifeste au moyen du grand conseil fasciste et en vertu du caractère de parti qu'on lui a conféré lors de sa constitution et toujours soigneusement conservé depuis.

En même temps que les pouvoirs du grand conseil fasciste s'étendaient sur toute l'administration publique, se réalisait graduellement la mainmise des hiérarchies fascistes sur toute l'organisation étatique.

Au lendemain de la *marche sur Rome* se vérifia une sorte de superposition tumultuaire des autorités du parti sur les autorités de l'état. Les chefs locaux, les secrétaires des fédérations provinciales fascistes, avaient joué pendant les *journées d'octobre* aux petits dictateurs. Ils s'efforcèrent de maintenir dans leurs mains les pouvoirs usurpés au moment de la lutte, et presque partout la hardiesse des dirigeants fascistes triompha aisément de l'obséquiosité des fonctionnaires. Le gouvernement fasciste dut alors choisir entre les deux alternatives : ou rétablir rigoureusement l'autorité des représentants du gouvernement et placer l'organisation politique du fascisme au même niveau que les organisations des autres partis, ou remplacer par ses propres hiérarchies les hiérarchies de l'état.

Les partis et les hommes, qui avaient accepté de collaborer directement ou indirectement avec le fascisme, se réclamaient de la *normalisation*. Puisque le fascisme avait réalisé son but et conquis le pouvoir, disaient-ils, la *révolution* était finie ; et il n'y avait aucune raison pour ne pas rétablir immédiatement les autorités légitimes dans l'exercice normal de leurs fonctions. Mais cette *normalisation* était pour le nationalisme fasciste synonyme de *renonciation* ; car, pour satisfaire ses alliés momentanés, il aurait dû renier le caractère révolutionnaire de son mouvement et renoncer à substituer un nouveau régime à la traditionnelle organisation des pouvoirs. D'autre part le remplacement immédiat du personnel dirigeant par un autre personnel ouvertement fasciste était impossible, faute de cadres adaptés à la besogne ; et il était aussi à craindre qu'une substitution instantanée ne provoquât les oppositions acharnées de couches très larges de la population.

Le fascisme se rallia alors à une solution moyenne. Il ne toucha pas aux pouvoirs légaux des autorités administratives centrales et locales ; mais en même temps il permit à la direction du parti et aux fédérations provinciales d'organiser une sorte de surveillance politique sur les autorités et de peser sur leurs décisions dans les affaires les plus importantes (1).

(1) A. MISURI. — *Rivolta morale.* — Milan, 1924.

Il fut un moment où cette politique à double face risqua de compromettre irréparablement la fortune du fascisme. Dans chaque province, à côté du préfet, le chef de l'organisation fasciste locale disposait à son bon plaisir de toutes les affaires publiques, avec des pouvoirs réels bien supérieurs à ceux du représentant du gouvernement. Comme la modération n'était pas la vertu dominante de ces dictateurs provinciaux, leur action souleva bientôt un mouvement d'opposition très vif dans le camp fasciste lui-même (1). Tout d'abord Mussolini se borna à frapper rigoureusement ceux qui pour blâmer ce système avaient enfreint les liens de la discipline rigide du parti (2). Mais, lorsqu'il eut mieux raffermi sa toute puissance, il renonça aux déguisements et aux tâtonnements jusqu'alors pratiqués, et entreprit ouvertement la *fascistizzazione* de l'administration publique et la fusion des hiérarchies de l'état avec les hiérarchies du parti (3).

Au mois de novembre 1924 Vittorio Emanuele Orlando s'écriait à la Chambre : « Le parti fasciste, fût-il tout entier une » compagnie de héros ou de saints, ne devrait quand même pas » se maintenir comme une entité indépendante à côté du gouver- » nement, et concourir avec lui à l'exercice des pouvoirs souve- » rains. Il n'a aucun droit à l'autorité, ni directement, ni indirec- » tement » (4). Mussolini lui répondit par ces déclarations très sages : « Depuis plusieurs mois — dit-il — mon effort constant est » de séparer nettement le domaine de l'état du domaine du parti, » l'action de l'état de l'action du parti, car le parti n'est qu'une » partie de la nation, tandis que le gouvernement doit régir la » nation toute entière » (5). Mais quand, après le 3 janvier 1925,

(1) Le public appelait ces dictateurs de province du nom de *ras*, dénomination des grands feudataires de l'Abyssinie. La campagne *anti-rassiste* fut menée toujours par les fascistes. Elle débuta au printemps de 1923 et atteignit son point culminant lors du discours du député fasciste Misuri à la séance du 29 mai 1923 de la Chambre.

(2) Tous les chefs de ce mouvement *révisionniste*, qui ne voulurent pas faire *amende honorable*, furent expulsés du parti comme coupables de manque de discipline, et parmi ceux-ci notamment les députés Misuri, Rocca et Corgini, sous-secrétaire d'état à l'agriculture.

(3) Vittorio Emanuele Orlando, dans son discours du 16 janvier 1925 à la Chambre des députés, peignit en fortes couleurs les deux phases successives de la politique fasciste. « Au courant de cette période de plus de deux ans de gouver- » nement — dit-il — nous avons traversé des phases différentes. Parfois dominait » ce que j'appellerai la violence privée du parti et de ses organisations ; et le » gouvernement s'en plaignait lui aussi. Survenaient alors les restrictions légales » de la liberté des citoyens, et on s'efforçait de les justifier comme un moyen pour » contenir la violence privée, en substituant à la pression exercée par le parti la » pression exercée par le gouvernement. » — *Atti parlament.* XXVII *Leg.*, p. 2251.

(4) Séance du 22 novembre 1924. — *Atti parlam.* XXVII *Leg.*, p. 730.

(5) Séance du 22 novembre 1924. — *Atti parlam.* XXVII *Leg.*, p. 742 et 743.

le fascisme eut achevé sa conquête, les déclarations de ses chefs changèrent radicalement de ton. Le député De Marsico put proclamer à la Chambre que « l'initiative dans l'ordre renouvelé » des choses ne peut appartenir qu'au parti dépositaire des » facteurs de régénération du pays » (1). Plus clairement encore Maurizio Maraviglia, rapporteur au dernier congrès fasciste déclara textuellement : « Quand nous aurons réalisé l'état fasciste, » alors le parti ne sera plus qu'une simple milice au service de » cet état. Il ne pourra être conçu autrement. Il ne sera pas un parti » en lutte avec les autres partis pour défendre ou pour conquérir » le pouvoir ; mais il sera un parti monopolisant la politique en » vertu de son propre droit pour défendre les institutions fonda- » mentales de l'état » (2).

Dès à présent le *parti* est transformé en véritable institution de droit public, reconnu comme tel par les lois et par les décrets. Le « faisceau des licteurs est considéré comme emblème de l'état, » pour tous les effets de la loi » (3). Un autre décret-loi stipula textuellement que « le 28 octobre, jour anniversaire de la marche » sur Rome, est déclaré jour férié avec toutes les conséquences civiles » (4). Le secrétaire général du parti est assimilé aux hauts fonctionnaires de l'état, et un rang spécial lui est réservé dans l'ordre des cérémonies publiques (5). Les chefs du parti à tous les degrés appartiennent *ipso jure* à une foule de commissions et d'administrations publiques. Ils font partie des conseils et des comités nommés directement par le gouvernement ou par ses représentants locaux, et ils occupent ainsi toutes les charges et exercent toutes les fonctions publiques.

La *fascistizzazione* de la bureaucratie fut achevée rapidement en 1925 et en 1926. On commença par se servir plus largement qu'auparavant de la faculté de nommer des hommes politiques aux hautes charges de l'administration centrale et locale. Comme le remplacement des fonctionnaires *politiquement suspects* par des hommes de fidélité éprouvée marchait trop lentement, on tenta hardiement l'*épuration* de la bureaucratie. Un premier décret, édicté la veille de l'échéance des pleins pouvoirs octroyés au gouvernement pour la réforme bureaucratique, autorisa la révocation des fonctionnaires « peu productifs » et de ceux dont le renvoi « était nécessaire pour l'intérêt du service » (6). Ces

(1) Séance du 15 janvier 1925. — *Atti Parlam.* XXVII *Leg.*, p. 2219.
(2) Rapport de Maurizio Mavaviglia au congrès national fasciste du 21 juin 1925.
(3) Décret-loi du 12 décembre 1926, n° 2061.
(4) Décret-loi du 21 octobre 1926, n° 1779.
(5) Décret du 19 décembre 1926, n° 2117, « ordre de préséance à la Cour et » dans les cérémonies publiques du secrétaire général du parti national fasciste ».
(6) Art. 51 du décret du 30 décembre 1923.

dispositions artificieusement vagues n'eurent pas l'effet qu'on espérait ; elles n'aboutirent pas à un changement radical dans la bureaucratie de l'état. Elles servirent néanmoins au fascisme en habituant l'opinion publique à se soucier médiocrement des droits acquis des fonctionnaires.

Deux ans plus tard, la loi du 24 décembre 1925, n° 2300, conféra au gouvernement pour l'année 1926 le pouvoir de révoquer les fonctionnaires qui ne « donnaient pas une garantie absolue de » l'accomplissement fidèle de leur devoir », ou qui « se plaçaient » dans une situation incompatible avec les directives politiques ». générales du gouvernement » (1). On ne cacha pas le but visé par le parti dominant en approuvant cette loi. Au contraire, on déclara franchement qu'elle servirait pour faire entrer dans l'administration publique une majorité de fonctionnaires fascistes. La loi du 31 janvier 1926 attribua à l'exécutif la faculté exclusive de réglementer le statut des fonctionnaires (2). Enfin le décret du 10 janvier 1927 transforma la mesure temporaire de la loi du 24 décembre 1925 en une règle définitive et constante de la carrière bureaucratique (3).

En pratique le *chef du gouvernement* et les coteries dominantes firent un large usage de toutes ces dispositions pour placer leurs fidèles dans tous les postes de commandement et dans les charges les mieux rétribuées, de sorte qu'au commencement de la sixième année du gouvernement fasciste la conquête de l'administration était un fait accompli.

Si le fascisme était un parti semblable aux partis existant dans tous les pays à système représentatif, on pourrait croire à un de ces phénomènes de dégénérescence caractéristiques de la vie poli-

(1) « ... on doit considérer le fonctionnaire public comme manquant à ses » devoirs, non seulement lorsqu'il enfreint matériellement les dispositions des lois » ou des règlements qui régissent son activité bureaucratique, mais aussi lorsqu'il » montre une attitude contraire à l'esprit national qui a inspiré ces dispositions » comme toutes les autres lois de l'état. » — Exposé des motifs du projet de loi pour la révocation des fonctionnaires de l'état. — *Atti parlam.* XXVII *Leg.* — Doc. 542.

(2) Art. 1er de la loi du 31 janvier 1926, n° 100.

(3) « Le nouvel ordre établi par le gouvernement national dans l'administration » publique a rendu plus intime le rapport entre les fonctionnaires et le gouver-» nement, et celui-ci, étant la personnification de l'autorité de l'état, doit être sûr » de la discipline la plus rigide et de la fidélité la plus complète de ses employés. » On ne peut pas admettre, comme auparavant, qu'un dualisme ou un antagonisme » quelconque se manifeste entre le gouvernement et ses organes, de même qu'on » ne peut pas permettre que les fonctionnaires manifestent des opinions ou » exercent une action contraires aux directives du gouvernement. Il a été néces-» saire d'apporter des modifications à la loi sur le statut des fonctionnaires... » afin de rendre possible en tout temps la révocation de ceux qui se mettront en » opposition avec le programme et l'action du gouvernement. » — Communiqué de la réunion du Conseil des ministres du 5 janvier 1927.

tique des Etats-Unis d'Amérique, tant que les politiciens américains mirent en pratique le principe de Van Buren, « le butin » appartient au vainqueur ». Mais le parti fasciste, tel qu'il apparaît à la suite de ses dernières réformes, n'est pas un *parti* selon la signification ordinaire du mot.

Jusqu'à la fin de 1926, le parti fasciste fut régi par les dispositions arrêtées par le grand conseil dans sa session du 13 octobre 1923. Les organes du parti étaient, outre le grand conseil, le conseil national composé des secrétaires provinciaux, et un directoire national de cinq membres nommés par le chef du parti parmi des noms proposés par le conseil national. Le conseil national n'avait que des fonctions très restreintes de consultation et de renseignement ; mais, composé comme il l'était d'individus choisis par les faisceaux de chaque province, il semblait une sorte de *survivance* de ce système suffragiste, dont le nationalisme s'était proposé la destruction totale.

Le conseil national fut aboli en vertu de la réforme arrêtée par le grand conseil dans sa session du 7-8 octobre 1926. Le directoire national passa de cinq à dix membres, y compris le secrétaire général du parti, et maintint ses pouvoirs et ses attributions. Cependant il ne peut « prendre aucune décision de nature politi- » que intéressant, outre le parti, la nation, sans une autorisation » préalable du chef du parti ». Les secrétaires provinciaux ne sont pas élus par les faisceaux locaux mais nommés par le secrétaire général, d'accord avec le chef du parti. A leur tour ils nomment les membres du directoire provincial et les secrétaires politiques des faisceaux des communes, et donnent leur agrément aux listes des membres des directoires locaux, dressées par les secrétaires communaux. Ainsi cette organisation rigidement centralisée ne permet pas aux courants opposés aux directives et aux idées des chefs locaux et centraux de se manifester et de prévaloir au sein du parti.

Il en est de même de l'esprit de la masse des partisans. Lorsque les faisceaux de combat se transformèrent en parti politique, ils n'abordèrent même pas la discussion de leur programme, et se bornèrent à proclamer que ce programme avait été exposé par Mussolini au congrès fasciste de Rome en 1921. Lorsque Mussolini, de 1923 à 1925, dut résister aux offensives des *révisionnistes*, il l'emporta grâce à l'appui de la masse des *fedelissimi*. Cette multitude le suivait fascinée, sans discuter ni sa pensée ni ses actes, ne voyant en lui que l'homme destiné à réaliser la grandeur de la Patrie et la toute-puissance de sa faction. Les chefs qui l'appuyèrent dans cette lutte — tous personnages de second plan, dépourvus de la culture et du génie nécessaires pour exercer une influence propre sur les masses et pour concevoir des solutions particulières des problèmes politiques — exploitèrent ce sentiment de soumission à la personne du chef et, les *révisionnistes* une fois débandés, en firent une obligation rigide de la discipline du parti.

Dès le commencement de l'année 1923 on introduisit l'usage du serment de fidélité au chef du parti, selon des formules fixées çà et là par les secrétaires provinciaux (1). Le nouveau règlement du parti demanda à tous les membres de déclarer leur soumission absolue à la volonté du *chef* en jurant la formule suivante : « je jure d'obéir aux ordres du *duce* sans les discuter, et » de servir la cause de la révolution fasciste de toutes mes forces » et — s'il est nécessaire — par mon sang ».

Les statistiques fascistes parlent d'un million d'inscrits au parti. Je n'ai pas le moyen de contrôler ce chiffre et je l'accepte tel quel. Mais j'observe que, lorsqu'une masse d'un million de citoyens promet de suivre les ordres d'un chef « sans les discuter », cette multitude n'a aucun droit de s'appeler *parti*, selon la signification courante du mot. Elle ne forme qu'une milice — fût-elle très respectable — aux ordres d'un homme, auquel chaque milicien a juré l'obéissance la plus absolue. Et si les membres de cette milice civile s'emparent de toutes les charges de l'administration de l'état, on ne se trouve pas en face de l'épisode du « partage du butin » propre aux régimes électoraux corrompus ; mais on a l'établissement d'une oligarchie, renonçant expressément à la liberté de penser, uniquement préoccupée de maintenir la toute-puissance du chef destiné à garantir les privilèges conquis.

La milice volontaire pour la sûreté nationale.

Le fascisme, arrivé au pouvoir, dut aborder immédiatement le problème de la réorganisation des forces mobilisées à l'occasion de la *marche sur Rome*. Ce n'était pas un problème facile à résoudre. Les escouades fascistes avaient été presque continuellement mobilisées au courant des quatre derniers mois, et on les avait fréquemment concentrées deçà et delà pour participer aux parades et aux *occupations*, pour en imposer aux gouvernants et pour préparer l'opinion publique à l'acte révolutionnaire final. Des milliers de

(1) Les escouades fascistes de Rome prêtèrent le serment suivant le 1er janvier 1923 : « Je jure fidélité à Benito Mussolini, qui régit la destinée de l'Italie. Je » promets d'obéir fidèlement et absolument à son gouvernement, qui, en sa » conscience indiscutable, a le droit de nous demander le sacrifice même de la vie, » la renonciation aux initiatives les plus séduisantes et la pratique quotidienne de » la discipline la plus rigide ». — Malgré cela, l'auteur de cette formule, M. Calza-Bini, secrétaire politique des faisceaux de Rome, fut exclu du parti pour manque de discipline et expulsé *manu militari* du siège des faisceaux.

jeunes gens avaient ainsi pris goût à la vie du camp et à l'aventure, et n'avaient aucune envie de revenir à la discipline de l'école ou à la fatigue de l'usine. Beaucoup d'anciens combattants, n'ayant pas réussi à rétablir leur situation économique ou à reprendre leur ancienne profession, avaient trouvé dans les escouades fascistes un emploi conforme à leurs inclinations, et y avaient conquis des grades qu'ils n'avaient jamais espérés pendant le service de guerre. Ils s'efforçaient de perpétuer un état de choses qui rendait nécessaires leurs services de chefs ou de miliciens dans les *escouades d'action*.

D'autre part, les adversaires les plus intransigeants du nouveau gouvernement ne réclamaient pas la dissolution pure et simple des escouades fascistes. Tous les hommes de bon sens comprenaient qu'une pareille mesure déchaînerait des mouvements très dangereux dans plusieurs provinces du centre et du nord de l'Italie, notamment dans les petites villes et dans les bourgades de l'Emilie, de la Toscane et de l'Ombrie. Tous étaient convaincus que les chefs fascistes ne se chargeraient jamais de réprimer par la force les révoltes éventuelles de ces escouades, qu'ils avaient armées contre les pouvoirs de l'état.

Les politiciens désireux de concilier le mouvement révolutionnaire fasciste avec la tradition constitutionnelle proposaient de transformer les escouades d'action en une organisation de sport et de préparation militaire, sans aucune tendance politique. Les escouades d'action devaient ainsi constituer une sorte de milice de volontaires, prêts à offrir leur secours en l'occasion de calamités publiques et à courir sous les drapeaux en cas de dangers de la Patrie. Mais le nationalisme fasciste, malgré quelques vagues promesses, se montra absolument intransigeant au sujet de *sa* milice.

Le grand conseil fasciste, dans ses premières réunions du 12 et du 13 janvier 1923, se hâta de proclamer que la « milice pour la » sûreté nationale doit maintenir son caractère fasciste, car cette » milice est constituée dans le but de favoriser les développements » inévitables et inexorables de la révolution d'octobre » (1). Le jour suivant était promulgué et publié le décret-loi instituant la *milice volontaire pour la sûreté nationale* « au service de Dieu et de la » Patrie et sous les ordres du chef du gouvernement » (2). Ce décret assignait comme but à la milice « de maintenir l'ordre

(1) « La nuit du mois de janvier 1923, où fut créée la milice, vit la condamnation » du vieil état libéral-démocratique et de son jeu constitutionnel, caractérisé » par la succession des différents partis au gouvernement de la nation. » — Préface de B. Mussolini au recueil des actes du grand conseil fasciste. — Rome, 1927.

(2) Décret-loi du 14 janvier 1923, n° 31.

» public à l'intérieur, en concours avec les corps armés de la sûreté
» publique et avec l'armée régulière, et d'encadrer et de préparer
» les citoyens à la défense des intérêts de l'Italie dans le monde ».
La milice nationale conserva l'uniforme des escouades fascistes
et leurs méthodes d'entraînement. Les officiers et les sous-
officiers conservèrent les dénominations de chef de manipule,
centurion, sénior, consul, etc., reprises des ordres militaires de
l'Empire romain. Les commandements furent confiés aux chefs
mêmes des escouades d'action, et ce ne fut que plusieurs mois
après qu'on soumit à un examen *pro forma* tous les officiers,
qui occupaient dans la milice des charges plus élevées que les
grades revêtus jadis dans l'armée régulière (1).

Les dirigeants du parti et Mussolini lui-même refusèrent opiniâtrement d'imposer aux miliciens fascistes le serment de fidélité
au Roi. A ce sujet Mussolini déclara nettement qu'il était contraire
au serment, parce qu'il estimait « que la personne du Roi, symbole
» de la Patrie et de la perpétuité de la Patrie, ne pouvait pas être
» placée à la tête d'une milice ayant un caractère très marqué de
» milice de parti, par la nécessité même des choses plus que par
» la volonté des hommes » (2). Mais, lorsque les mouvements de
l'opinion publique provoqués par l'assassinat de Matteotti ébran-
lèrent les groupements conservateurs et monarchistes jusqu'alors
favorables au fascisme, Mussolini dut céder et admettre que la
milice prêtât le serment de fidélité au Roi. Il décida alors que
la cérémonie du serment se déroulerait le jour anniversaire de la
marche sur Rome, et quelque jours avant la *parade* il publiait ces
phrases : « Plus les oppositions combattent la milice, plus elle
» apparaît comme la seule sauvegarde de la révolution d'octobre.
» La milice ne renoncera jamais à son esprit » (3).

Les déclarations des organes responsables du parti, répétées
à tout propos pour en imposer aux adversaires ou pour exalter
le succès, montraient clairement quel était cet *esprit de la milice
nationale*, qu'à tout prix on voulait conserver. Le grand conseil
fasciste, en sa séance du 25 juillet 1923, arrêta les directives fondamentales de l'organisation de la milice et chargea directement le

(1) Un moment donné, Mussolini dut céder aux pressions exercées par les
milieux militaires et de la Cour, et confier le commandement de la milice à un
général de l'active. Il choisit alors le général De Bono, un des organisateurs des
escouades fascistes et ancien membre du *quadrumvirat* directeur de la marche
sur Rome. Les successeurs du général De Bono — les généraux Gandolfo et
Gonzaga — étaient eux aussi inscrits au parti fasciste. Le 14 octobre 1926 Mussolini se chargea personnellement du commandement de la milice.
(2) Discours de B. Mussolini au Sénat. — Séance du 14 juin 1923.
(3) Lettre publique adressée par Mussolini au général De Bono, au moment
où celui-ci quittait le commandement de la milice, 22 octobre 1924.

Commandement général de leur application. A cette occasion, il proclama que « la milice est une grande police politique. Sa » fonction, en concours avec les forces régulières de la police ou » indépendamment de celles-ci, est de rendre impossibles toute » perturbation de l'ordre public, tout acte et toute tentative de » sédition contre le régime fasciste, et par cela même de garantir la » *normalità* (1) constante de la vie productive et sociale de la » nation ». Mussolini fut plus tranchant encore dans son discours inaugural de la campagne électorale de 1924. « Pour m'expliquer » clairement — dit-il, — si l'on entend réaliser la *normalità* en » dissolvant cette milice, qui n'est pas de parti, mais nationale, et » qui doit servir pour tenir le bec dans l'eau aux politiciens que » nous avons épargnés, je vous déclare dès à présent que je ne » tomberai pas dans le piège de la *normalità*... Qu'on le sache » une fois pour toutes : qui touchera à la milice, attrapera du » plomb » (2).

En réalité l'*esprit de la milice* a été conservé tel qu'il avait été formé dans la période de préparation de la *marche sur Rome* et il ne fut pas changé par les renonciations formelles et de détail que le nationalisme fasciste dut accomplir au moment des crises. Etant donné cet *esprit* de la milice, son organisation hors des cadres de l'armée régulière, la dépendance vis-à-vis de l'homme résumant en sa personne la dignité de chef du gouvernement et la puissance de chef du parti, on saisira aisément que la milice italienne est une institution *sui generis*, incompréhensible si on la juge uniquement après les catégories du droit public moderne.

La milice italienne est une institution vivant aux frais de l'état; mais cependant on ne peut pas connaître combien elle coûte au contribuable italien (3). Elle est un *corps armé de l'état*, mais elle

---

(1) J'emploie le mot italien *normalità*, qu'on pourrait traduire d'une façon approximative par « situation normale », en tenant compte de la signification particulière donnée à ce mot dans les débats politiques italiens de ce temps-là. En effet la campagne pour la *normalità* caractérisa la lutte politique des premiers mois de 1924, lorsque les hommes des anciens groupements libéraux, alliés alors au fascisme, justifiaient leur attitude en prétendant que, grâce à leurs influences, le mouvement fasciste serait bientôt endigué par les lois constitutionnelles normales. Comme on le voit, tout le monde n'était pas d'accord en Italie sur les conséquences réelles de l'établissement de cette *normalità* !

(2) Discours prononcé par Mussolini au Palais Venise, à Rome, le 28 janvier 1924.

(3) En vertu de la loi, c'est le ministère des finances qui devrait pourvoir aux dépenses de la milice. En effet, dans le budget des finances il y a une série de chapitres de dépenses ayant trait à la milice ; mais il ne s'agit en réalité que d'une partie des *dépenses visibles*. Les dépenses pour les services de police politique, confiés à la milice fasciste, sont englobées avec les dépenses de la police ordinaire dans le budget du ministère des affaires intérieures. Le département de la guerre se charge des frais pour l'instruction et pour les manœuvres de la milice ; celui

n'est pas commandée par le Souverain, qui en vertu du Statut doit avoir le commandement de « toutes les forces de terre et de mer » (1). Elle doit être une sorte de *milice d'appui* de l'armée régulière et à cette fin elle exerce des fonctions très importantes de préparation militaire; mais elle n'est pas encadrée par les autres forces militaires, elle possède une organisation complètement différente de celle de l'armée, des uniformes, des hiérarchies tout à fait particulières. En réalité la milice est tout ce que veut le *chef du gouvernement*, qui la commande, et la coterie des fidèles jouissant de la confiance particulière du maître. Et à son tour le *chef du gouvernement* est ce qu'il est grâce à l'appui de cette organisation armée « constituée en vue de favoriser les développements » inévitables et inexorables de la révolution d'octobre ».

Je ne veux juger aucunement cette institution et son opportunité du point de vue du progrès politique du peuple italien. De même, je ne veux pas envisager si son organisation et son esprit sont en harmonie avec le principe de l'égalité des citoyens devant la loi. Il me suffit d'avoir montré ce qu'est cette milice, dont l'existence et le fonctionnement sont des choses tout à fait caractéristiques de la nouvelle organisation constitutionnelle italienne. Il me suffit d'avoir démontré qu'il ne serait pas possible d'évaluer l'étendue réelle des pouvoirs du *chef du gouvernement* italien et de son influence sur toute l'administration de l'état, sans tenir compte de l'existence d'un milice, composée, dit-on, de trois cent mille hommes entièrement soumis à la volonté du chef du **parti dominant** (2).

Les ministères.

Jusqu'aux dernières années du XIXe siècle la stabilité ne fut pas le caractère distinctif de l'organisation des ministères italiens. Mais

des communications pourvoit à la milice des ports ; celui des travaux publics paie la milice des routes ; celui de l'économie nationale est chargé du maintien de la milice forestière. Les régies des postes et des chemins de fer pourvoient aux dépenses de la milice postale et de la milice *ferroviaria*. Enfin, en vertu d'un accord conclu le 26 octobre 1927 entre le parti fasciste et les confédérations syndicales, les patrons sont obligés de payer deux tiers du salaire ou des appointements aux ouvriers et aux employés appartenant à la milice, lorsqu'ils sont appelés au service. Une partie considérable des frais de la milice fasciste a été ainsi transférée à la charge des patrons. Il est donc tout à fait impossible de connaître les dépenses réelles de la milice fasciste.

(1) Art. 5 du Statut.

(2) Mussolini de son côté estime que la milice est le fondement de sa puissance et de la domination de son parti. « La création de la milice — écrivait-il — fut » le fait fondamental et décisif, qui plaça le gouvernement sur un plan absolument » différent des autres gouvernements précédents, et qui le transforma en *régime*. » Le parti armé aboutit au régime totalitaire. » — Préface au recueil des actes du grand conseil fasciste. — Rome, 1927.

sous la dictature de Giolitti cette organisation trouva sa forme définitive, de sorte que les *onze ministères* (1) semblaient des institutions intimement liées à la tradition politique et administrative italienne. Ce ne fut qu'après l'annexion de la Lybie et de la Cyrénaïque et le traité de paix avec la Turquie qu'on créa le nouveau ministère des colonies. Pendant la guerre et après l'armistice on se plaignit, en Italie comme ailleurs, des changements continuels dans l'organisation des grands départements exécutifs. La loi de 1904, qui exigeait l'intervention du Parlement pour changer l'organisation intérieure des ministères, fut tournée par des décrets-lois, toujours confirmés sans discussion par les Chambres, et par l'institution de *commissariats autonomes*.

Au moment de la conquête fasciste, Mussolini établit son cabinet sur la base de quinze ministères, outre quelques commissariats autonomes, mais il déclara qu'il diminuerait bientôt le nombre des grands département exécutifs. En effet, profitant de la mort ou des démissions de ses collaborateurs, il réduisit à onze le nombre des ministères. Le département des territoires libérés fut aboli et ses services rattachés au ministère des finances. Après la mort du ministre Tangorra, le service de la trésorerie fut fondu dans ceux du ministère des finances. En avril 1923 on supprima le ministère du travail et de la prévoyance sociale, et ses services, de même que ceux de l'agriculture, du commerce et de l'industrie, passèrent au nouveau ministère de l'économie nationale, créé le 31 juillet 1923. Au mois d'avril 1924 les services des postes et des télégraphes, des chemins de fer et de la marine marchande furent centralisés au nouveau ministère des communications.

On était ainsi revenu à l'ancien système des *onze ministères*, quand on augmenta de nouveau le nombre des grands départements exécutifs par la création du ministère de l'aéronautique (2) et de celui des corporations (3). En outre, depuis que la loi du 31 janvier 1926, n° 100, a conféré au gouvernement tous les pouvoirs réglementaires sur la bureaucratie, l'organisation intérieure de chaque ministère est en proie à des changements continuels, de sorte qu'il est presqu'impossible d'en étudier à fond les caractères particuliers.

A présent l'Italie compte treize ministères auxquels il faut ajouter la présidence du Conseil, transformée en vrai département

(1) Affaires intérieures, affaires étrangères, justice et cultes, finances, trésor, guerre, marine, instruction publique, travaux publics, agriculture industrie et commerce, postes et télégraphes.
(2) Décret-loi du 11 juin 1925, n° 1028.
(3) Décret du 2 juillet 1926, n° 1131.

exécutif, grâce aux fonctions innombrables qui lui sont conférées par un fatras de lois spéciales. Certains ministères, et précisément le ministère des affaires étrangères, de la justice, de la guerre, de la marine, de l'instruction publique et des colonies, conservent à peu près les attributions et l'organisation d'autrefois.

Le ministère des affaires intérieures a conservé ses anciennes attributions et dirige comme auparavant l'administration civile, le service sanitaire, la bienfaisance et la sûreté publique. Mais le renforcement des pouvoirs des autorités administratives dans tous les domaines de la vie civile et la colossale organisation policière créée par le fascisme ont accru d'une manière démesurée son influence sur l'ensemble de l'action administrative de l'état.

Le ministère des finances centralise les voies et moyens, administre la dette publique, les monopoles (1) et les domaines de l'état et pourvoit aux dépenses générales de l'administration et de certains services spéciaux hiérarchiquement dépendants d'autres départements. Depuis qu'il a fusionné avec le ministère du trésor, c'est au département des finances qu'incombe la charge de coordonner les budgets des autres ministères et de rédiger le budget total de recettes et des dépenses. Malgré que le champ d'action de ce ministère ait ainsi considérablement augmenté, son influence sur la gestion administrative de l'état et sur la politique du gouvernement ne correspond pas à la masse des services qu'il administre. L'influence de la trésorerie sur l'action d'ensemble du cabinet ne fut jamais remarquable, sauf à quelques courts moments (2). Trop souvent le ministre du trésor se borna à rassembler les budgets des différents départements, en leur donnant une certaine unité, et à réclamer de son collègue des finances les moyens nécessaires pour satisfaire les besoins où la convoitise des autres ministres et du Parlement. Après la *révolution fasciste,* la situation ne se modifia pas, d'autant plus que les pouvoirs du ministre des finances furent bientôt limités soit par la toute-puissance du *chef du gouvernement,* soit par le fait que celui-ci régit directement

(1) Le décret-loi du 8 décembre 1927, n° 2258, a constitué une administration autonome des monopoles, sous le contrôle du ministère des finances.

(2) Cavour, ministre des finances dans le cabinet D'Azeglio (jusqu'en 1877 la trésorerie était rattachée au ministère des finances), éclipsa bientôt tous ses collègues et le président lui-même. Sella, ministre des finances dans le cabinet Lanza de 1869 exerça une influence semblable. Luzzatti, ministre du trésor dans le cabinet Di Rudini de 1891, dirigea la politique administrative et financière du cabinet, surnommé par sa parcimonie *la compagnie de la lésine.* Rubini, dans le bref ministère Sonnino de 1906, Nitti, dans le cabinet Orlando de 1917, et De Nava, dans le cabinet Bonomi de 1921, exercèrent une influence très remarquable sur les directives de toute la politique intérieure du cabinet.

les six départements les mieux dotés et les plus importants du point de vue politique (1).

Le ministère des travaux publics a conservé son ancienne répartition en directions générales, chargées chacune d'une branche spéciale du service (2) ; mais il exerce son action exécutive par des *provveditorati* régionaux. Depuis la conquête fasciste l'organisation intérieure de ce département a été maintes fois remaniée et il ne semble pas encore qu'elle ait trouvé sa forme définitive. La politique des grands travaux et les méthodes financières de ce département ont elles aussi continuellement varié suivant les directives les plus différentes, tour à tour exaltées comme le dernier perfectionnement de l'administration de la finance fasciste. Le décret-loi du 6 octobre 1927, n° 1827, semble avoir conclu cette période d'expériences en revenant tout simplement aux méthodes des gouvernements *pré-fascistes*.

Le ministère de l'économie nationale, résultant de la fusion des anciens départements de l'agriculture, du travail et de l'industrie et commerce, est une sorte de Tour de Babel où l'on trouve les services les plus divers — de l'agriculture, des mines, de l'instruction technique, de la prévoyance sociale, des forêts, des assurance sur la vie, etc. — tous obligés de végéter sur un budget de deux cent quarante millions à peu près (3). Autour de ce ministère a surgi une foule d'instituts autonomes — l'institut national des exportations, l'association pour le contrôle du combustible, l'institut pour les petites industries, l'institut de fructiculture, etc. — ayant tous une personnalité juridique propre, régis par des administrations nommées directement ou indirectement par le ministère, et vivant des subsides ministériels et des contributions imposées à des catégories spéciales de citoyens.

Le ministère des communications pourvoit aux services jadis du ressort du ministère des postes et télégraphes, à la marine marchande contrôlée auparavant par le ministère de la marine ou par un sous-secrétariat autonome, et aux chemins de fer autrefois rattachés au ministère des travaux publics. Il s'agit d'un

---

(1) Les prévisions pour l'exercice 1928-1929 portent les dépenses effectives (ordinaires et extraordinaires) des six départements régis par le *chef du gouvernement* à 5,391,194,900 lires, tandis que pour les six autres ministères (non compris celui des finances, qui ne dépense que pour les services généraux) on ne prévoit qu'une dépense de 3,993,043.23 lires. Dans ces chiffres ne sont pas comprises les dépenses ayant trait aux services industriels gérés par l'état (chemins de fer, postes, télégraphes, etc.).

(2) Les directions générales du ministère des travaux publics furent réoganisé par le décret-loi du 9 mai 1926, n° 849.

(3) Les dépenses prévues pour le ministère de l'économie nationale montaient (année 1928-29) à 239,945,871.08 lires, dont 193,174,500 lires de dépenses ordinaires et 46,771,371.08 lires de dépenses extraordinaires.

département bien homogène, réunissant des services similaires, jadis éparpillés deça et delà, et sa constitution est, sans aucun doute, un titre d'honneur pour l'administration fasciste.

La création du nouveau ministère de l'aéronautique a, au contraire, perpétué les deux erreurs traditionnelles de l'administration italienne. On renonça tout d'abord à réunir dans un seul departement tous les services ayant trait à la défense nationale, bien que la guerre ait démontré la nécessité de coordonner la préparation, le ravitaillement et l'emploi des forces de terre et de mer, et combien cette coordination avait été jusqu'alors insuffisante. La constitution du nouveau ministère de l'aéronautique a substitué au dualisme de jadis un trialisme peut-être plus dangereux encore, bien que la réunion des trois départements sous la direction d'un seul homme — Mussolini — ait atténué temporairement les discordances inévitables (1). En second lieu on confia à l'administration de l'aéronautique militaire la direction et le contrôle de l'aviation commerciale, alors que tout le monde en Italie savait comment l'amélioration des transports maritimes avait été entravée par l'administration de la marine militaire. Malheureusement l'expérience révèle déjà les conséquences fâcheuses de la faute des organisateurs du nouveau ministère. En effet, malgré que l'Italie possède une aviation militaire puissante et un corps de pilotes de tout premier ordre, elle est aujourd'hui dépassée par tous les grands états européens en fait de navigation aérienne commerciale (2).

Le ministère des corporations n'a pas le caractère d'un véritable département administratif ; mais il apparaît plutôt comme un organe politique au service du *chef du gouvernement*. Le décret

(1) On estime avoir ôté toute cause de discordance par un décret publié le 7 février 1927, qui plaça au dessus des chefs des états-majors de l'armée, de la marine et de l'aéronautique un chef de l'état-major général, chargé de « proposer » au chef du gouvernement les mesures pour coordonner l'organisation défensive » de l'état » (art. 2) et « les directives générales du plan d'ensemble de la guerre » (art. 3). Mais, étant donné que ce chef de l'état-major général n'a directement à ses ordres aucun service (art. 11), qu'il ne peut communiquer avec les chefs des états-majors dépendants qu'à travers les trois ministères militaires (art. 6) et que ses fonctions en temps de guerre ne sont pas fixées d'avance par la loi (art. 10), je doute que ce chef d'état-major général puisse assurer l'unité réelle des forces armées.

(2) Les prévisions du budget du ministère de l'aéronautique pour l'année 1928-29 portent les chiffres suivants : dépenses pour l'aviation miliaitre 649,170,000 lires, id. pour l'aviation commerciale 50,830,000 lires (7,8 % du total). L'aviation commerciale italienne est au dessous de celle de l'Allemagne, de la France, de l'Angleterre et même de la Hollande (année 1926 — Hollande : km. 1,103,895 de vols — Italie : km. 518,487 de vols). — Rapport de la Commission des finances du Sénat. — 8 avril 1927. — *Atti Parlam.* XXVII *Leg.* — Sénat, docum., n° 925 A.

de constitution de ce ministère lui attribue « toutes les fonctions
» d'organisation, de coordination et de contrôle conférés au
» gouvernement par la loi du 3 avril 1926, n° 563, et par les règle-
» ments exécutifs » (1). Mussolini définit le ministère des corporations « l'organe grâce auquel les intérêts et les forces du monde
» économique et social trouveront leur équilibre, soit dans la
» capitale, soit dans les provinces » (2). Cette phrase en dit à la
fois trop et trop peu, si elle prétend fixer les fonctions d'un grand
département de l'administration publique. Elle en dit trop, car
dans la réalisation « de l'équilibre des intérêts et des forces du
» monde économique et social » se résume toute la politique du
gouvernement dans le champ de l'économie et du travail. Cette
réalisation ne peut évidemment être le but particulier d'un service
de l'administration, car elle doit résulter de l'action concordante de tous les grands départements exécutifs. D'autre part, elle
en dit trop peu, et surtout elle est très vague, si l'on tient compte
du fait qu'à ce ministère ne fut confié en réalité que la surveillance
des associations syndicales (3) et que tous les services ayant trait
à la législation sociale, bien qu'ils soient des moyens très puissants
pour réaliser « l'équilibre des intérêts et des forces du monde
» économique et social », restent en dehors de l'action de ce nouveau
ministère (4).

Dans les pays où le cabinet est une réunion de personnages
dirigés par un chef, et non un ensemble de fonctionnaires dominés
par un maître, chaque ministre jouit d'une autonomie très large
pour les affaires de son propre département. Tous les ministres
savent notamment quelle est la somme dont ils peuvent disposer
pour faire face aux nécessités des services qu'ils dirigent, et le
contrôle d'une trésorerie rigide, même lorsqu'il semble entraver le
développement des différents services, donne en effet la garantie
la plus sérieuse de leur autonomie dans les limites fixées par la
politique générale du gouvernement.

Cette autonomie a totalement disparu en Italie depuis que le
Parlement et l'opinion publique se taisent, et le budget de l'état
lui-même en est la preuve la plus flagrante. En effet, les budgets
des différents ministères n'ont aucun caractère de stabilité.

(1) Art. 1er du décret du 2 juillet 1926, n° 1131.
(2) Discours de B. Mussolini au moment de son installation au ministère des
corporations. — 31 juillet 1926.
(3) Comme on le verra dans la suite, la surveillance des associations syndicales
n'est pas exercée exclusivement par le département des corporations. Pour tous
les actes les plus importants inhérents à cette surveillance, le ministre des corporations doit agir « d'accord avec le ministre des affaires intérieures ».
(4) Même après la création du ministère des corporations, tous les services
ayant trait aux lois sociales, jadis du ressort du ministère du travail, ne furent
pas enlevés au ministère de l'économie nationale.

Au courant de l'année financière ils sont remaniés et modifiés chaque jour par des décrets-lois, malgré l'interdiction portée par la loi fasciste sur les pouvoirs législatifs du gouvernement (1). Le manque de stabilité des budgets des différents ministères et la façon dont ils sont modifiés démontrent ainsi que toute l'activité de l'administration centrale est dominée par la volonté irresponsable d'un homme ou d'un très petit groupement de ses fidèles, vis-à-vis duquel n'ont aucune valeur les lois édictées par le régime fasciste lui-même.

Les autorités gouvernementales locales.

Les lois du royaume d'Italie furent souvent calquées sur des modèles étrangers, surtout français, et maintes fois le choix des modèles ne fut pas très heureux. L'organisation des services locaux du gouvernement est un des spécimens les moins réussis de cette importation législative.

Le Piémont possédait déjà avant l'unification une organisation des services exécutifs inspirée du type français ; elle fut étendue aux autres régions de l'Italie par la loi du 23 octobre 1859 et par la loi communale et provinciale du 20 mars 1865. La loi communale et provinciale fut fréquemment modifiée ; mais tous ses remaniements ne changèrent pas d'une manière sensible la hiérarchie et les fonctions des autorités gouvernementales locales. Le ministre Minghetti tenta de remplacer le système *provincial* du type français par une répartition régionale des organes de l'exécutif, mais sa tentative échoua parce que « les partisans » les plus ombrageux de l'unité, imbus de la vieille tradition » paternaliste et enthousiastes de la centralisation française, » craignaient que l'unité même n'en fût compromise et que la » *région* ne fît surgir de nouveau l'épouvantail de la *fédération* » (2). Les institutions du système français furent ainsi acceptées en bloc par la législation du nouveau royaume. Le territoire national fut divisé en provinces, en *circondari* et en communes, correspondant aux départements, aux arrondissements et aux communes

(1) Du 1er juillet 1927 au 30 avril 1928 on modifia le budget des dépenses en augmentation de 734,182,841.67 lires et en diminution de 1,124,112.368.30 lires. Dans les quatres premiers mois de 1928, quand les effets de la stabilisation de la lire avait été entièrement escomptés, les modifications furent respectivement de 569,588,539 lires et de 726,380,214 lires. Du 1er juillet 1927 au 30 avril 1928 les dépenses prévues dans la gestion des reliquats de l'année précédente furent modifiés en augmentation de 559,507,060.56 lires et en diminution de 561,123,969.62 lires. Toutes ces modifications furent portées par des décrets-lois, même édictés quand siégeait le Parlement.

(2) A. BRUNIALTI. — *Il diritto amministrativo italiano.* — Turin, 1912. — Vol. I, p. 647.

français. Les fonctionnaires gouvernementaux préposés respectivement à ces circonscriptions furent les préfets, les sous-préfets et les *syndics* (maires). La province et la commune, constituant aussi les deux noyaux de l'administration locale autonome, bénéficièrent de la personnalité juridique (1), tandis que le *circondario* demeura une simple circonscription administrative.

Les pouvoirs conférés par la loi au préfet ne furent pas moins étendus que ceux du préfet français. Un préfet intelligent, se prévalant de l'article 3 de la loi communale et provinciale, relatif à son pouvoir d'ordonnance, pouvait, selon le dicton populaire, « tout faire, sauf changer un homme en femme ». Les réformes des institutions locales autonomes, introduites par les modifications successives de la loi communale et provinciale, réduisirent graduellement les pouvoirs des préfets vis-à-vis des administrations électives des provinces et surtout des communes, mais la pratique, mieux encore que les dispositions légales, affaiblit de plus en plus l'autorité réelle des représentants locaux du gouvernement central.

La politique intérieure pratiquée par les successeurs de Cavour et exagérée par les hommes de gauche montés au pouvoir en 1876 transforma les préfets en véritables agents électoraux du ministère. Toute leur activité fut ainsi subordonnée aux buts électoraux, tandis que de leur côté les gouvernants ne se préoccupaient que de choisir des fonctionnaires capables de *faire les élections*. Les résultats des élections communales et législatives étaient la pierre de touche décidant de la carrière préfectorale. Les préfets ainsi fascinés par l'échéance électorale furent obligés de louvoyer continuellement, toujours préoccupés par la crainte que l'adversaire d'aujourd'hui ne devint le patron de demain. Leur action se fit de plus en plus incertaine et chancelante et par conséquent leur pouvoir se délabrait, tandis que s'affaiblissait la considération dont ils jouissaient auprès des populations de leurs provinces (2). Il s'ensuivit que le niveau intellectuel des fonctionnaires baissa sensiblement, car les jeunes gens les plus intellectuels et les plus honnêtes s'écartaient d'une carrière où le succès ne pouvait être conquis qu'au prix de renoncements indignes et de compromissions avec les clubs politiques les moins recommandables.

(1) Art. 2 du code civil.

(2) Après la guerre, le cabinet Nitti tenta de briser avec une tradition qui faisait du préfet l'agent électoral du gouvernement. Les élections législatives de 1919 se déroulèrent en effet hors de l'influence des fonctionnaires. En 1921 Giolitti revint ouvertement à l'ancien système : les comités électoraux de la liste appuyée par le gouvernement furent constitués directement par les préfectures ; les palais des administrations provinciales en furent le quartier général et... le centre de ravitaillement.

Les sous-préfectures italiennes n'étaient rien de plus que
« des bureaux de renseignements, de transmission et de surveil-
» lance », et ne furent chargées que des fonctions déléguées par les
préfets (1). Elles demeurèrent toujours comme des fioritures
dans l'ensemble de l'organisation gouvernementale italienne.

Le syndic (maire), en sa qualité d'agent du gouvernement,
remplissait des fonctions analogues à celles du maire français.
Ses attributions lui étaient en partie conférées par la loi elle-
même, et en partie attribuées par des délégations spéciales des
autorités supérieures. De même que le maire français, le syndic
italien, à cause de sa double qualité de chef de l'administration
communale élective et d'agent du gouvernement, fut assujetti
à l'autorité et parfois à l'arbitraire du préfet. Mais cette soumission
fut en Italie moins complète qu'en France, surtout lorsque la
nomination des syndics fut confiée aux conseils communaux (2),
et que des pouvoirs de plus en plus étendus furent reconnus à la
junte communale. L'indépendance des syndics fut toujours plus
considérable dans l'Italie septentrionale, où les débordements des
autorités gouvernementales locales furent promptement endigués
grâce au caractère plus franchement politique des luttes électorales municipales et législatives.

La conquête par le parti socialiste aux élections de l'automne
1920 de presque quatre mille administrations communales fit
ressortir les défauts du système français de la réunion dans une
même personne de la qualité de chef de l'administration locale
autonome et d'agent du gouvernement central. Les syndics
socialistes, notamment ceux des petites communes de la campagne, ne savaient pas, ou ne voulaient pas mettre d'accord
leurs droits de chefs des administrations communales autonomes avec les devoirs inhérents à la charge de représentants
locaux du gouvernement. Il en résulta que, dans certaines régions,
on vit s'arrêter presque complètement l'action de l'exécutif,
sabotée par ceux-là mêmes qui en devaient être les représentants.

L'action extra-légale du fascisme et *la marche sur Rome* elle-
même ne rencontrèrent aucune résistance sérieuse chez les autorités gouvernementales locales. Les préfets, accoutumés depuis
longtemps à servir les dominateurs plutôt que la loi, permirent
presque partout que les chemises noires s'emparassent des palais
gouvernementaux, des bureaux des postes et des télégraphes et
des gares, en attendant que le sort décidât quel serait le maître de

(1) BRUNIALTI. — *Op. cit.*, vol. I, p. 677 et 679.
(2) Loi du 29 juillet 1896.

demain (1). Le nouveau ministère une fois composé, les préfets tolérèrent à leur côté l'existence des dictatures des secrétaires provinciaux fascistes et se soumirent sans sourciller à la domination des *ras* locaux, comme auparavant ils avaient subi le joug des députés ministériels et de la côterie de leurs *grands électeurs*. Si le gouvernement fasciste s'attacha dans la suite à renforcer les pouvoirs des préfets et à rehausser leur prestige en les plaçant au centre de toutes les manifestations de la vie civique de la province, ce ne fut pas pour ménager une classe de fonctionnaires fidèles à la loi avant d'être soumis au bon plaisir des gouvernants. Cette réforme fut édictée par le désir de faire des préfectures le fondement de la centralisation en les confiant à des fascistes éprouvés.

Les syndics au contraire opposèrent une résistance opiniâtre au mouvement extra-légal du fascisme, mais malheureusement beaucoup de ces magistrats appartenants aux partis d'extrême gauche ne pouvaient pas se réclamer efficacement de la loi, après en avoir méprisé ouvertement les prescriptions. Le gouvernement fasciste brisa promptement ces résistances par la dissolution de la plupart des administrations élues en 1920, remplacées graduellement par des commissaires préfectoraux ou par de nouveaux conseils élus selon le procédés du *système électoral totalitaire*. L'abolition des administrations électives, remplacées partout par les podestats, fit disparaître enfin toute trace de résistance locale.

La transformation des chefs des communes en une sorte d'agents locaux, chargés de l'exécution des ordres des autorités gouvernementales, et l'abolition des sous-préfectures (2) eut pour résultat de centraliser dans les préfectures l'administration locale. J'exposerai dans la suite, en examinant l'état actuel des institutions locales autonomes, quels sont les pouvoirs du préfet vis-à-vis des communes, des provinces et de l'assistance publique. Qu'il me suffise de dire ici que ces pouvoirs et ces attributions sont très étendus, plus étendus encore qu'ils ne l'étaient en France pendant la période de la centralisation napoléonienne la plus outrée.

Les pouvoirs du préfet sont fixés en termes généraux par la loi du 3 avril 1926, n° 660, et par ces dispositions de la loi communale

(1) Il n'y eut qu'un très petit nombre de préfets qui s'opposèrent aux escouades fascistes en octobre 1922. Ceux qui, tels que les préfets de Milan et de Crémone, déployèrent quelque peu d'énergie pour la défense de l'ordre public se rendirent aisément maîtres de la situation dans leurs provinces.

(2) Par le décret du 21 octobre 1926, n° 1890, 94 sous-préfectures furent abolies et leurs services rattachés aux préfectures dont elles dépendaient. Par le décret-loi du 2 janvier 1927, n° 1, toutes les autres sous-préfectures furent abolies, de sorte que la circonscription du *circondario* disparut définitivement, et ce fut un bien — je crois — pour l'organisation administrative italienne.

et provinciales que la loi de 1926 n'a pas implicitement abolies. En outre, une foule de lois et de décrets a conféré au préfet des pouvoirs très étendus sur toutes les manifestations de la vie politique, économique et intellectuelle de la province.

Le préfet « représente l'exécutif dans toute la province et remplit » les fonctions que lui confèrent les lois » ; il pourvoit à l'exécution des lois et, « en cas d'urgence, il prend les mesures qu'il juge » nécessaires dans les différentes branches du service » (1). La loi de 1926 précisa et élargit les dispositions de la loi communale et provinciale, et stipula notamment que « les préfets, conformément » aux directives générales du gouvernement, assurent l'unité de » directive politique dans le fonctionnement des différents services » relevant de l'état et des institutions locales... en coordonnant » l'action de toutes les administrations publiques et en en surveil- » lant les services » (2). Il résulte de ces textes, qui sont loin de briller par leur clarté, que le préfet est expressément autorisé par la loi à réunir les chefs provinciaux des différents services étatiques, excepté ceux qui dépendent des ministères de la guerre, de la marine et de l'aéronautique et de la direction des chemins de fer, « pour être renseigné sur le fonctionnement général des services » confiés à la direction de chacun d'entre eux, et pour fixer les » directives qu'il juge nécessaires » (3).

Le loi de 1926 affirme ainsi deux principes, dont l'un ne résultait pas expressément de la loi précédente, tandis que l'autre contredit formellement les principes qu'on professait — tout au moins théori- quement — au sujet des obligations des fonctionnaires publics. La loi communale et provinciale reconnaissait déjà au préfet une prééminence réelle sur l'administration provinciale toute entière, en déclarant que le préfet « représente l'exécutif dans toute la province. », tandis que les autres fonctionnaires étatiques n'avaient que la direction de services particuliers. Cette disposi- tion aurait été suffisante pour unifier et coordonner tous les ser- vices administratifs de la province, si les surenchères électorales et le favoritisme n'avaient détourné trop souvent le préfet de ses véritables fonctions.

La loi de 1926 ne se borna pas à clarifier et à préciser le principe déjà affirmé implicitement par la loi communale et provinciale : elle voulut l'étendre en prescrivant que le préfet doit fixer « l'unité de la directive politique » des services de l'état et des institutions locales. On conféra ainsi au préfet non seulement le contrôle

(1) Art. 3 de la loi communale et provinciale.
(2) Art. 1er de la loi du 3 avril 1926, n° 660.
(3) Art. 2 de la dite loi.

administratif, que la loi peut toujours aisément circonscrire, mais aussi une sorte de contrôle politique sur tous les services étatiques et sur les institutions locales, et cette haute surveillance politique ne peut aboutir qu'à la légalisation du favoritisme et de la partialité.

La contradiction entre la loi de 1926 et les conceptions traditionnelles du droit administratif apparaît plus évidente si l'on considère l'autre principe fondamental qu'elle proclame. La loi de 1926, en prescrivant au prefet d'assurer « l'unité de directive » politique » des administrations locales, lui enjoint expressément de se conformer aux « directives générales du gouvernement ». La simple lecture de cette disposition peut faire croire que « les » directives du gouvernment » — c'est-à-dire le système politique du parti au pouvoir — doivent dorénavant être la règle unique de l'action des préfets, supérieure à la loi elle-même. Il est vrai que cette interprétation peut se prévaloir des arguments mêmes exposés dans le rapport ministériel à la Chambre (1) et développés par le ministre de la justice et par les députés fascistes lors de la discussion parlementaire. Mais il n'est pas nécessaire d'avoir recours à cette interprétation outrée pour saisir la signification réelle de la réforme fasciste et combien elle contraste avec les principes jadis professés par les publicistes et proclamés par le législateur lui-même. Il suffit, je crois, de se rappeler l'exposé des motifs de la loi de 1859 sur la réorganisation administrative du Piémont et des provinces annexées, où l'on peut lire les phrases suivantes : « Le gouvernement, au moyen de ses représentants, régit les » provinces et les communes, non pour enrayer le développement » des initiatives libres dans les limites de la loi, mais pour les favo- » riser ; non pour y faire sentir le poids de l'autorité centrale, » mais pour y procurer l'avantage de l'avoir proche, prompte » et toujours renseignée » (2). Au contraire, ce que maintenant on veut c'est surtout faire sentir « le poids de l'autorité centrale », en attribuant la force obligatoire d'une loi même aux directives politiques du gouvernement.

Le préfet, qui jusqu'hier était l'*agent électoral* du parti au pouvoir, en est maintenant l'*agent politique*. Bien qu'il ne soit pas obligé de tolérer que la loi soit enfreinte sous ses yeux dans le but de favoriser la fortune des dominateurs, il est toutefois expressément tenu d'agir selon « les directives politiques du gouvernement » et d'exiger que tous les citoyens s'y conforment. Si des garanties sérieuses protégeaient les droits des citoyens et l'autonomie des institutions locales, on pourrait croire que les

(1) *Atti Parlament.* — XXVIIe *Législ.*, — Doc. 663.
(2) *Atti parlament.* — VIIIe *Législ.* — Sess. 1861-62. — Doc. 7, p. 21.

prescriptions de la loi de 1926 ne sont que des affirmations purement théoriques. Mais, au contraire, la loi elle-même et une foule
de lois spéciales et de décrets ont généreusement ménagé au
préfet les moyens d'imposer à qui que ce soit les directives
politiques du gouvernement et de justifier — si c'est nécessaire —
toutes les tracasseries administratives. Il suffit de résumer les
plus importantes et les plus caractéristiques de ces dispositions
législatives.

En matière de presse, le préfet a le droit de s'opposer à l'agrément des directeurs responsables des publications périodiques,
de les *avertir* (admonester) et de les révoquer. Il peut ordonner
la saisie préventive de n'importe quelle publication périodique,
de même qu'il peut interdire la distribution, la vente et le colportage d'un imprimé quelconque (1). La police, qu'il dirige directement, a le pouvoir de refuser et de révoquer la licence pour
l'exercice de l'imprimerie et de toute industrie de reproduction
graphique (2). Le préfet contrôle les associations se proposant
le progrès de la classe ouvrière et il peut les dissoudre en disposant
de leur patrimoine (3). Il exerce toutes les fonctions de surveillance attribuées au gouvernement vis-à-vis des associations
syndicales reconnues par la loi (4). Il surveille toutes les associations de n'importe quelle nature, il jouit à leur égard du pouvoir
d'inspection le plus étendu et il peut en ordonner souverainement
la dissolution (5). Les spectacles publics sont soumis à sa censure (6) ; il octroye ou refuse l'autorisation nécessaire pour toute
manifestation d'art, de sport, de bienfaisance (7). Les services
de la police administrative qu'il contrôle sont chargés de délivrer
les autorisations nécessaires pour l'exercice d'une foule de professions et de métiers, y compris celui de concierge (8). L'autorisation spéciale du préfet est requise pour exercer « l'art de
» construire ou de réparer ou de vendre des chars à traction
» animale » (9)! Les préfets de Trente et de Bolzano peuvent par
des décrets sans appel redonner la « forme italienne » aux noms
qu'ils jugent originairement italiens et transformés en noms

(1) Décret-loi du 15 juillet 1923, n° 3288. — Décret-loi du 10 juillet 1924,
n° 1081. — Loi du 31 décembre 1925, n° 2308. — Règlement du 4 mars 1926,
n° 371.
(2) Loi de sûreté publique du 6 novembre 1926.
(3) Décret-loi du 24 janvier 1924, n° 64. — Décret du 1er juillet 1926, n° 1130.
(4) Décret du 2 juillet 1926, n° 1131.
(5) Loi de sûreté publique citée. — Décret du 9 janvier 1927, n° 5.
(6) Loi de sûreté publique citée. — Décret-loi du 3 avril 1926, n° 1000.
(7) Décret-loi du 6 août 1926, n° 1486.
(8) Loi de sûreté publique citée.
(9) Décret-loi du 13 août 1926, n° 1479.

allemands au cours des siècles (1). La nouvelle loi de sûreté publique confère enfin au préfet le pouvoir de proclamer, en vertu d'une délégation du ministère des affaires intérieures, *l'état de danger public* dans sa province, et par cela même lui reconnaît la faculté « d'ordonner l'arrestation de tout individu, lorsqu'il le » juge nécessaire au rétablissement et au maintien de l'ordre » (2). Puisque les *pouvoirs légaux* du préfet sont de telle nature, on peut aisément comprendre en quoi consiste la tâche assignée au préfet de fixer « l'unité de directive politique » des services et des institutions de la province, et quelle est la signification réelle d'une loi, qui l'oblige à se conformer aux « directives générales du » gouvernement » !

« Le préfet pourrait devenir une autorité vraiment indépen-» dante et bienfaisante, s'il était tenu pour personnellement » responsable de ses actes et s'il jouissait de garanties plus efficaces » vis-à-vis des autorités centrales. » Ainsi s'exprimait en 1912 Attilio Brunialti (3) ; mais depuis lors aucune disposition de loi n'a déterminé mieux qu'auparavant la responsabilité du préfet pour les violations des droits des citoyens ou des administrations locales qu'il contrôle, ni aucune garantie n'a été donnée au préfet désireux d'observer loyalement la loi contre les empiètements d'un ministre qui prétend la violer.

Le préfet est sauvegardé contre le citoyen par la garantie administrative, en vertu de laquelle il n'est responsable des actes accomplis dans l'exercice de ses fonctions que vis-à-vis des autorités supérieures, et il ne peut être appelé en jugement pour les actes de son administration qu'à la suite d'une autorisation royale, sur l'avis conforme du Conseil d'état (4). Ce privilège, toujours critiqué par les écrivains italiens de droit administratif (5), fut respecté par les lois fascistes. Mais cette institution, destinée semble-t-il à garantir l'indépendance et le prestige du préfet, se transforma en réalité en un moyen pour plier les fonctionnaires locaux de l'exécutif à la soumission la plus complète au bon plaisir des clans politiques de la capitale. Le préfet, n'ayant aucune responsabilité sérieuse pour les actes accomplis dans l'exercice de ses fonctions, n'étant responsable que devant le ministère, n'a aucun moyen pour résister à l'arbitraire éventuel du pouvoir central. Il ne pense qu'à obéir aux prescriptions ministérielles

(1) Décret-loi du 10 janvier 1926, n° 17.
(2) Art. 219 et 220 de la loi de sûreté publique citée.
(3) BRUNIALTI. — *Op. cit.* — Vol. I, pp. 664 et 665.
(4) Art. 8 et 157 de la loi communale et provinciale.
(5) BRUNIALTI. — *Op. cit.* — Vol. I, p. 380. — NAMIAS — *Digesto Italiano. Autorizzazzione a procedere.* — N° 105 et suiv.

mieux qu'à la loi, et il ne se soucie que de préparer la justification
de ses actes — fussent-ils ouvertement illégaux — par autant
d'ordres reçus de ses supérieurs.

Aucune réforme ne fut portée au statut personnel des fonctionnaires chargés des services gouvernementaux dans les provinces.
Le décret du 2 février 1902, qui enlevait toute limite au libre choix
des préfets pour le confier entièrement au pouvoir discrétionnaire
du gouvernement, n'a pas été abrogé, et le gouvernement fasciste
s'en servit largement pour confier l'administration des provinces
principales aux hommes de *foi éprouveé*, complètement soumis
à la volonté de l'oligarchie de la capitale (1). Le manque de
garanties, contre le favoritisme dans les promotions et contre les
suspensions ou les révocations illégales pousse enfin les préfets à
rechercher dans la soumission servile aux dominateurs la protection
qu'ils ne trouvent pas dans la loi.

Si le gouvernement fasciste voulait comme il l'avait annoncé (2),
rehausser le prestige du préfet ou en renforcer l'autorité, s'il
voulait réellement accomplir un premier pas sur la voie de la
décentralisation administrative, il devait garantir l'indépendance
du préfet en lui assurant une carrière régulière et en le chargeant
de la responsabilité personnelle de ses actes. Rien de cela n'a été
fait, car le vrai but visé par la loi de 1926 n'était que de forger des
instruments aptes à servir à la toute-puissance du gouvernement
central. Plus que du prestige et de l'indépendance des préfets,
le gouvernement fasciste se souciait d'organiser de la façon la
plus parfaite son système de centralisation à outrance ; et il faut
reconnaître que les résultats ont démontré que les moyens étaient
proportionnés au but visé !

Le podestat, qui a remplacé le syndic dans l'organisation
communale italienne (3), n'est plus qu'un fonctionnaire entièrement soumis au bon plaisir du préfet, et par conséquent du pouvoir central. Il est nommé par décret royal parmi les citoyens
ayant fait des études moyennes, mais un simple décret du préfet
peut le transférer dans une autre commune de la province (4).

(1) Le gouvernement fasciste dans la première période de la dictature expérimenta aussi les *préfets militaires*. L'administration de cinq ou six provinces fut
confiée à des généraux fascistes ou philofascistes ; mais l'expérience aboutit à la
faillite la plus complète. Après cet insuccès, le gouvernement fasciste commença
systématiquement à remplacer le vieux personnel bureaucratique par des préfets
politiques, choisis parmi les hommes les plus sûrs du parti.
(2) Voir l'exposé des motifs ministériel. — *Atti parlam.* XXVIIᵉ *Leg.* — Doc. 663.
(3) Loi du 4 février 1926, nº 237, étendue par le décret-loi du 3 septembre
1926, nº 1910, à toutes les communes du royaume.
(4) Art. 2 de la loi du 4 février 1926.

Il appartient au préfet de décider si la commune allouera un traitement au podestat (1). C'est au préfet de proposer au gouvernement central sa révocation, tandis que la loi ne se soucie pas de déterminer les motifs suffisants pour cette mesure très grave, et s'en tient à déclarer que contre le décret royal de révocation « n'est » admis aucun recours, ni par voie administrative, ni par voie » judiciaire » (2).

On n'exagère pas en affirmant que, de même que le préfet est l'agent politique provincial du parti ou des hommes au pouvoir, ainsi le podestat n'est que l'agent exécutif communal du préfet. Son rôle est de faire parvenir rapidement les ordres des gouvernants jusque dans les pays les plus éloignés de la montagne et d'harmoniser toutes les manifestations de la vie individuelle et collective avec leurs « directives politiques générales ».

Les garanties juridictionnelles du citoyen.

Les conclusions auxquelles on aboutit, après avoir envisagé quel est le rôle confié au parti et à la milice fasciste dans la vie de l'état, sont à mon avis de la plus haute importance, si l'on veut évaluer l'étendue réelle des pouvoirs du *chef du gouvernement*. Celui-ci, grâce au grand conseil fasciste qu'il domine sans conteste et qu'il a superposé au Conseil des ministres lui-même, tient aujourd'hui en ses mains tous les organes centraux de l'état. Grâce à l'organisation du parti, reconnu par la loi comme une véritable institution de droit public, il peut contrôler l'action de toutes les branches de l'administration et surveiller même l'activité personnelle de tous les chefs de la bureaucratie. La *milice volontaire pour la sûreté nationale* constitue un corps de police politique tel qu'aucun autocrate du passé n'en a jamais eu un si nombreux et aussi entraîné. La bureaucratie pliée à son bon plaisir, sous les ordres de chefs dévoués au maître tout-puissant, le parti d'un million d'individus liés par la défense du butin commun mieux que par des serments de fidélité : voilà les moyens à la disposition du *chef du gouvernement* pour étouffer toute tentative d'opposition, pour diriger selon son caprice les affaires publiques, pour dominer sans contestation possible et sans contrôle toute l'activité de l'état.

Il y a un siècle qu'un sage italien écrivait : « dans la monarchie » absolue la volonté du souverain, sans qu'il s'en aperçoive, est » dominée toujours par la volonté des courtisans, des courtisanes, » des princes étrangers, par la force des choses, par les passions

(1) Art. 12 de ladite loi.
(2) Art. 2 de ladite loi.

» populaires, par la fortune » (1). Ne se présente-t-il pas aujourd'hui en Italie une pareille situation? Ou bien la volonté du *chef* peut-elle se manifester libre et indépendante toujours et partout? Son attention vigilante suit-elle toutes les manifestations de la vie d'un peuple de quarante millions d'individus? Son intelligence parvient-elle à saisir toujours la vraie signification des mouvements populaires, à décider sûrement de l'intérêt national, à juger du bien et du mal, du vrai et du faux? Celui qui, comme l'auteur de ces notes, ne vit pas en rapport immédiat avec la petite coterie de fidèles rangés autour du dictateur, ne peut évidemment appuyer de preuves ni une réponse affirmative, ni *a fortiori* une réponse négative à cette question. Il peut toutefois croire à bon droit que dans la dictature italienne d'aujourd'hui les affaires ne marchent pas d'une façon différente de celle que l'histoire nous montre dans toutes les dictatures du passé. Mais, en tout cas, ces *puissances occultes* sont complètement en dehors de l'organisation juridique des pouvoirs, et, si elles peuvent intéresser le journaliste en quête de potins d'antichambre, elles ne fixent guère l'attention du publiciste désireux de saisir les caractères fondamentaux d'un régime. Les seules limites dignes d'êtres étudiées attentivement sont celles qui résultent d'une règle de la loi et qui sont fondées sur le principe d'une responsabilité politique ou juridique.

En examinant le nouvel équilibre des pouvoirs constitutionnels, je me suis efforcé d'illustrer la conception fasciste de la responsabilité politique des gouvernants et l'attitude du nationalisme fasciste vis-à-vis des institutions destinées à rendre effective et sérieuse cette responsabilité. Il ne reste plus qu'à examiner comment est réglementée la responsabilité juridique des dirigeants et des agents de l'exécutif, quelles sont les sanctions de cette responsabilité, de quelle action dispose le citoyen lésé par l'arbitraire d'un agent de l'état.

On ne doutait pas en Italie que la responsabilité ministérielle, proclamée d'une manière générale par l'article 67 du Statut fondamental, ne comprît aussi la responsabilité juridique. Mais on n'arriva jamais, ou on ne voulut jamais arriver à réglementer d'une manière plus précise cette responsabilité juridique des ministres. Ainsi, avant la conquête fasciste, l'Italie ne possédait aucune loi précisant les délits particulièrement imputables aux ministres, et déterminant les cas où ils pouvaient être tenus à des dommages-intérêts vis-à-vis de l'état ou du citoyen lésé.

Le projet de loi du député Sineo, présenté le 19 mai 1858, demeura pendant neuf ans devant la commission parlementaire

____

(1) N. TOMMASEO. — *Dell' Italia.* — Lib. v. partie 1ʳᵉ, chap. 11.

Celle-ci ne le renvoya à la Chambre que le 2 août 1867, après l'avoir radicalement modifié, et depuis lors on n'en parla plus. En effet, le projet Sineo gênait trop de politiciens accoutumés aux pires habitudes d'une vie parlementaire en décadence. On jugeait simplement draconienne une loi qui prétendait considérer comme coupable de haute trahison le ministre s'opposant au fonctionnement régulier des pouvoirs constitutionnels, et qui s'efforçait de formuler en des termes très larges le crime de concussion pour y comprendre nombre de cas où le ministre se servirait de son pouvoir pour des fins autres que l'intérêt général (1).

Il s'ensuivit que la responsabilité juridique ne fut réglée que par les dispositions générales sur la responsabilité des fonctionnaires, et le seul ministre traduit devant le Sénat siégeant en haute cour de justice y fut condamné pour des délits de droit commun (2). Il est vrai que le code pénal ne ménage pas les fonctionnaires publics se prévalant de leur pouvoir pour commettre des crimes contre l'état, ou pour violer les droits des citoyens. La qualité de fonctionnaire public comporte une aggravation de la peine pour les crimes de droit commun, et l'aggravation est majorée si le fonctionnaire a agi pour des fins personnelles. La responsabilité pénale du fonctionnaire pour les actes ordonnés par des autorités supérieures n'est exclue que si l'affaire était du ressort de cette autorité supérieure et si le fonctionnaire était obligé d'en exécuter les ordres (3). La résistance contre les abus de pouvoir de l'autorité est légitime, et le citoyen prévenu des délits de violence ou de résistance aux officiers publics est acquitté lorsqu'il prouve que le fonctionnaire « a causé » le fait en dépassant par des actes arbitraires les limites de ses » attributions » (4).

En réalité ces dispositions du code pénal demeurèrent presque toujours lettre morte et l'article 150 du code de procédure pénale, chargeant les fonctionnaires de dénoncer les délits dont ils avaient connaissance « à cause de l'exercice de leurs fonctions », ne fut presque jamais appliqué « par pitié, par crainte, à cause de mauvaises traditions bureaucratiques, d'intrigues politiques ou d'entremises des sectes, dont on constata l'influence délétère dans des » cas mémorables » (5). On peut affirmer que, même avant la

---

(1) BRUNIALTI. — *Op. cit.* — Vol. I, p. 440.

(2) Nunzio Nasi, ancien ministre de l'instruction publique, fut jugé en 1904 par le Sénat siégeant en haute cour de justice, pour des détournements de peu de valeur. Ce fut le petit poisson pris dans les mailles d'un filet, que d'autres avaient aisément déchiré.

(3) Art. 49 du code pénal.

(4) Art. 192 du code pénal.

(5) BRUNIALTI. — *Op. cit.* — Vol. I, p. 923.

conquête fasciste, la responsabilité pénale des fonctionnaires était presque nulle, car à cette tolérance coupable des autorités supérieures s'ajoutait l'existence de la *garantie administrative*, équivalente en réalité à une vraie impunité pour les préfets et pour les syndics favorables au gouvernement, et l'indulgence traditionnelle de la magistrature vis-à-vis des fonctionnaires inculpés d'abus dans leurs fonctions.

Le nationalisme fasciste n'eut guère besoin de modifier les institutions existantes pour soustraire complètement au contrôle judiciaire les agents gouvernementaux. Il suffit que Mussolini, par son discours du 3 janvier 1925, transformât le problème de la responsabilité pénale en un problème de force, en défiant les opposants de formuler l'acte d'accusation contre sa propre personne (1).

Après une brève période de tâtonnements de la jurisprudence, les règles de la responsabilité civile portées par le code civil (2) furent jugées applicables à l'état pour les actes de ses fonctionnaires et de ses agents. L'action civile du citoyen était pourtant rendue difficile par le fait que nombre de procès de minime importance étaient du ressort des tribunaux (3), par l'incertitude sur la représentation des différentes administrations de l'état, et surtout par la tendance constante de la jurisprudence à interpréter extensivement les lois du contentieux administratif et à étendre la compétence de la juridiction administrative (Junte provinciale administrative et Conseil d'état).

Le gouvernement fasciste se borna à augmenter les difficultés créées au citoyen qui se proposait d'actionner l'état par la voie civile. Sous prétexte de réorganisation de l'*avvocatura erariale*, chargée de la défense judiciaire des administrations étatiques, on attribua le jugement des procès où était partie l'état aux seuls tribunaux des dix-huit villes sièges des sections de l'*avvocatura erariale* (4). En outre, le gouvernement, se prévalant de pleins

(1) « Eh bien, je déclare ici en face de cette assemblée et du peuple italien tout
» entier que je me charge, moi seul, de la responsabilité politique, morale, histo-
» rique de tout ce qui s'est passé. Si des phrases plus ou moins défigurées sont
» suffisantes pour pendre un homme, apportez l'échafaud, apportez la corde !
» Si l'action du fascisme se résume dans l'huile de ricin et dans la matraque,
» si le fascisme n'a pas été une passion ardente de l'élite de la jeunesse italienne,
» c'est à moi la faute. Si le fascisme a été une association criminelle, je suis le
» chef de cette association criminelle. Si toutes les violences n'ont été que
» les conséquences d'une situation historique et morale, je me charge de toute la
» responsabilité, car ç'est moi seul qui ai créé cette situation historique, politique
» et morale, par ma propagande depuis l'intervention jusqu'aujourd'hui. » —
Discours de B. Mussolini. — Chambre des députés. — Séance du 3 janvier 1925.

(2) Art. 1153 du code civil.

(3) Art. 84 du code de procédure civile.

(4) Art. 19 du décret du 30 décembre 1923, n° 2828.

pouvoirs octroyés pour la réforme bureaucratique, par un décret du 31 décembre 1923, restreignit d'une façon remarquable la compétence des tribunaux ordinaires et conféra à la juridiction administrative le jugement des causes relatives au contrat d'emploi avec l'état et les institutions publiques locales, même s'il s'agissait de violations de droits patrimoniaux. En matière fiscale on alla plus hardiment encore jusqu'à conférer à l'*intendant de la finance* (chef provincial de l'administration fiscale) le pouvoir de punir par un *décret pénal* toutes « les transgressions aux dispo-
» sitions des lois fiscales et en général des lois et des décrets
» ayant trait aux impôts » (1).

Toutes ces dispositions nouvelles ont ajouté à l'importance des juridictions administratives, organisées par les lois de 1865. En 1865, la nouvelle organisation italienne de la justice adminis- trative marquait un progrès incontestable sur les vieux tribunaux administratifs piémontais et sur le Conseil d'état français, tel qu'il était sous le second Empire. Mais après 1865, les organes de la justice administrative italienne n'eurent pas un développement aussi vigoureux que le Conseil d'état français. La Junte provin- ciale administrative, bien que composée en partie de membres élus par le Conseil provincial, fut toujours dominée par la majorité nommée par le gouvernement, et ses attributions très larges de surveillance sur les administrations des communes et de l'assis- tance publique l'empêchèrent de faire ressortir davantage sa fonc- tion juridictionnelle. Le Conseil d'état ne joua jamais un rôle de tout premier plan, comme le Conseil d'état français pendant les vingt dernières années. Le mode de recrutement de ses membres laissait trop de pouvoir au gouvernement, toujours opposé à l'établissement de contrôles rigoureux et indépendants sur l'administration publique. Les membres de cette magistrature administrative suprême, tout en jouissant d'une certaine indépen- dance, se sentaient des fonctionnaires plutôt que des juges, de sorte que la jurisprudence du Conseil d'état italien ne présente pas le caractère cohérent et hardi de la *politique jurisprudentielle* du Conseil d'état français, sauvegarde du citoyen contre les empiéte- ments des pouvoirs.

Comme l'indépendance des juges ordinaires, bien qu'imparfaite même avant la conquête fasciste, était cependant beaucoup plus réelle que celle des juges administratifs, il s'ensuit que toute exten-

(1) Le contribuable a le droit de se pourvoir contre ce *décret pénal* devant les juges ordinaires dans un délai péremptoire très restreint (décret du 25 mars 1923, n° 796). Le projet de loi pour l'application de la contrainte par corps aux condam- nations fiscales (*Atti parlamentari* XXVII *Leg.* — Doc. 1197 et 1197 A) est encore devant le Parlement.

sion du ressort de la juridiction administrative aboutit à un amoindrissement, au moins indirect, des garanties du citoyen. Dans ce champ le gouvernement fasciste n'a pas encore abordé la réforme radicale des anciennes institutions et le Conseil d'état de *l'ère fasciste* est foncièrement le même qu'auparavant — sauf une plus étroite limitation de son indépendance, — tandis que les Juntes provinciales administratives, depuis la dissolution des Conseils provinciaux, ne sont plus composées que de fonctionnaires de l'exécutif et de membres nommés indirectement par le gouvernement. Une réforme organique de cette matière a été promise par le *chef du gouvernement* ; mais le fait qu'on l'a annoncée comme une réforme *fascistissima* (1) laisse prévoir qu'elle n'aboutira qu'à renforcer les pouvoirs des autorités administratives et à marquer un nouveau pas vers la réalisation de l'idéal fasciste d'anéantissement des droits subjectifs du citoyen.

Dès à présent la responsabilité pénale des fonctionnaires aussi bien que la responsabilité civile de l'état et en général toutes les garanties du citoyen vis-à-vis des autorités administratives locales et centrales, bien que portées par les lois, ne dépendent en réalité que de la *bonne volonté* du chef et de la coterie de ses fidèles. Et c'est parfaitement logique : l'équilibre des pouvoirs une fois renversé, les organes judiciaires perdent par cela même leur indépendance, que la prééminence de la loi seule garantissait, et se transforment en autant d'instruments de la centralisation la plus absolue.

---

(1) Discours de B. Mussolini. — Chambre des députés. — Séance du 26 mai 1927.

VII.

L'ORGANISATION CORPORATIVE.

LE MOUVEMENT OUVRIER ITALIEN. — LE SYNDICALISME ITALIEN APRÈS LA GUERRE. — DE L'ACTION DIRECTE AUX CORPORATIONS. — L'ABOLITION DE LA LUTTE DES CLASSES. — LA PERSONNALITÉ JURIDIQUE DES SYNDICATS ET LE CONTRÔLE DE L'ÉTAT. — LES CONTRATS COLLECTIFS DE TRAVAIL. — L'OBLIGATION AU TRAVAIL. — L'ÉTATISATION DE L'ÉCONOMIE NATIONALE. — L'ÉTAT CORPORATIF.

Le mouvement ouvrier italien.

Un ancien ministre libéral, aujourd'hui rallié au fascisme, s'écriait à la Chambre des députés : « L'etablissement de l'état » corporatif n'a pas été une réforme mais une véritable révolution, » et cette révolution a abouti dans le champ social et politique, » de même que dans le champ spirituel, au renversement des » principes proclamés par la grande révolution française » (1). S'agit-il d'une vérité ou d'une vantardise ? Peut-on, dans l'organisation corporative que le nationalisme fasciste affirme avoir donnée à l'Italie, trouver l'*idée nouvelle* justifiant le titre de *révolution* attribué au *coup de force* d'octobre 1922 et à ses développements successifs ? Pour répondre à cette demande je considérerai les principes et les institutions fascistes en matière d'organisation syndicale, tout en me bornant dans cet examen au point de vue juridique et politique du problème.

La classe ouvrière italienne demeura presque complètement en dehors du mouvement d'unification politique de la péninsule. La décadence commerciale et industrielle des anciennes communes avait anéanti la tradition de liberté et d'autonomie des artisans des villes, et les principaux centres italiens ne connaissaient pas encore le prolétariat industriel. La foule des artisans des villes,

(1) Discours du député Andréa Torre. — Chambre des députés. — Séance du 1er juin 1927. — *Atti parlam.* xxvii *Leg.*, p. 7729.

pliée depuis trois siècles sous le joug des dominations étrangères ou des autocraties nationales, se tint en dehors de la mêlée. Les tentatives des républicains pour entraîner les artisans et les ouvriers dans la lutte pour la liberté et pour l'indépendance échouèrent devant l'indifférence des masses laborieuses et l'hostilité ouverte ou déguisée des milieux monarchistes et conservateurs.

Les travailleurs des campagnes n'avaient guère participé d'une manière active à la vie des républiques démocratiques du moyen âge. L'établissement des dominations étrangères n'avait été pour les campagnes rien de plus que la substitution d'un nouveau maître à l'ancien, et les fonctionnaires espagnols, autrichiens ou français jouirent de la même autorité que celle jadis reconnue aux magistrats des communes libres. Seul le clergé, vivant à la campagne et exerçant une influence remarquable sur les paysans, pouvait les entraîner dans les luttes politiques. Mais la victoire des courants monarchistes unitaires exclut le clergé de toute participation active au processus de reconstitution nationale, et par cela même la masse des travailleurs des campagnes n'eut aucune influence, ni directe ni indirecte, sur l'établissement du nouvel ordre de choses.

Les groupements politiques montés au pouvoir au moment de la formation du nouveau royaume unitaire n'étaient liés par aucune dette de reconnaissance envers la classe ouvrière, dont la force n'avait pas été un élément actif dans la lutte. Nullement préoccupés du progrès économique et moral des masses, ils se souciaient uniquement de les tenir à l'écart de la vie politique et de les soumettre à la domination des grands propriétaires fonciers, des agents électoraux et des chefs des oligarchies politiques provinciales. Cette raison d'ordre politique, jointe au développement industriel encore arriéré du pays et à son unification économique imparfaite, ralentit le processus d'organisation de la classe ouvrière italienne, et ce ne fut que pendant les dix dernières années du XIXe siècle que s'organisèrent les premiers syndicats de travailleurs.

Quand les ouvriers italiens prirent conscience de leur force réelle et aspirèrent par cela même à exercer une influence politique quelconque, ils se trouvèrent en présence d'une classe politique dirigeante qui ne connaissait ni leurs besoins ni leurs aspirations, et dont ils ignoraient complètement l'histoire récente. Cette incompréhension réciproque contribua à orienter les premières organisations ouvrières vers des programmes et des méthodes ouvertement subversifs. Le mouvement syndicaliste n'était qu'à ses débuts et déjà les travailleurs des carrières de marbre de la Toscane et les prolétaires ruraux de la Sicile se livraient en 1893 et en 1894 à des véritables insurrections.

Tous les efforts tentés dans la période d'avant-guerre pour encadrer les masses ouvrières italiennes suivant les méthodes du labourisme anglais ou du syndicalisme allemand n'aboutirent à aucun résultat. L'esprit anarchique, engendré par de longs siècles de servitude et entretenu par l'incurie de la nouvelle classe dirigeante, opposait à ces tentatives une résistance indomptable. Le travailleur italien, depuis longtemps exclu de la vie politique de son propre pays, ne concevait d'autre collaboration avec les pouvoirs publics que l'exploitation des mesures édictées pour l'amélioration de sa situation économique. Les chefs les plus populaires des partis ouvriers se virent abandonnés par leurs troupes chaque fois qu'ils essayèrent sérieusement d'harmoniser le mouvement ouvrier avec l'ensemble de la vie nationale (1).

Les tendances subversives des organisations ouvrières liées aux partis d'extrême-gauche furent renforcées par la prédominance des travailleurs agricoles, beaucoup plus insoumis que les ouvriers de la grande industrie. En Italie, contrairement à ce qui se vérifia dans les autres pays de l'Europe occidentale, les organisations de travailleurs agricoles, commencèrent à se former en même temps que les syndicats du prolétariat industriel. La propagande socialiste eut très facilement prise sur les *journaliers* de la vallée du Pô, grâce surtout aux conditions misérables de la vie faite à cette masse, vivant au milieu de campagnes les plus fertiles de l'Italie (2). Les organisations du prolétariat agricole de la basse Lombardie et de l'Emilie formèrent bientôt le noyau le plus fort des syndicats ouvriers relevant du parti socialiste. Composées d'une multitude de gens qui avaient vécu pendant des siècles dans la misère, elles penchèrent vers un subversivisme farouche et intraitable. Pour

(1) En 1912, la guerre contre la Turquie poussa les chefs socialistes favorables à l'expansion coloniale et au système de politique intérieure de Giolitti à tenter la fondation d'un *parti ouvrier*, calqué sur le type du *labour party* anglais. Le *parti socialiste réformiste* fut constitué à Reggio Emilia en juin 1913, après que le congrès du parti socialiste officiel eut expulsé le groupement des *transigeants*. Le nouveau parti dirigé par Leonida Bissolati, un des chefs les plus populaires du socialisme, emporta l'adhésion d'hommes de valeur incontestable, tels que Bonomi, Cabrini, Raimondo, etc. Mais ils se virent rapidement abandonnés par leurs troupes, qui retournèrent à la tradition subversive du parti officiel.

(2) Le prolétariat agricole (*braccianti*) est la caractéristique des régions situées aux bords du Pô au-dessous de Plaisance, de l'Italie méridionale et d'une grande partie de la Sicile. Dans la basse vallée du Pô, à l'est de Plaisance — sauf des petites zônes où domine la petite propriété, ou bien la propriété collective d'origine monastique (*Partecipanze*) — règne la grande propriété et la grande exploitation, notamment dans les terrains défrichés par les *Bonifiche* modernes. Dans les provinces de Crémone, Mantoue, Plaisance et Parme, les *braccianti* s'engagent presque toujours par des contrats de travail annuels (*braccianti obbligati*) ; tandis que dans les provinces plus à l'est prédomine le contrat à journée ou limité à certains travaux particuliers (moissons, vendange, etc.).

les multitudes encadrées dans les syndicats rouges des campagnes, l'avènement du collectivisme ne signifiait rien d'autre que la possibilité de s'emparer de la terre du patron pour la diviser entre la masse des prolétaires. Comme ces syndicats d'ouvriers agricoles fournissaient le gros de l'armée électorale du parti socialiste, ils s'imposaient par leur force aux groupements modérés favorables à la tactique de réalisations graduelles et donnaient le ton à toute l'action syndicale des partis de gauche.

L'action syndicale du parti socialiste fut assez désordonnée, faute d'un plan d'ensemble et de cadres suffisants pour unifier les forces locales. Les syndicats ainsi formés ne purent opposer aucune résistance sérieuse à la politique de réaction du dernier cabinet Crispi et des cabinets Di Rudinì et Pelloux. Lorsque Zanardelli et Giolitti eurent complètement rétabli, après 1900, la liberté d'association, le parti socialiste reconstitua rapidement les ligues ouvrières dissoutes en 1898 et en 1899 et leur donna bientôt une certaine unité de méthode, en les réunissant sous la direction d'un organe national centralisé : la Confédération générale du travail. Exploitant habilement la prospérité économique qui suivit les crises des dernières années du xixe siècle, les organisateurs socialistes purent s'assurer des succès réels dans les luttes engagées pour l'amélioration des conditions de vie de l'ouvrier. Ces victoires valurent à la Confédération générale du travail la confiance de couches très larges de la classe ouvrière et la possibilité d'étendre progressivement son champ d'action, d'améliorer ses cadres et d'accroître sa force économique.

La Confédération générale du travail affectait une certaine indépendance vis-à-vis du parti socialiste ; mais il ne s'agissait que d'une indépendance purement formelle, car en même temps qu'elle acceptait le postulat marxiste de la lutte des classes, elle choisissait ses dirigeants parmi les chefs socialistes, et dans le pacte d'alliance avec le parti elle reconnaissait celui-ci comme le seul interprète des aspirations de la classe ouvrière organisée. Il s'ensuivit que la Confédération générale du travail, tout en englobant la majeure partie des forces ouvrières, ne put jamais obtenir l'adhésion de tous les syndicats de travailleurs. Maintes catégories refusaient opiniâtrément de se soumettre au contrôle d'une organisation dominée, ne fût-ce qu'indirectement, par le parti socialiste et prétendant posséder elle seule la formule infaillible du bien-être de la classe ouvrière.

Les catholiques italiens avaient ébauché leurs premiers essais dans le champ de l'organisation ouvrière presque en même que les socialistes. Après la publication de l'encyclique *Rerum Novarum*, on avait assisté à une vraie floraison de ligues de travailleurs chrétiens, surtout en Lombardie, dans la Vénétie et en Sicile. La rafale réactionnaire de 1898 et de 1899 dispersa ces organisations, de même que celles du parti socialiste, et leur reconstitution fut, pendant plusieurs années, rendue difficile par les différends provoqués par la propagande du modernisme. Malgré cela, à la veille de la guerre, les catholiques italiens disposaient d'une force remarquable dans le champ ouvrier. Mais, bien qu'ils eussent constitué des fédérations nationales, ils n'avaient pas encore une organisation centralisée capable de faire face à la Confédération générale du travail.

La majeure partie des forces ouvrières organisées était dans l'Italie septentrionale. Les syndicats socialistes recrutaient surtout leurs forces dans le prolétariat agricole, parmi les ouvriers de l'industrie lourde, mécanique et chimique et parmi les agents des chemins de fer. La majorité des ouvriers du textile de la Lombardie, les métayers, les petits fermiers et les petits propriétaires fonciers se rangeaient du côté des syndicats chrétiens. On avait, en outre, des organisations de caractère local, dont l'importance, ressortait de l'attitude qu'elles prenaient vis-à-vis des syndicats nationaux socialistes ou chrétiens, ou bien des programmes extrémistes qu'elles s'efforçaient de réaliser. En Romagne, les ligues de métayers républicains opposaient une résistance acharnée aux organisations socialistes, visant ouvertement la prolétarisation des travailleurs à participation. Dans l'Emilie et dans la Lombardie, des syndicats, dirigés par les mêmes hommes qui régissent aujourd'hui les organisations ouvrières fascistes, expérimentaient dans les campagnes et dans les villes les méthodes de l'action directe, favorisés par les éléments extrémistes du socialisme et même par les anarchistes.

L'existence de ces mouvements syndicaux concurrents et le fait que la Confédération générale du travail prétendait s'attribuer à elle seule la représentation de la classe ouvrière posèrent bientôt le problème de la liberté syndicale. L'intervention de l'état pouvait seule empêcher qu'une question de justice et d'équité se transformât en une question de force, et d'autre part l'état ne pouvait pas résoudre par son intervention le différend, si préalablement il ne reconnaissait l'existence juridique des syndicats et n'organisait leur responsabilité.

La classe politique ne comprit guère ses devoirs vis-à-vis de ce problème et manqua ainsi l'occasion d'assurer une vie paisible et progressive aux organisations ouvrières. Les politiciens d'avant-guerre se préoccupaient surtout des conséquences parlementaires et électorales de leurs actes, et n'osaient pas aborder un problème aussi difficile que celui de la liberté syndicale et de la reconnaissance juridique des associations ouvrières. Ils voyaient la Confédération générale du travail s'opposer opiniâtrément à tout projet de réforme qui, attribuant la personnalité juridique aux syndicats, fixât d'une manière quelconque leur responsabilité pour l'observation des contrats collectifs. Ils connaissaient et ils redoutaient la force de la Confédération générale du travail, et, selon leur procédé habituel de ménagement des courants politiques d'extrême gauche, ils renvoyaient d'un jour à l'autre toute décision. Malgré les réclamations continuelles des syndicats chrétiens, forts de la loi et des dispositions mêmes du Statut fondamental, les gouvernements d'avant-guerre se refusèrent toujours de livrer combat à la Confédération générale du travail et à son allié le parti socialiste. En se bornant à endiguer la lutte entre partisans et adversaires de la liberté syndicale, ils transformèrent cette question de justice en un simple problème de police.

Si la prétention de la Confédération générale du travail au monopole de la représentation ouvrière ne l'emporta pas, ce ne fut pas grâce à l'action des gouvernants, mais plutôt grâce à la ténacité des minorités dissidentes, irréductiblement hostiles aux syndicats rouges. Et ce fut grâce aux sacrifices de ces minorités qu'après la guerre on put reprendre la bataille pour la liberté syndicale et livrer le combat avec des moyens adéquats et avec de sérieuses possibilités de victoire.

Le syndicalisme italien après la guerre.

Le mouvement ouvrier italien reçut de la guerre une impulsion plus vive encore que les mouvements similaires des autres pays de l'Europe occidentale. Les besoins de la guerre firent surgir dans l'Italie septentrionale une grande industrie outillée à la moderne, tandis que la vie de la caserne et de la tranchée apprenait la valeur de l'effort collectif et la puissance incomparable de l'union à des milliers de gens qui avaient vécu jusqu'alors dans l'isolement de la famille ou du village.

Après la conclusion de l'armistice et la révocation des lois d'exception usitées pendant la guerre, cette masse imposante de prolétaires et de combattants crut trouver dans les syndicats le moyen de perpétuer une prospérité fictive ou de reconquérir rapidement la prospérité d'avant-guerre. L'accroissement des forces syndicales présenta ainsi tous les défauts et toutes les faiblesses des improvisations. Syndicats, coopératives, fédérations jaillissaient chaque jour, sans que la majorité de leurs membres eut connaissance de la nature réelle des organisations professionnelles et des responsabilités des associés. Les vieux chefs, les techniciens éprouvés du syndicalisme et de la coopération furent bientôt débordés. On dut confier des postes de commandement à des hommes nouveaux et le choix en fut très souvent mauvais. Des jeunes gens n'ayant retenu de la guerre que l'audace des coups de mains furent placés à la tête d'organisations de milliers de travailleurs, sans avoir aucune idée du rôle très délicat des syndicats ouvriers dans une période de transformation profonde de l'économie nationale. Ces dirigeants improvisés, dépourvus très souvent d'une culture moyenne, ne furent que des jouets à la merci des passions déréglées des multitudes.

Le manque de dirigeants et le défaut de sens des responsabilités dans la masse furent plus évidents qu'ailleurs dans les syndicats de la Confédération générale du travail, vers laquelle se tourna la majeure partie des mécontents, des désenchantés et des égarés de la guerre. La Confédération générale du travail fut bientôt incapable de retenir les emportements des chefs en sous-ordre, et dut se borner à circonscrire les conséquences des déréglements et des sottises des organisations adhérentes. « Les chambres du travail » multipliaient les proclamations de grève et échafaudaient de » petites parodies locales de la dictature bolchévique, tandis que » la Confédération générale du travail s'adonnait à sa fonction » de pompier pour étouffer ces incendies locaux » (1). Mais l'incendie ne pouvait pas être toujours étouffé aussi rapidement qu'il aurait fallu pour l'empêcher de se propager, et alors les dirigeants, incapables de maîtriser les passions populaires, devaient se plier à proclamer des grèves de solidarité ou à engager la masse ouvrière toute entière dans des agitations politiques, dont le seul résultat était de plonger dans le désordre la vie économique du pays. La dernière expérience de ces grèves politiques — la grève générale proclamée en août 1922 pour protester contre les violences des faisceaux — finit par énerver complètement la Confédération générale du travail. (2).

Tous ces défauts furent aggravés par l'erreur économique qui

(1) BONOMI. — *Dal socialismo al fascismo*. — Rome, 1924, p. 36.

(2) « Les expériences maintes fois répétées avaient démontré que ces grèves » (les grèves politiques) n'ont aucune efficacité et que leur destinée est de s'épuiser » après avoir semé la haine et le ressentiment et après avoir enlevé toute sympa- » thie à la cause pour le triomphe de laquelle on prétend les susciter. Mais en ce » moment (août 1922) le désarroi du parti socialiste était si complet, le sens de la » défaite était si répandu, l'égarement si général, que les hommes capables par » leur culture et par leur expérience d'apercevoir le danger et de le dénoncer, » ou tout au moins de séparer leurs responsabilités de celle des autres, attendirent » passivement les événements. Ils espéraient peut-être qu'une grève proclamée » sans aucun accord bien précisé, dirigée on ne sait pas bien par qui, ferait le » miracle de rétablir la situation politique irréparablement compromise. » — BONOMI, *op. cit.*, p. 45.

domina toute l'action de la Confédération générale du travail de
1919 à 1921. Les chefs des syndicats socialistes avaient aperçu
très clairement que la prospérité des premiers mois de l'armistice
n'était qu'une création fictive de l'économie fermée du temps de la
guerre. Ils comprenaient aussi que les nouvelles émissions de
papier-monnaie, faites par l'état pour solder les comptes des
fournisseurs, concouraient à rehausser cette prospérité illusoire,
et ils savaient qu'on ne pouvait pas s'engager davantage dans la
voie dangereuse de l'émission du papier à découvert. Mais, au
lieu d'outiller les syndicats ouvriers en vue du passage prochain de
l'économie fermée de la guerre à l'économie libre de la paix, ils
s'opposaient avec entêtement à toute tentative de réduire graduellement la réglementation exceptionnelle de guerre, soumettant
ainsi les intérêts généraux de la classe ouvrière à la convoitise et
à l'intérêt immédiat des catégories les plus emportées.

L'abolition du *prix politique* du pain, qui chargeait le budget
d'une dépense annuelle de cinq à six milliards, et l'abolition du
régime coactif des contrats de métayage et de bail à ferme ne
purent être réalisées sans briser la résistance acharnée des organisations ouvrières. Au mois de juin et de juillet 1919, quand les
effets concurrents de l'inflation et du manque de matières premières se manifestèrent par une hausse des prix, les dirigeants
locaux des organisations socialistes n'envisagèrent d'autres solutions que le *maximum* et la réquisition des magasins. Et une fois
de plus les grandes organisations nationales elles-mêmes furent
entraînées par les éléments les plus avancés dans une de ces
agitations tumultuaires funestes à leur force politique et économique. Quand le cabinet Giolitti modifia par un décret-loi le tarif
général douanier inaugurant une politique protectionniste intransigeante, les organisations de la Confédération générale du travail
ne songèrent même pas à unir leurs protestations aux critiques des
petits groupements libres-échangistes italiens, et ne se soucièrent
guère des conséquences fâcheuses du protectionnisme outrancier.
Elles s'estimaient satisfaites, parce que la nouvelle protection
accordée à l'industrie lourde permettait aux patrons métallurgistes
de Milan, de Gènes et de Turin de se maintenir pendant quelques
mois encore sur le *pied de guerre* et d'employer temporairement
une foule d'ouvriers, autrement réduits au chômage immédiat.

On doit pourtant reconnaître que les organisations concurrentes
de la Confédération générale du travail ne réussirent pas toujours
à se garder de ces erreurs, que les syndicats socialistes commirent
plus fréquemment et avec des conséquences plus graves, ne fût-ce
qu'à cause de leur force politique prépondérante. Ce fait même
démontre que la plupart des excès et des fautes du syndicalisme

italien d'après-guerre provenait principalement de causes d'ordre général, telles que le manque d'équilibre de l'économie nationale et la formation politique insuffisante d'une grande partie de la classe ouvrière.

Tout en n'égalant pas les forces socialistes, les organisations ouvrières chrétiennes virent, dans les premiers mois d'après-guerre, leurs effectifs croître dans de très fortes proportions. Au lendemain même de l'armistice, on constitua un centre national, la Confédération italienne des travailleurs, calqué sur le type de la confédération socialiste et capable d'unifier l'action des fédérations nationales et des syndicats locaux (1). Les syndicats blancs purent rallier au programme démocrate-chrétien un million de travailleurs, empêchant ainsi le socialisme de s'adjuger le monopole de la représentation ouvrière. Le fait seul qu'une masse imposante de travailleurs ne se pliait pas aux prétentions de monopole des syndicats rouges était l'antidote le plus efficace contre la propagande du miraculisme bolchévique des chefs extrémistes du syndicalisme rouge (2).

On relevait dans les cadres des syndicats chrétiens des défauts analogues à ceux des organisations socialistes, savoir : manque de techniciens du syndicalisme, inexpérience des dirigeants improvisés, imprévoyance dans l'administration des coopératives formées à la hâte pour contrecarrer les coopératives socialistes ou pour s'assurer les faveurs accordées par les lois. Les syndicats blancs devaient faire face à l'action des extrémistes visant à réunir en un bloc toutes les forces prolétariennes pour les lancer dans une

(1) Les syndicats chrétiens (les syndicats *blancs*) maintinrent et renforcèrent leur prédominance d'avant-guerre dans la classe des travailleurs agricoles, car les petits fermiers, les petits propriétaires et la majorité des métayers demeurèrent fidèles à leurs vieilles organisations. Les syndicats *blancs* maintinrent leur supériorité vis-à-vis des syndicats socialistes parmi les ouvriers du textile, et entamèrent le monopole socialiste dans les catégories des agents de chemins de fer, des métallurgistes, des maçons, des ouvriers chimistes, etc. En 1922, 23 fédérations nationales adhéraient à la Confédération italienne des travailleurs. La majeure partie des forces des syndicats *blancs* se recrutait dans l'Italie septentrionale (Piémont, Lombardie, Vénétie et Emilie), dans les campagnes de la Toscane (provinces de Florence, Pise, Lucques et Arezzo) et des Marches et dans certaines parties de la Calabre et de la Sicile.

(2) « La conception sociale du parti populaire trouva les milieux les plus
» favorables dans les campagnes où prédominaient la petite propriété et l'exploi-
» tation à participation, et dans les bourgades où prévalaient encore les artisans...
» Quand la marée du socialisme bolchévique — qui était en réalité une réaction
» brutale des pauvres lésés par la guerre contre les riches accusés d'en avoir favorisé
» le déchaînement — monta menaçante dans toutes les régions de l'Italie, elle se
» heurta aux masses conquises déjà par la propagande de la démocratie chrétienne
» et du parti populaire. Ces masses exercèrent ainsi, très souvent sans s'en aperce-
» voir, une fonction de *rémora* et de frein. » — BONOMI, *op. cit.*, p. 77.

lutte désespérée, dont les chefs eux-mêmes ne connaissaient avec précision ni les buts, ni les développements probables. Leur tâche était d'empêcher que la totalité de la masse ouvrière ne se rangeât sous la bannière du subversivisme ; et par conséquent conquérir l'adhésion des masses n'était pas seulement pour les syndicats blancs un *but tactique*, mais un véritable *but stratégique*. Pour augmenter leurs effectifs et pour raffermir leurs conquêtes, les organisations *blanches* furent parfois amenées à sympathiser avec l'esprit frondeur particulier au syndicalisme italien d'après-guerre ; mais en général elles réussirent à dominer leurs masses et s'opposèrent énergiquement aux mouvements subversifs, notamment aux grèves des services publics.

Si l'action de défense des syndicats chrétiens n'obtint pas des résultats immédiats plus remarquables, la responsabilité en revient aux hommes qui gouvernèrent l'Italie après l'armistice. Ces politiciens n'arrivaient pas à comprendre que la seule force d'ordre et de conservation résidait dans les syndicats chrétiens. Imbus des traditions administratives d'avant-guerre, ils évitaient de se mêler aux luttes engagées au sein de la classe ouvrière, et préféraient traiter avec les chefs des organisations socialistes qui, malgré leurs apparences farouches de révolutionnaires intransigeants, savaient trouver toujours les compromis politiques ou électoraux les plus attrayants (1).

La question du libre choix des syndicats ne s'acheminait pas vers une solution légale définitive. L'équilibre entre les organisations des différentes tendances demeurait toujours un équilibre de forces. De nouvelles dispositions furent ajoutées aux mesures édictées avant la guerre, toutes reconnaissant indirectement l'existence juridique des syndicats professionnels (2); mais on n'osa pas

(1) Après les grèves des agents des chemins de fer et des postes et télégraphes, ouvertement combattues par les organisations chrétiennes, le gouvernement réadmit les grévistes à égalité de conditions avec ceux qui n'avaient pas déserté leurs postes. Les nouveaux contrats de travail furent discutés avec les organisations socialistes seules, tandis que les syndicats chrétiens, grâce auxquels avaient été assurés les services essentiels pendant la crise, étaient exclus de toutes les discussions officielles.

(2) Le décret du 11 août 1904, n° 474, reconnaissait déjà indirectement les syndicats ouvriers, en conférant aux organisations nationales des travailleurs le droit de proposer au gouvernement un certain nombre de candidats pour le Conseil supérieur du travail. — Après la guerre, le décret ministériel du 17 novembre 1918 obligea les préfets de demander l'avis des organisations professionnelles avant de nommer les membres ouvriers et patronaux des collèges de prud'hommes. — Le décret du 21 avril 1919, n° 603, et le règlement du 29 février 1920, n° 245, admirent la participation des associations professionnelles à la nomination des commissions chargées du service d'assurance invalidité et vieillesse. — Les précédents de reconnaissance implicite sont largement résumés dans le rapport de la commission parlementaire sur la loi « sur la discipline juridique des rapports collectifs du travail ». — *Atti parlam.* xxvii *Leg.* — Doc. 624 A.

aborder ni résoudre par des réformes radicales la question de la personnalité juridique des organisations ouvrières. Ce ne fut qu'en 1922 que le gouvernement accepta une proposition du parti populaire, inspirée par la loi allemande du 18 avril 1918, et promulgua un décret en vertu duquel les syndicats professionnels pouvaient jouir d'une personnalité juridique limitée en se soumettant à l'*enregistrement* devant le préfet (1), mais le renversement de la situation politique ne permit pas d'appliquer cette première réforme.

Depuis 1921, les syndicats ouvriers italiens, malgré les erreurs politiques et économiques des deux dernières années, perfectionnaient graduellement leurs cadres. Les conséquences mêmes des erreurs du passé avaient servi pour apprendre aux chefs et aux membres la nécessité de la prudence et de la discipline. Les insuccès des agitations improvisées avaient montré aux dirigeants combien est délicat l'outillage économique d'un peuple de quarante millions d'individus, et combien de prudence il faut lorsque l'on veut toucher aux organes essentiels de la production. Les défaites avaient acculé les masses aux renonciations et leur avaient fait comprendre que la vie syndicale elle aussi est un ensemble de fonctions, de devoirs et de sacrifices. La faillite de l'occupation des usines, au moment même où la force apparente des syndicats rouges atteignait son maximum, avait démontré qu'en politique, et surtout en économie, il y a des limites que les forces organisées ne peuvent pas franchir d'un coup, même lorsque rien ne s'oppose à leur marche triomphale.

L'*ondée de bon sens*, qui dans le champ politique avait brisé l'offensive bolchévique à la veille de sa victoire, entraînait désormais les syndicats ouvriers vers un sain réalisme économique et politique. La nécessité de la paix intérieure s'imposait aux esprits les plus échauffés eux-mêmes, les pliait à une tactique de réalisations graduelles et au respect des droits des adversaires. Ce fut à ce moment-là que sur l'édifice encore imparfaitement rétabli du syndicalisme italien s'abattit la rafale fasciste.

De l'action directe aux corporations.

L'histoire a réservé une étrange destinée aux doctrines politiques et sociales de George Sorel. Ces théories eurent en Italie beaucoup plus de diffusion qu'en France, et on essaya en Italie — avant et mieux qu'ailleurs — la réalisation des postulats du syndicaliste français. Mais les hommes mêmes, qui avaient divulgué en Italie la pensée de Sorel, devaient quelques années plus tard

(1) Décret du 22 octobre 1922, n° 1529.

tourner l'arme de l'action directe contre les syndicats libres des ouvriers et les remplacer par une organisation corporative imposée d'en haut aux masses prolétaires.

Les théories de Sorel furent portées à la connaissance du public italien par des cénacles napolitains de philosophes et de politiciens formés par Benedetto Croce et par Antonio Labriola. Elles trouvèrent des partisans enthousiastes dans l'Italie septentrionale, en Emilie, chez des jeunes gens audacieux et entreprenants qui se placèrent à la tête des organisations du prolétariat agricole de la province de Parme et de la basse province de Modène. Ces jeunes *syndicalistes* (1) s'opposaient à toute tentative réformiste de pénétration dans la société bourgeoise et, au nom du *dogme* de l'action directe, ils luttaient opiniâtrément contre les *bourgeois* de la Confédération générale du travail et du parti socialiste. Ils expérimentèrent leurs méthodes révolutionnaires à l'occasion de la grève agricole de la province de Parme en 1908. La grève fut étouffée après de longs mois de lutte acharnée et après des journées sanglantes ; mais la propagande des syndicalistes créa parmi les prolétaires de la ville et des campagnes de Parme un état d'esprit révolutionnaire, dont aujourd'hui encore on peut relever l'empreinte profonde.

Lorsque le courant extrémiste eut prévalu au sein du parti socialiste officiel (juin 1913), les syndicalistes atténuèrent leur hostilité contre les organisations de la Confédération générale du travail, tout en s'efforçant d'étendre leur influence dans l'Emilie toute entière et dans la Lombardie, et d'établir à Milan une confédération propre. Le déchaînement de la guerre mondiale rapprocha Benito Mussolini, expulsé du parti socialiste pour sa campagne interventionniste, des groupements syndicalistes, favorables eux aussi à l'intervention de l'Italie aux côtés des puissances de l'Entente. Mussolini trouva ainsi dans les organisations ouvrières professant la doctrine de l'action directe les forces qui lui permirent de mener, pendant les mois de la neutralité, sa propagande pour la *guerre révolutionnaire*.

Après l'armistice, les révolutionnaires interventistes — les anciens syndicalistes de l'école des George Sorel — reprirent activement leur propagande parmi les ouvriers et, pour mieux contrecarrer la Confédération générale du travail, improvisèrent eux aussi une organisation confédérale : l'Union italienne du travail.

(1) Le mot *syndicalistes* était employé en Italie pour indiquer les partisans de la doctrine de l'*action directe*, contraires à toute participation, ne fût-ce qu'indirecte, du prolétariat à la vie de l'*état bourgeois*.

Malgré une propagande subversive acharnée (1), l'Union italienne du travail ne réussit pas à grouper des forces bien considérables, et l'action de ses syndicats fut toujours circonscrite à quelques centres industriels de la Lombardie et à quelques petites régions agricoles de l'Emilie.

Lorsqu'à l'automne de 1920 le fascisme prit la tête du mouvement réactionnaire des *agrariens* (2) de la vallée du Pô contre les syndicats des ouvriers agricoles, il comprit que, pour renverser d'une façon définitive la situation politique, il ne suffisait pas de contraindre les administrations socialistes des communes et des provinces à démissionner, de ravager les sièges des Chambres de travail ou d'occuper *armata manu* les coopératives ouvrières. Les prolétaires agricoles du Bolognais, du Ferrarais, de la basse plaine du Modénois s'étaient ralliés au socialisme dès les dernières années du xixe siècle. Depuis lors ils étaient restés constamment fidèles à leurs syndicats, auxquels ils devaient des conditions humaines de vie. Il fallait donc remplacer les organisations que renversait la violence des escouades d'action, par de nouveaux syndicats, pour empêcher que le prolétariat rural ne regrettât ses anciennes ligues socialistes.

L'Union italienne du travail avait des précédents révolutionnaires trop marqués et trop récents pour satisfaire aux désirs des agrariens ralliés de fraîche date au fascisme. Il fut pourtant nécessaire d'envisager de nouveaux types d'organisation, et ainsi surgirent les *syndicats économiques*.

Il sembla, au premier moment, que la constitution des syndicats économiques préludait à l'établissement d'un syndicalisme vivant en dehors de la politique active sans aucune compromission avec les partis. En effet, le programme des syndicats économiques se réclamait d'un certain agnosticisme politique ; mais par cela même il ne trouva pas, et il ne pouvait pas trouver, un accueil favorable dans des milieux échauffés par la passion, où personne ne demeurait sans prendre position vis-à-vis des problèmes politiques. En réalité les syndicats économiques, dominés par les agrariens, se

(1) « L'Union italienne du travail, dont les cadres devaient dans la suite
» fournir une base aux corporations fascistes, agissait sous l'impulsion de l'esprit
» de surenchère avec le socialisme révolutionnaire... Elle brandissait un pro-
» gramme économique et politique visant la constitution d'une sorte de république
» ouvrière, établie sur les débris de la classe patronale et membre d'une confé-
» dération européenne de républiques ouvrières, pacifistes et desarmées. » —
BONOMI. — *Op. cit.*, p. 110.

(2) On employait en Italie le mot *agrariens* pour indiquer les patrons agricoles (propriétaires et grands fermiers) ralliés aux courants conservateurs et opposés aux organisations ouvrières, socialistes et chrétiennes. Les *agrariens* n'étaient organisés que dans le nord de l'Italie.

rapprochèrent de plus en plus du parti fasciste, et leur soumission envers les faisceaux fut plus absolue que celle des organisations de la Confédération générale du travail envers le parti socialiste. On jeta bientôt le masque de la *neutralité politique* et les syndicats économiques se transformèrent en *corporations* adhérant ouvertement au mouvement politique du fascisme. En même temps, les syndicats de l'Union italienne du travail adhéraient l'un après l'autre aux corporations et les chefs des vieilles organisations *syndicalistes* assumaient la direction de tout le mouvement ouvrier fasciste.

Pendant la période de préparation à la conquête du pouvoir, les corporations n'exercèrent qu'une fonction tout à fait secondaire. La parti fasciste avait absorbé les courants les plus différents. A côté des syndicalistes, se proclamant fidèles à la tradition doctrinale de George Sorel, et des révolutionnaires sortis des rangs de l'extrémisme socialiste, se rangeaient les bourgeois conservateurs des campagnes de la vallée du Pô, de la Toscane et de l'Ombrie, dont la politique économique se résumait dans le mot anti-socialisme, et qui ne démentaient pas leur tradition d'opposition constante et opiniâtre à toute action autonome de la classe ouvrière. La fusion de ces courants opposés ne pouvait évidemment s'opérer sur le terrain économique. Si le fascisme n'avait pas été entraîné par sa doctrine foncièrement intransigeante à poser au premier plan le problème de la conquête immédiate du pouvoir, il aurait dû s'orienter vers ce but, ne fût-ce que pour trouver un programme acceptable par toutes les fractions de son armée et dominant, au moins temporairement, les conceptions sociales divergentes de ses miliciens.

Vis-à-vis du problème de la conquête du pouvoir, les corporations ne pouvaient jouer qu'un rôle de second plan. Elles furent chargées d'étouffer les dernières résistances de la classe ouvrière et d'empêcher qu'un mouvement soudain des foules des travailleurs n'entravât le développement de l'action politique du parti. La *marche sur Rome* fut préparée et exécutée sans aucune participation directe des organisations économiques adhérant aux corporations fascistes.

Le rôle même d'arrière-garde assigné aux corporations dans l'ensemble de l'armée fasciste exigeait le développement maximum de leur force numérique. On ne devait pas se soucier de la qualité des adhérents, mais plutôt de leur nombre, afin de mieux se prémunir contre de nouvelles tentatives d'action prolétarienne. Grâce à l'appui des agrariens et des industriels, favorables à des organisations se proclamant respectueuses de leurs droits et de leurs prétentions, les corporations fascistes augmentèrent très rapidement leurs forces. C'étaient parfois les patrons eux-mêmes qui inscrivaient directement leurs ouvriers aux corporations fascistes, en retenant sur les salaires les cotisations individuelles. En d'autres endroits, les faisceaux s'emparaient des listes des membres des syndicats chrétiens ou socialistes, rassemblaient ensuite les ouvriers en leur *conseillant* d'adhérer en bloc aux corporations : quelques *expéditions punitives* chez les chefs des anciens syndicats suffisaient pour dévoiler la signification véritable de ces *conseils*. Les autorités gouvernementales, fidèles à leur tradition de non-intervention, laissaient libre cours à ces empiètements.

Au moment de la conquête fasciste, les corporations pouvaient ainsi se vanter de représenter la majorité des ouvriers organisés (1). Leur force réelle était beaucoup moins importante qu'elle ne résultait des listes de membres et de leurs cotisations. Il s'agissait dans la plupart des cas de masses adhérant formellement aux corporations et toujours attachées au souvenir, aux principes, aux méthodes de leurs syndicats rouges ou blancs d'autrefois. Le parti fasciste avait cependant atteint son but qui était d'imposer aux multitudes ouvrières les chefs de son choix et de neutraliser les forces les plus redoutables de ses adversaires.

Le nationalisme fasciste arrivé au pouvoir, disposant de l'organisation ouvrière apparemment la plus forte, ne pouvait pas, par ce fait seul, continuer la politique syndicale suivie par les groupements libéraux démocrates, qui ne s'étaient jamais livrés à l'organisation de la classe ouvrière. Il devait sortir de l'état d'inertie camouflée d'impartialité des gouvernements de jadis pour aborder et résoudre la question de la reconnaissance de la personnalité juridique des syndicats ouvriers.

Après l'établissement du nouvel ordre des choses, les corporations prétendirent monopoliser la représentation de la classe ouvrière et, de même que jadis les syndicats socialistes, elles rencontrèrent la résistance des syndicats chrétiens, appuyés maintenant par ceux-là mêmes qui au nom de l'unité prolétarienne tentaient

(1) La Confédération générale du travail (socialiste) comptait, pour l'année 1923, 212,016 membres. La même année la Confédération italienne des travailleurs (chrétienne) avait encore 445,995 membres régulièrement inscrits. Les adhérents de la Confédération des corporations fascistes pour l'année 1924 étaient 1,764,423 (Bureau international du travail — Organisations ouvrières — Genève, 1925). — Je suis disposé à croire qu'au lendemain de la *marche sur Rome* les statistiques des membres des trois grandes confédérations ouvrières donnaient un rapport de forces à peu près égal à celui relevé en 1925 par l'enquête du B. I. T. Il faut toutefois se rappeler le système de recrutement suivi par les corporations fascistes.

auparavant d'étouffer les syndicats n'acceptant pas le *dogme* de la lutte des classes. Malheureusement, la lutte pour la liberté syndicale reprenait dans de telles conjonctures que ni les sacrifices ni les résistances de jadis ne pouvaient en assurer le succès. En effet, ce dernier combat pour la liberté syndicale ne fut qu'un épisode de la grande bataille pour la défense de la liberté politique, reniée par la doctrine et par l'action gouvernementale du nationalisme fasciste. L'issue du combat et le sort de la liberté syndicale ne furent pas douteux quand on enleva au peuple italien la liberté de la presse, de propagande, d'association, d'opinion, quand en un mot on interdit le libre exercice des droits publics subjectifs du citoyen. La liberté politique enterrée, le problème de la reconnaissance juridique des syndicats ouvriers ne présentait plus aucune importance politique. Il ne s'agissait que de réglementer un monopole établi en fait par la prohibition de toute activité des organisations ouvrières concurrentes, et affermi en droit par la légitimation de la dictature perpétuelle d'un parti politique.

Néanmoins le gouvernement fasciste attendit trois ans avant d'édicter les nouvelles lois sur l'organisation du travail, et ce retard fut provoqué par les oppositions de forts groupements fascistes, bien plus que par les résistances des vieilles organisations frappées à mort.

Les *syndicalistes* soréliens, insuffisamment représentés dans le premier cabinet Mussolini, se plaignaient d'être relégués au second plan par rapport aux *politiciens* issus des anciens groupements conservateurs. Afin de s'assurer d'un seul coup une position prééminente dans l'*état fasciste*, ils menaient une vive campagne contre la politique libérale traditionnelle de l'état italien, rêvant d'une réforme radicale de l'économie nationale selon les données de l'école de George Sorel. Mais personne ne pouvait sérieusement envisager la réalisation de ce programme maximum. Qu'on était loin en effet du déchaînement de l'*action directe* de la classe ouvrière pour renverser l'état bourgeois ! Où trouvait-on le consentement spontané des masses, nécessaire pour échafauder une organisation politique syndicaliste ?

D'autre part les adhérents de l'ancien parti nationaliste se déclaraient contraires à toute expérience sociale hasardée, et derrière eux se rangeaient tous les conservateurs qui ne concevaient le fascisme que comme un mouvement de réaction de l'individualisme contre le corporativisme socialiste (1). Mussolini lui-même,

(1) « L'Italie présente des différences tellement remarquables d'une région » à l'autre en fait de conditions géographiques, géologiques et climatériques, de » même qu'en fait de richesses naturelles, de répartition de la propriété et de » développement de la production, qu'il est impossible d'adopter des principes

tiraillé dans les deux sens et troublé par les campagnes de la presse d'opposition, n'arrivait pas à se décider. Il fallait pourtant faire quelque chose et faire vite, si l'on voulait empêcher la reconstitution des anciens syndicats socialistes et neutraliser l'attrait des syndicats chrétiens et de leur programme de liberté.

L'expérience de l'*impresa* de D'Annunzio à Fiume enseigna une fois encore au nationalisme fasciste la méthode à suivre pour *bloquer* l'état libéral démocratique. La politique d'aventure de D'Annunzio avait jadis favorisé l'entente entre les faisceaux de combat et les groupements nationalistes sur le terrain commun de l'action directe politique contre l'état libéral. De la même façon, les tentatives sociales de la *Reggenza del Carnaro* fournirent les directives à la politique syndicale et à la législation corporative du nationalisme fasciste. Les miliciens des escouades d'action n'avaient été qu'une copie des *légionnaires de Ronchi* ; le syndicalisme d'état conçu par les nationalistes fascistes après la conquête du pouvoir ne fut lui aussi qu'une copie des institutions portées par la constitution de la *Reggenza del Carnaro*, là où elle enjoignait aux citoyens de s'inscrire aux corporations de métier s'ils voulaient participer à l'*arrengo* (assemblée électorale) de la république.

La décision de rattacher la politique syndicale fasciste aux souvenirs de la *reggenza* de D'Annunzio trancha tout différend. Les syndicalistes sorelliens n'avaient pas le droit de se plaindre, puisque le gouvernement adoptait leur point de vue en acceptant les principes fondamentaux d'une charte constitutionnelle rédigée par leur chef (1). Les nationalistes ne purent, eux-mêmes, critiquer en Italie ce qu'ils avaient exalté à Fiume et durent se borner à demander qu'on purgeât les institutions dannunziennes d'un certain esprit internationaliste, démodé depuis 1920. Tous ceux qui

» généraux rigides, si l'on veut se livrer à la réforme de l'économie nationale. Dans
» quelques endroits on trouve une industrie organisée, mais dans d'autres régions
» on en est encore à une économie fondée sur la petite propriété et sur le petit
» commerce, comme il y a cent ans. Dans certaines régions on doit favoriser le
» morcellement des *latifundia* et la formation de la petite propriété ; dans d'autres
» il faut aider à la constitution des grandes exploitations collectives. Vouloir
» englober tous ces programmes opposés dans un seul programme syndical rigide,
» c'est de l'absurdité, à mon avis. » — BALBINO GIULIANO. — *L'esperienza politica dell'Italia*. — Firenze, 1924, p. 60. — L'auteur de ces remarques était sous-secrétaire d'état dans le cabinet fasciste en 1926, lorsque les *lois corporatives* furent votées.

(1) Les dispositions de la constitution de la *Reggenza del Carnaro* visant l'organisation corporative furent rédigées par Alceste de Ambri, chef des syndicalistes révolutionnaires italiens. D'Annunzio donna ensuite une forme littéraire éblouissante à ces dispositions. Le gouvernement fasciste démontra sa reconnaissance à De Ambri en lui enlevant la nationalité italienne (décret du 30 septembre 1926, n° 1743).

ne firent pas un acte de foi dans la valeur absolue du nouveau dogme du corporativisme furent expulsés des syndicats et du parti (1). La majorité, sceptique ou indifférente, submergée par l'éloquence des rhéteurs farcie de proclamations dannunziennes, attendit de voir à l'œuvre cette organisation corporative, proclamée, avant même son établissement, « la plus géniale et la » plus profonde révolution de l'époque contemporaine ».

L'abolition de la lutte des classes.

Les principes fondamentaux du corporativisme fasciste sont énoncés par la *charte du travail,* promulguée par le grand conseil fasciste dans sa séance du 21 avril 1927 (2). Mais ils avaient déjà reçu une application partielle par la loi du 3 avril 1926 sur « la » discipline juridique des rapports collectifs du travail » et par les décrets du 1er et du 2 juillet 1926.

Le rapport emphatique présenté par M. Bottai, sous-secrétaire d'état aux corporations, au grand conseil proclamait la *charte du travail* « un document sans précédents dans l'histoire constitu- » tionnelle ». Il présentait cette charte comme un acte destiné à « exprimer la volonté des organes nouveaux créés par la révolu- » tion, et à constituer la base non seulement de la nouvelle activité » législative, mais encore de toute la vie nouvelle de la société » nationale » (3). Les phrases de la *charte,* de même que le ton du rapport qui la précède, montrent l'effort évident des compilateurs pour donner à leurs proclamations le retentissement d'une nouvelle « déclaration des droits de l'homme et du citoyen » ! Mais en réalité, selon les aveux de ses auteurs eux-mêmes, elle est un document curieux, où « les déclarations des principes » généraux et — pour ainsi dire — les maximes se mêlent aux » prescriptions et aux formules législatives ordinaires » (4).

Il faut donc envisager tout d'abord ces « maximes », avant de passer à l'examen des prescriptions et des formules législatives ordinaires. Quand la Chambre des députés eut approuvé le projet de loi gouvernemental sur la « discipline juridique des rapports collectifs du travail », la presse officielle et officieuse s'écria qu'en Italie on avait aboli à toujours la lutte des classes. En effet, c'était le remplacement du *dogme* de la lutte des classes par le *dogme* de la collaboration des classes, qui devait conférer à la législation syn-

(1) Voir : *Ordinamento sindacale fascista,* dans la revue *Cronache sociali d'Italia.* — Fasc. mars 1926.
(2) *Gazzetta Ufficiale del regno.* — 30 avril 1927, n° 100.
(3) Rapport du député Bottai au grand conseil fasciste, 21 avril 1927. — Milan, Collect. législ. Pirola, n° 767.
(4) Ibidem.

dicale fasciste son caractère particulier. Existe-t-elle en réalité, cette substitution ?

Le nationalisme fasciste part d'un préjugé, élevé à la valeur d'un postulat évident et non susceptible de démonstration, qu'en Italie la question sociale est surtout un problème de production. De cet axiome il déduit que, « s'il y a un pays où le syndicalisme interna-
» tional est absurde, ce pays est l'Italie. En Italie, au contraire,
» n'est à sa place que le syndicalisme national, qui part du fait
» qu'entre les catégories et les groupements sociaux italiens existe
» un lien de solidarité plus fort que tous les motifs de contraste :
» la solidarité ralliant tous les groupements, toutes les catégories,
» toutes les classes d'un peuple pauvre de moyens et riche de
» vies et de volontés, dont le devoir est de marcher vers son
» avenir comme une armée rangée en bataille » (1). Puisque la question sociale n'est ainsi qu'un problème national d'organisation de l'armée des *pauvres* pour la conquête des moyens de production jusqu'à présent détenus par les autres sociétés nationales *riches*, il est possible de résoudre définitivement cette question sociale par de simples moyens législatifs. C'est pourquoi les chefs du parti dominant pensent que l'organisation des rapports sociaux réalisée par la fascisme est stable et définitive, et qu' « elle marque
» la fin d'une période historique et le commencement d'une
» autre : le passage de la civilisation industrielle moderne, avec ses
» déséquilibres et ses désordres, à la phase de stabilité sous une
» discipline harmonieuse et organique » (2).

A ce propos, un écrivain de l'école sociale catholique relevait comment « on trouve cette conception optimiste, bien qu'à des
» degrés différents, dans tous les systèmes matérialistes. Le
» collectivisme, lui aussi, songeait à une organisation *stable* des
» rapports sociaux et au règne définitif de la justice et de la fra-
» ternité. Cette conception contraste avec les systèmes religieux,
» et en premier lieu avec le Christianisme, selon lesquels la vie
» individuelle et la vie sociale elle-même ne sont qu'une milice
» perpétuelle contre le mal, en vue de s'approcher progressive-
» ment de l'idéal de charité et de justice » (3). C'est qu'en effet l'optimisme des collectivistes, aussi bien que l'optimisme des nationalistes, s'inspire du même dogmatisme dont est souvent affectée l'intelligence de ceux qui, après avoir renié les dogmes

(1) Exposé des motifs du projet de loi sur la « discipline juridique des rapports
» collectifs du travail. » — *Atti parlam.* XXVII *Leg.* — Doc. 624, p. 4.

(2) Discours du député Alfredo Rocco, ministre de la justice. — Chambre des députés. — Séance du 9 décembre 1925.

(3) *Cronache sociali d'Italia.* — Fasc. mars 1926, p. 8. — L'essai, non signé, est du député Gronchi, ancien secrétaire du groupement populaire à la Chambre.

religieux, s'en rapportent aveuglément à des postulats politiques. Le nationalisme fasciste est aussi dogmatique que le collectivisme ou le communisme : il n'a rien fait de plus que de remplacer le dogme collectiviste de la lutte des classes et de la solidarité internationale des travailleurs par le dogme de la solidarité nationale des classes et de la lutte des peuples. Cet optimisme, qui fait espérer aux collectivistes une organisation *définitive* des rapports sociaux par la simple abolition de la propriété privée, est substantiellement le même que l'optimisme des nationalistes, s'efforçant de réaliser une organisation sociale *définitive* sur la base de la solidarité nationale imposée par la loi et surveillée par la police.

Les conséquences de ces deux dogmatismes, qu'on peut tirer dans le champ moral, sont tout à fait identiques : c'est toujours un égoïsme foncièrement identique qui domine les deux systèmes. Pour les collectivistes, tout est subordonné à l'égoïsme de classe ; pour les nationalistes, tout est soumis à l'égoïsme national. Cette conception matérialiste et unilatérale de la vie conduit les nationalistes, de même que les collectivistes, à la même méconnaissance de la réalité. Tandis que les collectivistes, pour ne pas démentir leur système, n'admettent pas cette réalité historique qu'est la nation, les nationalistes se refusent de reconnaître l'existence de cette réalité immanente qu'est l'humanité, se manifestant dans la société internationale. Il s'ensuit que, d'une part, le collectivisme prétend empêcher toute lutte extérieure en soumettant la société à la dictature de la classe la plus nombreuse, et d'autre part, le nationalisme s'imagine étouffer toute lutte intérieure en établissant la dictature économique de l'état-gouvernement, seul interprète accrédité des intérêts supérieurs de la solidarité nationale.

La *nouveauté* de la doctrine du nationalisme fasciste ne réside donc pas dans une prétendue « abolition » de la lutte des classes, mais dans le fait qu'elle se refuse dogmatiquement à admettre cette lutte, en fermant les yeux sur la réalité qui nous montre les classes, autant que les nations, dressées les unes contre les autres quand une idée supérieure de justice ne s'impose pas aux égoïsmes particuliers. Puisque la lutte des classes est une réalité — réalité fâcheuse, si l'on veut — puisque le système politique et économique nationaliste ne s'appuye pas comme le Christianisme sur une idée surnaturelle, l'état corporatif fasciste doit posséder la force nécessaire et suffisante pour étouffer toute manifestation de la lutte des classes. Dans cette dernière déduction, le nationalisme fasciste se prévaut du même procédé logique que le communisme. Le seul moyen de garantir la stabilité de l'organisation sociale est, selon les communistes, d'établir la dictature de la classe numériquement et potentiellement la plus forte. Pour les nationalistes, cette stabilité n'existe que si l'on fournit à la classe politique *en fait* la plus forte — et par cela même disposant du pouvoir — les moyens nécessaires et suffisants pour dominer toutes les activités économiques de la nation et pour les discipliner vers la réalisation de l'intérêt collectif, tel qu'il est conçu par l'élite des gouvernants.

Le problème de force, qui est à la base de la doctrine et des institutions législatives fascistes, reparaît ainsi dans le champ économique. Il s'ensuit que la question sociale peut être résolue d'une manière définitive par des mesures législatives, en créant les organes nécessaires pour soumettre l'économie nationale à la direction des autorités gouvernementales. Il ne s'agit que de conférer à ces organes des pouvoirs suffisants pour étouffer toute tentative d'opposition et pour réaliser le contrôle effectif de l'état-gouvernement sur les rapports entre les différentes classes sociales. Comme il en va toujours dans les régimes de police, les grands problèmes politiques et économiques sont ainsi réduits à des problèmes purement administratifs.

Les organes par lesquels l'état fasciste remplira sa fonction directive dans le champ social sont — ou plutôt, devraient être — les corporations. Après l'application de la loi du 3 avril 1926, se vérifia en Italie une *révolution de noms*, une des nombreuses révolutions du genre où se complait le nationalisme fasciste. Jusqu'au 3 avril 1926, on appelait *corporations* les syndicats formés par le parti fasciste et agissant sous la protection gouvernementale. Ces syndicats perdirent depuis le 3 avril 1926 le nom de corporations et, après le décret du 1er juillet 1926 ce terme désigna certains « organes centraux de liaison », déjà créés par la loi précédente du mois d'avril (1).

Lorsqu'on lit les dispositions de cette loi et de ce décret, on pourrait croire que l'idée des corporations, selon la nouvelle signification du mot, n'ait pris naissance dans la pensée du législateur qu'entre le mois d'avril et le mois de juillet 1926. En effet, la loi ne donnait pas beaucoup d'importance aux « organes centraux » de liaison ». Elle se bornait à déclarer qu'ils étaient des institutions purement facultatives, sans même fixer à qui il appartenait d'en demander et d'en ordonner la constitution (2). La loi indiquait d'une façon très vague le rôle de ces organes de liaison, en se bornant à stipuler qu'ils avaient la faculté d'édicter des règles générales sur les entreprises de leur catégorie (3). Le décret du

---

(1) Art. 42 du décret du 1er juillet 1926, n° 1130.
(2) Art. 3 de la loi du 3 avril 1926, n° 563.
(3) Art. 10 de ladite loi.

1er juillet 1926 attribua à ces « organes centraux de liaison » le qualificatif de *corporations* et précisa quelque peu leurs fonctions. Les corporations sont formées par décret ministériel, en vue de réunir « les organisations syndicales des différents facteurs de la » production — patrons, travailleurs intellectuels et manuels — » d'une branche de la production, ou d'une ou plusieurs caté- » gories d'entreprises » (1). Les corporations n'ont pas de person- nalité juridique propre. Leur rôle général, bien que plus précis que celui fixé par la loi du 3 avril 1926, est déterminé toutefois d'une façon très vague : elles doivent arbitrer les différends entre les organisations ; « favoriser, encourager et subsidier les initiatives » se proposant de coordonner et de perfectionner l'organisation » de la production » ; régler l'apprentissage et le placement de la main-d'œuvre (2). Les fonctions spécifiques de chaque corpora- tion devraient être fixées par le décret ministériel qui en ordonne la constitution (3).

Même dans la forme prévue par le décret du 1er juillet 1926, les corporations n'apparaissent que comme des institutions indé- terminées et indéfinissables, et l'on se demande vraiment ce qui peut justifier le bruit qu'on fait autour d'elles. C'est le gouverne- ment fasciste lui-même qui a formulé le jugement le plus sévère sur ces institutions, en ne les appelant pas à la vie (4). Au contraire, l'action des syndicats locaux fut bientôt dirigée par un organe non prévu par la loi — le comité provincial intersyndical — présidé par le secrétaire de la fédération provinciale fasciste, tandis que le gouvernement, en se servant des organes ordinaires de l'adminis- tration et notamment du grand conseil fasciste, soumettait à son contrôle direct l'action des fédérations et des confédérations nationales. A présent on a ainsi en Italie un *état corporatif...* sans corporations !

La personnalité juridique des syndicats et le contrôle de l'état.

Le paragraphe premier de la *charte du travail* porte la déclara- tion suivante de caractère général : la nation italienne est un » organisme ayant des fins, une vie et des moyens d'action supé-

---

(1) Art. 42 du décret du 1er juillet 1926.
(2) Art. 45 du décret cité.
(3) Art. 43 et 46 du décret cité.
(4) « Tout ceci est, à vrai dire, un monde en formation. Les corporations n'ont » pas encore été formées ; les membres du conseil national n'ont pas encore été » nommés ; les rapports entre les corporations et le conseil et entre le conseil et le » ministère n'ont pas encore été fixés. » — Discours du député Bottai, sous-secret. d'état aux corporations. — Chambre des députés. — Séance du 1er juin 1927. — *Atti parlam.* XXVII *Leg.*, p. 7742.

» rieurs par leur puissance et par leur durée à ceux des individus
» ou de leurs associations. Elle forme une unité morale, politique
» et économique, qui se manifeste intégralement par l'état
» fasciste ». De cette déclaration fondamentale, synthèse complète
de l'étatisme outrancier, la *charte du travail* déduit la conception
fasciste des pouvoirs de l'état vis-à-vis des organisations ouvrières
et patronales et de ses droits souverains sur la vie économique
nationale toute entière.

Il appartient à l'état d'octroyer la personnalité juridique aux
syndicats professionnels et de les contrôler (1). L'état, au moyen
d'une juridiction spéciale, se charge de trancher les différends du
travail « qui ont trait à l'exécution des contrats et à l'observation
» des autres règles existantes, ou qui se manifestent à l'occasion
» de la formation des nouveaux contrats de travail ». Les renseignements des organes administratifs sur l'état de la production,
sur le marché des changes et sur les conditions de vie des travailleurs fournissent les criteriums pour évaluer à une juste mesure
les intérêts des catégories et des classes, ou, en d'autres termes, pour
fixer les salaires des ouvriers et les profits des patrons (2). « L'orga-
» nisation privée de la production étant une fonction d'intérêt
» national, le patron est responsable vis-à-vis de l'état de la façon
» dont il organise son entreprise ». L'état considère encore
« l'initiative privée dans le champ de la production comme
» l'instrument le plus efficace et le plus utile de l'intérêt national » ;
mais il se réserve d'intervenir, non seulement si l'initiative privée
fait défaut ou se montre au dessous de sa tâche, mais aussi quand
« il s'agit de l'intérêt politique de l'état ». Et cette intervention
peut se réaliser par le « contrôle, par le subside et par la gestion
» directe » (3). L'état enfin dirige les bureaux de placement, auxquels
les patrons sont obligés d'avoir recours (4).

En d'autres termes, l'état fasciste exerce trois fonctions fondamentales dans le champ économique et social, savoir : il contrôle
les associations syndicales, il rend la justice au moyen de la
juridiction spéciale du travail, il dirige enfin la production
nationale. Pour connaître la véritable nature de ce qu'on appelle
« l'organisation corporative de l'état fasciste », il faut partant
examiner la législation ayant trait aux trois services dont s'est
chargé l'état italien.

La *charte du travail* ne comporte aucune disposition sur
l'attribution de la personnalité juridique aux syndicats, car la loi

(1) *Charte du travail,* paragraphe III.
(2) Ibidem — paragraphes V et XIII.
(3) Ibidem — paragraphes VII et IX.
(4) Ibidem — paragraphe XXIII.

du 3 avril 1926 sur la « discipline juridique des rapports collectifs » du travail » avait déjà réglementé complètement la matière.

La personnalité juridique est octroyée aux associations syndicales par décret royal, sur proposition du ministre des corporations d'accord avec le ministre des affaires intérieures, le Conseil d'état entendu (1). Pour bénéficier de la personnalité juridique, les syndicats des travailleurs doivent prouver qu'ils représentent « la dixième partie au moins des travailleurs de la catégorie, pour » laquelle il sont constitués, résidant dans la circonscription où ils » opèrent ». Par analogie, les associations syndicales des patrons doivent démontrer que « la dixième partie au moins des ouvriers » des entreprises de l'espèce pour laquelle l'association est formée, » résidant dans la circonscription, est employée par les patrons » inscrits au syndicat » (2). La loi exige en outre que toutes les associations syndicales de patrons et de travailleurs se proposent, outre la défense des intérêts économiques et moraux de leurs membres, l'éducation et l'instruction des associés. Elle requiert enfin que les dirigeants des associations qui demandent l'octroi de la personnalité juridique «fournissent des garanties de capacité, » de moralité et de foi nationale éprouvée. » (3). Pour chaque catégorie de patrons et de travailleurs, « ne peut être reconnue » légalement qu'une seule association » (4).

Cette dernière disposition confère, à mon avis, son caractère particulier à toute la politique syndicale du fascisme (5). Son importance ressort surtout du fait que la loi confère une foule de privilèges aux syndicats *légalement reconnus*, tandis que les autres associations, ne vivant que comme sociétés de fait, n'ont aucune possibilité d'action. En effet, la seule association syndicale *légalement reconnue* pour chaque catégorie à le droit de représenter tous les patrons ou tous les travailleurs de la catégorie, adhérents ou non adhérents à l'association. Elle a le droit d'exiger une cotisation annuelle de tous les patrons et de tous les travailleurs de la catégorie, et cette cotisation est payée par les travailleurs « au moyen d'une retenue sur les salaires ou sur les

(1) Art. 4 de la loi du 3 avril 1926, n° 563.
(2) Art. 1er de ladite loi.
(3) Art. 1er cité.
(4) Art. 2 de ladite loi.
(5) L'organisation fasciste est parfaitement analogue à l'organisation communiste. En Russie (art. 152 du code du travail) « les syndicats professionnels sont » enregistrés dans les organisations intersyndicales qui les réunissent d'après les » règles fixées par les Congrès panrusse des syndicats professionnels ». En Italie, le gouvernement fait directement le choix, qui en Russie est délégué aux organisations intersyndicales. Le résultat est le même : pour chaque catégorie il n'y a qu'un seul syndicat légalement reconnu.

appointements », et par les patrons selon « les règles fixées par
» la loi sur la perception des impôts communaux » (1). Les
associations syndicales reconnues peuvent seules conclure des
contrats collectifs de travail, et les contrats ainsi conclus sont
obligatoires pour tous les travailleurs et pour tous les patrons de la
catégorie, même s'ils ne sont pas inscrits à l'association (2). Les
associations reconnues ont seules le droit d'agir devant la magistrature du travail. En vertu de cette disposition, étant donné que
toutes les contestations relatives à l'exécution et à l'interprétation
des contrats de travail étaient du ressort de la nouvelle juridiction
spéciale, le travailleur n'appartenant à aucune association syndicale reconnue ne pouvait pas agir en justice si ce n'était avec le
concours de cette organisation à laquelle il avait refusé de s'in-
crire. En 1928 seulement, le jugement des contestations individuelles a été attribué aux tribunaux ordinaires. Le demandeur doit
cependant dénoncer le fait dont il se plaint à l'association
syndicale reconnue, avant d'avoir recours à l'autorité judiciaire ;
et l'association syndicale peut en tout temps intervenir dans le
procès (3).

(1) Art. 5 de la loi du 3 avril 1926. — Art. 23 à 26 du décret du 1er juillet 1926,
n° 1130. — A la suite du décret du 24 février 1927, n° 241, sur les contributions
syndicales obligatoires, on a appliqué des systèmes de perception très variés dans
les différentes confédérations, et certains ne semblent pas du tout conformes aux
dispositions des lois fascistes elles-mêmes. — Les travailleurs des industries, des
transports maritimes et aériens et les employés des banques payent leurs cotisations au moyen de retenues sur les salaires ou sur les appointements. Les
travailleurs agricoles, de même que les employés et les agents du commerce, des
transports par voie de terre et de la navigation intérieure, sont inscrits sur les
listes de perception et payent en raison de la rétribution moyenne de chaque
catégorie. Les chômeurs doivent ainsi payer leurs cotisations comme tous les
autres. — La cotisation des industriels est de 0.333 % sur le total des
rétributions payées aux ouvriers et aux employés ; mais le ministère des
corporations a la faculté d'élever dans certains cas ce pourcentage. — La
contribution totale des commerçants est fixée chaque année par le ministère
(en 1927, 42,800,000 lires) et la confédération pourvoit directement à l'encaisse-
ment en faisant sien l'intérêt des cautionnements déposés par chaque commerçant
pour obtenir la licence de la profession. Les commerçants non tenus de verser
un cautionnement payent en proportion de la rente annuelle de leur exercice. —
Les entreprises de transports maritimes et aériens doivent payer en raison du
montant des salaires et des appointements payés. Pour les autres entreprises de
transports le ministère fixe chaque année la contribution totale (en 1927, 6,400,000
lires) et la confédération pourvoit à la répartition des charges selon les profits
de chaque entreprise. — Les patrons agricoles (propriétaires ou entrepreneurs)
doivent intervenir à raison de 0,50 % de la rente foncière et de 2 % de la rente
agricole. — Les cotisations des professions libérales sont fixées chaque année
par les fédérations professionnelles nationales. — Les membres des syndicats
officiels sont tenus en outre au paiement des cotisations *facultatives* non encore
réglées par la loi. — Comme on le voit, il ne s'agit pas d'une organisation fiscale
remarquable par sa simplicité !

(2) Article 10 de la loi du 3 avril 1926.

(3) Art. 4 du décret du 26 février 1928, n° 471.

Le paragraphe III de la charte du travail stipulant que « l'orga-
» nisation syndicale ou professionnelle est libre » prend ainsi
une signification tout à fait ironique, à moins qu'il ne vise que
cette liberté de l'esprit dont jouit le prisonnier lui-même, et que
ni la réclusion ni les fers ne peuvent limiter.

Le seul examen des lois et des règlements n'autorise pas à croire
que le gouvernement fasciste ait voulu établir et légitimer le
monopole absolu des syndicats professionnels liés à son organisation politique. Mais les précédents, les interprétations données
par les rapports et par les discussions parlementaires, l'application
pratique des règles de la loi n'admettent aucun doute à cet égard.

En 1925 Benito Mussolini avait nommé une commission de dix-
huit personnages chargés d'étudier et de proposer des nouvelles
lois constitutionnelles. La commission discuta aussi le problème
syndical et, contrairement aux suggestions du député Rossoni,
chef des organisations ouvrières fascistes, elle se déclara favorable
à l'octroi de la personnalité juridique à tous les syndicats remplis-
sants les conditions fixées par la loi. Ainsi furent rejetés les deux
principes, soutenus par Edmondo Rossoni, de l'inscription obligatoire aux syndicats et de la reconnaissance d'un seul syndicat pour
chaque catégorie (1).

De leur côté, les dirigeants des corporations fascistes avaient
affirmé déjà « que l'unité syndicale est une nécessité absolue pour
» le travail et qu'elle ne peut être réalisée que par les corporations ».
Et ils avaient ajouté que les corporations maintiendraient leur
caractère « ouvertement fasciste, parce qu'elles doivent demeurer
» une force politique du fascisme et parce qu'elles réalisent
» parfaitement dans le champ économique la conception unitaire
» du fascisme » (2).

Le congrès du parti arbitra le différend entre les corporations
et la commission consultative pour la réforme constitutionnelle
et donna gain de cause aux dirigeants des corporations, en déclarant que « l'action syndicale est une partie essentielle de l'action
» fasciste et ne peut être limitée, ni en théorie, ni en pratique,
» à une simple action économique, car elle est l'élément fondamen-
» tal de la nouvelle société nationale et une force destinée à servir
» à l'expansion et à la puissance italiennes (3) ». Le directoire de
la Confédération nationale des corporations fascistes put ainsi

(1) Député A. GRANDI. — *La direttiva politica delle corporazioni sindacali
fasciste. — Cronache sociali d'Italia.* — Fasc. avril-mai 1926.
(2) Discours du député Rossoni au Congrès national des corporations. — Rome,
novembre 1924.
(3) Résolution votée par le congrès national du parti fasciste. — Juin 1925.

approuver, dans sa réunion du 12 septembre 1925, une résolution proclamant la « volonté des corporations fascistes de représenter » à elles seules le travail italien vis-à-vis des organisations patro- » nales ».

Les patrons industriels semblaient tout d'abord contraires aux prétentions des syndicats fascistes ; mais, grâce à la pression gouvernementale, ils se plièrent bientôt, et le 12 octobre 1925 les représentants de la Confédération des corporations fascistes et les représentants de la Confédération générale de l'industrie signèrent un accord connu sous le nom de « pacte du palais Vidoni ». L'accord du 12 octobre 1925 fit droit à toutes les demandes des organisations fascistes. Les patrons industriels reconnurent à « la Confédération des corporations fascistes et à ses organisations » fédérées la représentation exclusive de la masse ouvrière » ; ils acceptèrent que « tous les rapports contractuels entre patrons » et ouvriers fussent réglés dorénavant par les organisations de » la Confédération de l'industrie et par les syndicats de la Confé- » dération des corporations » ; ils consentirent enfin à l'abolition immédiate des commissions intérieures de fabrique et au transfert de leurs fonctions aux syndicats fascistes locaux (1).

Immédiatement après le « pacte du Palais Vidoni », le grand conseil fasciste (séance du 6 octobre 1925) arrêta les directives de la nouvelle loi syndicale. Ce fut à cette occasion qu'il décida que les organisations ouvrières et patronales « devaient être reconnues » légalement par l'état et assujetties à son contrôle » ; que la personnalité juridique ne devait être octroyée « qu'à un seul » syndicat pour chaque espèce d'entreprise ou pour chaque » catégorie de travailleurs, et précisement aux seuls syndicats de » caractère national » ; que ces syndicats devaient représenter les différentes catégories de patrons et d'ouvriers et conclure des contrats collectifs obligatoires pour tous. Le Parlement — comme le releva naïvement la commission chargée de l'examen du projet de loi gouvernemental — fut invité dans la suite à approuver des règles juridiques, qui n'étaient que « la tranformation en un projet » législatif de la résolution votée par le grand conseil fasciste » (2).

Les intentions véritables des dirigeants fascistes, manifestées déjà par les résolutions des organes du parti, devinrent plus claires encore lors de la discussion parlementaire de la loi syndicale. Au moment où le projet de loi gouvernemental fut présenté à la

(1) Malgré la force apparente des corporations fascistes, les commissions intérieures de fabrique, élues directement par les ouvriers de chaque usine, étaient, même en 1925, dans la presque totalité composées de membres des organisations socialistes ou chrétiennes.

(2) *Atti parlamentari* **xxvii** *Leg.* — Doc. 624 A, p. 2.

Chambre, la Confédération des corporations fascistes avait exalté déjà son succès et exprimé « sa satisfaction en voyant que le » gouvernement accueillait sa thèse *unitaire et totalitaire*, de sorte » que la loi fasciste sur la reconnaissance juridique des syndicats » sanctionnait le syndicalisme fasciste, excluant et condamnant » tous les autres syndicalismes » (1). Cependant l'exposé des motifs ministériel glissa prudemment sur le fait de la reconnaissance d'un seul syndicat pour chaque catégorie, en se bornant à relever que « le grand nombre des syndicats reconnus légalement provoquerait » une concurrence entr'eux, destinée à engendrer le désordre » et l'indiscipline (2). La commission parlementaire déclara au contraire « qu'il serait absurde que le législateur ne tienne pas » compte de la situation syndicale réelle du pays et que, tandis » que les confédérations régies selon les directives du gouverne- » ment et de l'état sentaient le besoin d'exclure de la vie syndicale » les organisations non adhérentes à leur mouvement..., le légis- » lateur consentît à ces organisations la reconnaissance juri- » dique » (3).

Au cours du débat parlementaire le président de la Confédé- ration des corporations fascistes et le secretaire général du parti prononcèrent des discours, dont l'importance résulte de la position officielle des orateurs dans la hiérarchie fasciste. Edmondo Rossoni, chef des syndicats fascistes, ne se préoccupa nullement de cacher sa pensée. « Les syndicats — dit-il — sont à nous. Les » syndicats sont fascistes ; c'est-à-dire, qu'ils forment un tout » unique avec le fascisme, le gouvernement, l'état, le régime, la » révolution fasciste. Dans les syndicats, partant, on ne pourra » jamais rien faire contre le régime et contre la révolution » (4). Roberto Farinacci, secrétaire général du parti, fut plus brutal encore : « Ce qui plait d'une façon particulière, à nous fascistes, » dans ce projet de loi — dit-il — est la reconnaissance juridique » des syndicats nationaux fascistes. Et cela est juste, car il » faut récompenser ceux qui ont servi le fascisme et le régime » fasciste » (5).

Si l'on pouvait douter encore des intentions des chefs fascistes, toute incertitude dut disparaître au moment de l'application de la loi syndicale, car la personnalité juridique ne fut octroyée qu'aux organisations fascistes, et la reconnaissance en bloc de tous les syndicats adhérents aux confédérations nationales fascistes

(1) E. ROSSONI. — *La Stirpe.* — Fasc. décembre 1925.
(2) *Atti parlamentari* XXVII *Leg.* — Doc. 624, p. 7.
(3) *Atti parlamentari* XXVII *Leg.* — Doc. 624 A, p. 4 et 5.
(4) *Atti parlamentari* XXVII *Leg.*, p. 4885.
(5) Discours à la Chambre des députés. — Séance du 9 décembre 1925.

enleva aux autres associations le droit de représenter leurs membres, même dans le cas où elles réunissaient la totalité des travailleurs d'une certaine catégorie. Le sénateur Schanzer, défendant devant la Chambre haute la nouvelle loi syndicale, avait déclaré naïvement — si l'on peut parler de naïveté lorsqu'il s'agit d'un parlementaire rusé de la vieille école — que « l'établissement » du syndicat unique postulait une application très équitable de la » loi, et qu'il ne devait pas se transformer en une position de pri- » vilège ». Le gouvernement, comme s'il voulait répondre aux recommandations du vieux sénateur, constitua cette *position de privilège* en faveur des organisations fascistes, et les autres syndicats, que la loi tolérait comme des *associations de fait*, furent totalement éliminés par la dissolution de la Confédération générale du travail (novembre 1926) et par l'asphyxie de la Confédération italienne des travailleurs (1).

La reconnaissance légale d'un seul syndicat pour chaque catégorie a permis, comme on l'a vu, de faire disparaître toutes les organisations professionnelles quelque peu suspectes au parti dominant. Mais, d'autre part, ce système aurait provoqué des inconvénients plus graves que le régime de la concurrence libre, si le seul syndicat légalement reconnu pouvait être conquis par les adversaires du parti au pouvoir. Le but visé par le gouvernement fasciste, en imposant son contrôle aux syndicats qu'il reconnaissait, fut de s'assurer contre tout danger de noyautage de l'organisation professionnelle officielle. Ce contrôle emporte une série de règles très rigoureuses (2) sur l'admission des membres, sur le choix des dirigeants et sur le fonctionnement des syndicats.

La loi organique exige que les statuts des syndicats qui deman-

(1) Les confédérations syndicales légalement reconnues sont les suivantes : 1° Quant aux patrons : 1. Confédération générale fasciste des banques (décret du 26 septembre 1926, n° 1719 ; 2. Confédération nationale fasciste de l'industrie italienne (décret du 26 septembre 1926, n° 1720) ; 3. Confédération nationale fasciste des commerçants (décret du 7 octobre 1926, n° 1803) ; 4. Confédération nationale fasciste des agriculteurs (décret du 7 octobre 1926, n° 1804) ; 5. Confédération nationale fasciste des entreprises des transports maritimes et aériens (décret du 14 octobre 1926, n° 1901); 6. Confédération nationale fasciste des transports par voie de terre et de la navigation intérieure (décret du 24 octobre 1926, n° 1908); — 2° Quant aux travailleurs : Confédération nationale des syndicats fascistes, composée de six fédérations nationales correspondantes aux six confédérations patronales. (Décret du 26 septembre 1926, n° 1718.) — En même temps que les confédérations, furent reconnues en bloc toutes les associations syndicales, locales et nationales, adhérentes.

(2) « Nous n'avons pas d'hésitation à reconnaître qu'en aucun pays les asso- » ciations syndicales ne sont soumises à un contrôle de l'état aussi rigoureux que » celui prévu par ce projet de loi. » — Rapport de la commission parlementaire sur la loi « sur la discipline juridique des rapports collectifs du travail ». — *Atti parlamentari* XXVII *Leg.* — Doc. 624 A, p. 6.

dent leur reconnaissance juridique, portent une clause subordonnant l'admission des membres à la preuve de leur « bonne
» conduite politique du point de vue national » (1). Les règles
édictées pour l'exécution de la loi confirmèrent cette prescription
et stipulèrent en outre que les individus de « bonne conduite
politique » pouvaient seuls être admis dans l'organisation syndicale
officielle (2) ; les autres n'ont pas le droit de conclure des
contrats de travail ayant force obligatoire ! Tout cela ne semblait pas encore suffisant pour assurer l'organisation officielle
contre les dangers du noyautage, et alors le statut-type des
syndicats provinciaux fascistes (3) a prévu une révision périodique
de la liste des membres, à effectuer « en conformité des ordres qui
» seront communiqués par le bureau provincial de la Confédération
» des syndicats fascistes » dépendant directement de la Confédération nationale (4). Il fallait enfin prévoir le cas où des syndicats
libres réussiraient à vivre dans ce régime d'asphyxie, et leur enlever
toute influence sur l'action et sur les directives des syndicats
officiels. Pour cette éventualité, le règlement exécutif stipula que
« les membres des associations reconnues ne peuvent pas adhérer
» en même temps à des associations de fait ayant les mêmes buts
» syndicaux, sous peine d'expulsion » (5).

Des dispositions non moins rigides furent édictées pour garantir
le choix des dirigeants agréés par les organes syndicaux supérieurs et par le gouvernement, car on estimait que les « dirigeants
» doivent jouir à chaque instant de la confiance du gouvernement »
et que cette confiance « est la garantie la plus efficace que le
» fonctionnement des associations sera conforme aux fins en vue
» desquelles elles ont été créées et reconnues » (6). La loi porte
tout d'abord une prescription générale en vertu de laquelle les
dirigeants des associations syndicales officielles doivent fournir
« des garanties de capacité, de moralité et de foi nationale éprou-
» vée » (7). Plus loin, elle précise cette prescription et stipule que

(1) Art. 4 de la loi du 3 avril 1926.
(2) Art. 1er du décret du 1er juillet 1926.
(3) Approuvé par le décret du 26 septembre 1926, n° 1718.
(4) Art. 5 lett. f) du statut type.
(5) Art. 7 du décret du 1er juillet 1926. — La défense de la *double inscription*
n'est pas une invention de marque fasciste. Le statut-type des syndicats panrusses
de l'industrie, approuvé en 1919, stipulait déjà qu'il « est rigoureusement
« interdit d'adhérer simultanément à d'autres syndicats ».
(6) Rapport de la commission parlementaire sur la loi « sur la discipline juridique des rapports collectifs du travail ». — *Atti parlamentari* xxvii *Leg.* — Doc.
624 A, p. 6.
(7) En Russie on adopta le système du stage. La conférence syndicale de 1921
décréta que tous les dirigeants des syndicats devaient être des communistes
inscrits au parti avant 1917. Le XI⁰ Congrès du parti communiste précisa que les
secrétaires et les présidents des comités centraux devaient être des communistes

« la nomination des présidents ou des secrétaires des associations
» nationales, inter-régionales et régionales n'a aucun effet, si elle
» n'est pas approuvée par décret royal sur la proposition du ministre
» compétent (des corporations) d'accord avec le ministre des
» affaires intérieures ». Cette « approbation peut être rapporté à tout
» moment » (1). Les organes locaux dépendent d'un bureau provincial de la Confédération, dirigé par un secrétaire nommé
directement par la présidence confédérale (2). A la présidence
confédérale revient en outre le droit d'approuver les nominations
des secrétaires des syndicats provinciaux et de ratifier les nominations des secrétaires des syndicats locaux (3). Malgré cette
double approbation et ratification, les nominations de tous les
dirigeants de province, d'arrondissement et de commune doivent
obtenir encore l'approbation ultérieure du ministre compétent
(des corporations), d'accord avec le ministre des affaires intérieures.
Cette approbation, elle aussi, peut être rapportée à tout moment (4).
Enfin un organe, que ni la loi ni le règlement ne prévoyaient —
le comité inter-syndical provincial — dirigé par le secrétaire
provincial du parti, permet à l'organisation politique fasciste de
contrôler strictement, ou bien de diriger, l'activité des dirigeants
syndicaux dans chaque province.

L'activité des organisations syndicales fut soumise à un contrôle
si rigoureux et si tracassier que même un député fasciste se leva
pour le critiquer pendant la discussion parlementaire de la loi
syndicale (5). Ce contrôle est double, savoir : un contrôle intérieur
des organes supérieurs sur les organes dépendants ; un contrôle
extérieur exercé par les pouvoirs administratifs de l'état.

Le contrôle intérieur ne diffère guère de celui qui se pratique
dans toutes les organisations syndicales libres. On n'y trouve de
particulier que le fait que la surveillance des organes centraux
se superpose à celle des organes provinciaux, qui ne jouissent

inscrits avant 1917 ; que les membres des présidences centrales et les secrétaires
et les présidents des conseils intersyndicaux de département devaient avoir
accompli un stage de trois ans au moins dans le parti ; que les membres des
présidences et des conseils de département devaient avoir accompli un stage de
deux ans au moins (*Bureau International du Travail. — Le Mouvement syndical
de la Russie.* — Genève, 1927, p. 25 et 26). En Italie on adopta le système de la
nomination ou de la ratification par les autorités supérieures ; mais le but visé
par les deux systèmes est le même.

(1) Art. 7 de la loi du 3 avril 1926.

(2) Art. 2 et 15 du statut de la Confédération nationale des syndicats fascistes,
approuvé par le décret du 26 septembre 1926 cité.

(3) Art. 13 et 14 du statut-type des syndicats provinciaux fascistes.

(4) Art. 7 de la loi du 3 avril 1926.

(5) Discours du député Lanzillo. — Séance du 5 décembre 1925. — *Atti
parlamentari* XXVII *Leg.*, p. 4851 à 4855.

ainsi d'aucune autonomie dans leurs rapports avec les syndicats locaux dépendants (1).

Le contrôle de l'état revêt lui aussi un double caractère : de surveillance et de tutelle (2). La surveillance sur les associations agissant dans le territoire d'une seule province est exercée par le préfet ; la tutelle par la Junte provinciale administrative, dont la composition varie lorsqu'elle siège pour la tutelle des associations syndicales (3). La surveillance et la tutelle sur les associations agissant dans le territoire de plusieurs provinces sont exercées par le ministère (4). Les organes locaux et centraux de tutelle ont le pouvoir de modifier d'office les budgets des associations syndicales, s'ils estiment que les prévisions sont insuffisantes pour faire face aux dépenses obligatoires (5). Le ministère exerce en outre une sorte de surveillance extraordinaire sur toutes les associations syndicales, locales ou nationales, en vertu d'une disposition de loi qui lui confère « le droit d'annuler les résolutions des organes des asso-
» ciations syndicales légalement reconnues, si elles sont en oppo-
» sition avec les lois, les règlements, les statuts et les fins essentielles
» des organisations » (6). La loi ne fixe aucune limite à l'exercice de ce pouvoir d'annulation, de même qu'elle ne consent aucun pourvoi contre les décisions ministérielles. Le gouvernement, enfin, a la faculté de « requérir et, s'il est nécessaire, de décréter directement
« la révision des statuts des associations légalement reconnues » (7). Même pour l'exercice de cette faculté, la loi ne prescrit aucune formalité spéciale et ne prévoit aucun recours contre les abus de

(1) Art. 27 et 31 du statut de la Confédération nationale des syndicats fascistes.

(2) J'emploie ici un mot propre au droit privé — le mot tutelle — en me conformant à la tradition et aux conceptions des publicistes et du législateur italien. Selon la doctrine et la pratique administrative italienne, l'autorité supérieure exerce son contrôle sur les institutions dépendantes, soit en approuvant ou en ratifiant leurs résolutions dans le but d'en vérifier la légalité (surveillance), soit en participant à la délibération de l'autorité contrôlée afin d'en vérifier aussi l'opportunité et la nécessité (tutelle). Les résolutions à l'égard desquelles ne s'exerce que la surveillance de l'autorité supérieure sont parfaites au moment même de leur approbation. Les résolutions soumises à l'approbation des autorités de tutelle ne sont parfaites qu'après le vote favorable de celles-ci. Il s'agit, en réalité, d'une transposition dans le champ du droit public des règles du droit privé concernant les actes des individus jouissant d'une capacité juridique limitée.

(3) Art. 8 de la loi du 3 avril 1926 ; art. 23 et 30 du décret du 1er juillet 1926.

(4) Ibidem.

(5) Art. 30 du décret cité.

(6) Art. 29 du décret cité. — La disposition présente un intérêt politique remarquable par le fait que le statut de la Confédération des syndicats fascistes comprend parmi les fins essentielles de la confédération et des syndicats dépendants celle de « combattre toutes les tendances et toutes les formes politiques
« anti-nationales ».

(7) Art. 15 du décret du 1er juillet 1926.

pouvoir de la part de l'exécutif. Le gouvernement peut ainsi changer à son bon plaisir les fins, l'organisation, toutes les règles du fonctionnement intérieur des associations syndicales reconnues.

La loi prévoit deux sanctions en cas de manquement à la *discipline syndicale*, savoir : la dissolution du conseil directif de l'association syndicale et la révocation de sa reconnaissance (1). Mais ni la loi ni le règlement ne précisent les cas où l'autorité gouvernementale peut appliquer ces sanctions très graves. La dissolution des conseils administratifs dépend entièrement de la volonté discrétionnaire du ministre des corporations, d'accord avec le ministre des affaires intérieures. Au regard de la révocation de la personnalité juridique, la loi se borne à statuer tout simplement que le gouvernement peut la prononcer « quand existent des » motifs graves » (2). Aucun recours n'est admis contre les délibérations ministérielles. En cas de dissolution du conseil administratif, le ministre peut conférer les pouvoirs au président ou au secrétaire, et dans « les cas les plus graves il peut confier à un » commissaire l'administration extraordinaire » du syndicat. En cas de révocation de la personnalité juridique, le syndicat ne peut pas survivre comme *association de fait*, mais il doit se dissoudre. Un fonctionnaire nomme par le préfet pourvoit à la liquidation du patrimoine social, et l'actif net est dévolu « à l'asso- » ciation de grade supérieur légalement reconnue, dont dépendait ». l'association » dissoute, et subsidiairement il est employé pour des fins d'assistance en faveur de la même catégorie de travailleurs.

L'organisation du service de placement, elle aussi rigidement centralisée, doit servir à renforcer encore la surveillance gouvernementale et l'influence du parti dominant dans le champ syndical. A ce sujet point n'etait besoin de créer des institutions nouvelles. Il suffisait de légitimer l'état de choses existant déjà dans le pays, car depuis 1925 tous les chômeurs en quête de travail et tous les patrons en quête de main-d'œuvre devaient se servir des bureaux de placement des organisations fascistes. La loi syndicale ne toucha pas à cette question. Le règlement exécutif se borna à confier aux corporations, qu'on n'a jamais constituées, le soin d'instituer des bureaux de placement là où ils étaient nécessaires,

---

(1) Une troisième sanction résulte implicitement de la façon dont on a appliqué la loi syndicale. Puisque le gouvernement, au lieu d'octroyer la personnalité juridique à chaque syndicat, a reconnu les confédérations nationales « avec leurs syndicats dépendants », la délibération des organes confédéraux excluant un syndicat de la confédération comporte *ipso facto et jure* la perte de la personnalité juridique. Ce que l'état a octroyé peut ainsi être enlevé par une simple délibération d'une confédération !

(2) Art. 8 et 9 de la loi du 3 avril 1926.

et à stipuler que, dans les communes où existaient ces bureaux de placement corporatifs, pouvaient « être interdits la médiation libre » et le fonctionnement des autres bureaux de placement » (1). La *charte du travail* précisa mieux les prescriptions du règlement exécutif, en proclamant que « les patrons sont obligés d'engager » la main-d'œuvre par l'intermédiaire de ces bureaux et qu'ils » auront libre choix parmi les ouvriers inscrits dans les listes, » en accordant la préférence aux membres du parti et des syndi- » cats fascistes, selon l'ancienneté de leur inscription » (2). Enfin le grand conseil fasciste, dans sa séance du 15 novembre 1927, prescrivit l'institution de bureaux de placement communaux, régis par une commission mixte de patrons et d'ouvriers présidée par le secrétaire du faisceau local. Il confirma l'obligation des patrons et des ouvriers de se servir exclusivement des bureaux de placement « corporatifs », et demanda au gouvernement de rédiger un règlement organique pour ce service et d'interdire tout autre système de placement pour tous les métiers et pour toutes les professions (3). En effet, ce règlement n'a pas modifié la situation de fait créée d'avance par le monopole absolu de l'organisation syndicale fasciste (4) !

Après avoir examiné ce fatras de limitations, de contrôles, de tutelles qui s'entremêlent, se superposent et se multiplient, une demande doit se présenter à l'esprit du lecteur. Puisqu'en Italie n'existe pas la liberté d'association, ni en droit, ni en fait, ni pour les patrons, ni pour les ouvriers, la gigantesque union coactive dirigée par les confédérations nationales fascistes a-t-elle le droit de se qualifier d'organisation syndicale ? La réponse doit être formulée du point vue purement juridique et du point de vue politique.

Du point de vue juridique, je n'ai pas d'hésitation à répondre que tout cet ensemble d'associations, de fédérations et de confédérations n'a de commun avec l'organisation syndicale que les noms.

---

(1) Art. 44 du décret du 1er juillet 1926.

(2) *Charte du travail.* — Paragr. XXIII. — La prescription de la charte du travail a été reproduite intégralement dans le décret du 29 mars 1928, n° 1003, et dans maints concordats collectifs. — Voir : art. 1er du contrat collect. des métallurgistes du 15 février 1928.

(3) Résolution du grand conseil fasciste — 15 novembre 1927. — Parag. I, let. *a, c, e, f.*

(4) L'ouvrier qui s'embauche sans se faire inscrire dans la liste du bureau officiel de placement est frappé d'une amende jusqu'à 300 lires. Le chômeur qui oublie de s'inscrire dans cette liste est frappé lui aussi d'une amende jusqu'à 200 lires. Le patron qui engage des ouvriers non inscrits dans les listes des bureaux officiels est frappé d'une amende de 50 à 300 lires pour chaque ouvrier embauché (Art. 14 du décret du 29 mars 1928).

Une association dont l'existence juridique dépend du caprice, mieux que de la volonté des gouvernants, qui doit accepter les dirigeants imposés par la toute-puissance de l'exécutif, qui ne jouit d'aucune autonomie, une association, dont le gouvernement peut modifier à son gré les fins, les statuts, les règlements, les chefs, n'est pas un *syndicat*. Elle sera — je veux bien l'admettre — l'invention géniale d'une nouvelle technique constitutionnelle ou administrative ; mais elle n'est pas, elle ne peut pas être un *syndicat*, selon la signification donnée à ce mot par l'usage courant et par un pacte international qui conçoit toute la vie syndicale comme fondée sur le libre « droit d'association en vue de tous » objets non contraires aux lois » (1). Le sous-secrétaire d'état aux corporations dut lui-même reconnaître cette vérité de fait, lors de la discussion parlementaire sur le budget 1927-1928, quand il s'écria : « Je crois ne pas être trop audacieux en affirmant que, » dans l'état actuel de la doctrine et de l'expérience, aucun juriste » ne peut définir la vraie nature de ces institutions » (2).¹

En relevant les résultats de l'application des lois syndicales on doit aboutir à la même conclusion. Il faut tout d'abord se rappeler que la formation des syndicats fascistes, transformés aujourd'hui en véritables organes de l'administration publique, ne fût pas le résultat d'un mouvement spontané des masses ouvrières et des élites patronales. Les syndicats socialistes et les syndicats chrétiens étaient, en 1922, ouvertement hostiles à un gouvernement fasciste et, s'ils ne réagirent pas contre le coup de main du mois d'octobre, ce fut parce que l'offensive des escouades d'action avait momentanément disloqué leurs forces et énervé leurs organes directeurs. Les syndicats fascistes ne remplirent, comme on l'a vu, en cette occasion que le rôle tout à fait secondaire d'arrière-garde de l'armée des conquérants. La victoire fasciste ne fut donc pas une victoire ouvrière : au contraire, sous un certain aspect, elle fut une victoire des forces anti-prolétariennes, car grâce à la conquête fasciste l'industrie lourde et la haute banque purent résoudre à leur avantage la question économique fondamentale de la crise italienne d'après-guerre, savoir : la répartition des dépenses de guerre.

Le syndicalisme étatique prit partant naissance, non comme la nouvelle organisation juridique de la classe ouvrière triomphant d'une lutte révolutionnaire, mais comme une discipline imposée par l'oligarchie des vainqueurs aux multitudes indifférentes ou hostiles. Il s'ensuivit que la masse ouvrière italienne n'aima pas

(1) Traité de Versailles, art. 427, n° 2.
(2) Chambre des députés. — Séance du 1ᵉʳ juin 1927. — *Atti parlamentari* XXVII *Leg.*, p. 7741.

et n'aime pas une organisation créée par des forces extérieures, et ne l'aimant pas, elle ne peut saisir ni la fonction économique ni la signification politique de cet ensemble de syndicats, de fédérations et de confédérations. La classe patronale elle-même, bien que favorisée par le fait qu'elle peut contrecarrer aisément toute action de la classe ouvrière au sein du grand conseil et des autres organes consultatifs de l'état fasciste, subit le régime des contrôles étatiques et en souhaite la fin prochaine à l'effet de recouvrer la liberté commerciale et industrielle de jadis. Une chose manque au syndicalisme fasciste, et il s'agit d'une chose à mon avis essentielle pour l'existence de toute organisation syndicale : le consentement des syndiqués.

La vie entière du syndicalisme fasciste est une manifestation continuelle des conséquences de ce manque de consentement. Les syndicats ouvriers et patronaux, vivant pour ainsi dire en dehors de la vie des classes qu'ils représentent, n'ont aucune possibilité d'exercer une action indépendante et doivent se confier entièrement à la toute-puissance de l'organisation administrative de l'état. De par là le syndicalisme étatique tend fatalement à se transformer en une organisation bureaucratique et les contrôles gouvernementaux contribuent puissamment à une pareille dégénérescence (1).

Le fait a déjà été relevé en Italie par des chefs fascistes d'autorité indiscutable (2). Il se manifeste surtout par la tendance des organes centraux à se charger de toutes les décisions, et des chefs

(1) En Russie on releva déjà le même phénomène engendré par des causes analogues. « A la fin de la période communiste, le mouvement syndical était » devenu une immense organisation bureaucratique englobant obligatoirement » huit millions de travailleurs. La structure était calquée sur le modèle de l'admi- » nistration soviétique. Chaque syndicat centralisé avait autant que possible un » organe dans chaque département, voire même dans chaque district. Tous ces » organismes étaient reliés, tout au moins théoriquement, par des conseils inter- » syndicaux de département et des bureaux intersyndicaux de district... Enfin, » au sommet de la pyramide siégeait le tout puissant conseil central panrusse » des syndicats professionnels. Chacune de ces organisations comportait des » services multiples employant des nuées de fonctionnaires semi-officiels... Tous » les organes syndicaux et intersyndicaux avaient une vie administrative plus » fictive que réelle, ils étaient suspendus dans le vide entre les organes centraux » et la masse qui les ignorait. » — B. I. T. — *Op. cit.*, p. 61 et 62.

(2) L'ancien ministre fasciste des finances, Alberto De Stefani, écrivait en novembre 1927 les phrases suivantes : « On a formé en Italie dans le nouveau » monde syndical nombre d'institutions qu'on peut appeler para-étatiques. Leur » bureaucratie, adjointe à celle de l'état, peut emprisonner le pays dans un filet » inextricable... Malgré que les comptes officiels des syndicats et des fédérations » ne soient pas encore connus, tout le monde pense que les hiérarchies de ces » organisations sont pléthoriques et qu'elles sont rétribuées avec une largesse » contrastant avec les traditions de sobriété des administrations publiques ». — *Corriere della sera*, n° du 3 novembre 1927. — La junte générale du budget, dans son rapport sur le budget du ministère des corporations pour l'année 1928-29, signale, elle aussi, le danger de cette nouvelle bureaucratie. « On espère — ajoute-

locaux à couvrir le plus possible leur responsabilité en se plaçant sous la protection des ordres, des autorisations, des visas des autorités centrales. Les affaires traînent dans les bureaux des syndicats provinciaux et attendent que de Rome on fasse connaître les directives à suivre. Les dirigeants en sous-ordre, n'encourant aucune responsabilité vis-à-vis de la masse des syndiqués et n'ayant à craindre que la mauvaise humeur des chefs tout puissants des confédérations, se bornent à exécuter les ordres, et aux protestations et aux plaintes des syndiqués ils répondent par le vieux dicton des canonistes : *Roma locuta, causa finita.*

Les ouvriers et les patrons, assujettis au payement des cotisations, même s'ils ne sont pas inscrits aux syndicats, n'ont qu'à obéir aux prescriptions des chefs de tout grade. Il ne leur appartient pas de fixer les directives de l'action syndicale, et par cela même ils n'ont aucune sympathie pour des associations qui ne leur donnent aucune satisfaction d'ordre moral. Ils obéissent passivement aux ordres qu'ils ne peuvent pas enfreindre ; et en même temps ils sabotent par leur apathique insouciance toutes les initiatives réclamant le concours actif et passionné des masses. Il s'agit évidemment ici d'un état d'esprit qu'on ne peut pas démontrer ; mais cet état d'esprit se révèle pourtant à quiconque connait la psychologie du *sujet fasciste,* même sous les apparences fastueuses de la rhétorique officielle. Les *batailles économiques,* qu'on organise pour la revalorisation, pour le blé, pour le riz, pour les forêts, etc., montrent les dirigeants syndicaux en quête de tout ce qui peut galvaniser des associations vivotant sans le consentement de leurs membres.

Des indices plus probants sont fournis par l'empressement du gouvernement à édicter toujours de nouveaux règlements et à porter des nouvelles instructions pour soutenir la vie fictive de ses organisations syndicales et par les organes centraux du parti qui, appelés à fixer les directives d'une réforme constitutionnelle *corporative,* n'osent pas même consentir aux syndicats l'élection directe de leurs représentants, bien qu'ils soient soumis au contrôle gouvernemental le plus rigide. Ces indices sont confirmés par les déclarations des chefs se plaignant que les contrats de travail soient systématiquement enfreints, ou regrettant que « beaucoup de » gens parlent de syndicalisme sans en avoir la moindre idée » (1).

» t-elle — qu'on reconnaîtra l'inutilité de certains services et que nombre d'offices
» seront abolis et qu'on ne conservera que ceux qui sont vraiment utiles et indis-
» pensables. En outre, comme tous ces offices.... ont la tendance de développer
» leurs fonctions, on doit espérer que ce sera leur multiplication même qui
» montrera, au moins en partie, l'inutilité de cet accroissement artificiel ». —
Atti parlam. XXVII *Leg.* — Doc. 1847 A, p. 7.

(1) Discours du député Farinacci à Crémone, 28 octobre 1927.

Et le malaise intime, dénoncé par les chefs, trouve son expression dans les résolutions mêmes du grand conseil fasciste, demandant de « mieux adapter l'organisation syndicale au développement » de l'organisation corporative, selon les procédés les plus » conformes à la situation réelle des catégories professionnelles»(1).

Etant donné cette attitude de *non adhésion* des travailleurs et des patrons vis-à-vis des syndicats officiels, on doit admettre — aussi du point de vue pratique — que l'organisation professionnelle échafaudée par le gouvernement fasciste n'est pas en droit de se qualifier d'organisation syndicale. Si du point de vue juridique elle n'apparait que comme une *union coactive* dirigée par les délégués gouvernementaux, du point de vue pratique elle n'est qu'une gigantesque machine administrative montée selon les prescriptions du paternalisme à la façon de l'ancien régime.

Les contrats collectifs du travail.

« Les clauses du contrat collectif s'étendent à toutes les per » sonnes occupées dans l'entreprise ou l'établissement considérés, » que ces personnes fassent ou non partie du syndicat professionnel » qui a conclu le contrat. » Cette disposition n'est pas empruntée à une loi fasciste, mais à un décret du gouvernement des soviets (2), et elle sert à illustrer un des rares cas de transfusion du droit fasciste dans le droit soviétique, alors qu'il y a de nombreux cas d'influence évidente de la pensée communiste sur la législation fasciste.

La loi italienne, sur laquelle le gouvernement russe a calqué la disposition que je viens de relater (3), se fonde sur le principe que la doctrine communiste avait depuis longtemps appliqué en Russie au moyen du travail obligatoire et de l'inscription forcée dans les syndicats professionnels. Les doctrines fascistes et communistes ne se bornèrent pas à rejeter la conception *exclusivement privée* du contrat de louage d'ouvrage, tel qu'il résulte du code napoléonien. Pour le fascisme le devoir moral du travail, proclamé et sanctionné par la loi chrétienne, se transforme en un véritable devoir juridique. Par conséquent, l'état ne protège pas et ne règle pas le travail en tant qu'il engendre des droits individuels

(1) Séance du grand conseil fasciste, 11 novembre 1927.
(2) Art. 16 du décret du 20 septembre 1926.
(3) Art. 10 de la loi du 3 avril 1926. — « Les contrats collectifs de travail, » conclus par les associations légalement reconnues des patrons, des travailleurs, » des artistes et des travailleurs intellectuels libres ont force obligatoire pour tous » les patrons, pour tous les travailleurs, pour tous les artistes et pour tous les » travailleurs intellectuels libres de la catégorie visée par le contrat collectif et » qu'elles représentent en vertu de l'article 5. »

à une rémunération équitable et à l'amélioration progressive des conditions économiques et morales du travailleur ; mais il ne le protège et il ne le règle qu'en tant qu'il est l'accomplissement d'une obligation sociale (1). Le travail individuel doit servir au développement de la puissance nationale, et le bien-être des individus n'est pris en considération par l'état qu'en tant qu'il sert à augmenter la puissance de la seule société humaine réellement existante, la nation (2). Le droit pour l'individu d'employer son activité personnelle aux conditions qu'il juge les plus favorables à son bien-être moral et matériel est nié absolument par le nationalisme fasciste. Pour le fascisme, c'est la nation — ou bien l'état et le gouvernement identifiés avec elle — qui a le droit de fixer à l'individu l'emploi de son activité personnelle, chaque fois qu'elle juge qu'il ne concourt pas suffisamment à la réalisation de l'intérêt suprême de la collectivité.

On estimait autrefois que l'intérêt général de la production réclamait la liberté la plus absolue des initiatives individuelles. Pour l'école catholique elle-même, les syndicats ouvriers et les contrats collectifs de travail étaient autant de moyens pour garantir la liberté effective des rapports entre patrons et ouvriers, en plaçant les parties contractantes dans une situation égale. Le nationalisme fasciste, au contraire, ne conçoit pas la liberté comme une condition pour la réalisation du bien commun et il affirme dogmatiquement que, même dans le champ économique, le bien commun ne peut être atteint qu'en se conformant aux ordres de ces organes et de ces hommes, dont la fonction est de définir l'intérêt social et d'envisager les moyens nécessaires pour le réaliser. Il s'ensuit que pour le nationalisme fasciste, le contrat collectif de travail n'est pas l'expression de la volonté libre des parties, mais « l'expression concrète de la solidarité des différents » facteurs de la production qu'on obtient en subordonnant les » intérêts opposés des patrons et des travailleurs... aux intérêts » supérieurs de la nation » (3).

L'état en sa qualité de régulateur suprême des intérêts collectifs, seul capable de connaître le bien et l'utilité de la nation, ne peut pas se borner à garantir la liberté des conventions privées, ou à en assurer l'observation par ses organes juridictionnels. Dans le contrat de travail l'élément public est prépondérant, et c'est

(1) « Le travail sous toutes ses formes de direction et d'exécution intellectuelles, » techniques et manuelles est un devoir social. A ce titre, et seulement à ce titre, » il est protégé par l'état. » — *Charte du travail*, paragraphe II.

(2) « L'ensemble de la production est conçu comme un tout unique du point de vue national. » — *Charte du travail*, paragraphe II.

(3) *Charte du travail*, paragraphe IV.

pour cela que « l'état intervient pour trancher les différends qui
» ont trait à l'exécution des contrats et à l'observation des autres
» règles existantes, ou qui se manifestent à l'occasion de la for-
» mation des nouveaux contrats de travail » (1).

En présence de ces conceptions que le nationalisme fasciste,
libre du contrôle de l'opinion publique et des critiques des opposants, proclame aujourd'hui ouvertement, il faut avouer que le
syndicalisme étatique prend lui-même une signification concrète.
Dans un régime économique libre, le syndicat a des fonctions
d'intégration de la personnalité individuelle, et par cela même il
doit être libre. Cette liberté, au contraire, est absurde dans un
régime où la toute-puissance de l'état et de l'oligarchie des gouvernants peut diriger à son bon plaisir la vie économique de la
nation (2). Puisque l'état en sa qualité de régulateur suprême
de l'économie nationale est le principal intéressé dans la conclusion
des contrats collectifs de travail, il est parfaitement logique que cet
état choisisse lui-même les institutions et les hommes destinés
à conclure ces contrats, qu'il les soumette à sa surveillance continuelle et minutieuse, qu'il garde le droit de les remplacer chaque
fois qu'ils n'interprètent pas fidèlement ses volontés.

Il faut le reconnaître : l'organisation fasciste est, dans ce domaine
parfaitement cohérente. Si l'on veut en critiquer les institutions
législatives, on doit renier les principes auxquels les diverses
dispositions de la loi se rapportent comme autant de corollaires
aux postulats fondamentaux. Le même principe général, qui sert
au fascisme pour justifier son organisation rigide et centralisée
des classes et des catégories de producteurs, est à la base de la
réglementation du contrat collectif du travail. L'état ayant le
pouvoir de former les contrats de travail, délègue par l'acte de
reconnaissance légale l'exercice de ce pouvoir aux associations
syndicales, chacune pour la catégorie qu'elle représente. Dès lors,
lorsque les associations concluent des contrats et s'engagent à les
observer, elles n'agissent pas en qualité d'associations ayant les pouvoirs qui leur sont conférés par les membres dans l'acte constitutif :
au contraire, elles agissent, elles concluent, elles s'engagent en
qualité d'institutions de droit public, exerçant un pouvoir qui leur
est délégué par l'état. Du caractère public, ainsi conféré par le nationalisme fasciste aux contrats formés par les associations reconnues,

(1) *Charte du travail*, paragraphe V.
(2) « Concevoir l'existence de plusieurs syndicats exerçant des fonctions iden-
» tiques en concurrence les uns avec les autres, jouissant des mêmes droits et
» soumis aux mêmes devoirs, cela est le reliquat d'une mentalité arriérée. » —
Discours de Alfredo Rocco, ministre de la Justice. — Chambre des députés. —
Séance du 10 décembre 1925. — *Atti parlament.* XXVII *Leg.*, p. 4909.

dérivent les principes fondamentaux de la législation italienne sur cette matière, savoir : les contrats collectifs conclus par les associations syndicales officielles ont force obligatoire pour tous les membres de la catégorie, qu'ils fassent ou non partie de l'association ; les contrats collectifs conclus par les associations de fait sont radicalement nuls (1) ; les clauses du contrat collectif remplacent *ope legis* les clauses discordantes des contrats individuels (2).

Ce sont les associations syndicales légalement reconnues, qui normalement concluent les contrats collectifs de travail. La loi et le règlement prévoient néanmoins des cas où les contrats collectifs peuvent être formés par la *magistrature du travail* et ils prévoient aussi une sorte de formation coactive par les corporations. Les contrats collectifs conclus par les associations syndicales n'ont aucune force obligatoire avant que les associations intéressées aient rempli certaines formalités prévues par la loi. La loi exige notamment que les contrats collectifs soient publiés dans la feuille officielle de la province, s'il s'agit de contrats conclus par des associations agissant sur le territoire d'une seule province, ou dans la *Gazzetta ufficiale del regno*, s'il s'agit de contrats applicables à plus d'une province (3). Le préfet et le ministre ont le droit de ne pas autoriser la publication des contrats qu'ils jugent « nuls » pour des motifs de forme ou de substance ». En cas de refus de la part du préfet ou du ministre, les associations intéressées peuvent se pourvoir devant la *magistrature du travail*, qui en ce cas juge selon les formes prévues pour les affaires de juridiction volontaire (4).

Si les associations syndicales ne s'accordent pas sur les clauses du nouveau contrat collectif, elles doivent soumettre l'affaire à la *magistrature du travail* siègeant près de chaque Cour d'appel (5). Le ministère public, « quand l'intérêt public le réclame », peut à tout moment provoquer l'intervention de la *magistrature du travail*, sans être tenu de démontrer qu'il était impossible de réaliser l'accord entre les parties. Ainsi le gouvernement, qui peut toujours contester la validité des contrats collectifs contraires à ses directives en refusant leur publication sur les feuilles officielles, garde aussi la faculté d'interrompre toutes les négociations dont il n'approuve pas la marche, en évoquant l'affaire devant la *magistrature du travail*.

La *magistrature du travail*, quand elle siège pour trancher les

(1) Art. 47 du décret du 1er juillet 1926.
(2) Art. 51 du décret cité.
(3) Art. 10 de la loi du 3 avril 1926.
(4) Art. 51 du décret du 1er juillet 1926.
(5) Art. 14 et 15 de la loi du 3 avril 1926.

questions relatives à la conclusion d'un nouveau contrat de travail,
jouit de pouvoirs très étendus. La loi ne lui prescrit que de juger
« selon l'équité en vue de satisfaire les intérêts des patrons aussi
» bien que ceux des travailleurs et de protéger en tout cas les inté-
» rêts supérieurs de la production » (1). Le ministre de la justice
dans son exposé des motifs de la loi « sur la discipline juridique
» des rapports collectifs du travail » a exalté avec son lyrisme habituel
cette élasticité extrême des pouvoirs de la *magistrature du travail*.
« La *magistrature du travail* — écrivait-il — se présente comme
» une magistrature d'équité et à ce point de vue elle n'est pas une
» institution nouvelle dans notre droit, plus précisément dans
» l'histoire des institutions juridiques. Il suffit de se rappeler le
» préteur romain exerçant une juridiction fondée surtout sur
» l'équité, et qui formula le droit prétorien ou honoraire, fonde-
» ment du droit romain et monument le plus parfait de la
» sagesse juridique de Rome » (2).

Ce rapprochement n'a aucune valeur scientifique. Le préteur
romain dans l'exercice de ses fonctions juridictionnelles fixait
les directives pour la solution des différends provoqués par les
prétentions contraires des parties au sujet de rapports juridiques
préexistants, créés par le contrat ou par la loi. La *magistrature du
travail* italienne, au contraire, quand elle est saisie de la formation
d'un nouveau contrat de travail, doit créer elle-même les obligations des patrons et des ouvriers, en substituant sa décision aux
volontés discordantes des parties. Les parties, au moment où
elles se présentent devant le magistrat, ne sont liées par aucune
obligation juridique et n'ont pas même la possibilité de requérir
une *décision* judiciaire. Avant la conclusion du contrat, selon
la conception même du nationalisme fasciste, il n'y a dans le chef
du patron que l'obligation générale de faire travailler ; et dans le
chef de l'ouvrier il n'y a que l'obligation également générale
de travailler. La *magistrature du travail*, au lieu de *juger* une
cause dont il n'existe pas d'élément objectif fondamental — le
droit contesté, — crée le contrat par un acte auquel le respect
inné des formes traditionnelles de la procédure concède à tort le
nom de *sentence*. Or un magistrat du travail, n'ayant pas à interpréter de faits juridiques préexistants, ne peut créer rien de
nouveau dans le domaine du droit. C'est l'extrême élasticité
de ses pouvoirs qui l'empêche de renouveler la tradition du
préteur romain.

Mais, à part ces rapprochements historiques inexacts, l'article
de la loi syndicale fixant les directives à suivre par la *magistrature*

(1) Art. 16 de ladite loi.
(2) *Atti parlamentari* XXVII *Legisl.* — Doc. 624, p. 11.

du travail dans l'exercice de ses *fonctions juridictionnelles* renferme les éléments nécessaires pour définir le caractère véritable de cette magistrature. Toute juridiction réclame une loi. S'il n'y a pas de loi écrite ou coutumière, l'arbitraire du prince est la loi du juge, transformé ainsi en délégué de la toute-puissance du monarque. Or, quelle est la loi de la *magistrature du travail* italienne, lorsqu'elle est saisie de la formation des nouveaux contrats collectifs? Les intérêts supérieurs de la nation? Ces intérêts pourront être le fondement de la loi et en même temps le but visé par le législateur ; mais ils ne sont pas, ils ne peuvent pas être *la loi*, aussi longtemps que ce mot servira à indiquer une règle objective ayant force obligatoire en vertu de la déclaration des pouvoirs compétents, rendue selon les formes prévues par la constitution. Même si l'on pense que les intérêts supérieurs de la nation doivent fournir un criterium interprétatif de la loi, ces intérêts nationaux ne peuvent pas remplacer la loi. L'équité, alors ? Mais l'équité n'est qu'un système d'interprétation de la loi, qui aboutit à la création de nouvelles institutions juridiques en modifiant lentement et graduellement les lois préexistantes. Elle même n'est pas loi, mais, au contraire, elle suppose une loi !

En réalité cette loi n'existe pas, et le *magistrat du travail*, lorsqu'il détermine les pactes et les clauses d'un nouveau contrat collectif, n'est rien de plus qu'un fonctionnaire de l'exécutif — un expert juriste, si l'on veut — chargé de former des conventions conformes à « l'intérêt suprême de la production nationale », tel qu'il est conçu en ce moment-là par les détenteurs du pouvoir. Sa fonction est de donner une forme juridique à la pensée politique de l'exécutif, et elle ne diffère pas substantiellement de la fonction assignée dans le même champ aux associations syndicales officielles. Comme il arrive dans tous les cas où un organe public ne possède pas des pouvoirs clairement précisés par la loi, le défaut de limites certaines aux attributions de la *magistrature du travail* engendre sa dépendance absolue vis-à-vis de l'exécutif.

La loi prévoit enfin une troisième forme d'intervention étatique dans la conclusion des contrats collectifs de travail. Les corporations sont expressément autorisées à « fixer des règles générales » sur les conditions du travail dans les entreprises qu'elles » visent » (1). Ces règles générales, une fois édictées, ont force de

(1) Art. 10 de la loi du 3 avril 1926. — Cet article exige — il est vrai — qu'avant la promulgation de ces règles générales intervienne un accord entre les organisations des patrons et des travailleurs. Mais le décret du 1er juillet 1926 stipule qu'il suffit d'une autorisation « conférée par les statuts » des associations intéressées (art. 56). Puisque les statuts, s'ils ne portent pas cette clause, peuvent être modifiés d'office par le gouvernement (article 15), le pouvoir de promulguer ces *règles générales* n'a en réalité aucune limitation.

contrat collectif et, au moment de leur publication, les contrats en vigueur entre les associations fédérées sont abrogés ou modifiés, en tant qu'ils contredisent en tout ou en partie les règles nouvelles (1). Comme les corporations n'ont pas encore été constituées, le gouvernement, dans les cas les plus intéressants du point de vue économique ou du point de vue politique, appelle à la capitale les représentants des parties et obtient aisément qu'ils acceptent tous les projets dressés par les bureaux du ministère.

La loi considère la clause *rebus sic stantibus* comme sous-entendue dans tous les contrats collectifs de travail et précise les effets de son application. Si l'état de choses existant au moment de la conclusion du contrat change sensiblement, les parties intéressées et l'exécutif lui-même au moyen du ministère public peuvent actionner les autres contractants devant la *magistrature du travail* pour obtenir leur adhésion à un nouveau contrat (2). Si l'on estime que la procédure devant la *magistrature du travail* est trop longue et si l'on ne peut pas modifier d'office les contrats par de nouvelles *règles générales*, parce que les corporations n'existent pas encore, on peut néanmoins modifier à tout moment les contrats solennellement conclus par des *renonciations spontanées* des travailleurs (3)!

La législation fasciste fournit à l'état tous les moyens nécessaires pour exercer une action prépondérante sur le marché de la main-d'œuvre et sur la vie industrielle toute entière. En réalité, c'est l'état qui, au moyen des syndicats et de la *magistrature du travail*, rédige les contrats de travail, les modifie, les impose aux patrons et aux travailleurs. La politique des salaires est ainsi transformée en une sorte de monopole étatique. L'état peut, s'il le veut, étouffer les industries qu'il ne juge pas utiles à la collectivité en favorisant les prétentions exagérées de la classe ouvrière. Il peut couper court à toute initiative nouvelle menaçant les monopoles de fait des favoris de l'oligarchie dominante. Il peut établir un véritable régime de subsides indirects et en imposer aux travailleurs la charge. Pour l'établissement de la domination absolue de l'état sur tous les producteurs — patrons et travailleurs — il ne manque qu'une loi qui, remplaçant tout ce fatras de contrats, de jugements, de contrôles et de revisions, stipule simplement qu'il appartient à l'exécutif de fixer le salaire de chaque sujet.

(1) Art. 57 du décret du 1er juillet 1926.
(2) Art. 71 du décret cité.
(3) Le système des *renonciations spontanées* a été pratiqué au printemps et en été 1927, lorsqu'on *conseilla* aux ouvriers d'offrir eux-mêmes aux patrons la réduction des salaires sans attendre la diminution du coût de la vie. Ce n'est pas évidemment un système qu'on peut employer toujours !

L'obligation au travail.

Si l'obligation de travailler n'est pas seulement un devoir naturel, mais une véritable obligation politique et juridique, on ne peut pas admettre le droit de grève. Si l'ouvrier qui s'engage moyennant salaire n'exerce pas un droit personnel, mais une sorte de fonction publique à laquelle il ne peut se soustraire, la grève est illégitime, même dans sa forme la plus *légalitaire* de non-acceptation collective de nouvelles conditions de travail.

Le nationalisme fasciste ne renie pas cette conséquence extrême de sa doctrine sociale, tout en s'efforçant d'en cacher les rigueurs sous le voile du sophisme énoncé par le ministre garde des sceaux avec son habileté coutumière (1). « Alors que personne ne doute » qu'il n'est pas licite aux individus de se faire justice à soi-même, » on estime tout à fait naturel que les catégories et les classes » sociales défendent leurs intérêts économiques par la force, » en d'autres termes, qu'elles exercent cette même auto-défense » que la loi interdit aux individus. » Après avoir affirmé que le progrès juridique des peuples se réalise par la substitution graduelle de l'action judiciaire de l'état à l'auto-défense des individus, il proclame que la force actuelle de l'état italien et le prestige de son gouvernement permettent de remplacer également dans le champ économique l'auto-défense des individus et des classes par l'action judiciaire des pouvoirs publics. Il s'ensuit que, la *magistrature du travail* une fois établie, la grève et le lock-out sont des délits analogues à l'*exercice arbitraire des droits*. Puisque la formation de nouveaux contrats incombe à la *magistrature du travail* de même que le jugement des questions relatives aux contrats déjà conclus, la grève et le lock-out sont *toujours* des crimes, bien qu'ils soient proclamés quand les parties ne s'accordent pas pour la conclusion d'un nouveau contrat.

Cette argumentation s'appuie sur une analogie inexistante, et que d'ailleurs le garde des sceaux lui-même désavoue à la fin de son raisonnement. Il est parfaitement logique que l'état interdise au citoyen de se faire justice à soi-même, s'il existe une organisation judiciaire capable de faire droit aux plaintes du citoyen et de garantir ainsi la paix sociale qui autrement serait troublée par les vengeances privées. Mais cette interdiction ne peut évidemment viser que les cas où il s'agit de questions relevant d'un rapport juridique préexistant. Dès lors l'état, qui arrive à organiser une *magistrature du travail* ou une juridiction arbitrale fonctionnant avec la célérité nécessaire quand il s'agit

(1) Exposé des motifs ministériels de la loi « sur la réglementation juridique des rapports collectifs du travail ». — *Atti parlament.* XXVIIe *Législ.* — Doc. 624, p. 5.

de questions essentielles à la vie de milliers de travailleurs, a sans doute le droit d'interdire aux citoyens de résoudre par la force les questions relatives à l'interprétation et à l'application des contrats existants. Même dans ce cas on devrait pourtant respecter le principe *inadimpleti non est adimplendum*, qui mieux qu'une prescription de droit positif est une règle primordiale de justice humaine. Mais l'interdiction ne peut viser d'autres cas, et notamment il serait absurde qu'elle se transformât en une obligation faite aux parties d'exécuter leurs prestations — travail et salaire — avant de s'accorder sur les stipulations du nouveau contrat. L'analogie supposée par le nationalisme fasciste n'existe donc que pour le cas où il s'agit d'un contrat déjà existant. Elle ne peut pas être invoquée, elle n'existe pas quand il n'y a pas de contrat et quand par cela même les parties gardent le droit de n'en conclure aucun.

Mais le nationalisme fasciste désavoue lui aussi cette fausse analogie. En effet, si on admet ce principe fondamental de la doctrine sociale du nationalisme fasciste — que les ouvriers et les patrons sont tenus d'exécuter les jugements de la *magistrature du travail*, soit qu'elle interprète un contrat en cours, soit qu'elle en forme un nouveau — on doit reconnaître que la grève et le lock-out ne sont rien de plus que l'inexécution d'une sentence civile. Dans le cas où il n'y a pas de décision précédente de la *magistrature du travail*, la grève et le lock-out ne sont que des inexécutions de contrats. La grève et le lock-out pourront donner naissance à une action civile en dommages-intérêts, mais ils ne sont pas des crimes. Il n'y aura de délit que lorsque la grève ou le lock-out auront emprunté des moyens criminels *en soi* ; mais le délit ne sera constitué alors ni par la grève ni par le lock-out, mais par ces voies de fait, par ces violences, par ces tumultes qui tombent sous les dispositions de la loi pénale indépendamment des conjonctures économiques et sociales. Si l'on veut aboutir à des conséquences différentes, on doit renier d'avance toute la tradition juridique moderne et notamment la distinction entre le droit civil et le droit pénal.

Tous cela démontre qu'il est impossible de justifier les dispositions des nouvelles lois fascistes en s'appuyant sur les principes généraux de la tradition juridique. Par contre, les dispositions des lois fascistes apparaissent comme parfaitement conformes au principe qui, bien que jamais proclamé expressément, est implicitement sanctionné par toutes les dispositions de la loi syndicale et de la *charte du travail*, savoir : le principe du travail obligatoire. Si l'on accepte ce principe, on pourra concevoir la grève et le lock-out comme des crimes ; mais même dans ce cas il ne s'agira pas d'un délit analogue à l'*exercice arbitraire des droits*, qui suppose une violation de l'ordre juridique accomplie en vue d'exercer un droit subjectif existant ou prétendu (1).

La loi italienne connaît et frappe trois espèces différentes de *délits de travail*, savoir : la grève, le lock-out et l'inexécution des arrêts de la *magistrature du travail*. « La grève et le lock-out sont » interdits », ainsi s'exprime l'article 18 de la loi du 3 avril 1926. L'interdiction est absolue et elle n'admet pas d'exception, même dans le cas d'inobservation du contrat par le cocontractant (2). En cas de grève ou de lock-out organisés en vue d'obtenir des conditions de travail différentes, tous les grévistes ou tous les patrons qui ont fermé leurs usines sont frappés de la peine de la détention de un an à deux ans (3). Les termes très généraux de la loi n'excluent pas son application au cas où le vieux contrat de travail serait échu et où ni les associations syndicales, ni la *magistrature du travail* n'auraient pas encore rédigé le nouveau contrat. Des peines plus sévères sont prévues pour les dirigeants des services publics et des industries de nécessité publique (4) et pour les agents des régies (5). Les peines sont aussi majorées si la grève ou le lock-out sont proclamés pour « en imposer à la volonté ou » peser sur les décisions d'un officier public, d'un corps ou » d'un collège de l'état, des provinces ou des communes » (6). Dans tous les autres cas, la grève et le lock-out sont frappés des peines prévues pour le délit d'*exercice arbitraire des droits* (7).

L'inexécution des arrêts de la *magistrature du travail* est considérée elle aussi comme un délit. Celui qui n'observe pas les

(1) Art. 235 du code pénal.

(2) Le Tribunal de La Spezia dut juger l'espèce suivante : Un groupement d'ouvriers s'était engagé pour des terrassements et le salaire avait été fixé pour chacun à 3 lires par heures ; mais au moment du payement le patron prétendit payer à raison de 2.70 par heure. Le lendemain les ouvriers chômèrent, et l'un d'entr'eux fut bientôt emprisonné sous l'inculpation d'avoir provoqué la grève. Le tribunal, après avoir exalté « les nouveaux systèmes heureusement adoptés » par la législation fasciste en défense de la collectivité », jugea qu'il y avait dans le cas soumis à son jugement les éléments du délit de grève ; mais acquitta le prévenu parce que le fait datait du jour précédent l'application des nouvelles lois syndicales. — Décision du 12 juillet 1926. — *Monitore dei Tribunali* — année 1927, p. 39 ;

(3) Art. 18 de la loi du 3 avril 1926.

(4) L'exercice de la profession médicale, de même que l'exercice des professions d'avocat, de procureur (avoué), de notaire, d'ingénieur architecte, d'ingénieur agraire et de technicien agraire sont assimilés aux services de nécessité publique. Le refus de prêter les « services de nécessité publique » est frappé par la peine de la réclusion de six mois à un an et de l'amende de 5,000 lires à 100,000 lires (article 19 de la loi du 3 avril 1926 et art. 98 du décret du 1er juillet 1926).

(5) Art. 19 et 21 de la loi du 3 avril 1926.

(6) Ibidem.

(7) Art. 95 du décret du 1er juillet 1926 ; art. 235 et 236 du code pénal.

décisions de la *magistrature du travail* est puni de la détention jusqu'à un an. Pour les dirigeants des associations syndicales la peine peut aller jusqu'à deux ans (1).

On reprocha à la législation fasciste de prévoir un traitement inégal pour les patrons et pour les ouvriers en fait de grève et de lock-out (2). Du point de vue législatif ce reproche n'est nullement justifié, car si la loi exige qu'avant de frapper un patron pour le délit de lock-out on prouve qu'il n'y avait pas de *juste motif* de fermer l'usine, elle exige aussi qu'avant de frapper les ouvriers grévistes on prouve l'existence d'un accord préalable entr'eux (3). Mais je n'ose pas affirmer qu'en pratique le traitement des deux parties ait été toujours égal. L'évaluation des *justes motifs* qui peuvent suggérer au patron la fermeture de l'usine emporte un jugement sur la nécessité et sur l'opportunité de cet acte du point de vue de l'intérêt personnel du prévenu, et un pareil jugement confié à une magistrature privée des garanties de son indépendance doit fatalement aboutir aux décisions les plus partiales.

Si l'on veut juger du point de vue pratique de la législation fasciste sur la grève, on ne doit pas s'en tenir à cette question de détail. L'erreur du législateur fasciste est bien plus radicale : il s'agit d'une erreur de fait qui infirme toute la législation sur la grève, aussi bien que celle sur les contrats collectifs de travail. Les lois fascistes sur la grève et sur le contrat collectif de travail sont des lois inapplicables dans une situation politique normale !

Le gouvernement fasciste devait limiter son expérimentation législative à la reconnaissance juridique des associations professionnelles et à la réglementation de leur responsabilité en cas d'inobservation des contrats de travail. Il pouvait, peut-être, se risquer à confier à une magistrature spéciale l'arbitrage *facultatif* des conflits du travail et des différends ayant trait à la conclusion des nouveaux contrats. Il fallait de lourds efforts, et le succès de la tentative n'était nullement certain dans un pays, comme l'Italie, où l'esprit d'association est encore insuffisamment développé et inégalement répandu dans les différentes régions et parmi les

(1) Art. 22 de la loi du 3 avril 1926. — L'exposé des motifs ministériels justifiait cette disposition comme suit : « l'institution de la contrainte par corps en » matière civile, abrogée depuis peu dans notre législation (au contraire, le » législateur italien abolit en 1877 ce reliquat des anciennes peines civiles) montre » que pendant des siècles on a jugé nécessaire de garantir l'exécution des sentences » par des moyens plus énergiques de coaction de la volonté ». — *Atti parl.* XXVII *Leg.* — Doc. 624, p. 12.

(2) Voir les critiques de M. Jouhaux, secrétaire de la C. G. T. française, dans la *Revue des vivants* du mois d'octobre 1926 et la réponse de Augusto Turati, secrétaire du parti fasciste, sur le *Corriere della Sera* du 5 novembre 1926.

(3) Art. 18 de la loi du 3 avril 1926.

différentes classes sociales. Mais enfin on était encore dans le champ du possible.

Le gouvernement fasciste, au contraire, à voulu faire trop, et nombre de réformes heureusement conçues, telle que la réglementation de la procédure de la *magistrature du travail*, ont été submergées par un fleuve de dispositions n'ayant d'autre but que l'établissement de la toute-puissance de l'état vis-à-vis des patrons et des travailleurs. Ce qui pouvait être une expérience intéressante de syndicalisme hardi, a dégénéré en une gigantesque tentative de césarisme économique.

La législation fasciste sur la grève et sur les contrats collectifs de travail est aujourd'hui bien ou mal appliquée, malgré des difficultés innombrables (1); mais on ne doit pas oublier qu'elle est appliquée dans un pays dominé par une formidable organisation de police. Si les dominateurs ralentissaient leur pression, ne fût-ce que par l'usure naturelle de leurs forces, et si une grève semblable à celle des métallurgistes en 1920 se déchaînait dans le pays, toutes les lois fascistes sur les contrats collectifs, sur la juridiction du travail et sur le délit de grève disparaîtraient comme des châteaux en Espagne sous la poussée de la réalité. Comment pourra-t-on dans ce cas condamner et emprisonner deux cent mille grévistes ? Dans un moment de crise économique profonde, si les grandes industries ont recours au lock-out pour se délivrer de contrats de travail imposés par une politique de démagogie, emprisonnera-t-on tous les dirigeants des plus grandes entreprises nationales ? Il s'agit ici d'une législation difficilement applicable, si l'on ne doit vaincre qu'une faible résistance de la classe ouvrière, ou quelques tentatives individuelles aisément étouffées par les forces ordinaires de la police. Mais toute cette réglementation fictive devra tomber le jour où l'on se trouvera en présence d'une résistance active et opiniâtre de la classe ouvrière et les forces de la police seront impuissantes à imposer aux dissidents le respect de la volonté des chefs tout-puissants.

L'étatisation de l'économie nationale.

L'état fasciste, « l'état vraiment souverain dominant toutes les
» forces du pays et les dirigeant toutes vers les fins historiques et
» immanentes de la vie nationale » (2), a le droit d'intervenir dans

(1) Le député Bottai, sous-secrétaire d'état aux corporations, dans son exposé sur l'action de son département pendant la première année de sa vie n'arriva pas à masquer sous les exagérations oratoires habituelles un sens de désillusion profonde. Au lieu d'exalter des succès, il ne fit qu'illustrer des difficultés. — Chambre des députés. — Séance du 1er juin 1927.

(2) Exposé des motifs ministériels de la loi « sur la réglementation juridique des rapports collectifs de travail ». — *Atti parlamentari* xxvii *Leg.* — Doc. 624, p. 4.

toutes les manifestations de la vie économique du peuple italien ; et la politique et la législation du travail ne sont que des aspects particulier de cet interventionnisme embrassant la vie économique toute entière.

Sur ce terrain, mieux que pour les autres points du programme du gouvernement, a été réalisée la fusion entre les deux courants se partageant le parti dominant, le courant nationaliste et le courant révolutionnaire syndicaliste. Tandis que dans le champ du travail les discussions ne sont pas encore apaisées et que des conflits éclatent chaque fois que des oppositions se manifestent entre les égoïsmes des patrons et des travailleurs, tout le monde est d'accord — les nationalistes de l'école de Maurras ou de Nietzsche et les révolutionnaires de l'école de Sorel, de Blanc, de Bakounine — lorsqu'il s'agit de justifier le droit absolu de l'état à l'intervention économique.

La *charte du travail* proclame ouvertement la nécessité et la légitimité de cette intervention, non seulement pour protéger et compléter l'initiative privée, mais pour la remplacer par la gestion étatique lorsqu'il s'agit des « intérêts politiques de l'état ». La législation fasciste a forgé les instruments les plus divers pour servir à l'interventionnisme de l'état, et la pratique en a élargi l'application jusqu'à l'invraisemblable.

Dans le domaine du crédit, le gouvernement fasciste a montré qu'il n'avait pas oublié le programme de ses chefs, réclamant, en 1919, la « suppression de toute espèce de spéculation, des banques » et des bourses et la création d'un organisme national, avec » sections régionales, pour la distribution du crédit » (1) ; et l'étatisation du crédit semble le but visé par la législation fasciste et par toute la politique financière italienne. Le premier pas sur cette voie fut accompli par l'unification des banques d'émission, mesure sans aucun doute opportune, si elle ne devait pas servir à l'établissement d'un nouveau monopole (2). Cette unification permit à l'état de mieux diriger l'activité de la Banque d'Italie qui conservait le privilège de l'émission, et par cela même de dominer toutes les banques du pays obligées d'escompter leur papier à la seule banque d'émission. La politique de déflation pratiquée depuis le mois d'août 1926 força toutes les banques, même les plus solides, à mobiliser rapidement leurs portefeuilles et le besoin devint plus aigu grâce à la consolidation forcée des bons du trésor (3). La crise provoquée par la déflation, se prolon-

(1) Art. 9 du programme des faisceaux de combat.
(2) Décret-loi du 6 mai 1926, n° 812.
(3) Art. 2 du décret-loi du 6 novembre 1926, n° 1831.

geant pendant plus d'une année, lia de plus en plus le sort des banques locales et des banques nationales elles-mêmes au sort de la Banque d'Italie, et le gouvernement et le parti purent profiter de cet état de choses pour *fascistizzare* les conseils d'administration et les directions des grandes et des petites banques.

Tandis que la situation économique soumettait ainsi toute l'organisation nationale du crédit au bon plaisir de la banque unique d'émission, des mesures législatives, édictées sous prétexte de la défense de l'épargne privée, instituaient un contrôle rigide de l'état et de la Banque d'Italie sur la constitution, sur le fonctionnement et sur le développement de toutes les institutions de crédit. Les banques privées doivent obtenir une autorisation spéciale du gouvernement, octroyée sur avis conforme de la Banque d'Italie, avant de fonctionner, de même que pour ouvrir de nouvelles succursales, soit dans le royaume, soit à l'étranger. Les banques nouvelles doivent posséder un capital social minimum fixé par la loi selon l'importance de l'institution ; et toutes les banques doivent proportionner leur patrimoine aux dépôts privés (1).

Les caisses d'épargne ayant moins de cinq millions de lires de dépôt ont dû fusionner avec la caisse d'épargne du chef-lieu de la province, tandis que le ministre de l'économie nationale, d'accord avec le ministre des finances, se réservait d'ordonner la fusion des autres caisses d'épargne ayant moins de dix millions de lires de dépôt. Toutes les caisses d'épargne de chaque province ont dû former une fédération. Les caisses d'épargne, de même que leurs fédérations, sont contrôlées par le ministre de l'économie nationale qui se réserve, d'accord avec le ministre des finances, d'en approuver les statuts, de les modifier d'office, si les administrateurs ne sont pas d'accord sur une proposition de modification, et de suspendre à tout moment leurs conseils d'administration en confiant la gestion de la caisse d'épargne ou de la fédération à un commissaire extraordinaire (2). Les décrets sur les banques privées, de même que le décret sur les caisses d'épargne, confèrent des pouvoirs très étendus d'inspection et de contrôle à la Banque d'Italie (3).

A l'origine on présentait ces contrôles comme nécessaires afin de *moraliser* le monde financier et de garantir le public contre les spéculations illicites pratiquées par certaines banques locales

---

(1) Décret-loi du 7 septembre 1926, n° 1511. — Décret-loi du 6 novembre 1926, n° 1830.

(2) Décret-loi du 10 février 1927, n° 269 modifié par la loi du 29 décembre 1917, n° 2587.

(3) Décrets cités

qui sombrèrent de 1924 à 1926 ; dans la suite on s'efforça de démontrer l'utilité de cette *politique économique unitaire* pour atteindre la stabilisation monétaire. Les banques qui périclitaient furent bientôt éliminées ou assainies, la stabilisation de la lire fut décrétée à la fin de 1927 ; mais les contrôles établis pour moraliser le monde financier et garantir le succès de la *bataille de la lire* ne furent nullement abolis. Au contraire, le ministre des finances, dans son rapport au Parlement sur la stabilisation de la lire, déclara que la Banque d'Italie doit dominer le crédit et que si l'on modifiait le régime actuel des banques privées, ce ne serait que pour renforcer la *position centrale* de la banque d'émission (1).

Les Bourses n'ont pas été abolies, comme le prétendait le programme des faisceaux de combats en 1919 ; mais elles ont été soumises au contrôle gouvernemental par une série de dispositions édictées au courant de l'année 1925, à la suite de la panique provoquée par les oscillations rapides des changes et des principaux titres industriels. On avait promis d'empêcher l'agiotage, mais en réalité on aboutit à l'institution d'une sorte de *bourse d'état*, en adoptant pour les agents et les commissionnaires de bourse le système du *numerus clausus*, et en attribuant au gouvernement le pouvoir d'octroyer et de révoquer à son bon plaisir la licence (2). L'exécutif peut ainsi s'opposer à toute spéculation contraire aux visées des dirigeants de la finance.

Un régime spécial d'autorisations a été établi pour les sociétés anonymes. La constitution des sociétés ayant un capital supérieur à cinq millions de lires et les augmentations de capital au dessus de ce chiffre doivent être préalablement autorisées par le ministre des finances. La loi confère expressément au ministre la faculté de refuser son autorisation chaque fois qu'il n'estime « pas opportune par rapport à la situation du marché financier la constitution » de la nouvelle société ou l'augmentation du capital » (3). Tout le monde voit comment ces décisions ministérielles, contre lesquelles n'est admis aucun recours de fond devant la juridiction administrative suprême, peuvent servir à l'exécutif pour instituer toute sorte de monopoles.

Jusqu'en 1927, le contrôle gouvernemental sur les industries ne s'exerça que d'une façon indirecte. Néanmoins le contrôle sur les banques, le *régime d'autorisations* des sociétés et surtout l'organisation corporative, à laquelle tous les patrons d'industries doivent

(1) Discours du sénateur Volpi, ministre des finances. — Sénat. — Séance du 12 février 1928.

(2) Décrets-lois du 7 mars, du 14 mai, du 26 juin, du 29 juillet et du 11 octobre 1925, respectivement aux n°ᵒˢ 222, 601, 1047, 1261, 1748.

(3) Décret-loi du 11 mars 1926, n° 413.

s'inscrire ou en tout cas obéir, étaient autant d'instruments aux mains de l'état pour diriger la vie industrielle du pays, pour favoriser telle ou telle industrie, pour faire disparaître celles qu'il ne jugeait pas utiles au progrès économique de la nation. Lorsque les industriels, frappés les premiers par les conséquences de la politique de déflation et de révalorisation de la lire, manifestèrent leur mécontentement, le gouvernement sortit un nouveau programme de *ruralizzazione* de l'Italie et, sous prétexte d'enrayer un mouvement inexistant de dépopulation des campagnes (1), il étala un nouveau système d'autorisations pour l'établissement des nouvelles industries à proximité des grandes villes (2).

La participation directe de l'état aux entreprises industrielles avait eté pratiquée exceptionnellement, en Italie comme ailleurs, pendant la guerre et dans les premiers mois de l'armistice. Le fascisme est revenu à ce système exceptionnel comme à un système normal d'administration, et la participation de l'état aux entreprises industrielles privées à revêtu la forme de souscriptions de parties de capital et d'ouverture de crédit à des conditions de faveur (3).

Le gouvernement fasciste avait promis d'abroger les lois exceptionnelles sur l'industrie du bâtiment et sur les loyers et en effet, dans un premier moment, il sembla s'acheminer vers l'établisse-

(1) En Italie non seulement il n'existe aucune crise de dépopulation des campagnes ; mais dans plusieurs régions se vérifie la crise contraire de super-population et de chômage des ouvriers agricoles. Les statistiques officielles donnent aux provinces agricoles de l'Italie centrale et méridionale un pourcentage d'augmentation de la population inférieur à la moyenne générale du royaume ; mais c'est à cause du développement insuffisant de l'agriculture, qui oblige nombre de paysans à émigrer dans les régions industrielles du nord. Les provinces agricoles de l'Italie septentrionale, sauf celles du Piémont et de Crémone, montrent toutes des pourcentages d'augmentation de la population beaucoup plus élevés que le pourcentage général du royaume.

(2) Décret-loi du 3 novembre 1927, n° 2107. — L'autorisation préalable du ministre de l'économie nationale, d'accord avec les ministres des affaires intérieures et des corporations, est demandée pour l'ouverture de nouveaux établissements industriels employant plus de 100 ouvriers à proximité des communes de plus de 100,000 habitants.

(3) On pourrait dresser une longue liste des participations de l'état aux entreprises industrielles. Je me borne à en indiquer les principales. — L'état italien souscrivit la majorité du capital de la société *Ansaldo-Cogne* (mines de fer et hauts fourneaux) et en 1926 il concéda un crédit de 55 millions de lires à cette même société. L'état participa directement à la constitution de l'*Azienda generale italiana petroli* (entreprise générale italienne des pétroles) pour 60 millions et 20 millions furent en outre souscrits par des instituts contrôlés par l'état. A cette même entreprise l'état concéda (décret-loi du 13 août 1926) un crédit de 200 millions. — Les industries des constructions maritimes (chantiers de la zone de Gènes et de Trieste) ont bénéficié pendant les dernières années de crédits de quelques centaines de millions.

ment de la liberté complète. Mais, voyant que la liberté, comme toutes les médecines vraiment salutaires, ne donnait aucun résultat immédiat et éclatant, il eut recours à la *manière forte* pour résoudre le problème des logements. On crut tout d'abord résoudre le problème en interdisant la construction des maisons luxueuses (1) dans l'espoir de rallier les capitaux à la politique des constructions à bon marché ; mais on dut constater un ralentissement immédiat de toutes les constructions. On revint alors à la réglementation de guerre en ordonnant la révision de tous les contrats de loyer et en chargeant les préteurs (juges de paix), transformés ainsi en experts, de fixer le *juste prix* de location des immeubles (2).

La politique interventionniste de l'état n'épargna pas l'agriculture, sur laquelle les gelées hors de saison et les pluies bienfaisantes peuvent plus que les décrets gouvernementaux. Pendant deux ans on parla beaucoup à l'intérieur et à l'étranger de la *bataille du blé*, menée pour contraindre la nature à fournir largement un produit, que le climat et le terrain empêchent de prospérer dans une grande partie de la péninsule, et la bataille finit par le décret-loi du 13 août 1926, n° 1448, en vertu duquel les Italiens durent revenir au pain gris de la guerre.

C'est surtout dans le domaine du commerce que s'est exercé et que s'exerce maintenant de la façon la plus remarquable l'interventionnisme étatique. Le commerce extérieur est soumis à quantité de prohibitions et toute la matière des défenses d'importation et d'exportation est confiée au pouvoir discrétionnaire du ministre des finances (3), de sorte que l'exportateur, avant d'étudier les marchés étrangers qu'il veut conquérir, doit s'assurer de la protection et de la bienveillance des fonctionnaires du ministère. Pour le commerce intérieur, le gouvernement fasciste est revenu tout simplement au système des licences de l'ancien régime. La loi de sûreté publique de 1926 exige une licence de la police pour l'exercice de nombre de commerces et de métiers, et une loi postérieure étendit l'obligation à tous les commerces de gros et de détail, en confiant aux podestats l'octroi de ces licences (4). Les

(1) L'article 3 du décret du 30 juin 1926, n° 1096, interdit toute nouvelle construction, « sauf les maisons pour la petite bourgeoisie ou pour les employés et les » maisons bâties avec l'épargne du propriétaire ».

(2) Décret-loi du 16 juin 1927, n° 948.

(3) Le décret-loi du 14 novembre 1926, n° 1926, après avoir prohibé l'exportation ou l'importation d'un certain nombre de marchandises, autorisa le ministre des finances, d'accord avec le ministre des affaires extérieures et avec celui de l'économie nationale, à établir de nouvelles interdictions d'importation, s'il le juge nécessaire pour régler la consommation à l'intérieur. Le ministre des finances peut aussi accorder des dérogations spéciales à ces interdictions.

(4) Décret-loi du 16 décembre 1926, n° 2174.

gouvernants déclarent ouvertement que toutes ces mesures visent l'abolition graduelle du petit commerce et la création de grandes entreprises commerciales centralisées, que les autorités peuvent plus aisément surveiller (1).

Il suffira de la liste ici dressée des manifestations de l'interventionnisme fasciste pour saisir la vraie nature de sa politique économique et des buts immédiats et lointains qu'elle vise. L'état fasciste se réserve le droit de gérer directement les entreprises privées s'il le juge nécessaire pour des raisons d'ordre politique ; il déclare le patron responsable de l'organisation de son entreprise ; il fixe et il change les salaires des ouvriers et les profits des patrons ; il exige enfin l'autorisation de ses fonctionnaires pour fonder des banques, pour constituer des sociétés, pour bâtir des maisons, pour exercer tous les commerces. Et il ne s'agit pas ici de rêveries de quelques utopistes solitaires : il y a des lois qui prescrivent tout cela, et ces lois on les applique, ou on peut les appliquer, au moyen de l'organisation policière la plus formidable de l'Europe occidentale. Il faut reconnaître alors qu'il n'y a pas à discuter si le nationalisme fasciste vise ou non la nationalisation des forces productives : il est en train de réaliser cette nationalisation!

Le nationalisme fasciste recruta ses premières forces parmi les bourgeois et les commerçants dégoûtés par l'interventionnisme économique des socialistes ou lésés par l'interventionnisme étatique de guerre. Il se garda partant de proclamer ouvertement son programme de nationalisation économique. Toutes les mesures destinées à échafauder progressivement l'étatisme économique fasciste furent édictées ou sous prétexte de nécessités d'ordre public très souvent exagérées, ou à l'occasion des crises momentanées d'une économie souffrant encore des conséquences de la guerre. Mais toutes ces mesures promulguées comme provisoires ne furent jamais révoquées et on les compléta graduellement par d'autres mesures plus sévères et plus rigides.

Il ne m'appartient pas de juger ce système du point de vue économique. Ce n'est pas sur la base d'une simple liste des mesures législatives ou du succès d'une opération financière de stabilisation monétaire qu'on peut juger des résultats de la politique économique d'un gouvernement. Je me bornerai dès lors à relever une conséquence politique qui provient directement de l'interventionnisme économique du fascisme.

La centralisation politique poussée au-delà de certaines limites

(1) Discours du sénateur Volpi, ministre des finances. — Sénat. — Séance du 12 février 1928.

restreint les fondements de l'état et place la nation dans une position d'équilibre perpétuellement instable. Il en est de même pour la centralisation économique, si elle dépasse les limites fixées par les traditions, par les besoins, par le degré de civilisation du peuple. Les causes agissant sur les centres directifs font sentir leurs effets jusqu'aux extrémités de cet organisme complexe et délicat. Ces effets, n'étant pas amortis par des réactions spontanées, sont de plus en plus exagérés à travers les hiérarchies des fonctionnaires et des délégués des fonctionnaires, dont aucun ne jouit de pouvoirs propres et indépendants. De la même façon, toute cause agissant sur les organes extrêmes transmet immédiatement ses effets au centre, sans que personne puisse les neutraliser à temps par des réactions locales immédiates. Les fascistes se font gloire d'une pareille situation en disant qu'elle assure aux chefs une « sensibilité exquise des phénomènes économiques » ; moi, au contraire, je n'y vois qu'un danger formidable pour la stabilité économique et politique de la nation.

Dans l'organisation fasciste de l'économie nationale toutes les crises locales doivent attendre leurs solutions de la capitale, car les contrôles et les superpositions des organes de surveillance ont étouffé les initiatives locales et individuelles. Mais le gouvernement, les chefs des hiérarchies, le *chef* ne peuvent pas pourvoir à tout et ne détiennent pas la solution heureuse et immédiate à tous les problèmes, car la *désignation providentielle*, dont les pare l'adulation des courtisans, ne leur a conféré ni la perfection de la volonté, ni une intelligence surhumaine. Il s'ensuit que tous les désenchantements grands et petits, toutes les critiques, toutes les protestations s'adressent à celui, ou à ceux qui, en vertu des lois peuvent tout faire et doivent tout bien faire. La police défensive du régime arrive, il est vrai, a étouffer les voix discordantes, elle peut empêcher que le mécontentement s'exprime par la parole ou par la presse. Mais elle n'en peut pas faire disparaître les causes et, surtout quand la cause est de nature économique, le mécontentement devient d'autant plus profond que la liberté de le manifester est plus restreinte.

La croyance, imposée au peuple par la loi elle-même, que l'état et ses organes exécutifs peuvent tout voir, tout savoir, pourvoir à tout, engendre fatalement, surtout parmi les multitudes les moins cultivées, la croyance que les misères, les fautes, les crises sont toutes imputables aux titulaires des pouvoirs publics. Ainsi se propage parmi les masses un esprit anarchique et primitif, qui compromet la stabilité de l'organisation économique et politique existante, et qui entravera dans la suite les tentatives d'évolution pacifique et de restauration naturelle de l'économie nationale.

Il me semble que la seule existence de ce danger de nature politique devrait faire douter de l'opportunité d'une étatisation rigide ceux-là mêmes qui exaltent les avantages, réels ou prétendus, du régime économique fasciste.

L'état corporatif.

Après avoir examiné dans son ensemble l'organisation économique fasciste, une question doit se présenter à l'esprit du lecteur : l'état corporatif, dont parlent toujours les chefs fascistes même dans leurs actes officiels de gouvernement, existe-t-il dans la réalité? Si par *état corporatif* on entend une organisation politique, dont les corporations forment les cellules et où elles désignent les titulaires des pouvoirs, je n'ai pas d'hésitation à répondre que non.

Pour l'existence de l'*état corporatif* deux choses sont nécessaires : que l'individu jouisse des droits politiques en tant que membre d'une corporation (1) ; que les corporations vivent d'une vie indépendante dans les limites fixées par la loi fondamentale de l'état. Or, dans l'organisation politique échafaudée par le nationalisme fasciste ne se vérifie ni l'une ni l'autre de ces deux conditions préalables.

L'inscription aux associations syndicales officielles confère à l'individu des droits de toute première importance ; mais elle ne suffit pas pour conférer à l'individu la qualité de citoyen. En droit, les membres de ces associations peuvent seuls conclure des contrats de travail ayant force obligatoire ; en fait, ces membres jouissent seuls du droit de disposer de leur activité personnelle, soit en qualité de patrons, soit en qualité d'ouvriers. En d'autres termes, le *droit à la vie* est uniquement reconnu aux membres des associations syndicales officielles ; les autres vivent en marge de la vie économique nationale, comme jadis les vaincus sous la domination des vainqueurs. Mais le *droit à la vie*, droit naturel de tout individu, n'est pas un droit politique : il n'est que le fondement nécessaire des droits politiques.

Dans l'organisation étatique italienne d'aujourd'hui, la jouissance des droits politiques — c'est-à-dire du droit de participer d'une manière active à la vie collective de la nation — n'est pas inhérente à la qualité de membre de l'organisation syndicale. Pour jouir des droits politiques, il faut appartenir à une association

(1). Je dois me servir ici du mot *corporation* dans la signification courante d'*organisation de métier*. Si l'on attribue au mot corporation la signification *officielle* des lois fascistes, la question est vite résolue : il n'y a pas d'*état corporatif* parce qu'il n'y a pas de *corporations*.

syndicale officielle ; mais les membres des associations syndicales ne possèdent pas, par cela même, tous les droits politiques. L'inscription au syndicat est une des conditions préalables pour être citoyen, mais elle n'est pas la seule : ceux qui en réalité possèdent et exercent tous les droits politiques ne sont que « les membres » fascistes de l'organisation corporative ». Les fascistes seuls ont le *jus honorum*, et le *jus suffragii* qui en vertu des lois existantes peut être octroyé aux autres membres des associations syndicales n'est qu'un droit de *proposition* ou de *ratification*, tandis que le vrai *jus suffragii* appartient à l'élite fasciste chargée de juger les désignations éventuelles de la masse ou de proposer les noms à sa ratification.

On pourrait néanmoins affirmer qu'il existe en Italie un *état corporatif fasciste*, si les organisations syndicales, bien que composées de deux catégories de membres — les membres actifs, inscrits aussi au parti fasciste, et les autres auxquels on ne reconnait que le *droit à la vie*, — avaient droit de formuler les directives politiques de l'état. Mais ces organisations n'ont aucun pouvoir politique, et jusqu'à présent leur influence sur la politique générale de l'état fasciste a été presque nulle.

En vertu des lois existantes, leurs fonctions sont restreintes au champ économique. Elles ne participent à la vie politique locale qu'en proposant à l'exécutif, comme on le verra, des candidats aux conseils consultatifs locaux et, lorsque la réforme constitutionnelle sera appliquée, leurs organes centraux participeront à la vie politique nationale en proposant un certain nombre de candidats au *Parlement corporatif*. En d'autres termes, elles n'exercent directement aucun pouvoir politique et leur fonction est de proposer des candidats pour les corps consultatifs centraux et locaux. Elles ne sont, et elles ne seront rien de plus que des collèges électoraux professionnels, remplaçant les collèges électoraux territoriaux de l'état libéral. Mais, tandis que les collèges électoraux de la vieille organisation politique choisissaient directement les représentants de la nation, les collèges électoraux professionnels de l'état fasciste n'ont que le droit de proposition des candidats, et le choix appartient en réalité à des organes du parti ou à des fonctionnaires du gouvernement.

Même si les syndicats, tels qu'ils sont constitués dès à présent, possédaient des pouvoirs plus étendus, leur influence politique ne serait pas plus remarquable. En effet, comme peut-on concevoir que les syndicats fascistes exercent une action politique indépendante, alors que la loi ne garantit pas l'autonomie de leur fonctionnement intérieur ? La vie des syndicats, mieux que par la loi, est réglée par la volonté des gouvernants et de leurs délégués locaux. Les associations syndicales sont rangées dans les grandes Confédérations nationales selon le bon plaisir des autorités supérieures. Les statuts des syndicats, des fédérations, des confédérations ne peuvent être modifiés par les membres qu'avec l'agrément de l'exécutif, qui de son côté peut à tout moment changer radicalement tous les statuts et tous les règlements. Les délibérations des syndicats sont soumises à l'approbation ou à la ratification des fonctionnaires de l'exécutif, et celles des grandes confédérations elles-mêmes sont directement contrôlées par le gouvernement central. Il s'ensuit que toute action politique des associations syndicales ne peut être en réalité qu'une action commandée ou autorisée chaque fois par l'exécutif, et que la *politique corporative* des organisations professionnelles n'est qu'une sorte de déguisement de la politique gouvernementale.

La situation réelle des syndicats officiels dans la vie politique apparaît plus clairement encore si l'on considère leur position de fait au sein de l'état fasciste. Deux organes, dont la loi syndicale ne parlait pas, exercent la direction suprême de l'action syndicale : les comités intersyndicaux provinciaux et le grand conseil fasciste. Dans chaque province, c'est le comité intersyndical qui dirige l'action économique et politique des associations ouvrières et patronales et ce comité est présidé par le secrétaire provincial des faisceaux. A Rome, c'est le grand conseil fasciste qui définit les directives de la politique nationale, et les dirigeants des grandes confédérations nationales ne sont qu'une minorité dans cette assemblée suprême du parti fasciste, à la merci du *chef du gouvernement* qui peut briser les courants d'opposition en appelant au conseil les personnages qu'il estime « avoir bien mérité de la cause fasciste ». Le procédé suivi pour l'élaboration de la *réforme constitutionnelle corporative* montre que ces affirmations correspondent parfaitement à la réalité. Le 10 novembre 1927 le grand conseil fasciste arrêta les principes fondamentaux de la nouvelle *constitution corporative* et chargea le ministre de la justice de rédiger les projets de loi nécessaires. Depuis lors rien n'a été communiqué ni au public, ni aux organisations syndicales ; et le ministre de la justice garda le secret le plus complet sur les projets qu'il rédigeait. Ces projets mis au point furent présentés au *chef du gouvernement*, qui prépara le texte définitif et le soumit au grand conseil. Celui-ci discuta et approuva le projet ainsi rédigé dans le secret le plus absolu (1). Ce ne fut qu'après l'approbation

---

(1) L'opinion publique ne fut renseignée que par deux communications du parti fasciste, dont l'une (30 janvier 1928) annonçait que « le projet de loi pour la réforme de la représentation nationale » avait été présenté au grand conseil et l'autre (3 février 1928) annonçait que le grand conseil avait « approuvé le texte définitif du projet de loi ».

formelle du conseil des ministres (1) que les membres des associations syndicales, de même que les autres citoyens, connurent les textes des nouvelles lois rédigées par les oligarques. Les *corporations* — ou bien les organisations syndicales que l'usage courant qualifie de corporations — n'eurent donc aucune part dans la préparation des règles constitutionnelles, qui devaient — disait-on — donner naissance au nouvel ordre de choses fondé sur la prééminence des forces organisées des producteurs !

Le nationalisme fasciste, même s'il voulait sincèrement la constitution d'un véritable état corporatif, ne pourrait pas aboutir à des résultats différents. L'organisation ouvrière italienne était encore à ses débuts quand se déchaîna la guerre mondiale, et le phénomène de l'*inflation syndicale* d'après-guerre ne fut en grande partie qu'un phénomène transitoire. L'organisation patronale était encore plus arriérée et, tandis que les syndicats des travailleurs avaient, dans certaines régions, ébauché des tentatives de gestion collective notamment dans le champ agricole, les associations des patrons n'avaient jamais renoncé à leur caractère *classiste*, ne fût-ce que pour organiser des services en commun pour les exportations, pour les renseignements, pour les expériences des nouveaux procédés de production, etc. Tels étaient les matériaux sur lesquels la nouvelle oligarchie politique devait ériger les fondements de son *état corporatif*. Il en résulta qu'au lieu de l'*état corporatif* rêvé par quelques théoriciens on établit un *état de police servi par les corporations*, tel qu'il était conçu par les politiciens et tel qu'il était nécessaire pour réaliser la domination absolue d'un parti et d'un homme.

Cette situation paradoxale d'une organisation corporative dont il n'existe que la forme, d'une oligarchie de parti imposant sa volonté à des millions de travailleurs, d'une économie nationale toute entière soumise au bon plaisir d'un homme ou d'un petit noyau de privilégiés, renferme en soi les germes des plus graves dangers pour l'avenir.

Benito Mussolini avec son habileté polémique coutumière réussit à convaincre la foule des petits bourgeois, des conservateurs et des propriétaires que la politique italienne se débattait entre les deux termes d'un dilemme : fascisme ou communisme. L'artifice du polémiste rusé aboutit à des résultats imprévus peut-être par son auteur lui-même. L'opinion publique italienne et étrangère vit depuis lors dans le fascisme l'antithèse la plus parfaite du communisme, la seule garantie sérieuse de la stabilité sociale, du respect de l'autorité, de la conservation de la propriété privée.

(1) Conseil des ministres. — Séance du 20 février 1928.

La réalité est bien différente de l'image créée par ce préjugé de l'opinion publique, et les chefs fascistes eux-mêmes l'avouent parfois sincèrement. En tout cas ils savent distinguer nettement entre les personnes et la chose et, tandis qu'ils frappent les *communistes* italiens jugés comme des concurrents dangereux, ils ménagent le *communisme*. Edmondo Rossoni, président de la Confédération syndicale fasciste, à déclaré ouvertement que « la » conception fasciste de la collaboration des classes n'a qu'une » valeur contingente et relative, en rapport avec les nécessités » engendrées par le malaise de l'économie nationale et par les » fautes du régime libéral. Les corporations fascistes n'ont » aucun préjugé en fait de système de production. Entre le » capitalisme et le communisme elles préfèrent le système qui » garantit la production la plus abondante, et elles se décident » selon les nécessités du moment historique » (1).

Mais les faits et les institutions ont une éloquence plus convaincante encore que les déclarations des politiciens. Les maîtres français du nationalisme italien relevaient déjà, au lendemain de la promulgation de la *charte du travail*, « qu'il y a deux manières » d'*organiser* le travail : ou *mécaniquement* à la façon césarienne » et aussi collectiviste ; ou *organiquement* à la façon capétienne », et concluaient que la *charte* italienne leur apparaissait « comme » une organisation mécanique du travail, non comme le code » d'une institution vivante » (2).

Cette conception mécanique des rapports sociaux se traduit dans une foule de dispositions des lois syndicales fascistes, réglant de la façon la plus rigide la participation des ouvriers et des patrons à la vie corporative de l'état, de sorte que l'on peut affirmer que sous le régime fasciste c'est l'état qui contraint les individus à entrer dans des cadres arbitrairement construits. L'organisation *mécanique* du travail réclame fatalement la centralisation la plus outrée et les contrôles les plus rigoureux, afin de retenir les producteurs dans les cadres d'une organisation artificielle et d'empêcher toute manifestation contraire à la « toute-puissance providentielle de l'état organisateur ». Cette organisation mécanique, la centralisation, les contrôles minutieux de l'état sont les caractères distinctifs des rêves des collectivistes intransigeants ; mieux encore, ce sont les caractères particuliers des *réalisations communistes*. En réalité, la vie politique italienne des cinq dernières années présente ce paradoxe, inexplicable pour ceux qui se tiennent aux apparences du phénomène fasciste

(1) Interview relatée par les *Cronache sociali d'Italia*. — Fasc. mars-avril 1926, p. 21.

(2) *Action Française* — 3 mai 1927.

sans en envisager la substance, que le parti exalté comme le fléau du communisme réalise lui-même les institutions économiques et politiques chéries par le communisme.

Rien ne manque dans l'*organisation corporative* italienne de tout ce qui peut satisfaire les désirs des communistes les plus intransigeants : le syndicat unique, l'exclusion de la vie syndicale et de la vie civile des adversaires du régime, la direction étatique de l'organisation professionnelle, la dictature de l'élite politique dépositaire unique du *nouvel évangile*, le contrôle de l'état sur toute la production nationale, sur le crédit, sur les entreprises privées, sur le commerce. Les chefs fascistes, conseillés ou contraints par les circonstances politiques, ont orienté l'action de l'*organisation corporative* selon des directives réactionnaires ; mais grâce à cette organisation à *forme communiste* les masses ouvrières jouissent — au moins formellement — du droit de *cittadinanza* au sein de l'état fasciste. Il s'agit d'un droit purement formel, car elles doivent obéir aux chefs choisis par la dictature et tolérer toute sorte de contrôles de l'état-gouvernement et de l'oligarchie fasciste. Mais d'autre part l'organisation des pouvoirs de l'état fasciste, fondée sur le mythe d'un homme, n'offre aucune garantie de la stabilité de cet état de choses.

Le jour où les masses ouvrières ne seront plus retenues par une police toute-puissante et par un parti à l'apogée de sa fortune, elles s'empareront fatalement de la direction effective de ces organisations créées pour les soumettre au bon plaisir de l'exécutif. Ce jour-là elles trouveront toute préparée l'organisation nécessaire pour établir une *dictature du prolétariat*, telle que la conçoivent les partisans d'une expérience soviétique dans les pays de l'Europe occidentale. L'instauration d'un régime franchement communiste ne réclamerait que la substitution — et même pas la substitution complète — d'un nouveau personnel dirigeant aux anciens chefs fascistes.

Cette conséquence, qui ressort de l'étude de l'ensemble et des détails de l'organisation économique fasciste, fournit, à mon avis, l'argument décisif pour résoudre la question posée au commencement de ce chapitre. Le résultat obtenu dès à présent par la politique fasciste a été l'établissement de la domination absolue de l'état sur toutes les manifestations de la vie économique. Le résultat possible pour l'avenir — ou mieux, le résultat à craindre pour l'avenir — est l'établissement d'une dictature de classe semblable à la dictature prolétarienne de la Russie soviétique.

Etant donnés ces résultats actuels et possibles, peut-on qualifier de révolution la constitution du prétendu état corporatif fasciste ?

Si par révolution on entend le remplacement d'un régime de fait et de droit par un autre régime s'inspirant de principes opposés, je n'ai pas d'hésitation à répondre que oui. Mais, si par révolution on entend la substitution d'un régime progressif à un régime correspondant à un stade de civilisation arriéré, je n'ai pas d'hésitation à répondre que non. Quand l'économie d'un peuple est organisée dans le but de la soumettre à l'arbitraire d'un homme et d'une élite de privilégiés, quand par cela même on risque de reculer ce peuple vers les institutions des nations les moins évoluées, il y a une véritable contre-révolution.

VIII

LES AUTONOMIES LOCALES.

Les institutions locales autonomes avant la conquête fasciste.
— Le podestat. — La province fasciste. — L'assistance
publique. — Les autonomies locales et la sûreté de l'état.
— Les autonomies locales et la tradition italienne. —
La question méridionale.

Les institutions locales autonomes avant la conquête fasciste.

Quand la conquête française renversa les principautés de l'ancien régime et la domination autrichienne, les administrations locales italiennes étaient organisées et gouvernées selon les principes les plus contradictoires. En Piémont, la monarchie de Savoie avait étouffé presque complètement les autonomies locales et transformé les communes en organes de l'administration centrale. Marie-Thérèse avait mis fin au chaos de l'administration espagnole dans le Milanais, et avait établi une organisation municipale aussi autonome que le permettait le degré de formation politique de ses sujets. Dans la Vénétie, on conservait encore presque sans modifications le système municipal établi par la *Sérénissime* lors de ses premières conquêtes, et les différentes oligarchies locales jouissaient toujours du respect et de la faveur des populations. En Toscane, le despotisme des Médicis et le paternalisme des Lorraine avaient graduellement concentré dans l'administration étatique la plupart des pouvoirs locaux. Dans les Etats de l'Eglise, l'incertitude des règles administratives, la multiplicité des lois, des décrets et des ordonnances du gouvernement central et des légats ne permettaient aucun développement de la vie locale, et les municipalités vivotaient à la merci des délégués du pouvoir central. Dans le royaume de Naples, enfin, les reliquats du régime féodal s'entremêlaient étrangement avec les institutions centralisées et il n'y existait aucune organisation locale suffisamment forte pour contrecarrer les empiètements des barons et des fonctionnaires. Les gouvernements établis par la République et par l'Empire dans les différentes régions de l'Italie débarrassèrent le terrain de ces vieux organismes et firent table rase du bon et du mauvais pour faire place au système municipal français. Le fondement de la nouvelle organisation fut, en Italie comme en France, la préfecture et, en Italie comme en France, les limites des départements furent tracées suivant des règles uniformes sans tenir compte des traditions historiques locales. Dans les provinces annexées à l'Empire les communes furent régies par les lois françaises ; tandis que dans les provinces du royaume d'Italie leur autonomie fut restreinte davantage. En effet, même les communes dont la population dépassait cinq mille habitants ne bénéficièrent pas du droit d'élire les podestats (maires) ; et les conseils municipaux du système français furent remplacés partout par des *consultes municipales* n'ayant que des fonctions consultatives.

Les lois françaises sur l'administration locale eurent néanmoins ce mérite de régler d'une manière simple et claire une matière jadis confiée presque partout à des traditions vagues, à des coutumes incertaines, à des règlements obscurs ou contradictoires et à l'arbitraire des oligarchies locales. Mais elles ne réussirent pas à créer une organisation vivante, forte du consentement des populations, car leurs institutions étaient complètement en dehors des traditions locales et nationales et n'admettaient pas la participation directe des citoyens à l'administration des affaires publiques. « Le seul droit de la nouvelle commune italienne était » d'obéir. La commune n'était que la dernière vassale et la servante » infime de la préfecture et de la sous-préfecture. La commune » n'était plus la commune. Le système tout entier n'était qu'une » fiction. En 1814 les podestats et les conseils communaux nommés » par le roi ne firent rien pour sauver le royaume. Certains » d'entr'eux accueillirent les Autrichiens au son des cloches. » Voilà la stabilité des institutions bureaucratiques : qui sème » la servilité moissonne la trahison » (1).

La restauration n'abolit pas complètement l'organisation communale et provinciale française, et Victor Emmanuel Ier de Sardaigne, le plus intransigeant peut-être parmi les souverains italiens, la conserva dans son royaume, tout en remplaçant par de nouvelles dénominations les noms des institutions et des magistratures de l'Empire. C'est qu'en effet le système français avec sa centralisation servait singulièrement les tendances absolutistes des princes de la Sainte Alliance, et leur permettait d'exclure des administrations locales les esprits les plus vifs et les plus

(1) CARLO CATTANEO. — *Scritti politici ed epistolario* — 1864, III, p. 78.

cultivés et d'empêcher que dans les luttes communales les sujets n'apprennent à devenir des citoyens.

Dès le commencement de l'unification politique de la péninsule, les lois administratives piémontaises furent étendues aux autres provinces à mesure qu'elles fusionnaient avec la monarchie de Savoie (1). La loi organique du 20 mars 1865 établit définitivement dans tout le royaume une organisation communale et provinciale du type français, et les modifications postérieures de cette loi, bien qu'inspirées par des principes d'une plus large autonomie locale, ne changèrent pas le caractère des institutions fondamentales.

La législation de 1865 en organisant l'administration locale sur la base des communes et des provinces visa deux buts essentiels : établir un régime uniforme dans toute l'étendue du royaume; conférer aux communes et aux provinces les caractères d'institutions autonomes, tout en les plaçant sous la surveillance continuelle du pouvoir exécutif.

Les pouvoirs de l'administration provinciale élective furent graduellement étendus par les réformes successives de la loi de 1865. Le préfet, qui pendant quelques années en avait été le chef, n'eut plus que des fonctions de surveillance, et le pouvoir exécutif fut conféré à une *députation provinciale* entièrement élue par le conseil. Malgré cet accroissement d'autonomie, les administrations provinciales n'eurent jamais un champ d'action très large. Elles ne jouirent jamais d'une autonomie réelle, de sorte qu'un éminent publiciste italien relevait que la loi « fournissait » pour ainsi dire aux conseils provinciaux le transparent sur lequel » rédiger leurs délibérations. En général ils épuisaient leurs » débats en quelques brèves séances, tandis que les budgets pro- » vinciaux, réglés par des prescriptions très minutieuses, pouvaient » être soustraits à toute discussion et approuvés en une seule » séance » (2).

La commune eut toujours des pouvoirs et des fonctions beaucoup plus importants que la province. La commune répondait mieux que la province aux besoins de la vie locale et aux traditions du pays et interprétait avec plus d'efficacité les intérêts des citadins et des paysans, et par cela même elle put conquérir une autonomie moins fictive que celle des provinces. L'extension de l'éligibilité des syndics (3) coïncida avec l'entrée dans la vie politique des

(1) Décret du 23 octobre 1859 sur l'administration communale et provinciale.
(2) SAREDO. — *Commento alla legge comunale e provinciale.* — Vol. IV, p. 35, 36.
(3) En vertu de la loi communale et provinciale de 1865 les syndics étaient nommés par le gouvernement. La loi du 30 décembre 1888 octroya aux conseils des communes chefs-lieux de province ou de *circondario* (arrondissement) et des

forces électorales des catholiques et des socialistes. Ces deux faits augmentèrent sensiblement la signification politique des luttes électorales communales ; et les différents partis qui se succédaient au pouvoir dans les communes s'efforçaient constamment d'élargir les pouvoirs des administrations et d'amoindrir la surveillance et la tutelle des autorités gouvernementales.

L'état fut enfin forcé de faire droit, au moins en partie, aux réclamations des communes et d'étendre à contre cœur les pouvoirs des autorités communales, tout en s'efforçant opiniâtrément de maintenir intacts ses pouvoirs de surveillance et de tutelle. La loi sur les *municipalizzazioni* consentit aux communes de gérer en régie les services industriels de nécessité publique et introduisit par la première fois dans la législation italienne l'institution du referendum. Le développement des services publics fit ressortir davantage le rôle de la junte et des *assesseurs*, surtout dans les grandes communes. On arriva ainsi à remplacer le pouvoir et la responsabilité d'un homme seul par le pouvoir et par la responsabilité d'un collège. Cette substitution permit aux communes de réclamer plus résolument qu'auparavant l'autonomie jusqu'alors refusée par une législation niveleuse, et permit aussi aux syndics de résister hardiment aux empiétements de l'exécutif et de ses représentants locaux. Malgré les efforts des administrations communales régies par les catholiques, par les socialistes et par les conservateurs éclairés, malgré la campagne persistante de l'Association des communes italiennes (1), l'Italie ne connut jamais un régime d'autonomies locales comparable au *local government* anglais ou à la traditionnelle administration municipale autrichienne. La cause de cet échec partiel résidait dans les contrôles

communes ayant une population supérieure à 10,000 habitants le pouvoir d'élire leurs syndics. La loi du 29 juillet 1896 étendit ce régime à toutes les communes du royaume.

(1) L'Association des communes italiennes fut constituée à Parme à l'occasion du premier congrès des administrations communales (17-20 octobre 1902). Elle fut présidée successivement par les honorables Mussi et Mariotti, radicaux, et par les honorables Greppi, Lucca et Teofilo Rossi, libéraux-conservateurs. Le véritable promoteur et animateur de l'Association fut Don Luigi Sturzo, membre du conseil directif de l'Association depuis sa fondation. En 1915, les socialistes fondèrent une Ligue des communes socialistes se proposant de transformer les communes « en instruments redoutables de résistance et de lutte contre les abus » de pouvoir du fiscalisme étatique », et cette sécession affaiblit considérablement la campagne des partisans des autonomies locales. Malgré cela, l'Association des communes, érigée en personne civile par le décret du 12 novembre 1921, poursuivit sa lutte contre les abus de l'étatisme outrancier et contre l'action anti-étatique des administrations communales socialistes. Le 15 décembre 1925, le conseil directif de l'Association des communes consentit à fusionner avec la Confédération des institutions *autarchiques*, fondée et dirigée par le parti fasciste.

inutiles du gouvernement central et dans l'organisation défec-
tueuse des finances locales.

La loi confiait la surveillance des administrations communales
aux préfets, et leur tutelle à la junte provinciale administrative,
élue en partie par le conseil provincial mais dominée en réalité par
le préfet président et par les membres gouvernementaux. Comme
la loi ne fixait pas des criteriums précis et objectifs pour l'exercice
des fonctions de surveillance et de tutelle, trop souvent les autorités
gouvernementales s'en prévalaient pour servir les intérêts des coteries dominantes. Trop souvent la surveillance et la tutelle sur les
administrations communales servirent pour favoriser les intérêts
électoraux de tel ou tel groupement puissant auprès du ministère
et pour étouffer toute activité des conseils communaux hostiles
au gouvernement, au lieu de garantir les contribuables contre
les dérèglements d'administrateurs incapables ou malhonnêtes.
Trop souvent les communes furent ainsi forcées de racheter leur
autonomie administrative au prix de l'indépendance politique,
ou leur indépendance politique au prix de renonciations à l'amélioration des services publics.

Les finances locales ne tiraient profit que des centimes addi-
tionnels appliqués à certains impôts gouvernementaux, de l'octroi
et de quelques impôts personnels fort mal organisés. Ces revenus
trop limités ne conféraient au budget communal aucune souplesse.
Les cabinets d'avant-guerre dressèrent nombre de projets de réforme des finances locales suivant les principes les plus contradictoires ; mais aucune loi organique ne fut approuvée, et les
mesures édictées de temps à autre ne réalisèrent que des réformes
de détail indispensables pour faire face aux besoins les plus
urgents.

Lorsqu'une institution répond aux besoins et aux traditions
d'un peuple, ni les erreurs du législateur, ni les fautes des gouvernants n'arrivent à en épuiser la vitalité, et elle recouvre bientôt
sa force grâce au consentement des masses populaires. Il en fut
ainsi de la commune italienne. Malgré les défauts des lois et les
abus d'un système de contrôles visant des fins politiques et électorales, malgré la faiblesse de l'organisation financière, la commune
italienne se développa vigoureusement pendant les dernières
années d'avant-guerre et, ce qui est remarquable, on releva les
progrès les plus sensibles dans les régions où les luttes communales
avaient un caractère ouvertement politique et où des partis bien
définis sur le terrain politique se succédaient au pouvoir.

A la veille de la guerre mondiale, les grandes communes et
certaines villes de second ordre possédaient une organisation des

services publics comparable à celle des centres les plus progressés de l'Europe septentrionale et occidentale. L'assainissement des vieux quartiers et le développement des centres urbains étaient presque partout poussés énergiquement. Les communes, qui avaient gardé l'administration des écoles primaires même après la loi de 1911, montraient combien les institutions locales l'emportent sur l'état pour la gestion de certains services. Maintes communes de l'Italie septentrionale, devançant les initiatives de l'état, organisaient à la moderne l'instruction professionnelle, abordaient le problème de la réglementation du marché de la main-d'œuvre et prenaient les initiatives les plus hardies dans le champ de l'assistance sociale.

Le suffrage universel adopté pour le renouvellement des administrations locales en 1914 provoqua des effets immédiats dans la vie communale et provinciale. Le parti socialiste l'emporta dans certaines provinces du nord et s'empara de l'administration de quelques grandes villes, telles que Milan et Bologne, et de plusieurs chefs-lieux de province. Les catholiques neutralisèrent nettement l'avance socialiste en faisant ressortir davantage l'influence du courant démocrate-chétien dans les villes et dans les centres industriels. Mais la guerre coupa court à toutes ces expériences démocratiques et plongea toute la vie administrative locale dans un désordre inouï. L'état se hâta de transférer aux communes une foule de services d'intérêt général, sans se soucier si les communes possédaient les moyens nécessaires pour faire face aux nouvelles dépenses. Dans la *zône de guerre* et dans les campagnes on remplaça la plupart des administrations électives par des commissaires gouvernementaux, dont la gestion fut très souvent ruineuse pour les finances communales. La crise s'alourdit davantage après l'armistice. La démobilisation et le chômage forcèrent les communes et les provinces à exécuter à la hâte un programme de grands travaux publics. Le renchérissement de la vie fit monter démesurément les frais de la bureaucratie enflée par suite des nouveaux services imposés aux communes. La crise atteignit son apogée en automne 1920, au moment où l'on procéda au renouvellement des conseils communaux et provinciaux.

Les administrations élues en 1920 (1) devaient aborder un ensemble de problèmes extrêmement graves et ni la loi communale et provinciale, ni les mesures fragmentaires édictées dans la suite

(1) Les provinces de l'Italie septentrionale, qui ne furent pas conquises par le parti socialiste, eurent des administrations dirigées par le parti populaire. Sur 9000 communes du royaume, les socialistes l'emportèrent dans 4000 à peu près et les populaires dans 2500.

en faveur des finances locales n'offraient le moyen de les solutionner radicalement. Plusieurs administrations communales et provinciales régies par les partis démocratiques crurent résoudre
la crise en la niant, et engagèrent davantage les administrations
locales dans un système de prodigalité folle. Les dérèglements
de certains conseils dominés par les courants extrémistes compro-
mirent du point de vue politique toutes les administrations locales
élues en 1920. Les éléments maximalistes, qui depuis l'armistice
annonçaient chaque jour la révolution prolétarienne sans oser
la déchaîner, prétendaient se servir des communes et des provinces
conquises aux élections de 1920 comme d'autant de tremplins
d'où s'élancer à la conquête du gouvernement central. Ils s'efforçaient partant d'orienter l'action de ces administrations dans des
voies ouvertement anti-étatiques, se proposant d'expérimenter
ainsi le nouvel ordre que la révolution prolétarienne devait étendre
à la nation toute entière.

Les courants maximalistes n'eurent ni le temps ni les moyens
de réaliser leur rêve ; néanmoins leur attitude inconsidérée fournit
à la réaction fasciste un prétexte plausible pour attaquer toutes les
administrations locales électives et pour renverser l'un après
l'autre les conseils issus en 1920 du vote populaire. Le procédé
normalement suivi par les escouades fascistes fut celui de l'*occupation*. Des escouades armées se réunissaient un jour donné dans
le chef-lieu de la commune désignée pour l'*épuration*. Si les
administrateurs ne démissionnaient pas devant ce premier
déploiement de forces, la manifestation continuait et l'on tentait
d'occuper *armata manu* la maison communale. Il importait
peu si la tentative réussissait ou non, car en tout cas on avait
démontré l'existence d'un danger permanent pour l'ordre public,
et les autorités gouvernementales étaient par cela même autorisées
à dissoudre les administrations électives et à les remplacer par
des commissaires extraordinaires. Les cabinets Bonomi et Facta,
au lieu de protéger les conseils provinciaux et communaux contre
l'offensive des escouades fascistes, s'empressaient de dissoudre
les administrations plus particulièrement visées, sous prétexte
d'une prétendue « pacification des esprits », et ne se souciaient
guère de garantir la liberté de vote à l'occasion des élections des
nouveaux conseils.

Le parti fasciste arrivé au pouvoir pratiqua encore pendant
quelques mois le système des *occupations*, organisées alors à
découvert par les secrétaires provinciaux. Mais il comprit bientôt
qu'il était plus facile de saboter les administrations communales
et provinciales hostiles au gouvernement en brisant leurs initiatives, grâce aux pouvoirs très larges de contrôle et de tutelle con-

férés par la loi aux préfets. Les administrations qui avaient résisté à l'*action directe* des escouades furent ainsi forcées de démissionner, et le parti fasciste put s'emparer de toutes les communes et de toutes les provinces grâce au *système électoral totalitaire*, excluant les adversaires des sièges réservés par la loi à la minorité.

L'expérience des administrations électives fascistes aboutit à une déception complète. La tactique intransigeante du parti désenchanta bientôt tous les hommes sans parti qui avaient accepté de mettre leurs compétences techniques au service des nouvelles oligarchies locales. Le parti fasciste dut alors pourvoir aux charges très nombreuses des administrations locales par des hommes régulièrement inscrits aux faisceaux, et tout cela au moment où éclataient entre les vainqueurs des luttes acharnées pour le partage du butin. J'ai la conviction ferme que, si sa doctrine n'imposait pas au nationalisme fasciste de renverser toute l'organisation des institutions autonomes locales, il aurait dû quand même adopter des mesures radicales pour étouffer rapidement ces luttes intestines menaçant la stabilité de son organisation politique. En tout cas il est certain que la loi et les décrets, qui en 1926 bouleversèrent l'organisation administrative locale, furent accueillis par les chefs du parti dominant avec un soupir de soulagement. L'abolition des libertés locales signifiait en effet la destruction d'une des garanties les plus solides de la liberté politique et en même temps mettait les dictatures locales à l'abri des critiques et des oppositions, contre lesquelles elles n'avaient ni la force ni la capacité de résister sans le secours paternel du gouvernement central.

Le podestat.

Les premières mesures du gouvernement fasciste au sujet des administrations locales touchaient certaines grandes communes ayant des nécessités tout à fait particulières. On proclama qu'il fallait renoncer au préjugé de l'uniformité dominant la législation administrative des soixante dernières années, et qu'il fallait au contraire adapter les organes locaux aux différents besoins locaux. Sous prétexte de réaliser ces sages principes, on adopta une organisation spéciale pour les communes de Rome et de Naples en confiant la direction de l'administration de ces deux villes à des magistrats nommés par le gouvernement — un haut commissaire pour Naples et un gouverneur pour Rome — assistés par des commissions consultatives (1).

(1) L'organisation de la commune de Naples fut fixée par le décret-loi du 15 août 1925, n° 1925, et celle de la commune de Rome fut arrêtée par le décret-loi du 28 octobre 1925, n° 1949, modifié successivement par les décrets-lois du 10 juin et du 9 décembre 1926, n°ˢ 1023, 2055 et 2056 et par le décret-loi du 4 septembre 1927, n° 1582.

L'abolition des représentations électives dans toutes les communes et leur remplacement par les nouveaux magistrats nommés par le gouvernement fut l'œuvre de la loi du 4 février 1926, n° 237, étendue et modifiée par les deux décrets-lois du 9 mai 1926, n° 818, et du 3 septembre 1926, n° 1910.

Le législateur fasciste est revenu tout simplement aux conceptions égalitaires qu'il avait blâmées lors de la réorganisation des communes de Rome et de Naples, et il a appliqué une législation uniforme à toutes les communes du royaume. Sauf les communes de Rome et de Naples, dont la première est régie par le gouverneur ayant des pouvoirs fixés par des lois spéciales et la seconde conserve provisoirement son haut-commissaire, toutes les communes sont administrées par un podestat nommé par décret royal (1). Deux ou plusieures communes contiguës et dont la population totale ne dépasse pas cinq mille habitants peuvent être confiées à un seul podestat (2).

Le podestat est choisi par le gouvernement parmi les citoyens porteur d'un diplôme d'études moyennes, ou ayant participé à la guerre comme officiers ou sous-officiers, ou ayant exercé pendant six mois les fonctions de syndic, de doyen des assesseurs, de commissaire royal ou préfectoral, de secrétaire communal (3). Le gouvernement n'est tenu d'observer aucune autre prescription pour le choix des podestats, et notamment la loi ne demande pas que le podestat soit né et domicilié, ou seulement résidant, dans la commune ou dans la province où il est appelé à exercer ses fonctions. Les podestats, sauf ceux des communes de plus de vingt mille habitants et des communes chefs-lieux de province, peuvent être transférés dans une autre commune de la province en vertu d'un simple décret du préfet (4). Le podestat est nommé pour cinq ans et son mandat peut être renouvelé. Sur proposition du préfet, il peut être révoqué en tout temps et la loi ne précise pas les motifs de révocation, en se bornant à stipuler que contre le décret de révocation n'est admis aucun recours, ni en voie judiciaire, ni en voie administrative (5).

Le podestat réunit en ses mains tous les pouvoirs jadis conférés au syndic, à la junte et au conseil communal (6). Il exerce le pouvoir délibératif de même que l'exécutif : en un mot, il est l'administrateur unique de la commune. Mais il ne jouit d'aucune indépen-

---

(1) Art. 1 de la loi du 4 février 1926 et art. 1 du décret-loi du 3 sept. 1926.
(2) Art. 10 de ladite loi.
(3) Art. 9 de ladite loi et art. 2 du décret-loi du 9 mai 1926.
(4) Art. 2 de ladite loi et art. 2 du décret-loi du 3 septembre 1926.
(5) Art. 12 de ladite loi.
(6) Art. 5 de ladite loi.

dance, absolument soumis au contrôle préfectoral encore renforcé en vertu des dernières réformes. En effet, la plupart des décisions des podestats ayant trait aux matières jadis du ressort du conseil communal, doivent être soumises à l'approbation de la junte provinciale administrative, et dans les communes de moins de cent mille habitants les décisions exemptées du vote de la junte doivent être approuvées par le préfet (1). Le préfet et la junte participent ainsi directement à l'administration des différentes communes de la province. Des fonctionnaires de la préfecture sont en outre expressément chargés de surveiller les administrations communales et de fixer aux podestats les directives de leur gestion (2).

La loi et les décrets de 1926 instituèrent à côté du podestat la consulte municipale, dont la constitution n'est cependant obligatoire que dans les communes ayant une population de plus de vingt mille habitants et dans les communes chefs-lieux de province (3). Dans les autres communes la consulte municipale n'est formée que « lorsque le préfet le juge possible » (4). Le nombre des consulteurs est fixé par le préfet. Pour les petites communes il ne peut pas être inférieur à six ; pour les communes de vingt mille à cent mille habitants il doit être fixé entre dix et vingt-quatre; pour les grandes communes il doit être fixé entre vingt-quatre et quarante (5). Le tiers des consulteurs des petites communes est nommé directement par le préfet sur des listes triples présentées par les institutions économiques et syndicales expressément autorisées par le préfet à présenter leurs candidats. Dans les communes de plus de vingt mille habitants la consulte toute entière est choisie sur ces listes de candidats, et dans les communes de

(1) L'art. 13 de la loi du 4 février 1926 stipula que toutes les résolutions des podestats non soumises au vote de la junte provinciale administrative devaient être soumises à l'approbation du préfet. L'art. 11 du décret-loi du 3 septembre 1926 limita l'approbation préfectorale aux résolutions ayant trait aux matières jadis du ressort du conseil communal, et exempta de l'approbation préfectorale les résolutions des podestats des villes de plus de cent mille habitants.

(2) Décret-loi du 23 octobre 1923, n° 2113. — L'exposé ministériel présenté au Parlement à l'occasion de la ratification de ce décret-loi s'exprimait ainsi au sujet des fonctions de ces inspecteurs : « l'inspecteur est et doit être le collaborateur des administrateurs, chargé de les instruire, de fixer leur attention sur les problèmes de la vie communale et de leur fournir tous les conseils nécessaires. Ce service est singulièrement nécessaire et utile pour les podestats, qui peuvent rencontrer souvent des difficultés et se débattre dans des incertitudes, que la compétence et l'expérience de l'inspecteur permettent seules de résoudre ». (Ce n'est pas évidemment un argument trop flatteur pour les podestats !) — *Atti parlam.* XXVII *Leg.* — Doc. 724.

(3) Art. 5 du décret-loi du 3 septembre 1926.

(4) Art. 1 de la loi du 4 février 1926.

(5) Art. 4 de ladite loi ; art. 5 et 6 du décret-loi du 3 septembre 1926.

plus de cent mille habitants la nomination en est faite par le ministre des affaires intérieures (1). Le ministre des affaires intérieures « pour des motifs graves d'ordre public ou de nature » administrative » peut dissoudre les consultes municipales ou en suspendre la nomination (2).

A la fin de l'année 1927 on n'avait pas encore nommé les consultes municiples, même dans les grandes villes, faute de dispositions exécutives réglant la répartition des représentants entre les institutions économiques et syndicales, et ce fut seulement le décret-loi du 27 octobre 1927 qui combla cette lacune. En vertu de ce décret les consultes municipales doivent se composer par moitié de représentants des travailleurs, dont un tiers doivent être travailleurs intellectuels (3) ; mais le ministre des affaires intérieures, d'accord avec le ministre des corporations et avec celui de l'économie nationale, peut modifier le système de répartition, s'il existe dans telle ou telle commune une situation exceptionnelle ne permettant pas le partage normal (4).

La consulte municipale n'a que des fonctions consultatives. Le podestat doit demander son avis dans certains cas fixés par la loi et peut la convoquer chaque fois qu'il le juge opportun ; mais il n'est jamais tenu de se conformer à l'avis exprimé par la consulte. Quand le podestat décide une affaire contrairement à l'avis de la consulte il doit mentionner cette circonstance dans le texte même de la résolution, qui alors doit être approuvée par le préfet, bien qu'il s'agisse d'une résolution normalement soumise au simple visa d'exécution (5). En d'autres termes, c'est le préfet qui juge souverainement lorsque la décision du podestat est contraire à l'avis de la consulte.

La loi prévoit un régime particulier pour les communes classées par le ministère dans la catégorie de stations balnéaires ou de tourisme. La gestion de ces communes est partagée entre deux autorités différentes, et la gestion des établissements balnéaires et des services publics ayant trait à ces établissements balnéaires et en général au mouvement touristique est confiée à une administration autonome, parfaitement indépendante de la commune, ayant sa propre personnalité juridique et jouissant de son

(1) Art. 7 du décret-loi cité.
(2) Art. cité.
(3) Art. 3 et 5 du décret-loi du 27 octobre 1927. — Les dispositions du décret-loi du 27 octobre 1927 ne visent que les communes ayant plus de 20,000 habitants (art. 1), de sorte que les petites communes, pour lesquelles la loi du 4 février 1926 prévoyait la constitution facultative des consultes municipales, ne peuvent pas former leurs consultes faute de dispositions exécutives.
(4) Art. 8 du décret-loi du 27 octobre 1927.
(5) Art. 5 de la loi du 4 février 1926 et art. 9 du décret-loi du 3 septembre 1926.

patrimoine particulier. Cette administration autonome a le droit d'imposer des contributions spéciales à toux ceux qui, directement ou indirectement, bénéficient du mouvement touristique ou des établissements balnéaires de la commune. Elle est soumise à la surveillance et à la tutelle des autorités gouvernementales locales de même que les administrations communales ; mais le préfet et la junte provinciale administrative doivent se conformer aux directives fixées par un conseil central des stations balnéaires constitué auprès du ministère des affaires intérieures. Ce n'est qu'en cas exceptionnel que le ministère peut confier à la commune les fonctions conférées à cette administration autonome (1).

Le gouvernement fasciste ne se borna pas à révolutionner toute l'organisation communale ; il voulut révolutionner aussi les circonscriptions communales. Une série de décrets-lois édictés au cours des années 1925 et 1926 agrandit les territoires de certaines grandes communes en attachant aux villes les faubourgs et de larges territoires ruraux. Les résistances des administrations hostiles à ces remaniements furent vaincues par la dissolution des administrations électives et leur remplacement par des commissaires gouvernementaux. Comme les formalités fixées par la loi communale et provinciale en cas de modification des territoires des communes empêchaient la réalisation rapide d'un plan de réforme générale des circonscriptions communales, le gouvernement par un décret-loi du 17 mars 1927 se conféra la faculté de reviser les circonscriptions communales, « afin d'en décréter » l'élargissement, la fusion ou *quocumque modo* la modification, » même hors des cas prévus par la loi communale et provinciale et » sans être tenu à l'observation de la procédure prévue par cette » loi » (2). Ainsi la modification des circonscriptions communales, qui auparavant ne pouvait se faire que par une loi et sur la demande des communes intéressées, a été entièrement confiée à l'exécutif en violation de la disposition du Statut fondamental, stipulant que « les circonscriptions des communes et des provinces sont » réglées par la loi » (3).

Le gouvernement fasciste pour justifier vis-à-vis de l'opinion publique cette réforme radicale de l'organisation communale allégua deux faits résultant, disait-il, de l'observation de la vie réelle des administrations locales. Il déclarait qu'il était nécessaire

(1) Art. 1, 2, 5, 8, 9, 10, 12 et 14 du décret-loi du 15 avril 1926, n° 765. — La législation fasciste sur l'administration des centres balnéaires et de tourisme, rédigée selon les desiderata des grandes associations touristiques, satisfait les nécessités particulières de ces communes, bien que la centralisation excessive gâte maintes dispositions vraiment remarquables.

(2) Art. 1er du décret-loi du 17 mars 1927, n° 383.

(3) Art. 74 du Statut fondamental du royaume.

d'apaiser la vie communale troublée par les luttes des partis (1) ;
et il ajoutait que le système électif avait démontré l'incapacité
du corps électoral de choisir judicieusement les administrateurs
des institutions locales autonomes (2). En réalité la nouvelle
organisation n'a guère pourvu à cette prétendue nécessité de
paix, et le choix des chefs ne s'est pas montré plus heureux que le
choix des électeurs. Les batailles, jadis menées au sein du corps
électoral pour la nomination des administrateurs publics, sont
livrées maintenant dans les antichambres des préfectures, des
faisceaux, du ministère, entre les aspirants aux dictatures locales,
et le secret de la lutte ne concourt pas à moraliser la vie publique
locale et nationale. Les erreurs des investitures d'en haut sont
en pratique plus nombreuses que les erreurs des désignations
d'en bas, et l'absence du contrôle de l'opinion publique en rend
les conséquences plus graves et parfois irréparables (3).

En réalité les motifs qui poussèrent le gouvernement fasciste
à établir cette nouvelle organisation centralisée de la vie communale ne furent ni le besoin d'apaiser les luttes locales, ni la nécessité

(1) Les déclarations des chefs fascistes au sujet de ces luttes des partis que
l'institution des podestats devait étouffer ont faussé complètement l'opinion
des étrangers au sujet de la vie communale italienne. Par exemple, M. LESTER
K. BORN (*What is the Podestà*. — *The American Political Science Review*. — fasc.,
novembre 1927) compare le podestat fasciste au podestat des communes du moyen
âge, l'un et l'autre appelés pour apaiser les luttes intestines des villes et des bourgades. Evidemment ce n'est pas la faute de l'illustre professeur de l'Université de
Princetown si les documents officiels italiens présentent une *vérité subjective* et
font ainsi croire à des ressemblances inexistantes.

(2) « Le podestat ne renouvelle pas la tradition du despotisme et de la féodalité ;
» mais il se rattache à la tradition de la renaissance, car on ne le conçoit pas comme
» un despote ayant en ses mains des pouvoirs féodaux, mais comme un chef
» autonome et indépendant chargé de garantir la paix et la tranquillité des com-
» munes déchirées par les luttes intestines. » — Discours du député Macotta. —
Chambre des députés. — Séance du 27 novembre 1925. — *Atti Parlamentari*
XXVII *Leg.*, p. 4637.

« La faveur générale qui accueillit l'institution du podestat dans les communes
» de moins de cinq mille habitants, a montré que l'opinion publique est déjà con-
» vaincue que l'élection des administrateurs des institutions locales autonomes
» a fait son temps ; et que les collèges nommés par le vote populaire doivent être
» remplacés par des organes nouveaux dont les caractères correspondent mieux
» aux nécessités présentes et aux nouvelles directives politiques générales. » —
Exposé des motifs du ministre de l'intérieur pour la ratification du décret-loi
du 3 septembre 1926. — *Atti parlamentari* XXVII *Leg.* — Doc. 1118.

(3) Les nominations des podestats eurent lieu au cours de l'année 1927 ; mais
nombre de communes sont régies encore par des commissaires extraordinaires.
Les résultats de cette première année ne peuvent partant donner des criteriums
précis d'évaluation. Cependant on relève des statistiques fascistes que, pendant
l'année 1927, 363 podestats ont été révoqués pour immoralité ou pour mauvaise
administration. On ne donne pas les chiffres de ceux qui, selon le procédé normal
de tout pays, ont été priés de démissionner afin d'éviter des scandales.

de garantir le bon choix des administrateurs. Le parti fasciste devait raffermir sa domination sur les noyaux de la vie locale, et les conseils communaux fascistes, bien que formés selon le système électoral totalitaire, avaient complètement échoué. Le parti fasciste n'était qu'une très petite minorité audacieuse et active et ne disposait pas de la foule des personnalités de second plan nécessaires pour pourvoir aux charges très nombreuses d'une organisation communale démocratique. Les conseils communaux élus depuis la conquête fasciste trahirent bientôt leur manque complet de préparation politique et administrative et, tandis que les chefs du gouvernement résistaient vaillamment aux attaques des opposants, les chefs locaux pliaient sous les coups d'une critique opiniâtre et maligne, que la vigilance active de la police n'arrivait pas à étouffer. Les conseils communaux fascistes se délabraient l'un après l'autre et l'unité même du parti en souffrait. L'adoption de mesures radicales s'imposait si l'on voulait sauver l'unité du parti. Puisque les faisceaux locaux ne parvenaient pas à diriger les administrations locales, il était nécessaire de les soumettre directement aux pouvoirs centraux. Mussolini reconnut lui-même à la Chambre que la réforme de l'organisation communale visait en réalité la consolidation de la dictature du parti dominant (1).

En outre, une sorte de nécessité logique poussait le fascisme vers la centralisation des services administratifs locaux. Pour le fascisme, la dictature est *en soi* la meilleure forme de gouvernement, et « un des moyens le plus efficaces pour assurer le progrès de la nation est de réaliser partout l'unité de commandement » (2). Pour cela même il ne pouvait pas permettre que dans les communes se perpétuât le système des magistratures collégiales, des élections, des discussions, des délibérations. Le principe suivant lequel « il appartient aux collèges de conseiller et à l'individu de décider », appliqué déjà à l'état, devait nécessairement être appliqué aux communes. De même que l'équilibre des pouvoirs avait été renversé dans l'état, il devait être renversé aussi dans les institutions locales, et notamment dans la commune, la plus vigoureuse parmi les institutions locales autonomes.

En effet, la réforme communale fasciste n'est qu'une répétition, dans le champ administratif, des réformes accomplies dans le champ constitutionnel. Dans les communes comme dans l'état, tous les pouvoirs sont réunis dans les mains d'un seul homme :

(1) Député Fazio (libéral) : « Les exigences alléguées en faveur du projet de loi » se résument en réalité dans la nécessité de consolider le parti dominant. » Mussolini : C'est naturel ». — *Atti Parlam.* XXVII *Leg.*, p. 4664.

(2) Rapport du député Pedrazzi pour la ratification du décret-loi du 3 septembre 1926, n° 1910. — *Atti Parlam.* XXVII *Leg.* — Doc. 1118 A.

à lui seul il appartient de délibérer et d'exécuter. Les corps consultatifs de la commune, de même que les corps consultatifs de l'état, n'ont d'autre fonction que de renforcer l'autorité du *maître* en participant à la responsabilité de ses actes.

Le nationalisme fasciste partit des mêmes principes pour résoudre le problème de l'*insertion* des institutions locales dans l'ensemble de l'organisation étatique. Ses théoriciens pensent que toute l'histoire de la civilisation se résume dans « la lutte » entre le principe de l'organisation personnifié par l'état et le » principe de désagrégation représenté par les individus et par les » groupements locaux ». Ils pensent aussi que, « quand le principe » de l'organisation l'emporte, c'est la civilisation qui triomphe » et que, quand le principe de désagrégation prévaut, on tombe » dans la barbarie » (1). Les autonomies locales et l'indépendance administrative des communes ne sont pour le nationalisme fasciste que des manifestations de la tendance de désagrégation et par cela même des éléments de déchéance de la société civile.

Si, lors de la discussion parlementaire sur la nouvelle organisation locale, les chefs fascistes, pour des motifs tactiques évidents, proclamèrent que « l'institution des podestats ne modifiait pas les » rapports de dépendance entre l'état et la commune » et que « la » commune conserverait intacte sa personnalité juridique et son » indépendance administrative vis-à-vis de l'état » (2), lorsqu'il s'agit de préciser les institutions de la nouvelle organisation, ils ne se préoccupèrent que de garantir les contrôles étatiques et de placer les podestats sous la dépendance directe du gouvernement. Ainsi la commune, régie jusqu'à hier par une magistrature élective partiellement autonome dans les limites fixées par la loi, est administrée maintenant par un fonctionnaire gouvernemental nommé, contrôlé, dirigé par le préfet. L'administration confiée à un délégué de l'exécutif soustrait à tout contrôle local, — ce qui même pour la dictature napoléonienne était une mesure extraordinaire de défense de l'ordre public (3), — est aujourd'hui la règle générale de l'administration locale.

En réalité la commune, comme institution de droit public

(1) Discours d'Alfredo Rocco, ministre de la justice. — Chambre des députés. — Séance du 10 décembre 1925. — *Atti Parlam.* xxvii *Leg.*, p. 4907, 4908.

(2) Rapport du député Maraviglia sur la loi pour l'institution des podestats dans les communes de moins de cinq mille habitants. — *Atti parlam.* xxvii *Leg.* — Doc. 609 A, p. 3.

(3) Décret du 11 février 1806, en vertu duquel la commune de Crespino (Vénétie), coupable d'une tentative insurrectionnelle, fut considérée « comme » colonie du royaume, habitée par des gens sans patrie » et confiée à l'administration du « commandant de la gendarmerie, réunissant en ses mains tous les » pouvoirs des autorités municipales ».

indépendante dans les limites de la loi, n'existe plus en Italie, après les réformes fascistes. Les publicistes italiens estimaient que, pour l'existence d'une institution autonome, il fallait quatre éléments : un territoire, un groupement d'habitants, un patrimoine, une représentation. Dans l'organisation actuelle de la commune italienne la représentation est abolie, le patrimoine est administré par un fonctionnaire de l'état, tandis que le gouvernement change suivant son bon plaisir le territoire et varie le nombre des habitants. Le principe proclamé par un député fasciste à la Chambre — rien ne peut être autonome au sein d'un état unitaire ; il faut abolir le nom d'institutions locales autonomes (1) — a été appliqué intégralement. La commune italienne n'est plus qu'une circonscription administrative avec un patrimoine consacré à entretenir certains services particuliers ; mais c'est l'état seul qui administre ce patrimoine hors de tout contrôle des citoyens.

La province fasciste.

Pour détruire l'ancienne organisation communale, le nationalisme fasciste dut édicter une foule de lois et de décrets et ménager les oppositions par une tactique adroite de réalisations graduelles. Il fut contraint de mobiliser une armée de neuf ou dix mille fonctionnaires pour les placer à la tête des communes *étatisées* et, malgré cela, la nouvelle organisation ne présente aucun caractère de stabilité. Pour la province, au contraire, il lui suffit de la laisser mourir d'inanition.

L'administration provinciale est encore régie par les dispositions du texte unique de 1915 de la loi communale et provinciale. Le conseil provincial est encore l'organe délibératif de l'administration autonome de la province, et la députation provinciale en est encore l'organe exécutif. Aucune loi, aucun décret n'a aboli ces organes ; mais le gouvernement « a remplacé l'une après l'autre » toutes les représentations électives des provinces par des com» missions extraordinaires ; et le corps électoral provincial, bien » qu'il existe encore formellement, n'est plus constitué parce que » les communes, après l'institution du podestat, ne forment plus » les listes électorales administratives qui devraient servir pour les » élections provinciales » (2). Ainsi, depuis 1926, toutes les provinces sont régies par des commissions extraordinaires qui, en vertu de la loi communale et provinciale, ne devraient avoir qu'une fonction temporaire. En réalité l'administration provinciale est dirigée par

(1) Discours du député Barbiellini. — Chambre des députés. — Séance du 28 mai 1927. — *Atti Parlam.* xxvii *Leg.*, p 7682.

(3) Rapport de la commission parlementaire pour la ratification du décret-loi du 2 janvier 1927, n° 1. — *Atti parl.* xxvii *Leg.* — Doc. 1244 A, p. 4.

le préfet, et les membres des commissions extraordinaires ne sont que des délégués préfectoraux chargés de la gestion des services provinciaux et de l'administration du patrimoine de l'ancienne institution autonome.

Cependant le gouvernement fasciste à voulu créer quelque chose de nouveau aussi dans la province et, par la loi du 18 avril 1926, il a constitué les « Conseils provinciaux de l'économie », chargés « de représenter les intérêts des activités productives » des différentes provinces et d'en favoriser la coordination et le » développement en harmonie avec les intérêts économiques » généraux de la nation » (1). Selon les visées du législateur, ces Conseils de l'économie devraient être « les interprètes provinciaux » des directives économiques du gouvernement et, en même temps, » les organes chargés de transmettre à la capitale les renseignements » sur la situation et sur les besoins de l'économie provinciale » et locale » (2). Il semblait aussi que ces Conseils provinciaux de l'économie devraient être une sorte d'anticipation du parlement corporatif et un premier essai de la représentation des intérêts au sein des corps consultatifs de l'état.

Mais la loi du 18 avril 1926 ne fut appliquée que pour la nomination des vice-présidents des conseils économiques (le président en est le préfet) ; et le décret-loi du 16 juin 1927 a modifié radicalement, dès avant leur constitution, la composition et le fonctionnement de ces conseils.

Les Conseils provinciaux de l'économie sont composés de trois catégories de membres, savoir : d'un certain nombre de membres désignés par la loi elle-même parmi les fonctionnaires étatiques locaux ; de représentants des institutions provinciales « ayant des » fins se référant à la compétence des conseils de l'économie » ; de représentants des associations syndicales légalement reconnues (3). Le ministre de l'économie nationale fixe pour chaque province le nombre des membres-représentants (4). Il appartient aussi au ministre de nommer les représentants des institutions provinciales sur des listes triples de candidats, dressées par les institutions autorisées par la préfecture à la désignation des candidatures. En outre, le préfet à le droit de faire intervenir aux différentes séances les fonctionnaires particulièrement au courant des problèmes en discussion (5). Le vice-président du conseil et les

(1) Art. 2 de la loi du 18 avril 1926, n° 731.
(2) Discours du sénateur Belluzzo, ministre de l'économie nationale. — Chambre des députés. — Séance du 4 décembre 1925. — *Atti parl.* XXVII *Leg.*, p. 4795.
(3) Art. 4 du décret-loi du 16 juin 1927, n° 1071.
(4) Art. 5 du décret-loi cité.
(5) Art. 4 du décret-loi cité.

présidents des sections sont nommés par le ministre de l'économie nationale (1).

Les Conseils provinciaux de l'économie n'ont que des fonctions consultatives. Ils doivent donner leur avis aux autorités gouvernementales locales et centrales dans les cas prévus par la loi et chaque fois qu'ils en sont requis. Ils peuvent aussi « présenter » des propositions au gouvernement et aux administrations publi- » ques sur les mesures nécessaires pour le développement écono- » mique de la province » (2).

La formation de ces conseils, directement ou indirectement confiée au gouvernement, ne leur permet de jouir d'aucune indépendance réelle. Cependant, en vertu des dispositions de la loi du 18 avril 1926, ils pouvaient graduellement conquérir une certaine autonomie, ne fût-ce que dans la rédaction de leurs demandes au gouvernement, grâce au fait qu'ils disposaient de leurs services de secrétariat et d'une organisation bureaucratique indépendante de celle de l'état. Le décret-loi du 16 juin 1927 a enlevé aussi ce brin d'indépendance, en constituant à côté du Conseil de l'économie le « Bureau provincial de l'économie », payé aux frais du conseil, mais directement dépendant du ministère de l'économie nationale et chargé de tous les services ayant trait à la vie économique provinciale (3).

Le fait seul que le gouvernement n'a pas donné suite à la loi du 18 avril 1926, qu'il la modifia radicalement un an après sa promulgation et que c'est seulement à la fin du mois de décembre 1927 qu'il a commencé à mettre en exécution des règles vieilles déjà de presque deux ans, ce fait seul montre que les chefs fascistes eux-mêmes n'ont pas grande confiance dans ce nouvel organe consultatif.

Le gouvernement fasciste, en même temps qu'il faisait graduellement disparaître la province comme institution administrative autonome, en proclamant qu'il substituait à « l'ancienne province » administrative » la nouvelle « province économique », modifiait radicalement les circonscriptions provinciales par des décrets-lois successifs toujours ratifiés par le Parlement. Pendant les années 1923 et 1924, deux provinces nouvelles furent créées et les circon-

(1) Art. 7 du décret-loi cité.

(2) Art. 2 de la loi du 18 avril 1926 et art. 3 du décret-loi du 16 juin 1927.

(3) Art. 1 et 2 du décret-loi du 16 juin 1927. — « Puisqu'il était opportun que » certaines institutions dépendaient directement de l'état, le gouvernement par » le décret-loi du 16 juin 1927, n° 1071, a édicté de nouvelles dispositions en » vertu desquelles furent institués les Bureaux provinciaux de l'économie... » — Rapport de la commission parlementaire pour la ratification du décret-loi du 16 juin 1927. — *Atti parlam.* XXVII *Leg.* — DOC. 1595 A.

scriptions de douze autres provinces furent modifiées. Comme ces remaniements provoquaient des protestations locales que les chefs du parti n'arrivaient pas à étouffer, le gouvernement s'attribua les pleins pouvoirs pour la révision de toutes les circonscriptions provinciales (1). En vertu des pleins pouvoirs, le gouvernement créa dix-sept provinces nouvelles et fit disparaître une des anciennes et, trois mois plus tard, il modifia encore la circonscription de ces nouvelles provinces (2). Personne ne demandait la constitution de ces dix-sept provinces, et les habitants des villes élevées à la dignité de chefs-lieux furent les plus étonnés. Il semble que dorénavant la fixation des circonscriptions provinciales doive servir à l'exécutif pour récompenser les populations fidèles et pour châtier les villes hostiles. En effet, le Président du conseil lui-même, en annonçant que les circonscriptions provinciales seront encore remaniées après le recensement de 1931, déclara qu'alors « on verra des villes devenir chefs-lieux de province, » si leurs habitants ont été laborieux, disciplinés et prolifiques » (3).

L'assistance publique.

Le nationalisme fasciste réussit à révolutionner l'organisation administrative provinciale sans être obligé d'aborder la réforme organique des institutions existantes, grâce au fait que l'opinion publique ne considérait pas la province comme un élément essentiel de l'organisation des pouvoirs locaux. Il fut *obligé* de s'en tenir à un procédé analogue lorsqu'il s'agit de réformer les institutions de bienfaisance et d'assistance publique, afin de ménager les résistances opiniâtres, qui se manifestèrent à la première annonce d'une modification des lois sur les œuvres charitables.

Lors de la conquête fasciste, toute la matière de l'assistance publique se trouvait réglée par la loi organique du 17 juillet 1890. Cette loi soumettait au contrôle de l'état toutes les œuvres charitables et invalidait toutes les clauses des actes constitutifs qui écartaient la surveillance et la tutelle des autorités publiques. La *Congrégation de charité*, constituée dans chaque commune en qualité d' « organe de défense et de représentation des pauvres », administrait les œuvres charitables concentrées en vertu de la loi organique et toutes les autres fondations qui n'avaient pas une

(1) Décret-loi du 21 octobre 1926, n° 1890.
(2) Décret-loi du 2 janvier 1927, n° 1, décret-loi du 31 mars 1927, n° 468, et décret-loi du 8 janvier 1928, n° 2.
(3) Discours de B. Mussolini. — Chambre des députés. — Séance du 26 mai 1927.

administration particulière en vertu de leurs actes constitutifs. La pratique administrative, favorisée par une jurisprudence s'inspirant toujours de conceptions régaliennes, avait étendu graduellement les pouvoirs de fait de l'état soit au sujet de la centralisation des œuvres charitables dans la *Congrégation de charité*, soit au sujet de la transformation des fins des institutions de bienfaisance jugées incompatibles avec l'esprit de la civilisation moderne.

Avant la conquête fasciste, une élite de hauts fonctionnaires ouvertement hostiles aux traditions religieuses avait soigneusement apprêté un plan de réforme radicale de l'assistance publique ; mais la vigilance du parti populaire avait toujours neutralisé la puissance de ces fonctionnaires, véritables maîtres du ministère des affaires intérieures. A la veille de l'échéance des pleins pouvoirs octroyés au cabinet Mussolini pour la réforme bureaucratique, deux décrets furent édictés portant maintes réformes suggérées par le *clan* des fonctionnaires anticléricaux du ministère. Sous prétexte de simplifier l'administration intérieure des institutions de bienfaisance, on révolutionnait toute l'organisation de l'assitance publique et l'on augmentait considérablement les pouvoirs conférés à l'état par la loi organique de 1890. Les deux décrets devaient être appliqués à partir du 1er juillet 1924 (1).

La publication de ces deux décrets provoqua des protestations très vives de la part du parti populaire (2), des hautes autorités ecclésiastiques et même des catholiques ralliés au fascisme, dont les représentants devaient faire partie de la liste gouvernementale pour les élections législatives imminentes.

Pour ménager les catholiques et pour affaiblir l'opposition du parti populaire, le gouvernement sursit à l'application des dispositions les plus vivement critiquées et, après quelques hésitations, s'arrêta à une réforme moins radicale du point de vue formel (3). Malgré ces atténuations, la centralisation la plus complète des services de bienfaisance et d'assistance publique a été réalisée par le fait que cette réforme trouva son application après l'abolition des administrations communales électives. Les catholiques philo-fascistes, tout fiers d'avoir obligé le gouvernement à modifier les décrets du 30 décembre 1923, ne soulevèrent aucune protestations quand les fascistes aboutirent à la même centralisation par des voies indirectes en exécutant graduellement le programme qu'ils n'avaient pas réalise du premier coup.

(1) Décrets du 30 décembre 1923, n° 2841 et n° 3048.
(2) La question de la défense des œuvres charitables forma l'objet des protestations portées par l'*appel au pays* voté le 26 janvier 1924 par le parti populaire.
(3) Loi du 17 juin 1926, n° 1187, qui modifia les décrets du 30 décembre 1923 sur les institutions publiques de bienfaisance.

Trois moyens différents de centralisation sont prévus par la loi du 17 juin 1926 : la *concentration*, le *groupement* et la *fédération* des institutions de bienfaisance.

La *concentration* des œuvres charitables sous l'administration de la Congrégation de charité était déjà prévue en maints cas par la loi organique de 1890. Elle fut autorisée par la loi de 1926 à l'égard de « toutes les institutions d'assistance et de bienfaisance », notamment de celles qui ne jouissent pas d'une rente supérieure à vingt mille lires, ou de celles qui fonctionnent dans les communes de moins de dix mille habitants, ou de celles, enfin, qui ne peuvent pas être régies par une administration autonome, faute de clauses *ad hoc* dans l'acte de fondation (1). Il est vrai qu'avant d'ordonner la concentration le gouvernement doit prendre l'avis de l'évêque, « si cela est exigé par les statuts de l'œuvre, ou si le caractère » religieux de la fondation l'impose ». Il est vrai aussi que la loi stipule que la concentration n'a d'autre but que de « rendre plus » simple et plus économique l'administration de la fondation, » d'en favoriser le contrôle et d'en rendre plus efficace l'action » d'assistance et de bienfaisance » (2). Mais tout le monde se souvient des conséquences fâcheuses de l'application de la loi de 1890, beaucoup moins rigide que celle de 1926, et sait combien largement peut être interprété le but de « favoriser le contrôle » par des autorités gouvernementales décidées à réaliser à tout prix un programme de centralisation outrancière. En outre, il faut se rappeler que la concentration peut être demandée directement par le préfet ; que la loi n'exige d'autre *avis conforme* que celui de la junte provinciale administrative composée exclusivement de membres nommés par le gouvernement ; que la dernière décision appartient au ministère des affaires intérieures ; qu'enfin les différends éventuels sont du ressort du Conseil d'état, qui ne s'opposa jamais aux empiètements de l'exécutif en matière d'assistance publique.

S'il n'y a pas lieu à la concentration, les administrateurs des institutions intéressées, de la Congrégation de charité, de la commune, ou le préfet peuvent demander au ministère des affaires intérieures de grouper les institutions de bienfaisance ayant des buts analogues. Le ministre décide souverainement de l'affaire, tandis qu'il appartient au podestat de rédiger les statuts de la nouvelle institution résultant du *groupement* (3).

(1) Art. 6 de ladite loi abrogeant l'art. 28 du décret du 30 décembre 1923, n° 2841, et remplaçant les art. 56 et 57 de la loi du 17 juillet 1890, n° 6972.

(2) Art. 6 cité.

(3) Art. 7 de ladite loi. — En réalité la loi stipulait que les statuts de la nouvelle institution devaient être rédigés par le conseil communal, oubliant qu'au 17 juin 1926 la presque totalité des communes n'avait pas de conseils électifs en vertu de la loi du 4 février 1926 sur l'institution du podestat.

La loi de 1890 autorisait la constitution de fédérations des œuvres charitables ayant des fins similaires (1) ; mais ces fédérations ne pouvaient pas être constituées contre la volonté des institutions intéressées. Au contraire, depuis la loi de 1926, « le préfet » ou le ministre, selon qu'il s'agit d'institutions fonctionnant dans » une seule province ou dans des provinces différentes, peuvent » constituer d'office les fédérations sur l'avis des juntes provin- » ciales administratives chargées de la tutelle des institutions à » fédérer » (2). La fédération peut ainsi être constituée contre la volonté exprimée ou présumée des institutions intéressées !

Les pouvoirs jadis conférés aux autorités gouvernementales pour la modification des fins des œuvres charitables ont été sensiblement augmentés par le seul fait du remplacement par un fonctionnaire — le podestat — des administrations électives des communes, auxquelles la loi conférait le droit de demander le changement des fins des institutions de bienfaisance établies sur leur territoire (3).

Le décret du 30 décembre 1923 avait chargé le préfet de reviser dans un délai de deux ans les fins des fondations cultuelles grevant les institutions publiques de bienfaisance, afin de décider, en tenant compte « des besoins cultuels des différentes communes, » si les œuvres, les fondations, les legs cultuels correspondaient » aux nécessités des populations ». La loi de 1926, en modifiant partiellement le décret précédent, prescrivit au préfet de ne prendre aucune décision au sujet des œuvres cultuelles sans avoir demandé préalablement l'avis de l'évêque (4). Malgré ces atténuations, le fait subsiste que le législateur de 1926 a osé toucher à des matières que même le législateur de 1890, justement critiqué pour son esprit anticlérical et régalien, avait respecté, et que le pouvoir d'annuler le *modus* de caractère religieux fixé par les fondateurs des œuvres charitables a été conféré à un fonctionnaire de l'exécutif.

Les catholiques italiens, dans leur défense opiniâtre contre les abus de pouvoir de l'exécutif en matière d'assistance publique et contre les interprétations extensives de la loi de 1890, réussirent parfois à endiguer la politique centralisatrice du gouvernement et à sauver l'autonomie d'institutions charitables de très grand mérite, en s'emparant de la direction des Congrégations de charité des différentes communes. Lorsque les catholiques participaient à des blocs électoraux pour la conquête des administrations

(1) Art. 61 de la loi du 17 juillet 1890.
(2) Art. 8 de la loi du 17 juin 1926.
(3) Art. 9 de ladite loi.
(4) Art. 11 de ladite loi.

communales, ils se réservaient toujours la direction des Congrégations de charité, et leur gestion fut partout si sage et si impartiale que les anticléricaux eux-mêmes et les partis de gauche conçurent un certain respect pour la tradition chrétienne dont est imbue toute l'organisation italienne de l'assistance publique.

Tout cela avait été possible parce qu'en vertu de la loi de 1890 les conseils communaux nommaient tous les membres des Congrégations de charité. La loi de 1926 prévit la formation de conseils administratifs composés en partie de membres nommés par la commune et en partie de membres nommés par le préfet (1). Mais on s'aperçut bientôt combien il était absurde qu'un magistrat unique, le podestat, nommât la majorité des membres du conseil d'une institution autonome, et l'application des dispositions ayant trait aux Congrégations de charité fut suspendue (2). Une nouvelle loi a confié l'administration des Congrégations de charité à un président nommé par le préfet, assisté par un conseil consultatif de *patrons*, nommés eux aussi par le préfet sur des listes triples de candidats dressées par les associations syndicales légalement reconnues de la commune (3). Ainsi ce n'a été que quatre ans après la promulgation des décrets portant une réforme organique de la matière, que l'assistance publique a reçu une organisation définitive.

Le système électif, que la pratique de trente ans d'administration avait montré comme la meilleure garantie de la tradition chrétienne de l'assistance publique, a été ainsi complètement aboli. Le gouvernement, qui avait dû céder à la suite des protestations des populaires et des autres catholiques préoccupés du sort des institutions de bienfaisance, n'eut besoin que de s'en tenir à un principe fondamental de la loi de 1890 pour aboutir indirectement au résultat visé en 1923. En conservant les institutions de bienfaisance sous l'administration ou sous le contrôle des Congrégations de charité, il réussit à étatiser toutes les institutions par l'étatisation de la seule Congrégation de charité. En augmentant les pouvoirs de celle-ci vis-à-vis des œuvres charitables jusqu'hier régies par des administrations autonomes, et en conférant au préfet de véritables pouvoirs souverains sur les matières ayant trait à la *concentration*, au *groupement* et à la *fédération* des institu-

____

(1) En vertu de la loi du 17 juin 1926, dans les communes de moins de cinq mille habitants le conseil communal devait nommer trois membres de l'administration de la Congrégation de charité, tandis que le préfet en nommait deux. Dans les communes entre cinq mille et cinquante mille habitants on avait cinq membres élus par le conseil et quatre nommés par le préfet. Dans les grandes communes on avait sept membres élus par le conseil et six nommés par le préfet.

(2) Décret-loi du 14 août 1927, n° 1748.

(3) Art. 1 et 3 de la loi du 4 mars 1928, n° 413.

tions de bienfaisance, il ne fit que compléter la centralisation de l'assistance publique. Aujourd'hui en Italie l'assistance publique, elle aussi, n'est plus qu'un service étatique rigoureusement centralisé et la garantie de la tradition chrétienne de ces institutions ne réside plus, comme auparavant, dans la force et dans la vitalité de l'esprit religieux des masses, mais dans le bon plaisir des chefs du gouvernement. La tradition chrétienne des œuvres charitables demeurera intacte pour autant que l'oligarchie dominante jugera bon de la respecter pour des raisons de convenance politique.

Les autonomies locales et la sûreté de l'état.

Le nationalisme fasciste, en révolutionnant l'organisation des pouvoirs locaux et en poussant à l'extrême son effort de centralisation, a posé deux problèmes politiques de la plus haute importance. De ces deux problèmes, l'un se présente dans tous les pays où le pouvoir central étouffe toute manifestation d'indépendance des institutions locales, tandis que l'autre est particulier à l'Italie, ou du moins se présente en Italie sous un aspect tout à fait caractéristique.

« C'est dans la commune que réside la force des peuples libres.
» Les institutions communales sont à la liberté ce que sont les
» écoles à la science ; elles la mettent à la portée du peuple ; elles
» lui en font goûter l'usage paisible et l'habituent à s'en servir.
» Sans institutions communales, une nation peut se donner un
» gouvernement libre, mais elle n'a pas l'esprit de la liberté. Des
» passions passagères, des intérêts d'un moment, le hasard des
» circonstances peuvent lui donner les formes extérieures de
» l'indépendance ; mais le despotisme refoulé dans l'intérieur
» du corps social reparaît tôt ou tard à la surface » (1). On pourrait compléter la pensée de De Tocqueville en ajoutant qu'un peuple qui a perdu sa liberté politique est sûr de la reconquérir bientôt, s'il arrive à garder l'autonomie de ses institutions locales. C'est alors que dans la commune s'exerce l'activité des citoyens, que l'oligarchie dominante a écartés du gouvernement de l'état. C'est alors que dans la commune la tradition de la liberté se maintient et se renforce, éduquant une nouvelle classe dirigeante capable de reconquérir la liberté politique, tout en évitant les horreurs d'une révolution sanglante.

C'est à ses autonomies locales, jalousement conservées pendant les siècles du despotisme, que l'Angleterre est redevable en grande partie de sa liberté politique, établie plus tôt qu'ailleurs et plus

(1) DE TOCQUEVILLE. — *De la Démocratie en Amérique.* — Paris, 1874, vol. I, p. 96 et 97.

sûrement qu'ailleurs. Sous le gouvernement du dernier Stuart les *squires* guidant le *self-government* des comtés et des bourgs, bien que fidèles à la cause royale à laquelle ils avaient sacrifié leur sang, n'eurent pas d'hésitation à se ranger contre leur roi, quand, après avoir réformé les statuts des bourgs, remplacé les chefs des administrations locales, épuré le corps électoral, il marcha ouvertement vers l'établissement d'une autocratie moins splendide mais aussi centralisée que celle de Louis XIV. Et la résistance des *torys* des campagnes, jaloux des autonomies traditionnelles et des statuts, vénérables par leur antiquité plutôt que par leur valeur intrinsèque, ne contribua pas moins que les agitations et que la propagande des *wighs* à l'établissement d'une organisation des pouvoirs fondée sur le principe de la prééminence absolue de la loi.

En Italie aussi les exemples ne manquent pas. Ce fut la lutte menée par les communes de la vallée de l'Adige dans le but de garder et de renforcer leurs autonomies qui sauva le caractère italien du Trentin et qui alimenta l'amour de la liberté sous la domination des Habsbourg. Trieste se défendit contre l'invasion slovène organisée par l'Autriche et gagna la bataille pour la nationalité et pour la liberté grâce à l'union sacrée de ses fils pour la défense des autonomies communales. Fiume, isolée parmi une population paysanne fidèle à l'autocratie habsbourgienne, dominée pendant des siècles par les fonctionnaires de l'aristocratie hongroise, garda son caractère italien et sa tradition de liberté grâce aux vieux parchemins signés par les rois de Hongrie, qui la constituaient en *corpus separatum* sous la suzeraineté de la couronne de Saint-Etienne.

De même que les autonomies locales sont une garantie indispensable de la liberté politique, elles sont aussi le point de départ de toute action visant la reconquête graduelle des libertés supprimées. Désormais aucun mouvement réformateur ne peut s'appuyer en Italie sur cette base, depuis que le nationalisme fasciste a aboli ces autonomies locales que les politiciens du *Risorgimento* eux-mêmes avaient dû respecter, et que soixante années de vie municipale avaient patiemment renforcées et étendues.

Je veux pour un instant admettre que le fascisme ait été le seul remède efficace à la crise italienne d'après-guerre. Je veux pour un instant reconnaître le régime fasciste comme le régime le meilleur *en soi* et comme le plus conforme au développement actuel de la conscience politique du peuple italien. Mais alors on doit aussi avouer que, après avoir effacé les derniers vestiges des autonomies locales, il a renoncé à se transformer pacifiquement et qu'il s'est condamné à l'immobilité la plus absolue, comme une autocratie orientale quelconque, appuyée sur l'organisation de sa bureaucratie et sur l'esprit d'inertie d'une masse de salariés.

Là où les minorités ne peuvent pas influer directement sur la décisions des affaires de l'état, elles sont naturellement attirées par le jeu révolutionnaire. Elles peuvent néanmoins être détournées de ces attitudes extrémistes, si on leur permet de se manifester librement dans l'administration des institutions locales. Elles constatent comment leur sens politique se perfectionne dans la gestion des affaires locales et combien s'accroît leur influence sur la multitude des sans-partis. Elles voient alors leur pouvoir politique intimement lié au sort de ces autonomies locales, qui leur permettent de participer à la vie nationale. Elles s'efforcent d'élargir et de renforcer ces autonomies, mais elles ne rêvent plus la destruction de l'organisation politique. Les opposants les plus intransigeants peuvent ainsi se transformer en *éléments d'ordre*, intéressés à ne pas troubler la paix intérieure.

Si, au contraire, les opposants, tenus à l'écart des problèmes de la vie nationale, ne trouvent pas pour leurs énergies un dérivatif dans les affaires de la petite société locale dont ils font partie, s'ils n'ont pas le droit de travailler librement à l'amélioration des écoles de leur commune, à la gestion des services publics de leur ville, au fonctionnement de l'assistance publique de leur pays, ils sont poussés, malgré toute leur volonté contraire, à l'opposition la plus intransigeante. Dénués de tout espoir d'accroître graduellement leur influence politique, ils se laissent fatalement emporter par les mouvements révolutionnaires. Ceux, qui autrement pouvaient devenir des *éléments d'ordre*, sont ainsi contraints de prendre place dans les rangs révolutionnaires, au sein desquels ils exercent une action bien plus redoutable pour le gouvernement constitué.

Les *croyants* fascistes peuvent riposter que tout cela n'a aucune importance tant que les pouvoirs étatiques disposent d'une force suffisante pour maintenir l'ordre intérieur et pour étouffer toute tentative de rébellion. Mais la force de résistance d'un régime, aussi bien à l'intérieur qu'à l'extérieur, est elle-même diminuée et elle est parfois anéantie, quand la vie des institutions locales s'éteint, quand les communes et les provinces ne sont rien de plus que des circonscriptions administratives pour l'exercice des pouvoirs gouvernementaux.

L'histoire récente montre comment des institutions locales traditionnellement libres et autonomes peuvent décupler la résistance nationale contre l'envahisseur. Les populations des département français envahis donnèrent aux autorités civiles et militaires allemandes des préoccupations beaucoup moins graves que les populations de la Belgique. Chez les Français de la Lorraine et de l'Artois l'esprit national est pourtant beaucoup plus vif que chez les Wallons et les Flamands du Brabant ; la différence de race avec les occupants était bien plus marquée chez les vignerons champenois que chez les bourgeois flamands. Mais l'opposition des *civils* français n'avait pas de centres locaux de ralliement, tandis que les commandants et les fonctionnaires allemands trouvaient en chaque bourgmestre de la Belgique un descendant de ceux qui avaient osé demander à Philippe II l'abolition des *placards* et reprocher à Guillaume de Hollande la violation des franchises nationales et des droits primordiaux des citoyens. Et contre la résistance opiniâtre des communes libres des Flandres et de la Wallonie se brisèrent les armes de l'envahisseur. En Italie, les dominations étrangères ne purent s'établir qu'après que les seigneuries eurent étouffé la libre voix des anciens *arrenghi* et transformé les magistratures populaires en autant de sinécures de cour. Et plus récemment, combien y en eut-il, parmi les fonctionnaires chargés par le commandement militaire de régir les communes du Frioul et de la Vénétie à la place des autorités électives, qui demeurèrent à leur poste au moment de la déroute militaire, pour protéger leurs administrés contre les empiètements de l'envahisseur, ou pour les réconforter, ne fût-ce que par leur présence, pendant les douze mois de l'occupation autrichienne ?

Par contre, combien de difficultés opposait l'administration locale sagement décentralisée de l'Empire autrichien au progrès de la propagande irrédentiste parmi les populations les plus franchement italiennes de la Vénétie Julienne et du Trentin ! Des hommes d'un esprit national éprouvé, exagérés parfois dans leurs manifestations vis-à-vis des allemands ou des slovènes, se refusaient d'adhérer à toute action irrédentiste, parce que l'annexion au royaume signifiait l'application des lois italiennes niveleuses à l'administration locale, la fin des autonomies traditionnelles des *villes impériales*, la destruction de remparts nationaux tels que les *diètes* de Trieste, de Gorice, de l'Istrie.

Il en est de même lorsqu'un régime quelconque est obligé de se mesurer avec ses adversaires intérieurs. La *conquête royale* de 1859 et de 1860 put se poursuivre au milieu de l'indifférence des multitudes parce que les princes restaurés par le traité de Vienne avaient maintenu presque intégralement l'organisation administrative centralisée, établie par la domination française. Ils avaient redouté que des administrations locales librement élues ne se transformassent en autant de foyers d'opposition et avaient confié l'administration des communes et des provinces à des domestiques plutôt qu'à des citoyens. Quand la force militaire autrichienne ne garantit plus le pouvoir chancelant des princes absolus, il suffit d'un noyau d'hommes hardis et entreprenants pour bouleverser l'organisation politique imposée à la péninsule par les hommes d'état de 1815, et les domestiques des princes absolus changèrent de livrée pour devenir les domestiques du nouveau souverain.

En France même, où depuis Louis XI prévalut toujours la tendance centralisatrice favorisée par la situation géographique et par une plus parfaite homogénéité de la population, on comprit, après de longues années de révolutions et de réactions, la nécessité d'institutions intermédiaires, capables d'amortir les oppositions au pouvoir souverain et de garantir la tranquille évolution politique. « La forme d'institutions que l'Empire a transmise aux gouver- » nements constitutionnels — écrivait un ministre français en » 1836 — a trop isolé l'action du pouvoir central ; deux forces » se trouvent seules en présence : la Couronne et la masse popu- » laire ; la première avec les ressources du trésor public, des » armées nationales, d'une foule innombrable d'agents ; la seconde » avec la seule puissance matérielle du nombre. Dans les temps » ordinaires, le pouvoir central règne sans partage ; il atteint » individuellement chaque citoyen ; aucune résistance ne l'arrête ; » aux jours d'orage, quand les passions politiques s'enflamment, » quand le torrent populaire déborde, le trône s'écroule, aucun » appui ne le retient dans sa chute ; il a repoussé les garanties » intermédiaires ; il ne peut les employer à conjurer la tem- » pête » (1).

Les *intellectuels* fascistes prétendent professer les doctrines sociales de Vilfredo Pareto et aiment voir dans sa théorie des « élites destinées à diriger les affaires publiques » une sorte de divination de la dictature de l'*élite* nationaliste fasciste en Italie. Mais ils oublient les pages où le sociologue démontre que ces élites, pour se maintenir, doivent elle-mêmes organiser le recrutement du personnel dirigeant, parce que autrement elles sont condamnées à être évincées par d'autres élites ralliant autour d'elles les énergies les plus jeunes et les plus vigoureuses du corps social. Or, dans une société, comme la société italienne d'aujourd'hui, qui ne résulte par de la superposition de deux races différentes dont l'une commande par droit de conquête, la domination héréditaire d'une caste de privilégiés est absolument inconcevable. Et c'est précisé- ment dans les institutions locales que l'oligarchie dominante devrait former ses cadres de demain.

(1) Exposé des motifs du projet de loi sur l'administration municipale présenté par le ministre des affaires intérieures le 27 janvier 1836 à la Chambre. — N° 135. — DALLOZ. — Vol. 9, p. 251.

C'est la stabilité du régime qui demande que les institutions locales jouissent d'une autonomie suffisante pour préparer dans la libre discussion des affaires publiques les futurs dirigeants des grands services étatiques, les hommes destinés à remplacer les chefs d'aujourd'hui, auxquels la prétendue désignation providentielle n'a par conféré le don de l'immortalité. Mais cette nécessité de conservation du régime est en opposition avec les nécessités de sa stabilité présente. Voilà un de ces dilemmes insolubles, que posent fatalement tous ceux qui prétendent imposer des formes de gouvernement incompatibles avec le stade actuel de civilisation d'un peuple ! S'il est vrai qu'un régime libre ne s'appuyant pas sur des institutions communales libres n'a aucune garantie de stabilité, il est vrai aussi qu'il n'existe pas de régime local autonome qui n'aboutisse tôt ou tard à l'établissement des libertés politiques. Il s'ensuit que le fascisme qui, pour garantir son avenir, devrait, non seulement reconnaître aux communes et aux provinces l'autonomie limitée dont elles jouissaient auparavant, mais leur conférer aussi toute l'indépendance compatible avec le développement politique du peuple, est d'autre part forcé de refuser aux communes et aux provinces toute espèce d'autonomie, afin de ne pas ébranler dès à présent sa domination.

En face de ce dilemme, le fascisme a choisi. Il a préféré s'affermir dans les temps présents et confier à la fortune son avenir. Il a échafaudé une organisation des pouvoirs locaux en comparaison de laquelle le système centralisé de la loi française du 28 pluviôse an VIII et des sénatus-consultes napoléoniens peut être taxé de libéral. Il a empêché ainsi la reconstitution des forces dispersées des opposants. Mais les partisans les plus ardents du régime fasciste doivent eux-mêmes envisager l'avenir avec crainte, parce que l'organisation actuelle des institutions locales a affaibli la force de résistance de la nation vis-à-vis des dangers extérieurs ; elle a amoindri la capacité de défense du régime contre ses adversaires intérieurs ; elle a enfin forcé la classe dirigeante à confier le sort du pays à la police et aux fonctionnaires.

Les autonomies locales et la tradition italienne.

Un des problèmes les plus troublants pour des hommes d'état est de fixer entre le pouvoir souverain central et les pouvoirs autonomes locaux un équilibre permettant aux activités locales de se développer au maximum, sans entamer le caractère unitaire de l'état. Ce problème d'équilibre se présentait pour les hommes d'état du *Risorgimento* d'une manière beaucoup plus complexe que pour les auteurs des lois constitutionnelles modernes des autres pays de l'Europe occidentale.

Depuis l'invasion des Lombards, l'Italie ne fut plus réunie dans un seul état national ou sous la domination d'une seule puissance étrangère. Les deux centres politiques, autour desquels se rallièrent pendant le moyen âge les grands partis nationaux — l'Eglise et l'Empire, — à cause de leur caractère universel, ne réussirent pas à donner à l'Italie cette unité nationale, que sa position géographique avait assurée à l'Angleterre et qu'un grand effort collectif poursuivi pendant des siècles avait procuré à l'Espagne et à la France. L'hégémonie espagnole dans la péninsule s'établit quand les conquérants s'acheminaient vers leur déchéance. L'hégémonie autrichienne, qui la remplaça après la grande guerre de succession, fut contrecarrée toujours par la puissance française et par cela même ne put jamais tenter la conquête intégrale de la péninsule. Les Etats de l'Eglise, tiraillés par les influences opposées de l'Espagne, de la France et de l'Autriche, empêchèrent qu'aucune domination étrangère ne s'étendît sans discontinuité des Alpes à la mer. L'Empire napoléonien, lui-même, n'engloba qu'en 1808 toute la péninsule ; il n'arriva qu'en 1809 à réunir à l'Italie les villes et les provinces rattachées depuis des siècles à l'empire germanique ; il ne réussit jamais à s'emparer des deux grandes îles de la Sicile et de la Sardaigne. De même que l'empire napoléonien, l'hégémonie autrichienne issue du Congrès de Vienne, tout en donnant l'unité de directive politique aux gouvernements de la péninsule, ne leur imposa pas l'unité d'organisation.

Il était partant parfaitement logique que la monarchie de Savoie, au moment de la conquête des différents territoires peuplés par des Italiens, se préoccupât surtout de garantir l'unité politique et qu'elle considérât avec méfiance toutes les institutions politiques rappelant les principautés de l'ancien régime. La monarchie de Savoie, au lieu de rechercher l'équilibre entre les autonomies locales et le pouvoir central, visa à effacer toute trace des particularismes traditionnels des régions, des provinces et des communes. Poussée par la logique de son système, elle prétendit fonder l'unité sur l'uniformité.

Les élites intellectuelles, précurseurs du mouvement politique du *Risorgimento*, avaient parfaitement évalué combien de force résidait dans les anciennes villes italiennes et combien d'influence bienfaisante pouvait jaillir de leurs traditions autonomes. Carlo Cattaneo demeura fidèle à son programme fédéraliste et *municipaliste*, même après que la monarchie eut complété l'unification politique du pays et échafaudé son régime de nivellement (1).

(1) « Nos villes sont comme le cœur dans le système du sang ; elles sont les » centres où se dirigent les produits et d'où se répandent les industries et les » capitaux ; elles sont des points d'intersection ou plutôt des centres de gravitation » qu'on ne peut pas déplacer en d'autres endroits choisis arbitrairement. » — CARLO CATTANEO. — *Annuario univ. di statistica* — 1836 — XLVIII, p. 286.

Tommaseo s'écriait que « le gouvernement qui absorbe tous les
» droits municipaux doit *nécessairement* paraître ignorant et
» tyrannique, parce que personne ne peut connaître les affaires
» lointaines d'autrui mieux qu'autrui ne connaît soi-même ses
» intérêts. Et d'autre part, le gouvernement ne peut rien gagner
» à se mêler aux petites questions des villes et des bourgades...
» Si les autonomies communales n'existaient pas, le gouvernement
» lui-même devrait les créer » (1). Mazzini, l'apôtre de l'*unita-
risme*, ne voulait pas sacrifier la liberté communale à sa conception
unitaire, et proclamait que la « vie locale doit être libre et sacrée.
» L'organisation administrative doit être conçue sur de larges
» bases ; elle doit respecter soigneusement la liberté de la com-
» mune ; mais l'organisation politique destinée à représenter la
» nation dans l'Europe doit être unique et centralisée » (2).

Pourtant, la tentative d'affranchir l'Italie de la domination étrangère et des autocraties nationales grâce à l'effort des masses populaires échoua en 1848 et en 1849. Les révolutionnaires de toutes
les tendances, acceptant le compromis avec la maison de Savoie,
durent renoncer à leur programme administratif autonomiste à
condition qu'on libérât la péninsule de l'hégémonie autrichienne.
Ainsi les hommes d'état qui se succédèrent au pouvoir depuis
1859 purent réaliser sans opposition leur programme de nivellement et de centralisation administrative. Mais en réalité le
problème n'était pas résolu. On avait simplement nié un des termes
de la question ; mais tradition, raisons géographiques, formation
ethnique des populations, tout concourait à maintenir fort vive
une tendance favorable au rétablissement entre l'état et les institutions locales d'un équilibre conforme aux besoins particuliers
de la nation italienne.

J'ai examiné déjà la transformation graduelle du gouvernement
local autonome et des rapports entre les communes et les pouvoirs
centraux, transformation accomplie sous la poussée des forces
nouvelles entrées dans la lutte politique au courant des dix dernières années du XIXe siècle. Le mouvement de l'opinion publique
en faveur d'une réorganisation des pouvoirs locaux dans le sens
autonomiste fut beaucoup plus profond qu'on ne le pourrait
croire en tenant compte uniquement des réformes législatives ou
de l'expansion de la vie communale elle-même. L'opinion publique estimait unanimement qu'au moment de l'unification législative du pays on avait trop centralisé et qu'on avait trop nivelé.

(1) TOMMASEO. — *Dell' Italia.* — Liv. V, partie I, chap. 21.
(2) *Statut de la Giovane Italia*, p. 3. — *Scritti di G. Mazzini.* — Ed. nation. —
Vol. II, p. 50.

Entre publicistes on ne discutait que les limites d'une réforme jugée universellement nécessaire.

Les catholiques proclamèrent et développèrent plus hardiment que les autres un programme de reforme du gouvernement local. Ils n'avaient pas participé à l'unification législative, et par conséquent ils ne se sentaient pas tenus de respecter les lignes fondamentales de l'organisation administrative de 1865. La manière dont se posa en Italie la question scolaire concourut elle aussi à renforcer les tendances autonomistes des catholiques. La question scolaire ne se posa pas en Italie comme un problème de liberté individuelle, mais plutôt comme une *revendication* de la liberté communale. Contre l'état, prétendant enlever aux communes l'administration des écoles publiques primaires, les catholiques défendirent le droit des communes, estimant les institutions locales mieux capables de garantir le respect de la volonté exprimée ou présumée des pères de famille. Les catholiques furent vaincus sur ce point particulier ; mais la bataille contribua néanmoins à préciser leur programme de défense des libertés communales.

La guerre montra combien l'unité politique était solide et comment elle pouvait résister aux coups de la fortune, et enleva ainsi toute raison politique au maintien du système administratif centralisé. Après la guerre, le parti populaire put reprendre la propagande autonomiste des catholiques et fixer dans son congrès de Venise (octobre 1921) un programme complet de réforme de l'administration locale. Les populaires demandaient l'institution d'un véritable *self-government* sur la base des communes libres des entraves d'un régime d'uniformité coactive. Ils ne demandaient pas l'abolition de la province: au contraire, ils voulaient lui donner une existence réelle en la transformant en une sorte d'association des communes pour la gestion des services d'intérêt commun. La *région*, délimitée en tenant compte de la situation géographique, de la formation ethnique des populations, de l'identité des traditions et des intérêts, devait constituer le centre de coordination du *self-government* local et en même temps l'organe au moyen duquel l'état exercerait son action sur les pouvoirs locaux.

Les socialistes, au contraire, adoptèrent vis-à-vis du problème des libertés locales une attitude incertaine et contradictoire. Ils formèrent d'accord avec les catholiques l'Association des communes italiennes ; mais ils acceptèrent les principes de centralisation lorsqu'il s'agit de l'etatisation de l'école primaire. Quand, grâce au suffrage universel, ils s'emparèrent de nombre de communes importantes de l'Italie septentrionale, ils jugèrent insuffisant le programme autonomiste de l'Association des communes et fondèrent leurs « Ligue des communes socialistes » s'inspirant d'un programme ouvertement anti-étatique. Après la guerre et après les élections communales de l'automne 1920, ils marquèrent davantage le caractère anti-étatique de leur politique communale, et les excès de leur attitude contribuèrent puissamment, comme on l'a vu, à provoquer et à renforcer la réaction fasciste contre les autonomies locales.

Le nationalisme fasciste, prenant la tête de ce mouvement de réaction anti-autonomiste, franchit les limites jadis respectées par la politique de centralisation des hommes du *Risorgimento*. Ceux-ci avaient prétendu établir l'équilibre entre l'état et les institutions locales en niant un des termes du problème — l'autonomie des communes et des provinces. Le nationalisme fasciste nia tout simplement le problème et aboutit ainsi à la suppression complète des institutions locales. Mais nier un problème ce n'est pas le résoudre, surtout quand, comme en Italie, pour des raisons historiques et géographiques ce problème est plus grave et plus difficile à résoudre qu'ailleurs. Le nationalisme fasciste, ne reconnaissant pas la nécessité de l'existence d'un équilibre quelconque entre le pouvoir central et les pouvoirs locaux autonomes, n'a fait qu'augmenter la signification politique du problème. Il a rendu plus aigu le conflit en exaspérant les forces en présence.

La position de la péninsule, lancée comme un pont entre l'Europe et l'Afrique, entre l'Occident et l'Orient, avec ses côtes facilement accessibles et difficiles à défendre, mal protégée par la chaîne des Alpes, destina l'Italie à être une sorte de creuset de toutes les populations du bassin de la Méditerranée. Le mélange s'accomplit entre les éléments les plus différents dans le nord, au centre, dans le midi, dans les îles. Tandis que dans les Abruzzes et dans le Samnium on reconnaît encore les traits des anciens peuples de la péninsule, dans le midi on reconnaît les caractères de la population grecque, en Sicile on relève les traces des invasions des Berbères, dans le nord le langage accuse son origine celtique. La domination romaine elle-même ne put se maintenir sur la péninsule qu'à la condition de renoncer à fusionner ces éléments hétérogènes et de pratiquer une politique de tolérance vis-à-vis des anciennes populations.

Cette situation provoqua la formation de différents centres d'influence intellectuelle et politique ayant leurs caractères spécifiques. Et ces centres, perpétuant leur action pendant des siècles, formèrent un ensemble de traditions, de tendances, de besoins tout à fait particuliers. La tradition, la pensée, en un mot l'âme italienne n'est pas une chose rigidement unitaire : elle est, au contraire, une synthèse de ces éléments multiples, synthèse qui n'arriva à s'exprimer dans une unité politique que vers le milieu du XIXe siècle. Enlever à ces centres la possibilité de vivre et de développer leur physionomie particulière, cela signifie amputer la vie nationale de ses éléments constitutifs, ôter au peuple italien la possibilité de développements ultérieurs.

Depuis des siècles, Paris polarise toutes les énergies spirituelles de la France, et la vie de la capitale est la vie de la nation. En Angleterre aussi, où l'on est pourtant si jaloux des traditions locales, toutes les activités des provinces aboutissent à la métropole. En Italie il n'en a jamais été ainsi, et il ne peut pas en être ainsi.

La littérature italienne se révéla simultanément dans deux villes fort éloignées : Palerme et Florence ; et même à son apogée elle ne se cristallisa pas dans une ville ou dans une région. Certaines petites villes, telles que Ferrare et Mantoue, ont pour l'histoire de la littérature italienne beaucoup plus d'importance que des métropoles comme Milan ou Naples. L'art italien n'est pas l'art de Rome, ou de Florence, ou de Venise. Il est l'art de Rome et de Florence et de Venise, l'art des écoles mystiques de l'Ombrie, des écoles humanistes de la Toscane et du Nord, des écoles éclectiques de Rome et de l'Emilie. Il est la synthèse de l'équilibre savant de Bramante et de Brunelleschi et des hardiesses fastueuses de Bernini. Dans le siècle dernier Naples s'assimile les formes de l'art français du XVIIIe siècle et ne s'arrête pas au néo-classicisme, Rome demeure en dehors de la réaction romantique, l'impressionnisme ne prend pied que dans les ateliers de Milan et de Florence. L'histoire de la pensée philosophique accuse elle aussi ce caractère particulier des écoles locales, manifestations des tendances des différentes populations de la péninsule. Et quand le centre politique se déplace graduellement vers le Nord, l'activité philosophique conserve son centre dans le Midi. Naples demeure le centre des études philosophiques, quand Rome devient le siège du gouvernement et quand Milan centralise toutes les énergies économiques et politiques de la vie moderne.

Il ne pouvait pas en être autrement. De même que les différences de formation ethnique, de situation géographique, de climat, de fertilité du sol avaient provoqué la formation de ces centres régionaux caractéristiques, ainsi les difficultés des communications, plus sensibles en Italie que dans les autres pays de l'Europe occidentale, empêchèrent qu'une ville grandît au-dessus des autres jusqu'à jouer le rôle de Paris ou de Londres dans la vie nationale de la France ou de l'Angleterre. Même si l'on perfectionne les transports, la traversée des Alpes ne sera jamais ni plus difficile, ni plus coûteuse que la traversée de l'Apenin central ou méridional.

Rome, bien que placée à peu près au *centre de figure* de la région
italienne, ne pourra jamais établir avec la vallée du Pô, ou avec les
régions extrêmes de la Calabre et de la Sicile des communications
aussi rapides et aussi commodes que celles de Paris avec toutes
les villes de la France. En outre, on peut artificieusement rehausser
l'importance nationale de Rome ; mais personne ne peut lui
enlever sa physionomie internationale, ou amoindrir le caractère
universel de sa mission civilisatrice.

Cette situation de fait existe, et c'est sur elle que l'homme d'état
doit construire. Prétendre l'ignorer, afin de réaliser le rêve d'une
organisation plus centralisée que l'empire napoléonien, cela
signifie vouloir bâtir sur le sable. En s'efforçant de supprimer
toutes les manifestations caractéristiques de la vie régionale
et communale, on n'obtient d'autre résultat que de rendre plus
aigu le malaise qui avant la guerre tourmentait déjà la vie locale
italienne, étouffée sous le poids d'une uniformité trop rigide.

Tout dérèglement engendre des réactions également excessives
et ce n'est qu'après des fluctuations répétées qu'on aboutit
finalement à un équilibre stable. Telle est la destinée de la centralisation artificielle du fascisme, et on ne peut pas prévoir l'étendue
de la réaction anti-centralisatrice qu'elle doit fatalement provoquer. Certains redoutent que cette réaction anti-centralisatrice
ne mette en danger l'unité politique du pays elle-même. D'autres,
au contraire, croyent l'esprit national suffisamment fort pour
résister aux mouvements de désagrégation intérieure et pour
rétablir un équilibre réel entre l'état et les institutions locales
autonomes (1). Je me rallie à ce courant optimiste. Le souvenir
des journées de novembre 1917 sur la Piave, quand après la défaite
l'armée se releva promptement et que le peuple tout entier fit
bloc pour résister à l'invasion, est le gage le meilleur de la force
réelle de l'esprit national italien. Il n'y a pas de danger pour
l'unité nationale ; mais le danger existe pour le progrès politique
du peuple italien, et ce fait suffit pour condamner la politique de
centralisation du fascisme.

La question méridionale.

La question méridionale n'est qu'une des manifestations du
problème régional italien. Ce sont les précédents historiques que
lui confèrent son caractère distinctif.

Le régime féodal établi dans le Midi par les Normands fut
beaucoup plus vigoureux que celui échafaudé par les empereurs
carlovingiens et saxons dans l'Italie centrale et septentrionale.

(1) L. STURZO. — *L'Italie et le Fascisme.* — Paris, 1927, p. 290.

Les villes de la Campanie et des Pouilles, qui s'acheminaient déjà vers la conquête d'un régime libre, ne furent plus que des fiefs des vainqueurs et leur bourgeoisie, exclue de la vie publique, ne joua plus aucun rôle dans la politique du pays. La conquête de Charles d'Anjou renforça davantage le régime féodal, au moment même où la vie communale atteignait son apogée dans la Toscane et dans l'Italie du Nord. Les Espagnols, en s'emparant des royaumes de Naples et de Sicile, n'eurent pas besoin de dompter la force politique d'une bourgeoisie depuis longtemps anéantie dans les provinces napolitaines et contenue en Sicile par la prédominance économique des grands propriétaires. La domination espagnole ne laissa presqu'aucune trace dans la Lombardie ; mais dans le Midi elle marqua de son esprit castillan la noblesse qui conservait presqu'intacts ses droits administratifs et judiciaires d'origine féodale. Le système centralisateur de Philippe II provoqua parfois des luttes acharnées entre les vice-rois espagnols et les *barons* de Naples et de Sicile ; mais le gouvernement n'osa jamais organiser un *tiers état* destiné à contrecarrer les empiètements des seigneurs féodaux. L'administration espagnole, avec son instabilité perpétuelle et sa politique économique extravagante, ne fit qu'empirer la situation de la classe moyenne : entre les *barons* de la campagne et les *lazzaroni* de Naples il n'y avait qu'un vice-roi à la merci des intrigues d'une cour lointaine. Les institutions centralisées s'entremêlaient ainsi aux institutions féodales et il n'y avait rien de certain, sauf le désordre administratif et l'inertie politique. Charles de Bourbon par son paternalisme intelligent releva momentanément le sort du pays : les progrès plus apparents que réels prirent fin bientôt sous le règne de son successeur. Ce ne furent que les Français qui réussirent à abolir le régime féodal ; mais Joseph Bonaparte et Murat continuellement tiraillés par les insurrections des paysans fidèles aux Bourbons ne purent exécuter aucune des réformes radicales prévues par les lois.

La monarchie de Savoie, en conquérant grâce à l'aventure militaire de Garibaldi et à l'habilité politique de Cavour le royaume des deux Siciles, trouva le problème méridional substantiellement le même qu'il était au moment de l'établissement de la dynastie des Bourbons. Les réformes de Charles III et du ministre Tanucci et les lois françaises avaient, il est vrai, enlevé tout pouvoir politique aux barons et au clergé, mais elles n'avaient pas remplacé l'ancienne organisation économique par un régime conforme aux besoins d'un peuple moderne. On n'avait fait que remplacer la féodalité par le régalisme et le système régalien, concevant tout problème politique comme une question administrative, ne pouvait contribuer en rien à la formation d'une classe politique

dirigeante. En 1860, vis-à-vis des propriétaires fonciers et de
la bourgeoisie des fonctionnaires il n'y avait qu'une plèbe, depuis
des siècles dépourvue de toute force économique et complètement
exclue de la vie politique. L'Espagne et les Bourbons n'avaient
appris à cette plèbe qu'à se confier aveuglément dans la providence
infaillible du gouvernement : il appartenait à la monarchie de Savoie
de créer une situation économique et politique propre à favoriser
la formation d'une *classe moyenne* et d'orienter l'activité de la
nouvelle bourgeoisie vers l'amélioration des conditions morales et
économiques de la masse ouvrière.

La solution du problème, très difficile en soi, était rendue plus
difficile encore par le fait que les hommes les plus distingués
du Midi, revenant de l'exil ou des cachots, se retrouvaient comme
des étrangers dans leur pays : ils n'arrivaient plus à en comprende
les besoins et les aspirations, ils étaient aussi complètement
ignorants des problèmes de Naples et de la Sicile que les politiciens du Nord. Le nouveau gouvernement ne trouva rien de
mieux que de suivre la tradition des régimes précédents. Comme
l'Espagne et les Bourbons, il considéra le problème politique et
moral du Midi comme un problème d'administration et de police.
Il conçut la renaissance économique des provinces méridionales
comme un problème d'exploitation des richesses intarissables
que leur attribuait la tradition littéraire (1). Il ne visa que le
remplacement immédiat de l'ancienne bureaucratie, la substitution des lois piémontaises aux lois des Bourbons, l'établissement d'un système administratif uniforme tel qu'il avait été
institué dans les autres régions de l'Italie. Personne ne se préoccupa de savoir si la nouvelle organisation et si les lois nouvelles
correspondaient au sens juridique des populations et à leur développement politique. On ne se demanda même pas si les fonctionnaires envoyés pour *piemontesizzare* le Midi comprenaient
le langage de leurs administrés.

La réaction contre les erreurs inexcusables des nouveaux
gouvernants fut immédiate et violente et — comme il est fatal
chez les populations dégradées par de longs siècles de servitude —
elle fut souvent barbare. On riposta par une répression plus féroce
que la révolte, et la campagne du *brigantaggio* creusa ainsi entre
le Nord et le Sud de l'Italie un abîme si profond que cinquante
années d'histoire commune purent à grand peine combler.

(1) Le roi François II était encore à Gaëte et son armée tenait encore la ligne
du Vulturne qu'autour du gouvernement provisoire napolitain se remuaient déjà
les spéculateurs. Un décret du 25 septembre 1860 chargea un de ces groupements
de spéculateurs de la construction de tous les chemins de fer du Midi et de la
Sicile. Les clauses du contrat étaient si contraires à l'intérêt général que, sous
la poussée de l'opinion publique, les concessionnaires eux-mêmes jugèrent bon
d'y renoncer.

Dans le but de favoriser les *clans* des propriétaires ralliés immédiatement au nouveau régime, on permit la destruction des forêts, une des richesses du Napolitain et du centre de la Sicile; et le régime défectueux des eaux s'aggrava encore. Les chemins de fer construits à la hâte, tracés souvent selon les intérêts particuliers des amis du gouvernement, non complétés par un réseaux rationnel de voies ordinaires, ne secondèrent pas beaucoup le progrès économique et moral des populations. La politique douanière pratiquée depuis 1887 fit peser sur les producteurs et sur les exportateurs des vins et des fruits du Midi la protection octroyée à l'industrie lourde du Nord, et concourrut à maintenir la culture extensive de produits, tel que le blé, qui ne peuvent donner aucun profit dans des régions où les pluies sont insuffisantes et irrégulières.

Ces erreurs économiques n'étaient pas irréparables, si une erreur politique fondamentale ne s'y fût pas ajoutée. Même après la révolte sicilienne de 1866 et après l'insurrection dite du *brigantaggio*, on ne changea pas les méthodes adoptées dès les premiers jours de l'unification politique. Une nouvelle oligarchie s'était formée sous la protection des autorités gouvernementales, et c'étaient les éléments traditionnellement favorables à tous les pouvoirs constitués qui composaient cette nouvelle coterie dominante. Le gouvernement s'assurait de sa soumission politique grâce à toutes sortes de privilèges et de faveurs. Les résultats des élections étaient faussés par les fraudes et par les violences. La corruption devint bientôt un véritable système de gouvernement et l'exécutif, décidant lui-même des affaires locales dans le but de favoriser ses partisans, annula complètement les autonomies communales et provinciales. La petite bourgeoisie des provinces, négligée par le gouvernement et déprimée par les crises d'une économie encore embryonnaire, s'adapta à fournir le personnel bureaucratique des administrations étatiques et des institutions locales de l'Italie toute entière.

Les crises économiques fréquentes, l'accroissement de l'émigration trans-océanique menaçant de dépopulation des régions entières (1) retinrent finalement l'attention des gouvernants. On commença à discuter et à écrire sur la *question méridionale* et sur les problèmes particuliers des Abruzzes, de la Basilicate, des Pouilles, de la Calabre, de la Sicile et, depuis 1900, des mesures administratives furent successivement édictées en faveur des différentes provinces du Midi.

(1) De 1902 à 1914, 1,004,424 individus quittèrent la Sicile, dirigés la plupart vers les Etats-Unis d'Amérique. L'émigration se développa surtout dans les provinces de Palerme, de Messina, de Trapani et de Girgenti, notamment dans les régions où prévaut le système des *latifundia*.

L'état dépensa largement pour fournir l'eau potable aux habitants des Pouilles, jusqu'alors forcés de garder l'eau pluviale dans des citernes ; pour défricher les marécages des côtes de la mer Ionienne; pour raccorder aux réseaux des grandes communications les villes et les bourgades bâties aux sommets des montagnes ; pour construire dans la Calabre et dans la Basilicate des chemins de fer répondant à la situation géographique et démographique de ces régions. Mais le système suivi dans la formation de ces lois et dans l'exécution de ces travaux publics perpétuait l'erreur coutumière de la politique méridionale de tous les cabinets qui se succédèrent depuis le *Risorgimento*. On voulait présenter tous les progrès et tous les bienfaits comme des dons de la bienveillance paternelle du pouvoir central. Au lieu de faire ressortir les initiatives locales et d'apprendre aux populations du Midi leurs droits et leurs responsabilités, on ne se préoccupait que de renforcer les positions électorales des amis du gouvernement. On n'osa pas, ou on ne voulut pas aborder le problème moral et politique qui était au fond de la question méridionale. A ceux qui exprimaient le désir qu'on ne se bornât pas à ouvrir des routes et qui demandaient qu'on bâtît des écoles et qu'on garantît le fonctionnement régulier de ces écoles, on imposa le monopole étatique des écoles primaires. A ceux qui demandaient qu'on n'empêchât pas les populations du Midi d'administrer librement leurs communes et leurs provinces, on riposta par de nouvelles interventions étatiques dans toute la vie économique, par la nomination de commissions gouvernementales chargées de l'application des lois spéciales, par les usurpations des autorités centrales dans les affaires locales.

La guerre accrut le malaise économique. La fermeture des frontières des Etats-Unis, débouché traditionnel de l'émigration méridionale, posa au premier plan — surtout en Sicile — le problème foncier. Un décret de caractère ouvertement démagogique, promulgué après l'armistice, autorisant les habitants des communes à s'emparer des terres incultes, au lieu de favoriser le partage rationnel des terres, ne provoqua que des occupations tumultuaires au profit de quelques spéculateurs. Une loi sur la colonisation des *latifundia* (1) fut présentée à la Chambre des députés par le parti populaire et fut discutée pendant l'été de 1922. Elle devait être soumise au Sénat, quand le ministère Facta

---

(1) Le régime des *latifundia* est répandu surtout en Sicile, où presqu'un tiers de l'île, peuplée de quatre millions d'habitants, appartenait en 1914 à 787 propriétaires (717 mille hectares sur 2,413 mille hectares de terrains cultivables). Le grand propriétaire sicilien vit en ville, très souvent hors de l'île, et la gestion du *latifumdium* est confiée à un entrepreneur (*gabellotto*) qui exploite les terres en les faisant labourer par des journaliers, ou en sous-louant des parcelles aux cultivateurs.

fut renversé par le coup de force fasciste. Un des premiers actes du cabinet Mussolini fut de retirer le projet de loi déjà approuvé par la Chambre des députés.

Le Midi s'était montré complètement réfractaire à la propagande fasciste. L'attitude antisocialiste du fascisme était incompréhensible dans une région qui ne connaissait guère le socialisme. Son esprit nationaliste était complètement étranger aux masses populaires et même à la bourgeoisie des grandes villes du Midi. Mais dans un pays, comme l'Italie, avec des différences régionales très marquées aucun parti ne peut garder le pouvoir qu'à la condition d'avoir des forces considérables dans tout le territoire de l'état. La *conquête du Midi* était ainsi pour le nationalisme fasciste un problème de vie. Deux moyens se présentaient pour effectuer cette *conquête* : on pouvait renier la tradition de tous les gouvernements étrangers et nationaux précédents et prendre à partie les vieilles oligarchies en s'appuyant sur les masses populaires et sur les élites intellectuelles ; ou bien on pouvait rallier ces oligarchies au nouvel ordre de choses grâce aux privilèges et aux faveurs et renoncer ainsi, comme avaient renoncé les hommes d'état du *Risorgimento*, à solutionner radicalement la question méridionale.

Au premier moment, il sembla que le gouvernement fasciste reniait la politique méridionale des anciens gouvernements. Malgré que la révocation du projet de loi sur les *latifundia* accusât l'existence d'un courant conservateur favorable au système traditionnel, les coteries des politiciens du Midi vécurent pendant des longs mois dans un état d'incertitude perpétuelle. Les chefs fascistes proclamaient chaque jour leur volonté de mettre fin, par la force même si c'était nécessaire, au règne de la corruption dans les provinces méridionales. Et en effet le gouvernement fasciste, en 1922 et en 1923, fort du consentement de ses partisans et de la résignation des adversaires, n'ayant aucune liaison avec le passé, pouvait — s'il le voulait — révolutionner la politique méridionale, moraliser le Midi grâce aux forces populaires et libérer enfin ces régions de la domination d'un oligarchie de parasites.

Mais il n'en fut rien. L'intervalle entre la conquête du pouvoir et les élections législatives du mois d'avril 1924 fut trop bref pour permettre la réalisation d'un programme organique de réformes et pour terrasser les *grands électeurs*. D'autre part, le gouvernement avait besoin d'emporter dans le Midi une votation plébiscitaire, pour contrecarrer les résultats contraires des régions industrielles et des grandes villes du Nord. De même que les gouvernants libéraux démocrates, les chefs fascistes regardèrent le Midi comme une espèce de *réservoir électoral* et orientèrent leur politique selon les nécessités immédiates de leur conservation.

Ce fut à la veille des élections législatives de 1924 que le gouvernement fasciste précisa sa politique méridionale. Il attribua aux vieux politiciens du Midi un certain nombre de places dans la liste gouvernementale et, grâce à leur appui, il conquit d'un seul coup le Midi tout entier. Le 6 avril 1924, malgré qu'un petit nombre de citoyens eut participé aux élections, la liste gouvernementale obtint une votation écrasante (1).

Toute solution radicale de la question méridionale est dès lors impossible. Le gouvernement fasciste a fait sienne la cause des coteries méridionales, et sa politique a dû se conformer — et elle se conforme en réalité — aux directives des gouvernements précédents. Dans certains endroits on a remplacé les anciennes oligarchies par de nouvelles coteries, auxquelles on ne pouvait rien reprocher parce qu'elles ne s'étaient pas encore usées au pouvoir ; mais le système n'a pas changé. La question méridionale n'est pour le gouvernement fasciste qu'un problème de police, qu'on doit résoudre par des mesures de répression. Les cabinets libéraux avaient cru porter remède aux crises économiques de la Sicile par les proclamations d'état de siège ; de la même façon le gouvernement fasciste a prétendu déraciner la *mafia* sicilienne par des mesures exceptionnelles appliquées depuis le mois de juillet 1926 dans toutes les provinces de l'île (2). Les causes du malaise des provinces méridionales ne sont considérées par le gouvernement fasciste, de même que par les gouvernements libéraux, que du point de vue économique. On croit, comme on le croyait au lendemain de l'unification politique du royaume, les faire disparaître par des dons de l'état, destinés à accroître l'influence de l'exécutif, des gouvernants et de leurs fidèles. Les causes politi-

(1) « Les élections méridionales furent complètement faussées. La plus grande » partie des électeurs s'abstinrent : il n'y eut à voter que des petits groupes » fascistes répétant l'opération dix et vingt fois. En nombre d'endroits, les chefs » des partis locaux firent un compromis, déterminant par avance le nombre de » voix de chaque liste et donnant, comme cela allait de soi, la prépondérance à la » liste fasciste... Il faut relever que le grand nombre de votes recueillis dans le » Midi, par les procédés anciens et nouveaux de pression gouvernementale, ne » signifiait pas que le fascisme fût en majorité mais seulement qu'il avait rassemblé » autour de lui les autorités locales, et les avait fait entrer dans la liste fasciste, » qui, là-bas, fut seulement une liste gouvernementale. » — L. STURZO. — *Op. cit.*, p. 172, 173.

(2) Décret-loi du 15 juillet 1926, n° 1254. — Une commission composée du préfet, du procureur du Roi et d'un conseiller de préfecture peut ordonner la déportation de tous ceux que « la voix publique signale comme organisateurs, « participants, complices ou fauteurs d'associations criminelles ou *quocumque modo* » dangereuses à la sûreté publique ».

ques et morales de la crise se perpétuent et, en se perpétuant, rendent le malaise plus aigu et dangereux pour l'équilibre même de l'état.

Toutes les crises du Midi n'ont qu'une cause : le manque d'initiative individuelle de la population, douée d'ailleurs d'une intelligence naturelle prompte, vive, éblouissante. Cette insuffisance d'initiative individuelle est le produit historique d'une situation économique et politique, autrefois commune à tous les pays de l'Europe occidentale, qui dans le Midi de l'Italie dura plus longtemps qu'ailleurs. Pour faire disparaître les causes de cette infériorité d'une partie si remarquable du peuple italien, il faut faire disparaître les résidus de cette ancienne organisation ; il faut éduquer les masses jadis opprimées par les féodaux et aujourd'hui encore dominées par les coteries des *grands électeurs* transformés en chefs des faisceaux ; il faut apprendre au peuple l'exercice des droits fondamentaux de tout régime moderne. Ce n'est qu'au moyen des autonomies locales qu'on peut aborder le problème formidable de l'éducation politique de dix millions d'individus, auxquels on a toujours enseigné les obligations du sujet et on n'a jamais appris les devoirs et les droits du citoyen.

L'abolition des autonomies locales, respectées par la législation même du *Risorgimento* et du régime soi-disant libéral démocratique, n'aura d'autre effet que de ralentir, ou bien d'empêcher cette œuvre d'éducation civile qui réclame l'extension graduelle des droits et des responsabilités de l'individu. La fin des libertés communales décrétée par le nationalisme fasciste provoquera fatalement un arrêt dans le développement de la vie civile de l'Italie toute entière : cela est vrai surtout pour le Midi, dont le problème particulier ne peut être résolu que sur la base de la liberté et de l'autonomie locale.

IX

L'EMPIRE.

La stabilité du régime fasciste.

L'organisation politique et administrative du nationalisme fasciste se présente comme un ensemble d'institutions procédant d'un dogme unique fondamental, suivant un enchaînement logique rigoureux.

L'action politique intérieure et extérieure du nationalisme fasciste apparaît parfois incertaine et contradictoire. On ne peut pas la comparer au fleuve qui, dans sa marche lente et continue, engloutit tous les obstacles et coule majestueux vers la mer. Elle ressemble plutôt au torrent tantôt rapide et impétueux, tantôt sommeillant au milieu des prairies. Mais les institutions de droit public issues de cette action tumultuaire ne contredisent nullement les principes fondamentaux de la doctrine autoritaire. Le pouvoir du *chef*, personnification mythique des forces de la nation, n'a aucune limite. L'organisation politique et administrative ne vise que l'élimination de toutes les oppositions et de tous les contrepoids constitutionnels. Les lois sont rédigées dans le but d'identifier la volonté de tous avec la volonté de l'*homme* que la force ou la fortune a placé à la tête de cette organisation politique.

Hélas ! c'est précisément cette rigueur logique qui m'empêche de croire à la stabilité du régime fasciste !

La vie des peuples est réglée sans doute par des lois supérieures à la volonté des individus et des collectivités elles-mêmes. La rigueur logique de ces lois dépasse toute pensée humaine, car elles semblent participer à la divinité même de leur auteur. La logique des lois historiques n'a pourtant rien de commun avec la logique des hommes qui prétendent déduire d'un principe toutes ses conséquences et les réaliser toutes dans l'organisation juridique de la nation. La logique de ces *consequentiarii*, en comparaison de l'autre, de la vraie logique de l'histoire, est comme la technique vis-à-vis de la science. La technique se borne à déduire les conséquences d'un axiome donné, tandis que la science vise la synthèse des faits et des idées, des principes et des expériences. Dans le champ politique celle-ci est la *réalité* et l'autre n'est qu'une *abstraction*.

L'examen des principes de la doctrine du nationalisme fasciste montre comment toute sa philosophie ignore volontairement la réalité. L'examen des institutions de droit public issues de ces principes confirme ce résultat. Toutes les institutions politiques et administratives du fascisme correspondent parfaitement aux principes théoriques de leurs auteurs ; mais cette même cohérence logique les place hors de la réalité. Elles ne sont que les produits d'une abstraction arbitraire; leur destinée est de se maintenir pour autant que le permette la force qui les soutient.

La politique n'est qu'une série d'adaptations continuelles à la réalité. Les organisations politiques rigidement logiques n'ont jamais régi longtemps les sociétés humaines. Elles peuvent satisfaire pour un instant le théoricien qui croit la loi capable de créer ce qui n'existe pas encore dans la conscience de ses contemporains. Elles peuvent servir aux hommes qui, comme Bonaparte, ne se soucient guère du jeu des contre-poids constitutionnels, à condition que la première place leur soit réservée et qu'ils jouissent de pouvoirs suffisants pour résumer dans leur personne l'état tout entier. Mais la logique des choses l'emporte tôt ou tard. Si elle ne renverse pas ces organisations artificielles, elle les modifie graduellement par des interprétations de plus en plus extensives qui en changent la signification et en dénaturent les principes.

Même si l'on veut oublier pour un instant les conditions particulières de la nation italienne, on doit admettre que le nationalisme fasciste ne tient compte d'aucun des éléments réels d'une société politique quelconque, sauf du facteur national. Des exigences de la vie civile, il ne considère que celle de l'unité. Des aspirations de la nation, il ne se préoccupe de satisfaire que celle de la paix intérieure. L'organisation étatique fasciste apparaît ainsi simple et logique, fondée sur un principe unique. Mais on arrive à cette simplicité au prix de la renonciation à la réalité.

Le facteur national existe. La nation, comme entité abstraite et mythique, est une création arbitraire des théoriciens ; mais, comme le produit historique de l'évolution politique et comme la manifestation moderne de l'esprit de solidarité des hommes, elle est une chose bien concrète et bien vivante. Celui qui en nie l'existence ferme les yeux devant l'histoire des quatre derniers siècles, qui n'est que l'histoire de la réalisation de la *forme nationale* de l'idée de solidarité. Mais la nation n'est pas le seul élément concret de la société humaine et elle n'a pas les caractères de l'absolu. L'homme du vingtième siècle ne conçoit plus cette réalité comme la concevait l'homme du dix-huitième siècle, car le développement de la civilisation matérielle lui a dévoilé des solidarités économiques et politiques jadis inconnues et la guerre lui a montré combien instable est une organisation internationale échafaudée sur l'équilibre des différents égoïsmes nationaux. Celui qui pretend construire son système politique en dehors de la nation se place hors de la réalité ; mais il en est de même de celui qui prétend résumer dans la nation toutes les réalités de la vie sociale.

Toutes les sociétés humaines tendent vers une organisation unitaire. Le citoyen américain qui exhumerait les principes politiques de Jefferson ou la *théorie de l'annulation* de Calhoun ne trouverait aujourd'hui aucun consentement, même parmi ceux qui se proclament les dépositaires des pures traditions de l'anti-fédéralisme démocratique. Mais l'unité, pour répondre aux exigences du progrès et pour être elle-même un moyen puissant de perfectionnement juridique d'un peuple, doit résulter de l'action concordante des individus et des institutions autonomes. Ce n'est que chez les peuples primitifs ou décadents que cette unité se réalise par la superposition coactive d'une autorité toute-puissante sur la multitude des îlots. Cette unité est l'unité des monarchies orientales et sa destinée est de s'effriter en d'innombrables satrapies, ou de se figer dans la dictature des mandarins, en demeurant hostile au progrès par sa nature et par les nécessités mêmes de sa conservation. C'est que la tendance des nations les plus avancées vers des formations politiques plus larges et plus puissantes s'accompagne de la tendance également marquée chez les individus et les institutions locales à préciser et à élargir le champ d'action de leurs initiatives libres. Le législateur qui prétend ne tenir compte que d'une de ces tendances verra bientôt ses institutions renversées par la réaction de la tendance dont il a voulu ignorer l'existence.

La paix intérieure, privée et publique, est sans doute la première chose que l'individu demande à l'état. Quelle que soit la théorie qu'on adopte sur l'origine de l'état et sur ses buts, tout le monde est d'accord pour reconnaître que le maintien de la paix intérieure est le devoir primordial de l'état. Mais la paix intérieure n'est pas une fin en soi-même. Elle n'est qu'un moyen, le premier des moyens, que l'état doit procurer à l'individu pour lui permettre d'atteindre sa perfection. Il s'ensuit que la paix intérieure que l'autorité de l'état doit garantir aux citoyens n'est pas une *paix quelconque*, mais la paix favorable au développement des énergies individuelles et au progrès des communautés autonomes. Donner à la nation une *paix quelconque* ce n'est qu'un problème de force, d'administration, de police. Donner à la nation la paix propre à son progrès c'est un problème politique, car il réclame le choix des moyens les plus convenables, de même que l'établissement d'un équilibre entre les tendances et les forces agissant au sein du corps social.

Dans la vie des peuples comme dans la vie des individus, il y a des moments où toute action ne semble viser que la satisfaction d'un désir prépondérant de paix. Ce sont les crises d'épuisement, pendant lesquelles les esprits trop longtemps tendus ne demandent que le repos, ne songent qu'à se détendre dans l'accalmie, ne désirent que de se refaire après une fatigue supérieure peut-être à leurs forces. Dans ces moments, les peuples, de même que les individus, ne se préoccupent pas de choisir la paix la plus convenable. Ils acceptent l'offre de la tranquillité et du repos des mains de ceux qui promettent l'ordre le plus prompt et le plus complet. C'est le soldat qui se laisse tomber dans le boyau sous les rafales des mitrailleuses de l'ennemi ; c'est le peuple qui se soumet au tyran, bon ou mauvais, qui lui permet d'oublier pour un instant la fatigue d'une vie politique trop intense. C'est Rome qui, après avoir conquis le bassin de la Méditerranée, dégoûtée des luttes et des dictatures des partis, se confie à la domination d'Octave. C'est la France, fière de longs siècles de gloire, qui acclame dans les rues de Paris Alexandre de Russie vainqueur de l'Empire.

Lorsqu'on se trouve en face de phénomènes pareils, on peut formuler deux hypothèses. Si le peuple se confiant ainsi au dominateur a accompli sa mission historique de civilisation, le régime qui lui garantit la paix au prix du progrès est le régime conforme à son état présent, à ses aspirations et à ses besoins. Ce peuple à donné à l'humanité toutes les énergies dont il était capable : il est juste qu'il sommeille quelque peu avant de disparaître. Si, au contraire, ce peuple possède encore des énergies intactes, si sa mission historique n'est pas finie, la *paix quelconque* qu'il a acceptée n'est qu'une parenthèse dans le livre de sa vie. Il fermera bientôt cette parenthèse quand les forces momentanément épuisées seront de nouveau poussées à l'action par le dégoût même d'une paix ne permettant pas de progrès. Dans le premier cas, le désir de la paix est vraiment la seule réalité que l'homme politique doive considérer afin de préciser les nouvelles institutions politiques. Ces institutions, ne visant qu'à garantir la tranquillité intérieure, dureront autant que se prolongera l'agonie lente d'un peuple mourant. Dans l'autre cas, toute organisation politique échafaudée en tenant compte uniquement de l'aspiration vers un régime de paix intérieure au mépris des nécessités du progrès n'a aucun caractère de stabilité. Fondée hors de la réalité, en considérant comme tendance naturelle de la nation ce qui n'est que le produit d'une lassitude et d'un désespoir momentanés, elle doit fatalement disparaître.

L'examen du problème général nous mène ainsi à la solution du problème politique particulier de l'Italie contemporaine. L'attitude du peuple italien a rendu possible l'établissement d'un régime pour lequel la paix intérieure n'est pas un moyen de progrès, mais une fin, la seule fin de l'action des pouvoirs de l'état ; pour lequel la paix intérieure n'est réalisable qu'au prix de l'abolition de la liberté publique et privée. Cette attitude du peuple italien résulte-t-elle de la lassitude des masses momentanément épuisées par les fatigues de la guerre et des crises d'après-guerre ; ou bien est-elle la manifestation naturelle de la décadence d'un peuple n'ayant plus rien à donner à la civilisation ? Dans la première hypothèse, on doit admettre que le régime fasciste n'est que le produit de la défaillance momentanée d'un peuple fatigué et que, fondé sur la fausse présomption de croire permanent ce qui n'est que transitoire, il ne peut pas se perpétuer. Ce n'est qu'en admettant l'autre hypothèse qu'on peut affirmer que le régime fasciste est le régime le plus convenable pour l'Italie du vingtième siècle, et que son organisation correspond aux aspirations d'un peuple destiné à servir.

La succession.

Si l'on voulait médire du régime fasciste, on pourrait affirmer que c'est le nationalisme fasciste lui-même qui reconnaît l'instabilité de sa domination et le caractère transitoire de sa fonction dans l'histoire du peuple italien. Et il le reconnaît plus éloquemment que par des discours : il le reconnaît par des faits, en ne précisant pas la *loi de succession* de son régime.

Une loi de succession, soit-elle l'hérédité, ou l'élection, ou la désignation de la part du souverain précédent, est une des lois essentielles de tous les régimes. C'est pour cela qu'on n'arrive pas à comprendre comment un homme ou une faction s'emparant du pouvoir sans accepter la loi de succession préexistante, écrite ou coutumière, ne promulgue pas immédiatement sa nouvelle loi, ne fût-ce que pour crier bien haut sa confiance dans la stabilité du nouvel ordre et son espoir de diriger par la loi d'aujourd'hui la volonté des générations de demain.

Aucun régime ne peut se maintenir fort et stable sans une loi de succession ; et il sera d'autant plus fort que sa loi de succession sera plus claire et plus précise.

Les monarchies s'appuyent sur la loi héréditaire qui s'imposa la première à toute société humaine sortie de l'état sauvage et de la domination du plus fort. Les régimes républicains, n'ayant pas une loi aussi simple et aussi claire, doivent se préoccuper davantage de garantir la sûreté de la transmission des pouvoirs. Tandis que dans les régimes monarchiques maintes règles de succession sont confiées à la tradition formée par les *précédents,* dans les régimes républicains, où les changements de la personne du chef de l'état sont plus fréquents, rien n'est livré à l'incertitude de la coutume et toute chose ayant trait à la succession est réglée avec le soin le plus minutieux. Dès les lois constitutionnelles françaises obligeant les sénateurs et les députés à désigner immédiatement le nouveau Président de la république en cas de vacance avant la fin du septennat, jusqu'à la constitution des Etats-Unis forçant le nouvel élu à attendre pendant trois mois l'échéance des pouvoirs de celui qui peut-être a été son adversaire dans la lutte récente, c'est une suite de clauses et de mesures pour garantir la continuité absolue de la représentation de l'état. Dans les régimes représentatifs, enfin, où la succession des ministres responsables est réglée par la coutume plutôt que par les dispositions de la loi, tous les usages ayant trait au choix des membres du cabinet sont respectés jalousement par les hommes politiques comme les règles garantissant la continuité de l'équilibre des pouvoirs nécessaires au maintien du régime.

Il semble, au contraire, que le nationalisme fasciste oublie volontairement le problème de la succession. Il s'agit pourtant d'un problème de tout premier plan, surtout pour un régime qui a concentré tous les pouvoirs dans les mains du *chef du gouvernement* et qui a réduit à néant les pouvoirs du *Chef de l'état.*

Dans l'Italie contemporaine, qui a le droit et le pouvoir de désigner le nouveau *chef du gouvernement,* si le chef actuel disparaît de la scène politique ?

La Couronne a renoncé *en fait* à la désignation après les journées d'octobre 1922. Dès que la Couronne accepta de confier la direction du cabinet à l'homme désigné par le *plébiscite armé* d'un parti, elle renonça à son rôle constitutionnel. Elle a ratifié dans la suite cette renonciation en tolérant que le *chef du gouvernement* s'attribuât des pouvoirs prééminents, qu'il commandât directement à la plupart des forces armées du pays, qu'il usurpât enfin le droit de suspendre les garanties constitutionnelles sans le consentement du Chef de l'état. Le droit de désignation de la Couronne reposait sur les dispositions du Statut fondamental ; le libre exercice de ce droit était garanti par le fait que le Souverain était placé à la tête d'un système de pouvoirs sûrement équilibrés. Les dispositions du Statut fondamental étant abrogées en fait et l'organisation des pouvoirs dont le Souverain constituait le centre étant renversée, la Couronne n'a plus la possibilité d'exercer librement ce droit de désignation que les lois les plus récentes lui reconnaissent encore formellement.

Le Parlement n'a même pas les arguments formels que la Couronne peut encore invoquer pour légitimer son droit à la désignation du *chef*. Le nationalisme fasciste, tout en vidant les droits de la Couronne de leur signification politique, ne toucha pas aux dignités du Souverain, soit pour ménager les scrupules de ses adhérents monarchistes, soit pour ne pas offrir un formidable argument de propagande aux opposants. Vis-à-vis du Parlement il joua à découvert. Il ne se borna pas à annuler les pouvoirs effectifs de la représentation nationale, il lui enleva la dignité même conférée par la loi et par la tradition. Comment pourrait-il, ce « dernier Parlement du suffrage universel », prétendre choisir le successeur du *chef du gouvernement*, après avoir renoncé à exercer la moindre influence sur l'exécutif et après avoir joué un rôle semblable à celui du *parlement barebone* de la révolution anglaise ? Il ne pourrait par revendiquer le droit de désignation en sa qualité de représentation nationale, car il a renoncé à représenter la nation depuis qu'il a exclu de son sein les députés des partis d'opposition ; il ne pourrait pas le revendiquer en sa qualité d'organe de l'oligarchie dominante, parce qu'il n'est que le produit d'une situation politique dépassée depuis quatre ans. Il en est de même du *parlement corporatif*, auquel la formalité d'une votation pseudo-plébiscitaire ne peut attribuer l'autorité que le libre choix des citoyens peut seul conférer. Ce *parlement corporatif* ne sera rien de plus qu'une *assemblée des notables* désignée par le *chef* et par la coterie dominante et chargée de paraphraser les ordres du *maître* qui lui confère son investiture. N'ayant pas de pouvoirs indépendants, son choix ne sera en réalité que le choix de l'ancien *chef* ou de la coterie toute-puissante de ses fidèles.

Le parti, en sa qualité d'organisation de la minorité dominante, pouvait prétendre au droit de choisir le successeur du *chef*, au temps où ses hiérarchies étaient désignées, au moins formellement, par les votes des associés. Mais, après la réforme de ses statuts, le parti lui-même ne jouit plus d'aucune indépendance. Il relève directement de son chef qui est en même temps le *chef du gouvernement*. C'est le *chef* qui tranche toute question ayant trait aux directives politiques et qui nomme directement ou indirectement tous les dirigeants des faisceaux. Le parti, de même que le parlement corporatif, ne pourrait participer à la désignation du successeur qu'en tant qu'il en reçoit la faculté du *chef du gouvernement* lui-même. Et dans ce cas il ne s'agirait en réalité que d'une désignation masquée de la part du dictateur actuel.

L'absurde est la réalité : aucune personne, aucune institution, aucun corps ne possède le droit de désigner le successeur du *chef du gouvernement*, ni en vertu d'une disposition de la loi, ni en vertu de l'autorité reconnue par la majorité de la nation ou acceptée au moins par la petite oligarchie dominante. Alors il faut avoir recours aux principes fondamentaux du système politique du nationalisme fasciste, pour y chercher la solution de ce problème de succession que les lois existantes ne permettent pas de résoudre.

Tout le système du nationalisme fasciste est fondé sur l'idée, et aujourd'hui on peut dire aussi sur le fait de la toute-puissance d'un homme désigné par la Providence pour tracer le chemin de la nation et pour en régir sans conteste la destinée. Il s'ensuit que cet homme, doué d'une compréhension surhumaine des problèmes politiques du présent et de l'avenir, peut seul choisir l'individu destiné à le continuer. Si le personnage mythique du *chef* résume en soi la fortune de la nation, si la volonté d'un peuple tout entier s'identifie avec sa volonté, si en toute éventualité sa volonté seule est la loi, toute limitation à son pouvoir est arbitraire et illégitime. Il n'y a aucun motif pour refuser à l'homme, auquel on reconnaît le droit de décider de la vie ou de la mort des sujets, le droit de désigner l'héritier de sa toute-puissance.

Mais, d'autre part, la doctrine philosophique sur laquelle le nationalisme fasciste a fondé son organisation politique enseigne que la légitimité d'une autorité quelconque réside dans le fait. Une autorité est légitime en tant qu'elle peut exercer ses pouvoirs, en tant qu'elle possède la force nécessaire pour s'affermir. Si le *chef* choisit un successeur qui ne réussit pas à faire reconnaître son autorité par un parti dissident, ce sont ces dissidents, et non le chef désigné par son prédécesseur, qui ont le droit de régir la nation, parce qu'*en fait* ils commandent, tandis que le *successeur* s'est montré incapable de « traduire en acte son droit ». En cas d'opposition entre la légitimité de celui qui s'en rapporte à la désignation du prédécesseur et de celui qui s'appuye sur le *fait* qu'il est le seul capable d'exercer le pouvoir suprême, c'est la légitimité de celui-ci qui doit l'emporter. En effet, c'est lui seul qui, par son succès, arrive à identifier avec sa volonté la volonté de la nation et peut ainsi prétendre aux caractères mythiques de *l'homme providentiel* destiné à régir l'état. Il s'ensuit que la désignation du *chef*, dont la légitimité procède des principes du nationalisme fasciste sur l'étendue des pouvoirs souverains, n'a de valeur que si le successeur est capable de conserver le pouvoir et d'empêcher tout attentat à sa dignité. En d'autres termes, la légitimité du pouvoir du successeur dépend de sa force.

Aujourd'hui il y a un *chef* en Italie. Ce *chef* a mis en déroute ses adversaires ; il s'est emparé de tous les pouvoirs de l'état. En ce moment, sa volonté possède les moyens de s'imposer à tous les opposants. Il peut bien s'écrier que « son successeur n'est pas encore né » et celui qui, selon la *lettre* de la loi, pourrait en tout temps le révoquer n'a pas la possibilité de se plaindre de la violation de sa prérogative. Selon la doctrine fasciste, c'est à lui, c'est à ce *chef* tout-puissant qu'il revient de désigner *l'homme providentiel* destiné à en perpétuer la domination ; mais, selon cette même doctrine, la désignation n'aura de valeur que si l'héritier est fort comme son prédécesseur et s'il a comme lui la chance de se trouver vis-à-vis d'un peuple frappé d'une défaillance momentanée et incapable par cela même de s'insurger pour réclamer ses droits.

Il n'y a pas de difficulté à organiser cet ensemble de déductions dans un système théorique, auquel personne ne peut reprocher la moindre violation des règles traditionnelles de la logique ; mais je n'arrive pas à comprendre comment l'on peut préciser de pareils principes dans un système de lois positives. Comment peut-on décider si le successeur possède *en fait* l'autorité qui lui a été conférée *en droit*? Il n'y a que deux moyens pour s'en assurer : l'expérience de la force ou l'expérience du consentement.

Le système de l'*expérience de force* fut largement pratiqué dans la Rome impériale, quand, après l'extinction de la gens Julia et de la gens Claudia, les prétoriens ou les légions s'insurgeaient en faveur de leurs généraux prétendant à un trône occupé par des souverains mal choisis par leurs prédécesseurs. Le soin d'associer les successeurs à l'empereur en charge ne fit pas disparaître les causes des luttes sanglantes, même après que la *societas* du successeur fut légalisée sous la tétrarchie de Dioclétien. La puissance de l'empire s'effrita avec l'autorité des princes, et la sagesse des législateurs ne sauva pas l'état des assauts extérieurs et du délabrement intérieur.

Il y a deux espèces d'*expériences de consentement* : on peut *diriger* l'opinion publique, ou bien on peut la laisser libre de s'exprimer sincèrement. Dans le premier cas, l'expérience de consentement n'est rien de plus que la *beffa* des plébiscites napoléoniens, lorsque les résultats de la votation populaire faisaient croire à la stabilité du second Empire à la veille même de Sedan. D'autre part, le plébiscite libre aboutit fatalement à l'établissement du régime démocratique. Les citoyens appelés à confirmer le nouveau chef prétendront bientôt renouveler périodiquement le plébiscite et nommer des représentants, chargés de contrôler l'action du *chef* et d'assurer l'observation des promesses faites lorsqu'il sollicitait les votes du corps électoral.

Le nationalisme fasciste, s'il ne veut pas renier sa doctrine et son préjugé anti-démocratique, est forcé de transformer le problème de la succession en un problème de force, de même qu'il a fait pour les autres problèmes politiques. Mais transformer le problème de la succession en un problème de force signifie reconnaître l'instabilité perpétuelle du régime, confié ainsi à *l'apparition providentielle* de l'homme de génie capable de dominer à lui seul la nation. Cette *systématisation de l'arbitraire* engendre les conséquences les plus redoutables pour l'avenir du pays. Voilà l'aspect vraiment tragique de la situation politique de l'Italie contemporaine !

Tout est confié à un homme, toute l'autorité est concentrée dans ses mains. Il n'y a personne qui ait le pouvoir de contrôler ses actions, de désigner son successeur, de couper court à ses expériences, si elles se révèlent nuisibles au bien commun. Même si ce *sur-homme* sait et veut agir dans l'intérêt exclusif de son pays, qu'en sera-t-il de la nation, le jour où le *chef*, de même que le plus humble de ses sujets, aura terminé sa course naturelle ? Qu'en sera-t-il de la nation, si cet homme indispensable disparaît soudain de la scène politique, sans avoir désigné son successeur, ou sans avoir affermi la domination de ses continuateurs ? Le dictateur romain savait qu'à l'échéance de ses pleins pouvoirs les magistrats ordinaires recouvraient leur autorité, temporairement suspendue en vue de l'intérêt suprême de la république. Sylla voulut perpétuer les pouvoirs temporaires de la dictature et, au lieu de marquer la fin d'une période de désordres, il laissa aux générations suivantes l'héritage des luttes les plus acharnées. Et les guerres intérieures éclatèrent de nouveau quand le fer des conjurés interrompit l'œuvre de César avant qu'il eut stabilisé le nouveau régime par une nouvelle loi de succession.

L'organisation politique du nationalisme fasciste n'est pas plus stable que la dictature de Sylla. La crainte des troubles de la succession retient les impatiences des opposants, plus soucieux des intérêts du pays que de l'avantage de leurs partis. Mais cette situation d'instabilité perpétuelle affaiblit irrémédiablement l'action de l'état et compromet le succès de tous les efforts de l'Italie au sein de la société des nations civilisées. La vie d'un peuple de quarante millions d'individus, fier de son histoire millénaire, ne peut pas dépendre de la santé physique et de l'équilibre mental d'un seul homme.

Le nationalisme et la tradition italienne.

• Les arguments jusqu'ici développés ne sont évidemment pas suffisants pour décider si le régime autoritaire est conforme ou non au stade de civilisation du peuple italien. Si le régime autoritaire était vraiment propre à satisfaire les nécessités du peuple italien et conforme à sa capacité politique, ce ne serait pas le défaut d'une loi de succession qui l'empêcherait de se maintenir. Après une période plus ou moins longue de luttes entre les *diadoques*, si le peuple italien avait vraiment besoin d'un maître, il en trouverait bientôt un autre, national ou étranger. Et le nouveau maître, instruit des conséquences de l'omission de ses prédécesseurs, garantirait davantage la stabilité de sa dictature, seule forme de gouvernement convenant à un peuple en pleine décadence. L'instabilité de la *forme fasciste* de gouvernement autoritaire n'autorise donc pas à affirmer que tout régime absolu est incompatible avec le développement actuel de la conscience politique du peuple italien. D'autre part, la question posée au commencement de ce chapitre me semble renfermer une sorte de *question préalable* qu'il faut résoudre, si l'on veut juger de la nouvelle organisation constitutionnelle italienne.

Personne ne peut contester que le régime représentatif italien présentait tous les défauts propres à cette espèce d'organisation politique et que ces défauts étaient, en effet, beaucoup plus évidents en Italie que dans les autres pays de l'Europe occidentale. J'ai essayé de montrer comment, avant la conquête fasciste, étaient appliquées les lois édictées pour garantir la liberté personnelle du citoyen et le libre exercice de ses activités, pour organiser une administration soucieuse de l'intérêt collectif, pour assurer l'indépendance de la justice, pour équilibrer les différents pouvoirs de l'état et pour les soumettre tous à l'autorité suprême de la loi. Je n'ai pas caché combien la réalité correspondait mal à la lettre et à l'esprit de la loi.

Je crois pourtant que tous ces défauts n'autorisent pas à croire le peuple italien *naturellement incapable* de jouir de la liberté politique et de se servir du régime représentatif pour la garantir.

Si un publiciste quelconque avait prétendu juger de l'aptitude des Anglais du XVIIe ou du XVIIIe siècle à se servir des institutions représentatives, en ne considérant que la vénalité des ministres et des députés, en voyant Danby, convaincu de violation de la constitution, revenir dix ans après à la direction des affaires publiques, la justice dirigée par l'exécutif dans les procès de Stafford et de Russel, les Pairs convaincus que la fortune de l'état était indissolublement liée à la conservation de leurs privilèges, les Communes refusant opiniâtrement l'égalité politique aux minorités dissidentes de *l'église établie*, ce savant aurait dû conclure que le peuple anglais était naturellement incapable de jouir de la liberté et de comprendre la nature, le fonctionnement et les fins des institutions représentatives. Tous ceux qui, en s'arrêtant aux défauts du régime représentatif échafaudé par le *Risorgimento* et aux dérèglements d'après-guerre, jugent le peuple italien indigne des bienfaits de la liberté tombent dans une erreur semblable. L'inhabilité du garçon qui brise un outil délicat, la première fois qu'il l'a entre les mains, n'offre pas de raisons suffisantes pour le juger naturellement incapable de se servir de n'importe quelle machine.

La nation italienne se trouva en possession d'une organisation représentative après avoir vivoté pendant trois siècles sous la domination de l'étranger et des princes vassaux de l'étranger qui, pour assujettir un peuple ayant propagé la civilisation chrétienne dans l'Europe entière, ne trouvèrent rien de mieux que de l'exclure complètement des affaires publiques. L'absolutisme des Tudors ne brisa pas en Angleterre la tradition des Parlements et, même pendant le règne d'Elisabeth, ceux qui ne redoutaient pas le pilori ou l'emprisonnement dans la Tour avaient la possibilité de se plaindre dans une assemblée d'élus de la nation tantôt de l'organisation de *l'église établie*, tantôt des monopoles de commerce octroyés aux favoris de la Cour. En Italie, où l'on avait osé les expériences les plus hardies de démocratie directe et de corporativisme, où l'on n'avait pas redouté le tirage au sort des titulaires des charges publiques, une pareille possibilité ne s'offrait pas, même aux partisans les plus courageux et les plus désintéressés des libertés populaires. Tous les hommes capables de concevoir quelque grand dessin politique étaient contraints au silence. S'ils possédaient le tempérament des hommes d'état, ils étaient réduit à conjurer comme Moroni ; s'ils étaient princes souverains, ils devaient s'abaisser à une politique à double face comme Charles-Emmanuel Ier de Savoie ; s'ils étaient poètes, ils ne pouvaient que chanter les gloires d'autrui et les malheurs de la Patrie comme Filicaia.

Le peuple Italien arriva d'emblée au régime représentatif ; il bénéficia de la liberté politique sans avoir été éduqué à l'exercice des devoirs publics. Au moment de l'unification nationale, sa culture était beaucoup au-dessous de la culture du peuple français et du peuple anglais : la classe dirigeante de la nouvelle organisation étatique possédait une culture générale insuffisante, elle manquait de caractère, elle n'avait aucune expérience des affaires publiques, elle vivait encore dans les milieux restreints de la ville et de la région ou, tout au plus, de la nation. Ainsi l'on ne doit pas s'étonner que le premier essai du régime représentatif et du gouvernement libre ne fut pas sans défauts. On dut enregistrer des fautes, des abus, des empiètements de la représentation nationale. Mais ces dérèglements ressemblent étrangement aux dérèglements des premières assemblées électives de la France et de l'Angleterre, de la Convention et du Long Parlement, quand elles prétendirent diriger l'exécutif. De même que ces grandes assemblées, la représentation nationale italienne ne réussit pas à exercer des fonctions incompatibles avec sa nature et avec sa constitution et, dominée bientôt par l'exécutif, elle n'eut plus le libre exercice des pouvoirs que la loi et la coutume lui attribuaient.

La guerre aggrava le malaise, exagéra les conséquences fâcheuses des erreurs, rendit plus évidentes toutes les faiblesses d'un régime représentatif perpétuellement instable et dominé par une classe politique incapable de remplir ses devoirs sociaux. Ce fut alors qu'on montra à la masse des mécontents et des égarés les fautes et les faiblesses des hommes comme autant de défauts organiques du régime. Et les multitudes, auxquelles on avait octroyé le droit de décider du sort de la nation sans les éduquer à se bien servir de l'arme puissante du vote, ajoutèrent foi aux sophismes des démagogues.

Après la guerre, de 1919 à 1922, les tentatives de bouleversement des institutions représentatives et les contre-attaques des défenseurs alternèrent dans une atmosphère surchargée de passion. Les bolchéviques d'abord, les fascistes ensuite visèrent ouvertement le renversement d'un régime auquel ils attribuaient les malheurs de la guerre et les désillusions de la paix. Bolchéviques et fascistes ne voyaient de salut que dans un régime autoritaire, fût-il la dictature du prolétariat ou de l'homme prédestiné. Les populaires seuls se vouèrent à la défense du régime parlementaire et s'efforcèrent de libérer le pays d'un vieille classe politique au-dessous de sa tâche et de la domination des coteries qui en avaient ralenti le progrès.

Les masses populaires, n'appréciant pas les droits qui ne leurs rappelaient aucun sacrifice, ne prirent pas une part active à la lutte : elles attendirent plutôt que le sort du combat leur montrât le vainqueur. Le jour où le *chef du gouvernement* humilia la Chambre élective en proclamant qu'il dépendait de sa volonté seule de transformer le Parlement en un bivouac des chemises noires, personne ne protesta et plusieurs applaudirent, comme il y a plus d'un siècle on avait applaudi les grenadiers de Bonaparte dispersant la représentation nationale dans la salle de Saint-Cloud.

Il est certain qu'en octobre 1922 les fascistes purent s'emparer du pouvoir, sans provoquer la réaction violente des partisans du régime parlementaire, parce que, en ce moment-là, le désir prédominant des Italiens était celui de la paix intérieure. Il y en avait certains qui estimaient que l'ordre ne pouvait être rétabli qu'en assurant le libre exercice des pouvoirs constitutionnels ; mais beaucoup d'autres ne désiraient qu'une *paix quelconque*. Fatigués par la guerre et par les luttes d'après-guerre, ils ne demandaient pas même à connaître celui qui offrait cette *paix quelconque*, ils ne voulaient pas savoir à quel prix elle était achetée, ils étaient prêts à accepter la dictature du prolétariat elle-même pourvu qu'elle donnât une solution temporaire à la crise. Mais ce n'est là que la crise momentanée d'un peuple courbé pour un instant sous le poids écrasant d'une fatigue supérieure à ses forces : ce n'est pas la décadence irrémédiable d'une nation fatalement destinée à la servitude. La marche des événements depuis 1922 en est la preuve et la législation fasciste elle-même en offre la documentation irréfutable.

Au mois d'avril 1923, quand le parti populaire proclama son opposition à toute limitation de la liberté politique, on vit clairement que l'opinion publique commençait à comprendre que la paix fasciste coûtait trop cher. Au mois de juin 1924, quand l'assassinat de Matteotti montra les *surprises* des régimes soustraits au contrôle de la représentation nationale, l'opinion publique manifesta clairement son hostilité au régime dictatorial fasciste. Tous ces mouvements de l'opinion publique n'aboutirent pas, il est vrai, à un changement radical de la situation politique. Mais ils sont pourtant une réalité et il suffirait, je crois, du fait seul de leur existence pour démontrer que le peuple italien n'a pas été complètement satisfait de la *paix quelconque* établie par le régime fasciste. Si ces mouvements d'opinion ne provoquèrent pas une action politique suffisamment forte pour déterminer une nouvelle orientation de la vie nationale, la raison n'en est pas parce qu'ils étaient fictifs ou superficiels, mais parce que l'élite capable de diriger les forces populaires manqua aux mouvements anti-fascistes de 1923 et de 1924. La faillite de tous les mouvements d'opinion depuis 1922 dévoile ainsi le caractère véritable de la crise qui aboutit à l'établissement d'un régime autoritaire en plein vingtième siècle. Ce fut la crise d'une classe dirigeante mal préparée par les systèmes politiques du *Risorgimento* à l'exercice du pouvoir dans une organisation constitutionnelle moderne.

Le législateur fasciste, lui-même, offre la démonstration du caractère transitoire de la crise et du désir de liberté du peuple italien. En effet, si ce que proclama à la Chambre italienne un chef fasciste, que le « peuple italien se moque de la liberté », était vrai, pourquoi depuis juillet 1923 des lois de plus en plus rigoureuses pour limiter et annuler la liberté politique et pour empêcher que personne ne trouble l'ordre intérieur en réclamant les droits constitutionnels du citoyen ? Si en vérité le peuple italien n'appréciait pas la liberté, s'il était vrai qu'il ne s'émût pas devant le « cadavre pourri de cette fausse déesse », le nationalisme fasciste devait simplement proposer l'abrogation de la constitution libérale. Le peuple italien aurait immédiatement consenti à cette proposition et il n'eut été nul besoin d'un système compliqué de centralisations, de prohibitions, de contrôles.

Quand un gouvernement établit la censure sur la presse, il fournit par cela même la preuve que cette presse n'est pas trop favorable aux dominateurs et que le public préfère écouter la voix des opposants, au lieu de savourer les apologies des feuilles officieuses. Quand la censure même ne suffit pas, quand le gouvernement doit avoir recours à la suppression de la presse adverse ou à l'*épuration* des grands journaux, il offre lui-même la preuve que la critique criblée et filtrée par la censure est, elle aussi, dangereuse pour le régime, parce qu'elle s'adresse à un public capable de comprendre la signification réelle des demi-mots, des louanges exagérées, des silences.

La loi de sûreté publique rétablissant les crimes d'opinion, appelant à l'aide de la police la *voix publique* pour dénoncer les suspects politiques, soumettant à la toute-puissance de la police l'exercice du droit de réunion, de manifestation, de parole, est elle-même un document de l'impuissance du régime autocratique. Les moyens ordinaires de défense de l'ordre public, suffisants dans tous les pays pour garantir la paix intérieure, ne suffisent pas à un régime prétendant se maintenir sans l'appui de l'opinion.

Le régime des organisations syndicales soumises à des contrôles compliqués, régies par des chefs nommés ou investis par l'exécutif, contraintes d'adhérer aux confédérations fascistes si elles veulent représenter leurs membres et conclure des contrats ayant force obligatoire, témoigne de la défiance que l'on nourrit envers la classe-ouvrière. Si l'on est forcé de maintenir ces contraintes et ces entraves, c'est parce que la classe ouvrière, libre de la surveillance de l'exécutif, repousserait les hommes agréés par le gouvernement ou déserterait en masse les organisations contrôlées par l'exécutif et dirigées par ses fonctionnaires.

Les communes, même avec l'autonomie insuffisante garantie par les lois préfascistes, étaient un danger permanent pour la stabilisation du régime : il a été nécessaire de les abolir comme institutions autonomes. Leurs assemblées électives avaient une signification bien claire pour l'opinion publique : il a été nécessaire de les remplacer par des fonctionnaires dévoués aux maîtres et de transformer la vieille commune libre en une simple circonscription territoriale pour l'exercice des pouvoirs administratifs de l'état.

Le régime autoritaire ne repose pas sur le consentement spontané et confiant des peuples, puisque les dominateurs ont dû organiser le corps de police le plus puissant du monde : cent mille hommes de police régulière et trois cent mille hommes de la milice fasciste. L'action de cette police est nécessaire pour assurer l'observation des ordres innombrables des gouvernants au sujet de toutes les affaires grandes et petites de l'état, pour mener la *bataille du blé* ou *de la lire*, pour trancher les différends intérieurs des faisceaux de village, pour empêcher les suspects politiques de franchir la frontière. Si cette police est nécessaire, c'est que le peuple n'a pas renoncé spontanément à la liberté politique et qu'il ne se confie pas naïvement dans l'omniscience des dominateurs. Toutes ces lois, cette organisation gigantesque de la police ne seraient pas nécessaires, si le peuple italien sentait que le régime autoritaire était *son* régime, la forme de gouvernement la plus conforme à ses besoins et à ses aspirations, l'organisation politique la plus adaptée à son développement.

La doctrine du nationalisme fasciste n'est qu'une revivification des doctrines philosophiques et politiques du seizième et du dix-septième siècle, c'est-à-dire de la période où les monarchies absolues s'efforçaient de formuler des systèmes justifiant leur toute-puissance devant des sujets contestant la plénitude des pouvoirs souverains. Il en est de même de l'organisation constitutionnelle du fascisme. Les théoriciens nationalistes proclament que leur doctrine est la négation complète et intégrale de la pensée du dix-neuvième siècle et de la tradition individualiste ; que la forme de gouvernement idéale est l'organisation des monarchies nationales du seizième et du dix-septième siècle ; qu'il n'y a qu'un chef disposant de pouvoirs illimités qui puisse réaliser le bien commun. Appliquant ces théories, les politiciens fascistes ont concentré dans les mains de l'homme placé au sommet de la nouvelle hiérarchie une puissance au moins égale à celle dont jouissait Philippe II d'Espagne et que rêvait Jacques Ier d'Angleterre quand il philosophait au lieu de régner.

Mais la situation politique et économique de l'Italie contemporaine n'est pas la situation de l'Espagne ou de l'Angleterre d'il y a trois cents ans. Si l'on veut reconnaître au régime fasciste le caractère de stabilité, il faut donc démontrer que le peuple italien est pleinement satisfait de cette renaissance *style seizième siècle*, et il faut prouver son consentement par des manifestations libres de la volonté populaire. La preuve du consentement libre n'existe pas. Au contraire, les lois et le système politique du fascisme montrent comment le régime ne peut tabler que sur des lois d'exception et sur la force de son organisation de police.

Le régime fasciste n'a donc *en soi* aucune garantie de stabilité. Il a été établi en un moment de crise de l'esprit public : sa destinée est de disparaître le jour où les causes temporaires de sa formation auront disparu. Le problème fondamental de la vie politique italienne n'est pas de savoir si le régime fasciste disparaîtra, mais comment il disparaîtra. Il est condamné à s'écrouler : quelles seront les tendances qui l'emporteront au moment de la crise finale ? Il sera bouleversé par la réaction irrésistible de la nation, fatiguée d'une dictature hostile à toute manifestation libre de l'esprit : comment se produira cette réaction ? Quelles nouvelles institutions créera ce mouvement de la nation italienne vers la liberté ? Voilà le vrai problème politique de l'Italie contemporaine : ce n'est pas le problème du présent ; c'est le problème de l'avenir.

L'impérialisme fasciste.

Les chefs du nationalisme fasciste se rendent compte eux-mêmes de la faiblesse réelle de leur organisation politique. Ils sentent l'instabilité d'une domination fondée uniquement sur la force. Ils redoutent le jour où le besoin de la liberté sera plus puissant dans l'âme italienne que la crainte de troubler la paix de la vie quotidienne. Le *chef*, en politicien habile et rusé, montre depuis longtemps aux Italiens un idéal dont la réalisation devrait les indemniser de la perte des formes libres et démocratiques de gouvernement : l'Empire. Ni les politiciens, ni les théoriciens du nationalisme fasciste ne précisent les caractères de cet empire promis au peuple italien, ou les moyens propres à réaliser ce rêve de grandeur. Les politiciens, de même que les théoriciens, se bornent à exalter la *volonté de puissance* de l'Italie et à proclamer son droit à jouir des richesses mondiales en proportion de sa force démographique et de la tendance d'expansion de son peuple.

Cette attitude des *impérialistes fascistes* apparaît vraiment singulière. Ils se proposent de former un empire, c'est-à-dire qu'ils veulent enlever des territoires aux autres nations, et ils commencent par annoncer à tout le monde leurs intentions agressives ! Cette attitude n'a aucun précédent historique. Tous les grands empires occidentaux se formèrent sans que les gouvernants du peuple destiné à dominer les nations les plus différentes proclamassent jamais leur *volonté de puissance*. Ils se formèrent, au contraire, en vertu d'une sorte de *processus spontané*, à l'insu souvent de ceux mêmes qui en échafaudaient les fondements.

Les guerres puniques donnèrent à Rome la maîtrise du bassin de la Méditerranée, tandis que les politiciens et les généraux romains ne pensaient qu'à défendre leur cité contre la république rivale. L'Angleterre devint puissance mondiale après une suite de guerres qu'elle ne soutint que pour se libérer de la tutelle française acceptée par les derniers Stuarts. Quand à La Hogue la flotte Anglaise s'assura une hégémonie maritime destinée à se perpétuer pendant deux siècles, le peuple anglais ne pensait qu'à se délivrer de la menace de l'armée franco-irlandaise concentrée par Jacques II sur les côtes de la Normandie. Quand les esclavagistes et les anti-esclavagistes américains cherchaient de nouveaux états à annexer au nord et au sud du trente-sixième parallèle, ils ne pensaient qu'à renforcer leurs partis dans le Sénat de l'Union. Leur impérialisme n'était pas plus conscient que celui qui poussait Monroë à rédiger sa déclaration, pour défendre la nouvelle Confédération contre les interventions de la vieille Europe.

Cette attitude étrange des impérialistes italiens suffirait à elle seule pour engendrer des doutes sur la réalité et sur le sérieux de l'impérialisme fasciste. Mais c'est la nature même du fascisme qui l'empêche de concevoir et de réaliser toute idée impériale.

Si par impérialisme on entend une tendance générale à l'expansion et à la conquête, le nationalisme fasciste est sans aucun doute la doctrine la plus convenable à en provoquer la formation. Il exaspère l'orgueil et l'égoïsme national ; il justifie le succès sans se soucier des moyens employés ; il pousse par là-même la nation à troubler la tranquillité du monde civilisé, soit pour s'emparer des territoires estimés nécessaires à son expansion, soit pour se faire justice de torts réels ou prétendus. Si par impérialisme on entend plus correctement la tendance et en même temps la capacité d'une nation de réunir sous sa souveraineté des peuples différents et de former de cet ensemble une unité politique, les conceptions rigides et exclusives du nationalisme sont l'antithèse la plus absolue de tout ce qui est nécessaire à un peuple pour jouer un *rôle impérial*.

Le fondement d'un empire est la tolérance, comme celle de Rome accueillant dans le Capitole les symboles de l'unité politique des peuples soumis, comme celle de l'Angleterre reconnaissant à tous les *sujets de la couronne* l'éligibilité au Parlement métropolitain. La garantie de sa stabilité est fournie par une organisation permettant aux provinces de pourvoir elles-mêmes à leurs nécessités particulières. Cette organisation décentralisée doit s'adapter aux conditions des peuples dominés. Les gouvernants de l'empire ne doivent pas redouter les autonomies locales les plus larges, même les autonomies politiques, si elles apparaissent nécessaires pour maintenir les *dominions* les plus évolués dans le corps de l'empire. Le progrès est enfin assuré par l'aptitude de la nation dominante à s'assimiler les éléments de race différente, de manière à lier les meilleurs sujets à sa destinée.

Les qualités nécessaires à un peuple pour fonder et pour maintenir un empire sont précisément celles que, ni la doctrine nationaliste, ni la pratique fasciste ne peuvent former dans l'âme populaire. La tolérance est pour le nationalisme fasciste une renonciation à l'unité morale que l'action des gouvernants doit réaliser. La décentralisation est inconcevable pour des hommes prétendant soumettre toute chose aux décisions des organes centraux du gouvernement. La capacité de l'assimilation ne peut se trouver chez des gens qui croient les autres nations non seulement inférieures à la leur, mais encore foncièrement incapables de se rapprocher de la majesté du *peuple élu*. Enfin une école qui, comme l'école nationaliste, pense que les sociétés nationales sont les seules réalités politiques existantes et considère la société humaine comme un simple agrégé biologique, est par cela même incapable de formuler aucun principe de caractère universel. Elle ne peut pas donner au peuple des idées dépassant l'égoïsme national.

La largeur universelle des idées est pourtant nécessaire à la nation qui, à un certain moment de son histoire, veut se charger d'une fonction universelle en se plaçant à la tête d'une organisation impériale. Les nations qui prétendirent fonder des empires par la conquête, et non par l'assimilation, échouèrent toujours dans leurs tentatives et virent leurs rêves de gloire brisés par de formidables coalitions des peuples. Fonder un empire ne signifie pas simplement *conquérir* et plier l'orgueil national des vaincus à l'hommage envers les vainqueurs. Fonder un empire signifie constituer une organisation de peuples différents, libres dans le développement de leurs aptitudes particulières, sur laquelle le groupement ethnique le plus fort au point de vue politique établit sa primauté essentiellement morale, grâce à la supériorité de sa culture, de ses institutions, de sa tradition et grâce à ses idées et à son système politique plus progressif. Cette conception impériale est complètement en dehors du système théorique et de l'action politique du nationalisme fasciste.

C'est pour cela même que je ne crois pas à la réalité de l'impérialisme nationaliste italien. Je crois, au contraire, que les prétentions fascistes de renouveler la gloire de Rome impériale ne sont que de la réthorique et que cet impérialisme de surface n'est rien de plus qu'un argument de politique intérieure. Le souvenir des gloires de Rome ancienne émeut toujours les Italiens, même lorsqu'il n'est qu'un thème à littérature. Les fascistes exploitent cette inclination des Italiens et s'efforcent de distraire leur attention des problèmes les plus graves de politique intérieure, en détournant l'opinion publique vers des buts chimériques de politique étrangère. Ils espèrent ainsi convaincre l'opinion que le maintien d'une organisation intérieure militarisée est nécessaire pour apprêter la nation aux luttes qui permettront de réaliser le rêve impérial.

C'est un procédé commun à toutes les dictatures, soient-elles établies par un monarque descendant d'une ancienne dynastie ou par un *homo novus*. Les dictatures, gênées à l'intérieur par le mécontentement qu'elles n'arrivent pas à dompter par les lois de police et par les mesures exceptionnelles, doivent fatalement chercher à l'extérieur la solution des problèmes de politique intérieure. Dès le jour même de leur établissement, elles cherchent de s'assurer cette espèce de soupape du mécontentement intérieur. Elles aiguisent l'égoïsme national et le besoin d'expansion et promettent l'accroissement de la dignité extérieure comme une compensation de l'avilissement intérieur. Cette tendance se manifeste en Italie par l'exaltation d'une vague aspiration impériale, parce que certains mots frappent mieux la fantaisie d'un peuple qui a dans ses veines quelques gouttes du sang des anciens dominateurs du monde et qui a sous ses yeux les monuments de sa puissance d'autrefois. Du point de vue théorique, l'impérialisme fasciste n'est qu'une sorte de traduction italienne de la pensée nationaliste importée de France, tandis que, du point de vue politique, il n'est que la manifestation italienne de la tendance agressive commune à tous les régimes dictatoriaux.

Je ne veux pas considérer ici les dangers inhérents à ce système politique : je me bornerai à examiner si ce prétendu impérialisme fasciste répond aux exigences du développement de la nation italienne et si par cela même il est destiné à fixer les directives de la politique italienne de l'avenir.

Il est certain que le peuple italien, revenu depuis quelques dizaines d'années à la vie indépendante, cherche à s'assurer une place au sein de la société des nations civilisées. Il est certain aussi que la force démographique de l'Italie, sa tradition millénaire, la souplesse et la vivacité de l'intelligence de son peuple lui confèrent le droit de jouer un rôle de tout premier plan dans la vie internationale. Mais je ne crois pas que ce soit le militarisme, contraire à ses traditions et à la nature même de sa mission historique, qui pourra réaliser le rêve impérial du fascisme.

Toute confusion avec la mission historique de la Rome païenne et même de l'Italie du moyen âge n'est que de la rhétorique. La mission historique assignée à la population italienne sortie du mélange des races du moyen âge était de recomposer en unité les débris de l'Empire romain, de leur donner une vie nouvelle par les conceptions chrétiennes, de recueillir l'héritage de culture du proche Orient ébranlé par la pression continuelle des Tartares, de propager dans l'Occident les lumières d'une tradition ancienne et l'éblouissement d'une idée nouvelle. Cette tâche de conservation et de renouvellement était achevée au moment où dans l'Occident se formaient les monarchies nationales modernes. Et ce fut sans aucun préjudice pour la civilisation que la découverte de la nouvelle voie des Indes, en détournant de la péninsule les grands courants internationaux, fit écrouler l'hégémonie économique italienne qui, pendant des siècles, avait puissamment favorisé la diffusion de la culture chrétienne dans l'Europe. Le peuple italien, délivré après trois siècles de la domination étrangère, trouva que d'autres nations s'étaient chargées de propager la civilisation chrétienne dans le monde. Sa mission historique, jadis interrompue, ne pouvait pas évidemment être reprise. Mais cependant la mission particulière de l'Italie contemporaine offre certaines analogies avec le rôle joué par les peuples de la péninsule pendant le moyen âge.

Sa position géographique et sa composition ethnique fixent à l'Italie le rôle de médiatrice entre l'Orient et l'Occident. Pendant le moyen âge, elle fut le point d'appui et la place d'armes des expéditions militaires vers le Levant et, en même temps, elle procura aux peuples occidentaux les produits d'un art plus raffiné et leur fit connaître les traditions de la culture hellénique et les résultats des spéculations et des expériences des Orientaux. La nouvelle mission civilisatrice de l'Italie est clairement fixée depuis que le développement intellectuel et économique des différentes races peuplant les côtes orientales de la Méditerranée n'est plus empêché par la domination d'une oligarchie guerrière. Comme autrefois elle s'adonna à la civilisation de l'Occident, elle doit maintenant se tourner vers l'Orient.

Il s'agit de se pénétrer de l'idée des droits individuels et du respect des droits d'autrui des peuples habitués à la servitude, d'éduquer à la vie civile des multitudes que la tyrannie poussait à la vengeance, d'enseigner le respect des lois à des gens auxquels l'injustice érigée en système faisait considérer l'insurrection armée comme le seul remède à leurs malheurs. C'est l'éducation de la liberté qui doit être refaite dans l'Orient par l'Occident, si l'on ne veut pas que dans l'extrême sud-est de l'Europe se maintienne un foyer de dissensions capable d'allumer, comme il y a quatorze ans, un incendie mondial. Au peuple italien, vraie sentinelle avancée de l'Europe vers l'Orient, appartient le rôle principal dans cette reconstitution de la civilisation orientale.

Le système de la conquête armée a déjà été expérimenté et il a abouti à la faillite la plus complète. La politique orientale allemande, partant du postulat de la supériorité organique d'un peuple sur toutes les autres nations rivales, ne visait que la conquête des richesses naturelles détenues par des peuples condamnés à une servitude perpétuelle. Cette politique échoua. L'empire autrichien chargé de la mission d'avant-garde de l'armée des conquérants s'est écroulé. Son action politique n'a eu d'autres résultats que d'exaspérer la passion nationale de peuples insuffisamment éduqués aux régimes libres et déjà trop orgueilleux pour tolérer une domination étrangère. Reste le système de la *conquête pacifique*. Et par conquête pacifique je n'entends pas le système du vol organisé qui, prétendant exploiter au profit exclusif des dominateurs toutes les richesses naturelles, provoque tôt ou tard la guerre. Par conquête pacifique j'entends la propagation des idées et des institutions d'une civilisation supérieure. Ce seront les nations éduquées à la même école que leur *sœur aînée*, régies par des institutions analogues, vivant du même esprit, qui entreront fatalement dans la sphère d'influence politique, économique, sentimentale de la nation qui les aura initiées à la civilisation.

La doctrine du nationalisme fasciste, son organisation étatique, les sentiments qu'il imprime dans l'âme populaire sont nettement antithétiques de la doctrine, de l'organisation, des sentiments dont le peuple italien a besoin pour accomplir sa mission historique.

Si l'Italie veut enseigner aux peuples de l'Orient européen et de l'Asie occidentale le respect des droits individuels et leur apprendre à se servir des institutions libres, il faut qu'elle-même commence par éduquer son peuple à la liberté; il faut qu'elle-même extirpe de son organisation politique les institutions de l'ancien régime. Si elle veut amener les autres nations à se confier dans la force des idées plutôt que dans les exploits de la violence, il faut qu'elle-même repousse les dogmes justifiant l'empire de la force matérielle. Ce ne sera que quand l'Italie aura rétabli l'équilibre de son organisation intérieure, qu'elle pourra aborder la *conquête pacifique de l'Orient*, conquête pacifique qui est beaucoup plus impériale que les exaltations romaines et païennes du fascisme.

La résurrection politique de l'Orient n'est pas concevable sans la résurrection économique de régions riches et étendues, condamnées depuis longtemps au sommeil par la domination d'une caste de militaires et de fonctionnaires. Pour se relever du point de vue économique, l'Orient réclame une *place de commerce*, sur laquelle il puisse échanger ses produits agricoles avec les produits manufacturés de l'Occident, trouver les capitaux nécessaires pour la valorisation de ses richesses, l'appui des savants et le concours des experts pour former ses cadres dirigeants, ses techniciens, ses ouvriers. L'Italie est désignée de par sa position à devenir le marché intermédiaire de l'Orient et de l'Occident. L'histoire de longs siècles montre que son peuple possède toutes les qualités nécessaires pour remplir le rôle difficile et délicat de médiateur entre des races différentes et très souvent hostiles. Mais il faut que l'Italie renonce à sa politique protectionniste pratiquée depuis Cavour et contre la pensée du grand homme d'état piémontais. L'Italie doit graduellement réduire son régime protectionniste ; elle doit sacrifier toutes les industries qui, après quarante ans de protection douanière, n'arrivent pas encore à vivre d'une manière indépendante. L'Italie, pays pauvre en matières premières et riche en population, doit recouvrer sa prospérité par l'exploitation rationnelle de ses richesses agricoles, par la création d'industries travaillant les produits de l'agriculture, par la spécialisation de ses usines mécaniques dans l'achèvement des produits semi-finis des pays détenteurs du fer et du charbon, par le développement du commerce d'échange et de transit, terrestre et maritime. Ce n'est que de cette manière que l'Italie peut valoriser le génie particulier de son peuple. En d'autres termes, le libre échange est le régime nécessaire pour un relèvement réel de la vie économique italienne, de même qu'il est un moyen puissant pour la diffusion de la civilisation italienne et européenne parmi les peuples du proche Orient.

Le régime fasciste n'a pas atténué la politique protectionniste italienne, même à l'occasion de la conclusion des nouveaux traités de commerce d'après la guerre. L'adoption de la clause de la nation la plus favorisée fit croire un instant que l'Italie s'attachait à une politique moins rigidement protectionniste que celle des autres grands états européens. Mais, tandis qu'on apaisait les libres-échangistes par les réductions conventionnelles et par la clause de la nation la plus favorisée, on renforçait le système protectionniste par les prohibitions et par les limitations expressément réservées dans tous les traités conclus par le gouvernement fasciste. L'octroi des pleins pouvoirs au ministre des finances pour préciser les prohibitions et les limitations douanières ajouta aux désavantages des contraintes les dommages d'un état d'incertitude perpétuelle.

En effet, un régime qui vise ouvertement l'étatisation de l'économie nationale, pour s'en servir comme d'un moyen pour raffermir la dictature politique de l'exécutif, est contraire *en soi* à toute expérience libre échangiste. Chaque pas sur la voie du libre échange affaiblirait les moyens à la disposition de l'exécutif pour le maintien de sa dictature économique et engagerait fatalement la nation à tenter dans d'autres champs l'application des principes de liberté.

Le nationalisme fasciste ne peut donc pas, par sa nature et par les nécessités mêmes de sa conservation, établir le régime économique nécessaire à l'Italie pour faire sentir son influence politique sur les peuples du proche Orient que la situation géographique et les traditions placent dans la sphère d'influence d'un grand état dominant la Péninsule. Les raisons d'ordre économique mènent ainsi à la même conclusion que celles tirées de l'examen de la situation politique : le régime fasciste n'a pas un véritable programme impérialiste et ne peut pas l'avoir ; ses institutions politiques et économiques empêchent l'Italie de jouer un rôle impérial au sein de la société internationale contemporaine.

Les développements de l'action révolutionnaire.

Le régime fasciste n'a donc aucun caractère de stabilité. Il ne possède pas une loi de succession permettant la transmission pacifique des pouvoirs concentrés dans les mains de son *chef*. Son impérialisme, qui devrait justifier la discipline militariste imposée à la nation, n'est qu'une aspiration vague à la conquête, contraire à la mission historique de l'Italie moderne.

Quelles sont les perspectives d'avenir du régime fasciste? Quelles sont les institutions destinées à remplacer les institutions fascistes auxquelles on ne reconnait pas l'attribut de la stabilité? Le régime peut-il évoluer graduellement vers la liberté, ou bien est-il destiné à se renfermer de plus en plus dans la tour d'ivoire de son intransigeance, en attendant qu'un mouvement révolutionnaire le renverse d'un seul coup? La réponse à ces questions est la conclusion de l'examen du régime fasciste, dont je me suis efforcé de présenter les résultats. C'est pour cela que je ne peux pas m'exempter de la formuler.

La préoccupation *d'insérer* le nationalisme fasciste dans la tradition constitutionnelle italienne fut le prétexte qui servit à nombre de politiciens de métier pour justifier leurs abjurations et pour masquer leurs faiblesses. Cette préoccupation domina aussi la pensée et l'action de certains groupements qui rêvaient naïvement d'un nouvel équilibre de la politique italienne et croyaient prémunir à toujours l'Italie contre les dangers des bouleversements violents et périodiques. Mais tous les efforts accomplis pour émousser les aspérités de forme de l'action fasciste n'aboutirent à aucun résultat. Le nationalisme fasciste répugna à tout accommodement et, sous prétexte de défendre « les droits de la révolution », ne visa que la réalisation intégrale de son système autoritaire.

Après les élections législatives du 6 avril 1924 et après l'assassinat de Matteotti, les partisans de *l'insertion constitutionnelle* du fascisme ne désarmèrent pas encore. Le discours prononcé par Mussolini à la Chambre des députés le 3 janvier 1925 trompa les derniers espoirs de ces ingénus de bonne volonté. Depuis lors, et surtout pendant l'année 1926, une série de lois organiques et de mesures d'exception ont révolutionné toutes les institutions constitutionnelles. Les lois promulguées en novembre 1926 ont privé la Couronne de ses pouvoirs souverains. La déchéance du mandat prononcée contre les députés de l'opposition a enlevé au Parlement le caractère de représentation nationale. La réforme parlementaire de 1928 a confirmé la décision des chefs fascistes de faire disparaître même les formes de l'organisation démocratique des pouvoirs et a « marqué le détachement définitif du régime fasciste du régime constitutionnel ».

L'évolution du fascisme vers des formes de gouvernement libre et démocratique, espérée en vain après le coup de force du mois d'octobre 1922, est-elle concevable aujourd'hui ? Le fascisme qui ne se plia pas à la *normalizzazione*, quand ses forces faiblissaient sous les assauts des opposants, se plierait-il maintenant, après que ses lois ont remplacé les anciennes lois, que ses hommes dirigent toute l'organisation économique et administrative de la nation, que son régime autoritaire est en train de substituer aux formes démocratiques de jadis sa nouvelle organisation corporative ?

Du point de vue logique, la réponse ne peut être que négative. Mais ce n'est pas toujours la logique qui domine le développement de la vie des peuples, ou plus exactement ce n'est pas toujours la logique comme elle est conçue par les politiciens participant aux événements qu'ils s'efforcent de juger. La force de résistance d'un régime, la cohésion d'un parti sont des éléments de tout premier plan dans le jeu politique. L'homme d'état le mieux

renseigné ne peut pourtant se fonder sur des calculs exacts ou sur
des expériences pour évaluer cette résistance et cette cohésion
et doit presque toujours se confier à l'intuition. Comme la destinée
du régime fasciste dépend presque exclusivement de la résistance
et de la cohésion du parti qui en est le véritable fondement,
toute prévision doit rester dans le champ des probabilités.

Tout mouvement révolutionnaire, disposant d'une force
suffisante pour imposer à la nation ses solutions des grands problèmes politiques, ne renonce pas à la réalisation intégrale de ses
principes. Il n'accepte de nuancer son attitude que quand il sent
que, par sa faiblesse ou par la force d'autrui, le contrôle de la vie
politique du pays échappe à ses mains, à moins que sa déchéance
ne soit si rapide qu'il n'y ait pas de possibilité de transformations
graduelles.

La cohésion du parti fasciste italien n'est pas aussi forte qu'elle
apparaît. Elle est bien au-dessous de la cohésion réclamée par la
lourde tâche dont s'est chargé le fascisme en concentrant tous les
pouvoirs dans la petite coterie de ses chefs. Entre ces hommes
provenant de différents partis, la seule force d'unification est le
chef qui, résumant en sa personne le pouvoir suprême, apparaît
comme la personnification de la solidarité imposée aux partisans
par la nécessité de conservation des privilèges. La force du
chef, bien que renforcée par l'organisation rigidement centralisée
de l'administration, n'est garantie en réalité que par l'ascendant
qu'il exerce sur la foule des médiocres qui l'entourent et sur la
masse des fidèles qui croient en son étoile. Etant donné cette situation, il suffit de se rappeler l'inconstance de la faveur populaire —
plus changeante dans les pays moins éduqués aux systèmes politiques modernes — pour conclure que la chute soudaine de la
domination fasciste est beaucoup plus probable que sa lente décadence et que, par là-même, il est extrêmement difficile qu'un
changement de régime soit précédé par une période de transition,
permettant aux courants démocratiques d'augmenter progressivement leur influence.

D'autre part, aucun courant politique non assujetti à la domination fasciste ne peut aujourd'hui exercer la moindre influence
sur le parti dominant. L'attitude intransigeante des fascistes
a acculé leurs adversaires aux moyens révolutionnaires. Les
divergences de parti ont dégénéré en véritables inimitiés. Les
courants politiques non contrôlés par le gouvernement n'ont ainsi
aucun espoir d'exercer à l'avenir une influence quelconque sur
le développement du fascisme et de ses institutions. La législation
fasciste a réalisé les théories autoritaires d'une manière si absolue
qu'on ne peut pas même concevoir la transformation de ses

institutions : on ne peut songer qu'à leur abrogation. La division entre les Italiens est aujourd'hui si profonde que, si le fascisme demandait aux adversaires l'oubli du passé et leur collaboration pour une transformation graduelle de l'organisation étatique, il n'aurait pas de chance de trouver le moindre consentement. Il y aurait peut-être quelques Ollivier conquis par le rêve d'un *empire libéral*, mais la majorité des opposants se renfermerait dans son attitude intransigeante afin de hâter la chute du régime.

Après 1915, après son intervention dans la guerre mondiale, l'Italie est entrée dans une période révolutionnaire. Toute révolution n'est qu'une suite de changements rapides de la situation politique, pendant lesquels l'opinion publique passe soudain des idées extrêmes de gauche aux idées extrêmes de droite et vice-versa. Ce n'est qu'après de longues expériences qu'elle arrive à trouver une nouvelle *position d'équilibre*. Or, dans l'ensemble du processus révolutionnaire italien, le régime fasciste apparaît comme une sorte de *position limite* de droite. L'expérience des mouvements révolutionnaires du passé fait craindre qu'aux excès dictatoriaux du fascisme ne succèdent les excès démagogiques de ses adversaires les plus extrêmes.

Le danger est d'autant plus grave que le fascisme lui-même a établi des institutions pouvant servir, presque sans changements, à la réaction démagogique la plus radicale. L'attitude intransigeante du parti au pouvoir et l'instabilité de son organisation politique rendent plus imminent le danger.

Malheureusement, aujourd'hui on ne peut prévoir aucune *solution pacifique* de la crise, permettant de rétablir rapidement l'équilibre des pouvoirs publics. En 1923 ou en 1924, on pouvait encore espérer en une restauration de l'ancien équilibre de la monarchie représentative, adapté aux besoins divers et aux aspirations d'une nation désireuse de développer ses énergies nouvelles. Depuis que le fascisme a renversé toutes les institutions représentatives et qu'il a détruit les dernières traces de l'ancienne organisation constitutionnelle, personne ne peut plus croire à la possibilité d'un retour pur et simple au passé. L'histoire ne connaît pas de pareilles résurrections. L'équilibre de l'avenir ne peut pas être l'équilibre du passé. Il doit être pourtant un équilibre propre aux exigences d'un grand peuple civilisé et il doit par conséquent se fonder sur la liberté et sur le respect de la personnalité humaine. Le régime fasciste, reniant dogmatiquement la liberté et soumettant entièrement l'individu à la toute-puissance d'un état divinisé, ne renferme aucun des éléments de la reconstruction et de l'équilibre de demain.

Caractères et fins de la révolution italienne.

J'ai affirmé que l'établissement de la dictature fasciste dans un pays jouissant déjà des bienfaits du régime parlementaire ne peut s'expliquer qu'en tenant compte de la crise morale et économique de la guerre et de l'après-guerre. Sans doute, les autres nations occidentales durent, elles aussi, soutenir des épreuves sans précédents. La France vit ses régions les plus riches envahies par l'étranger et dut ranger en bataille toutes ses réserves humaines. La Belgique fut presqu'entièrement occupée et l'envahisseur visa systématiquement la destruction de ses industries et de son unité politique elle-même. L'Angleterre vit la révolte éclater en Irlande et dut pour un instant craindre qu'aux portes de la métropole ne s'édifiât une formidable citadelle ennemie. Mais ni la France, ni la Belgique, ni l'Angleterre n'eurent jamais à craindre l'écroulement du régime représentatif et l'établissement d'une dictature armée de parti sur les débris de leurs institutions parlementaires libres. Le fait que ces nations, soumises à des épreuves analogues à celles de l'Italie, n'eurent pas de crises comparables à la crise italienne, ne fournit-il pas un argument contraire à la thèse que j'ai énoncée?

Tout d'abord il faut se rappeler que, si les pays de l'Europe occidentale ne durent pas enregistrer le renversement de leurs institutions libres, une réaction très vive des groupements conservateurs et de la ploutocratie succéda partout au mouvement démocratique provoqué par la poussée des masses populaires exigeant le prix des sacrifices accomplis pendant la guerre.

En France, l'exaltation de la victoire, les tentatives d'expansion dans les nouveaux états slaves, l'effort pour briser l'unité politique de l'Allemagne, poursuivi jusqu'en 1924, maintinrent l'action des groupements nationalistes-conservateurs sur la direction de la politique de la république parlementaire. L'hostilité des courants nationalistes au régime représentatif ne prit pas de formes semblables à celles du nationalisme fasciste italien ; mais cette hostilité se manifesta toutefois et, aujourd'hui encore, elle inspire l'action des partis d'extrême-droite. En Angleterre, les libéraux sous la poussée des travaillistes furent réduits à la fonction de *tiers parti*, tandis que le parti conservateur s'orientait résolument vers l'extrême-droite. Les grandes coalitions imposées par les nécessités de la reconstruction nationale assoupirent en Belgique les luttes des partis ; mais, quand on voulut réaliser un gouvernement de concentration démocratique, l'opposition acharnée des courants conservateurs fit échouer la tentative.

Cependant les *die hards* anglais ne purent s'emparer à eux seuls du pouvoir et ils ne visèrent jamais le renversement de l'organisation parlementaire traditionnelle. Les groupements extrêmes du nationalisme français, malgré leur propagande remuante, ne constituèrent jamais un danger sérieux pour la stabilité des institutions républicaines. Les *fascistes belges* ne furent jamais qu'un groupe insignifiant, qui ne put même jamais songer à renouveler les exploits des escouades d'action italiennes contre les organisations ouvrières. Aucun de ces courants conservateurs n'estima jamais qu'il était utile, ou seulement possible, de révolutionner le régime économique existant pour échafauder une nouvelle organisation s'inspirant des principes de l'étatisation poussée jusqu'à un véritable communisme.

En réalité, la situation économique et politique de l'Italie était, et demeure encore, foncièrement différente de la situation économique et politique des autres nations de l'Europe occidentale. Par là-même la réaction nationaliste, produit d'un état d'esprit commun à tous les pays européens, n'eut nulle part, sauf en Espagne, des manifestations aussi marquantes qu'en Italie. Ce ne fut qu'en Italie et en Espagne qu'elle arriva à renverser les institutions représentatives.

L'économie nationale italienne n'était pas encore sortie de la période de transition de l'ancien système foncier au régime industriel. L'initiative privée, forte et hardie dans l'Italie septentrionale comme dans les pays de l'Europe occidentale, était faible encore dans le centre et dans le midi, où se maintenaient les traditions du paternalisme, perpétuées par la politique de la monarchie de Savoie.

Dans le Nord, l'équilibre entre l'industrie et l'agriculture était plus parfait qu'en France ou en Angleterre. Cependant, à côté des industries prospérant en vertu de leur organisation et des aptitudes particulières de la masse ouvrière, il y en avait d'autres, telle l'industrie métallurgique, qui ne vivotaient que grâce à la politique protectionniste. L'équilibre économique de l'Italie septentrionale elle-même était ainsi, au moins en partie, artificiel ; et les industries protégées réclamaient l'intervention étatique dans les questions les plus délicates de la production et des échanges. Dans l'Italie centrale et dans le Midi, la transformation industrielle n'était qu'à son début. L'agriculture suivait encore les procédés traditionnels de culture extensive, considérant la terre comme un réservoir d'énergies dont la nature seule doit renouveler les forces épuisées par les récoltes. Les industries locales, refusant de s'adapter aux sytèmes modernes de production, ne soutenaient pas la concurrence étrangère et demandaient à l'intervention étatique la prospérité que l'initiative individuelle insuffisante n'arrivait pas à conquérir. Le commerce, organisé suivant des systèmes primitifs, était encore largement contrôlé par les hommes d'affaires étrangers. Les commerçants, au lieu d'invoquer la liberté des échanges et l'amélioration des services publics, ne réclamaient que l'intervention de l'état et ses subsides.

La guerre rendit plus dangereuses ces disproportions d'une organisation économique incomplètement unifiée, au sein de laquelle les procédés les plus modernes contrastaient étrangement avec les reliquats d'une économie arriérée. La prospérité artificielle d'après-guerre favorisa le développement d'entreprises champignons, jouissant d'un monopole de fait grâce au protectionnisme national et à la fermeture des marchés étrangers. Les dirigeants de ces entreprises ne se préoccupaient que de renforcer leur influence sur les pouvoirs publics pour perpétuer leurs privilèges. Ils n'eurent pas de scrupules à appuyer les partis politiques les plus extrêmes, quand il sembla qu'ils étaient à la veille de s'emparer du gouvernement. Des rapports très intimes lièrent ainsi la plupart des producteurs à la fortune de tel ou tel parti politique, et la production toute entière se trouva à la merci des fluctuations de la politique nationale.

Tous ces précédents contribuèrent à créer le milieu propre à l'instauration d'un véritable paternalisme économique. Et ce régime put réaliser tous les rêves des centralisateurs, parce qu'aucune grande coalition économique ne s'opposa aux empiètements croissants de l'exécutif au nom des droits de l'initiative individuelle.

Dans les autres pays Européens les tentatives de centralisation étatique furent enrayées par les réactions de la tendance individualiste. L'organisation économique italienne était peut-être encore trop jeune pour déployer la même force de résistance. Il est certain qu'elle préféra s'adapter aux faits accomplis et tirer tous les avantages immédiats de l'étatisation de l'économie nationale. Ce fut seulement quand la dictature économique de l'exécutif révéla ses dangers en imposant une politique financière contraire aux intérêts des producteurs, qu'on s'aperçut combien le régime paternel est contre-nature dans un pays qui n'est plus au même niveau que la France de Colbert. Mais il était trop tard !

Les caractères particuliers de la situation italienne apparaissent mieux encore dans le champ politique.

Le *Risorgimento* ne forma pas une nouvelle classe dirigeante capable d'orienter vers des directives nouvelles la vie nationale. La nécessité de l'unification et de la libération domina tout le processus de formation du nouvel état. En forçant les révolutionmaires à s'allier avec la monarchie piémontaise, elle empêcha que le *Risorgimento* ne provoquât le renouvellement radical de la vie italienne. L'unification nationale résulta d'un compromis entre la monarchie et la révolution, et le compromis ne pouvait pas former la base propre à l'éducation de la nouvelle classe politique. Ce premier compromis tint les masses à l'écart de la vie politique et le peuple n'arriva jamais à saisir la signification intime des institutions représentatives, la valeur de la liberté, la nécessité du sacrifice.

La crise de la classe dirigeante, masquée d'abord par le génie d'un grand homme d'état, se dévoila aussitôt après la mort de Cavour. Toute l'histoire italienne, depuis 1860 jusqu'à la guerre, n'est qu'une suite de manifestations de ce malaise intime et des tentatives pour l'étouffer, pour donner à l'état le temps de se renforcer et de se rendre capable de supporter les manifestations aiguës du mal. On adopta le *système homéopathique* du transformisme, érigé par Depretis et par Giolitti en véritable théorie politique. La guerre fit éclater cette crise, latente depuis des dizaines d'années, en montrant combien les hommes chargés de la direction des affaires publiques étaient au-dessous de leur tâche. Après la guerre, vis-à-vis des multitudes mécontentes, la vieille classe politique confirma son incapacité inguerissable et par cela même la crise marcha vers le dénouement révolutionnaire.

Les hommes et les partis qui s'efforcèrent d'éliminer la vieille classe politique, sans bouleverser les institutions qui avaient servi son gouvernement, échouèrent. Ce fut l'état même de la conscience politique du peuple italien qui rendit vains ces efforts de réformation graduelle et qui poussa le mouvement révolutionnaire vers la restauration des institutions, des sytèmes, des principes de l'époque antérieure à l'établissement de la liberté politique.

Les conservateurs anglais d'extrême-droite ne songèrent jamais à ressusciter le régime d'Elisabeth et de Jacques Ier. Aujourd'hui ils seraient satisfaits en rétablissant l'équilibre bicaméral brisé par la réforme de 1911, tout en renonçant au caractère traditionnel de la Chambre des Lords. C'est que ces conservateurs, descendants des *chevaliers*, ont été éduqués par la liberté à la liberté, de même que leurs adversaires fidèles aux traditions de *têtes rondes*. Leurs ancêtres en appelèrent déjà à la liberté proclamée par leurs adversaires pour résister à la dictature militaire de Cromwell, pour protester contre l'*acte d'exclusion* ou contre les répressions des tentatives de restauration des Prétendants. La liberté politique est en Angleterre le patrimoine commun de tous les partis et tous, même ceux qui professaient la doctrine de l'obéissance passive, ont participé à son établissement. On sent, on aime, on défend la liberté, parce qu'on l'a conquise et parce qu'on a souffert pendant des siècles pour la conquérir.

Aucun citoyen belge ne permettrait que ses gouvernants proclament qu'une nation du vingtième siècle doit être régie suivant le système centralisateur de Philippe II, ou que l'autorité souveraine est aussi puissante que le prétendaient Joseph II ou Guillaume d'Orange. Là aussi la liberté politique est une chose qui vit et qui agit dans l'esprit de la nation toute entière. Elle est de tous, parce que tous — catholiques et libéraux, conservateurs et socialistes, aristocrates et démocrates — tour à tour souffrirent pour l'établir et pour la défendre.

Je ne parle pas de la France, où l'on a souffert pour la liberté plus qu'ailleurs, où tous les partis l'ont invoquée avec l'éloquence la plus sublime. Le parti même, qui rêve de renouveler les fastes de la monarchie des Bourbons, doit en appeler à la liberté politique pour vivre et — ironie du destin — il doit choisir son chef parmi les descendants de Philippe Egalité.

La situation de l'Italie est, malheureusement, bien différente ! La liberté politique existait depuis la constitution du royaume unitaire, mais elle était quelque chose d'extérieur et de mécanique. Elle n'avait pas excité la passion parmi les multitudes. Chaque parti s'efforçait de la monopoliser à son profit ; le gouvernement en réglait l'usage suivant les *intérêts suprêmes* de sa conservation.

Il n'en pouvait pas être autrement. Les seigneuries et les dominations étrangères brisèrent la tradition des libertés communales du moyen âge. La nouvelle liberté fut importée en Italie par les armées d'un nouveau conquérant et prônée par ses partisans. Pendant la restauration, une petite élite souffrit pour la liberté, une élite d'hommes aspirant à rendre la patrie indépendante de la domination étrangère et des petites tyrannies nationales. Mais ce ne fut pas cette élite qui dirigea la politique de l'Italie nouvelle. La liberté, que la multitude des serfs ne demandait pas et que l'élite des esprits les plus indépendants accueillait avec méfiance, fut octroyée par la monarchie qui s'en servit comme d'un moyen pour étendre sa domination sur toute la péninsule.

Trop peu de gens avaient souffert pour la liberté pour que les Italiens l'aimassent aussi fermement que les Anglais, ou qu'ils la chérissent aussi passionnément que les Français. On leur avait fait cadeau de cette liberté ; ils s'en étaient servi, ils s'en servaient joyeusement sans avoir éprouvé les souffrances de sa privation.

Le mouvement de réaction autoritaire visa la liberté parce que ses adversaires avaient gouverné au nom de la liberté, même quand ils la monopolisaient pour les coteries de leurs partisans. Il réussit aisément à s'emparer du pouvoir, parce qu'il ne devait abattre qu'une classe politique déchue, qui attendait depuis trois ans son successeur ; mais surtout parce qu'il ne rencontra pas la résistance acharnée d'un peuple décidé à défendre une liberté conquise par l'effort de ses ancêtres. Ceux mêmes qui appréciaient le mieux les droits inaliénables du citoyen, ne connaissant pas les sacrifices réclamés par la conquête de la liberté, n'opposèrent qu'une résistance faible et désordonnée, espérant pouvoir aisément reconquérir demain ce qu'on leur arrachait aujourd'hui.

Ainsi, la réaction anti-démocratique, commune à tous les pays de l'Europe, put conquérir le pouvoir en Italie et put établir son régime fondé sur la prééminence absolue de l'état sur l'individu. Cependant ce régime lui-même a exercé et exerce encore une fonction propre pour le progrès de peuple italien.

Tout d'abord le nationalisme fasciste a débarrassé le terrain d'une série d'illusions qui entretenaient le peuple italien dans un optimisme ne correspondant pas à la réalité de sa situation. En Italie on croyait avoir un régime représentatif et des institutions démocratiques, ne fût-ce que parce qu'il existait un Parlement chargé de discuter les lois et les budgets, parce que tous les citoyens bénéficiaient du droit de vote et que les élections de la représantation nationale étaient réglées selon les procédés de la technique la plus moderne. On croyait jouir d'une liberté au moins égale à la liberté des autres peuples européens, parce qu'aucune censure gouvernementale n'empêchait la propagande subversive la plus sotte, parce que sur les places publiques tout homme pouvait débiter ses attaques contre les droits sacrés de la personnalité humaine, parce que chaque citoyen pouvait invoquer la protection de la loi, *nomine tantum* égale pour tous. Et on se complaisait dans l'idée que tous les bienfaits de la civilisation moderne on les avait obtenus grâce à la libéralité du prince, sans avoir été obligé d'engager de longues luttes et de passer à travers le flot de sang d'une révolution.

Le nationalisme fasciste a dissipé toutes ces illusions, qui empêchaient le peuple italien de comprendre ses grands problèmes politiques. Il a démontré qu'en Italie, sous les apparences du régime représentatif et sous le masque de la démocratie, se cachait une oligarchie de médiocrités, incapables même de défendre sérieusement leurs positions privilégiées. Il a fait s'évanouir les illusions des rétheurs sur le miracle de l'éducation politique du peuple italien depuis le *Risorgimento*. Il a montré l'ignorance de tous les devoirs chez ceux qui proclamaient toujours leurs droits. Il a brisé l'équilibre instable entre les empiètements des gouvernants et la licence des gouvernés, en quoi se résumait cette liberté politique que le peuple italien estimait posséder. Il a prouvé, enfin, que les droits qu'on n'a pas conquis grâce aux sacrifices et à travers la douleur n'ont aucune valeur et que, si un peuple veut maintenir des institutions libres, il doit s'en rendre digne en accomplissant les devoirs qu'elles imposent.

Le nationalisme fasciste ne s'est pas borné à cet enseignement foncièrement négatif. Il a appris au peuple italien ce qu'est la liberté, en lui montrant ce qu'est la vie d'un peuple sous un régime reniant dogmatiquement la liberté dans tous les domaines de l'activité humaine. Il a enseigné que la liberté entre les mains d'un peuple qui ne s'exerce pas à s'en servir sagement aboutit à l'anarchie, et l'anarchie à la servitude. Il a forcé un peuple, entré dans la vie moderne avec la confiance naïve de l'adolescent, à devenir homme, à méditer, à souffrir, à tendre par toutes ses forces vers un idéal.

Je ne pense pas que la crise révolutionnaire ouverte en mai 1915, quand pour la première fois les forces irresponsables de la rue en imposèrent aux organes responsables de gouvernement, trouvera sa solution à bref délai. Je crois, au contraire, que cette crise sera longue et terrible. Mais le peuple italien sortira finalement de cette période sombre de sa vie, grâce à ses énergies spirituelles inépuisables. Il retrouvera son équilibre, après avoir appris à souffrir, après avoir compris qu'il faut suivre les meilleurs et ne servir personne, après avoir expérimenté que, pour posséder la liberté, il faut se rendre digne de ce trésor incomparable.

INDEX DES NOMS

TABLE DES MATIÈRES

OUVRAGES

publiés

dans la collection de l'Ecole des Sciences Politiques et Sociales.

GEORGES LEGRAND. *L'impôt sur le capital et le revenu en Prusse. Réforme de 1891-1893.* Un vol. in-12 de 104 pp. Bruxelles, Société belge de librairie, 1894.

ALFRED NERINCX. *Du régime légal de l'enseignement primaire en Angleterre.* Un vol. in-8° de 272 pp. Gand, Engelcke, 1895.

ROMAIN MOYERSOEN. *Du régime légal de l'enseignement primaire en Hollande.* Un vol. in-8° de 135 pp. Gand, Engelcke, 1895.

AUGUSTE MÉLOT. *Des impôts sur les valeurs mobilières en France.* Un vol. in-8° de 190 pp. Gand, Engelcke, 1895.

CHARLES GÉNART. *Les syndicats industriels.* 1 vol. in-12 de 232 pp. Gand, Engelcke, 1896.

NÉARQUE PHYSSENZIDÈS. *L'arbitrage international et l'établissement d'un empire grec.* Un vol. in-8° de 226 pp. Bruxelles, Goemare, 1897.

HENRI DE KERKHOVE D'EXAERDE. *De l'enseignement obligatoire en Allemagne.* Un vol. in-8° de 173 pp. Gand, Engelcke, 1897.

Rév. W.-J. KERBY. *Le socialisme aux Etats-Unis.* Un vol. in-8° de 242 pp. Bruxelles, Goemaere, 1897.

PIERRE VERHAEGEN. *Socialistes anglais.* Un vol. in-8° de 374 pp. Gand, Engelcke, 1897.

EDMOND CARTON DE WIART. *Les grandes compagnies coloniales anglaises du XIXe siècle.* Un vol. in-8° de xx-280 pp. Paris, Perrin, 1899.

ADOLPHE RUTTEN. *La population belge depuis 1830. Etat de la population.* Un vol. in-8° de 124 pp. Louvain, Ch. Peeters, 1899.

CHARLES GILLÈS DE PÉLICHY. *Le régime du travail dans les principaux ports de mer de l'Europe.* Un vol. in-8° de 162-392 pp. Louvain, Polleunis et Ceuterick, 1899.

EMILE VLIEBERGH. *Le Crédit Foncier, Allemagne, France, Italie.* Un vol. in-8° de 225 pp. Louvain, Ch. Peeters, 1899.

MICHEL HALEWYK. *Le régime légal de la presse en Angleterre.* Un vol. in-8° de 142 pp. Louvain, Ch. Peeters, 1899.

GEORGES VAES. *Les conditions du travail dans les marchés publics.* Un vol. in-8° de 238 pp. Louvain, Ch. Peeters, 1900.

VICTOR COLLIN. *Le Maroc et les intérêts belges.* Un vol. in-8° de 208 pp. Louvain, Polleunis et Ceuterick, 1900.

OCTAVE MISONNE, *Le centre (Hainaut). Monographie sociale.* Un vol. in-8° de 230 pp. Tournai, Casterman, 1900.

GEORGES RUTTEN (des Frères Prêcheurs). *Nos grèves houillères et l'action socialiste.* Un vol. in-8° de 383 pp. Bruxelles, Goemaere, 1900.

JOSEPH NÈVE. *L'administration d'une grande ville, Londres.* Un vol. in-8° de 270 pp. Gand, Huyshauwer et Scheerder, 1901.

JOSEPH HENRY, *L'impôt sur les revenus professionnels. Alsace-Lorraine. Liége.* Un vol. in-8° de 107 pp. Louvain, Ch. Peeters, 1903.

THÉOPHILE GOLLIER. *Essai sur les institutions politiques du Japon.* Un vol. in-8° de 208 pp. Bruxelles, Goemaere, 1903.

FLEURY DE LANNOY. *Les origines diplomatiques de l'indépendance belge. La conférence de Londres* (1830-1831). Un vol. in-8° de XVII-309 pp. Louvain, Ch. Peeters, 1903.

FERNAND CHAVÉE. *Propriétaire et fermiers en Angleterre.* Un vol. in-8° de XII-246 pp. Louvain, Ch. Peeters, 1903.

ROBERT VERMAUT. *Les régies municipales en Angleterre.* Un vol. in-8° de 318 pp. Courtrai, J. Vermaut, 1903.

AUGUSTE DE BRAY. *La Belgique et le marché asiatique.* Un vol. in-8° de 384 pp. Bruxelles, Polleunis et Ceuterick, 1903.

ROBERT VERMAUT. *Les grèves des chemins de fer en Hollande.* Un vol. in-8° de 266 pp. Courtrai, J. Vermaut, 1903.

PAUL MICHOTTE. *Les idées économiques en Belgique de 1831 à 1886.* Un vol. in-8° de XX-472 pp. Louvain, Ch. Peeters, 1904.

J.-LAURENT PERQUY (des Frères Prêcheurs). *La typographie à Bruxelles au début du XXe siècle.* Un vol. in-8° de XXXV-548 pp. Bruxelles, Schepens, 1904.

ALBERT BIEBUYCK. *Le régime légal de la personnification civile en Hollande. Les associations sans but lucratif et les fondations.* Un vol. in-8° de XLII-254 pp. Ypres, Callewaert, 1905.

HENRI DE TRANNOY. *Jules Malou, 1810-1870.* Un vol. in-8° de IV-591 pp. Bruxelles, A. Dewit, 1905.

G. BEVILAQUA. *Saggio sulla legislazione operaia in Italia.* Un vol. in-8° de VII-326 pp. Torino, Fratelli Bocca, 1906.

CH. TERLINDEN. *Guillaume Ier, roi des Pays-Bas et l'Eglise catholique en Belgique* (1814-1830). T. I. *La lutte entre l'Eglise et l'Etat* (1814-1826), in-8° de XV-526 pp. T. II. *Le Concordat* (1826-1830), in-8° de 470 pp. Bruxelles, Albert Dewit, 1906.

CH. COLLARD. *L'Education protectrice de l'enfance en Prusse,* Un vol. in-8° de XIV-340 pp. Louvain, Ch. Peeters, 1908.

O. DE SPOELBERG. *L'impôt sur le revenu en Italie.* Un vol. in-8° de XIII-266 pp. Bruxelles, A. Dewit, 1908.

VALÈRE CLAES (O. M. Cap.). *L'Organisation professionnelle et le Contrat collectif des imprimeurs allemands.* Un vol. in-8° de 428 pp. Louvain, Uystpruyst, 1908.

GEORGES DUPLAT. *Le Journal. Sa Vie juridique. Ses responsabilités civiles.* Un vol. in-8° de XI-414 pp. Bruxelles, A. Dewit, 1908.

ROBERT DE MUELENAERE. *La Grève et le Contrat de Travail (Belgique-France).* Un vol. in-8° de XXIV-367 pp. Louvain, Ch. Peeters, 1909.

ALBERT MÜLLER, S. J. *La Controverse des Fondations charitables en Belgique.* Un vol. in-8° de XVI-345 pp. Bruxelles, A. Dewit, 1909.

ALEXANDRE WOYCICKI. *La classe ouvrière dans la grande Industrie du royaume de Pologne.* Un vol. in-8° de XII-266 pp. Louvain, Ch. Peeters, 1909.

ALEXANDRE SZEMBEK (COMTE). *Les Associations économiques des Paysans polonais sous la domination prussienne.* Un vol. in-8° de 461 pp. Bruges, Desclée De Brouwer et Cie, 1910.

EMILE SAVOY. *L'Apprentissage en Suisse.* Un vol. in-8° de VIII-616 pp. Louvain, Ch. Peeters, 1910.

GINO SARTI. *Le Partecipanze agrarie nella provincia di Ferrara.* Un vol. in-8° de 92 pp. Bologne, Garagnani, 1910.

VALÈRE CLAES, O. M. CAP. *Le Contrat collectif de travail ; sa Vie juridique en Allemagne.* Un vol. in-8° de XXVIII-468 pp. Bruxelles, Dewit, 1910.

GINO SARTI. *Saggio sulla legislazione agraria in Italia.* Un vol. in-8° de 244 pp. Bologne, Garagnani, 1910.

IGNACE SINZOT. *Les Traités internationaux pour la protection des travailleurs.* Ouvrage couronné par l'Académie royale de Belgique. Un vol. in-8° de XVI-231 pp. Louvain, Ch. Peeters, 1911.

HUBERT PIERLOT. *La législation scolaire de la province de Québec.* Un vol. in-8° de 156 pp. Bruxelles, Dewit, 1911.

EDOUARD DE MOREAU, S. J. *Adolphe Deschamps* (1807-1875). Un vol. in-8° de VII-550 pp. Bruxelles, Dewitt, 1911.

BERTHOLD MISSIAEN, O. M. CAP. *L'Appauvrissement des masses.* Un vol. in-8° de XIV-488 pp. Louvain, Ch. Peeters, 1911.

ALBERT JANSSEN. *Les Conventions monétaires.* Ouvrage couronné par l'Académie royale de Belgique. Un vol. de IV-570 pp. Bruxelles, Larcier, 1911.

LUIGI RIZZI. *Le privilège de l'émission des billets de banque en Italie.* Un vol. in-8° de 217 pp. Lausanne, Couchoud, 1911.

EMMANUEL DESCAMPS. *L'Etat neutre à titre permanent.* Un vol. in-8° de 238 pp. Bruxelles, Larcier, 1912.

LOUIS DE LICHTERVELDE. *Les méthodes budgétaires d'une démocratie. Etude sur le budegt suisse.* Un vol. in-8° de 180 pp. Bruxelles, Larcier, 1912.

LAURENT DECKERS. *De Landbouwers van den Noordbrabantschen Zandgrond.* Un vol. in-8° de XVI-288 pp. Eindhoven, Vervoort, 1912.

GUSTAVE SAP. *Le régime légal des Bourses en Allemagne.* Un vol. in-8° de VIII-298 pp. Louvain, Peeters, 1912.

GIULIO TESTAFERRATA. *La Questione delle Classi medie.* Un vol. in-8° de 216 pp. Firenze, Libreria editrice fiorentina, 1912.

JULIEN BUELENS. *Les Employés en Allemagne. Leur situation et leur contrat d'emploi.* Un vol. in-8° de 327 pp. Anvers, Veritas, 1913.

EMILE J. ROBYNS. *Les Chèques et Virements postaux.* Un vol. in-8° de 267 pp. Bruxelles, Dewit, 1913.

EMILE VAN DIEVOET. *Le Bail à ferme en Belgique. Le droit écrit et la coutume, le fait économique, les réformes nécessaires.* Un vol. in-8° de 464 pp. Louvain, Peeters, 1913.

CÉSAR COLINET. *Les Bourses de valeurs mobilières en Belgique.* Un vol. in-8° de VII-362 pp. Bruxelles, Van Fleteren, 1913.

VALÈRE FALLON, S. J. *Les Plus-Values et l'Impôt.* Un vol. in-8° de XVI-516 pp. Bruxelles, Van Fleteren, 1913.

PROSPER THUYSBAERT. *Het Land van Waes.* Un vol. in-8° de 328 pp. Courtrai, Vermaut, 1913.

ROLF STANDERSTKJOLD-NORDENSTAM. *Le régime juridique des exploitations rurales en Finlande.* Un vol. in-8° de 234 pp. Louvain, l'Editorial, 1913.

CYRILLE MASSARD. *L'Œuvre sociale du Cardinal Mermillod. L'Union de Fribourg.* Un vol. in-8° de VIII-278 pp. Louvain, Uystpruyst, 1914.

HENRY DEMAIN, S. J. *Les migrations ouvrières à travers la Belgique.* Un vol. in-8° de 211 pp. Louvain, Bomans, 1919.

HENRI VELGE. *La Protection de l'Enfance en Belgique. Son passé, son avenir.* Un vol. in-8° de 482 pp. Bruxelles, Goemaere, 1919.

CASSIANUS HENTZEN, O. F. M. *De politieke Geschiedenis van het Lager Onderwijs in Nederland van 1795 tot 1813.* Un vol. in-8° de VIII-266 pp. Nimègue, L. C. G. Malmberg, 1920.

A. MISSON. *Le mouvement syndical. Son histoire en Belgique de 1800 à 1914* Un vol. in-8° de 408 pp. Namur, imprimerie « La Rapide », 1921.

HAY TSOU CHAI. *La Situation économique et politique de la Chine et ses perspectives d'avenir.* Un vol. in-8° de 169 pp. Louvain, Ceuterick, 1921.

EDMOND RUBBENS. *Edouard Ducpétiaux* (1801-1868). Un vol. in-8° de 288 pp. Bruxelles, Dewit, 1921.

PAUL VAN ZEELAND. *La Réforme bancaire aux Etats-Unis d'Amérique de 1913 à 1921. Le système de la réserve fédérale.* Un vol. in-8° de 297 pp. Bruxelles, Bruylant, 1922.

G. VRYMOED, O. F. M. *De Arbeid in etisch-economisch Licht.* Un vol. in-8° de 160 pp. Delft, Niessen, 1923.

ALBERIC LIMPENS. *L'impôt sur le Revenu en Angleterre.* Un vol. in-8° de 192 pp. Bruxelles, Bruylant, 1923.

FERNAND BAUDHUIN. *Le capital de la Belgique et le rendement de son industrie avant la guerre.* Un vol. in-8° de 232 pp. Louvain, Fonteyn, 1924.

K. DU BOIS DE VROYLANDE, S. J. *Volksverheffing in de R. K. Standsorganisatie der Werklieden in Nederland.* Un vol. in-8° de 295 pp. Louvain, Vl. Boeken-halle, 1924.

RENIER HEGGE. *De Mensch en zijn Woning.* Un vol. in-8° de 180 pp. Utrecht, Dekker, 1925.

VINCENT WANG YU SANG. *L'Économie agricole de la Chine.* Un vol. in-8° de 180 pp. Louvain, 1925.

NICOLAS DE BORCH. *Le Principe des Nationalités et la Question Lithuanienne.* Un vol. in-8° de 139 pp. Louvain, 1925.

WOU KIENPANG. *La Chine et les Grandes puissances.* Un vol. in-8° de IX-414 pp. Gand, 1926.

KOUNG SHIEN-MING. *Comment remédier à la situation tragique des travailleurs chinois.* Un vol. in-8° de 259 pp. Louvain, 1927.

www.ingramcontent.com/pod-product-compliance
Lightning Source LLC
LaVergne TN
LVHW020609180726
843502LV00002B/419